教科書ガイド　数研出版版　新編 数学Ⅱ

本書は，数研出版が発行する教科書「新編 数学Ⅱ［数Ⅱ/711］」に沿って編集された，教科書の**公式ガイドブック**です。教科書のすべての問題の解き方と答えに加え，例と例題の解説動画も付いていますので，教科書の内容がすべてわかります。また，巻末には，オリジナルの演習問題も掲載していますので，これらに取り組むことで，更に実力が高まります。

本書の特徴と構成要素

1　教科書の問題の解き方と答えがわかる。予習・復習にピッタリ！

2　オリジナル問題で演習もできる。定期試験対策もバッチリ！

3　例・例題の解説動画付き。教科書の理解はバンゼン！

まとめ	各項目の冒頭に，公式や解法の要領，注意事項をまとめてあります。
指針	問題の考え方，解法の手がかり，解答の進め方を説明しています。
解答	指針に基づいて，できるだけ詳しい解答を示しています。
別解	解答とは別の解き方がある場合は，必要に応じて示しています。
注意 など	問題の考え方，解法の手がかり，解答の進め方で，特に注意すべきことや参考事項などを，必要に応じて示しています。
演習編	巻末に，教科書の問題の類問を掲載しています。これらの問題に取り組むことで，教科書で学んだ内容がいっそう身につきます。また，章ごとにまとめの問題も取り上げていますので，定期試験対策などにご利用ください。
デジタルコンテンツ	2次元コードを利用して，教科書の例・例題の解説動画や，巻末の演習編の問題の詳しい解き方などを見ることができます。

目 次

第 1 章　式と証明

第４章　三角関数

第５章　指数関数と対数関数

第６章　微分法と積分法

〈デジタルコンテンツ〉
次のものを用意しております。

①　教科書「新編数学Ⅱ[数Ⅱ/711]」の例・例題の解説動画
②　演習編の詳解
③　教科書「新編数学Ⅱ[数Ⅱ/711]」と黄チャート，白チャートの対応表

第1章 式と証明

第1節 式と計算

1 3次式の展開と因数分解

まとめ

1 展開の公式

1 $(a+b)^3=a^3+3a^2b+3ab^2+b^3$

$(a-b)^3=a^3-3a^2b+3ab^2-b^3$

2 $(a+b)(a^2-ab+b^2)=a^3+b^3$

$(a-b)(a^2+ab+b^2)=a^3-b^3$

2 因数分解の公式

展開の公式**2**を逆に利用する因数分解は次のようになる。

$a^3+b^3=(a+b)(a^2-ab+b^2)$

$a^3-b^3=(a-b)(a^2+ab+b^2)$

A 3次式の展開の公式

練習 1 教 p.9

次の式を展開せよ。

(1) $(x+2)^3$　　(2) $(x-1)^3$

(3) $(3a+b)^3$　　(4) $(x-2y)^3$

指針 **公式1による展開（和の3乗・差の3乗）** 展開の公式**1**を用いて，式を展開・整理する。(3)は $3a$ を1つの文字とみなし，(4)は $2y$ を1つの文字とみなして公式にあてはめる。

解答 (1) $(x+2)^3=x^3+3\cdot x^2\cdot 2+3\cdot x\cdot 2^2+2^3$

$=\boldsymbol{x^3+6x^2+12x+8}$ 答

(2) $(x-1)^3=x^3-3\cdot x^2\cdot 1+3\cdot x\cdot 1^2-1^3$

$=\boldsymbol{x^3-3x^2+3x-1}$ 答

(3) $(3a+b)^3=(3a)^3+3\cdot(3a)^2\cdot b+3\cdot 3a\cdot b^2+b^3$

$=\boldsymbol{27a^3+27a^2b+9ab^2+b^3}$ 答

(4) $(x-2y)^3=x^3-3\cdot x^2\cdot 2y+3\cdot x\cdot(2y)^2-(2y)^3$

$=\boldsymbol{x^3-6x^2y+12xy^2-8y^3}$ 答

教 p.9

練習 2

$$(a+b)(a^2-ab+b^2)=a^3+b^3$$
$$(a-b)(a^2+ab+b^2)=a^3-b^3$$

上の公式が成り立つことを，左辺を展開して確かめよ。

指針 **公式の証明** 分配法則を利用して左辺を展開し，同類項をまとめる。

解答 $(a+b)(a^2-ab+b^2)$

$=a^3-a^2b+ab^2+a^2b-ab^2+b^3=a^3+b^3$ 終

$(a-b)(a^2+ab+b^2)$

$=a^3+a^2b+ab^2-a^2b-ab^2-b^3=a^3-b^3$ 終

参考 $(a-b)(a^2+ab+b^2)=a^3-b^3$ の証明は次のようにすることもできる。

$(a+b)(a^2-ab+b^2)=a^3+b^3$ において，b を $-b$ でおき換えると

$$\{a+(-b)\}\{a^2-a\cdot(-b)+(-b)^2\}=a^3+(-b)^3$$

よって $(a-b)(a^2+ab+b^2)=a^3-b^3$

教 p.9

練習 3

次の式を展開せよ。

(1) $(x+2)(x^2-2x+4)$ (2) $(x-3)(x^2+3x+9)$

(3) $(x+3y)(x^2-3xy+9y^2)$ (4) $(2x-a)(4x^2+2ax+a^2)$

指針 **公式 2 による展開（3 乗の和・3 乗の差になる）** 展開の公式 **2** を用いて，式を展開・整理する。(3) は $3y$ を 1 つの文字とみなし，(4) は $2x$ を 1 つの文字とみなす。

解答 (1) $(x+2)(x^2-2x+4)=(x+2)(x^2-x\cdot 2+2^2)=x^3+2^3=\boldsymbol{x^3+8}$ 答

(2) $(x-3)(x^2+3x+9)=(x-3)(x^2+x\cdot 3+3^2)=x^3-3^3=\boldsymbol{x^3-27}$ 答

(3) $(x+3y)(x^2-3xy+9y^2)=(x+3y)\{x^2-x\cdot 3y+(3y)^2\}$

$=x^3+(3y)^3=\boldsymbol{x^3+27y^3}$ 答

(4) $(2x-a)(4x^2+2ax+a^2)=(2x-a)\{(2x)^2+2x\cdot a+a^2\}$

$=(2x)^3-a^3=\boldsymbol{8x^3-a^3}$ 答

B 3 次式の因数分解

教 p.10

練習 4

次の式を因数分解せよ。

(1) x^3+27 (2) x^3-1

(3) $125x^3+a^3$ (4) $64x^3-y^3$

指針 **因数分解の公式** 次の公式にあてはめる。

$$a^3+b^3=(a+b)(a^2-ab+b^2) \qquad a^3-b^3=(a-b)(a^2+ab+b^2)$$

(3) では，$125x^3=(5x)^3$，(4) では，$64x^3=(4x)^3$ とみる。

解答 (1) $x^3+27=x^3+3^3=(x+3)(x^2-x\cdot3+3^2)$
$=\boldsymbol{(x+3)(x^2-3x+9)}$ 答

(2) $x^3-1=x^3-1^3=(x-1)(x^2+x\cdot1+1^2)$
$=\boldsymbol{(x-1)(x^2+x+1)}$ 答

(3) $125x^3+a^3=(5x)^3+a^3=(5x+a)\{(5x)^2-5x\cdot a+a^2\}$
$=\boldsymbol{(5x+a)(25x^2-5ax+a^2)}$ 答

(4) $64x^3-y^3=(4x)^3-y^3$
$=(4x-y)\{(4x)^2+4x\cdot y+y^2\}$
$=\boldsymbol{(4x-y)(16x^2+4xy+y^2)}$ 答

練習 5 教 p.10

次の式を因数分解せよ。

(1) x^6-64　　(2) x^6-y^6

指針 **因数分解の公式の利用**　$A^6-B^6=(A^3)^2-(B^3)^2$ と考えて，2 乗の差の因数分解の公式や 3 乗の和や差の因数分解の公式を利用する。因数分解は，途中で止めないで，因数分解できるところまですること。

解答 (1) $x^6-64=x^6-2^6=(x^3)^2-(2^3)^2=(x^3+2^3)(x^3-2^3)$
$=(x+2)(x^2-2x+4)(x-2)(x^2+2x+4)$
$=\boldsymbol{(x+2)(x-2)(x^2-2x+4)(x^2+2x+4)}$ 答

(2) $x^6-y^6=(x^3)^2-(y^3)^2=(x^3+y^3)(x^3-y^3)$
$=(x+y)(x^2-xy+y^2)(x-y)(x^2+xy+y^2)$
$=\boldsymbol{(x+y)(x-y)(x^2-xy+y^2)(x^2+xy+y^2)}$ 答

深める 教 p.10

教科書の例題 1 を $x^6-1=(x^2)^3-1^3$ と考えて因数分解してみよう。

指針 **因数分解の公式の利用**　教科書 p.10 の例題 1 では，$x^6-1=(x^3)^2-1^2$ と考え，まず，2 乗の差の因数分解の公式を用いているが，ここでは，まず，3 乗の差の因数分解の公式を用いて因数分解を進める。

解答 $x^6-1=(x^2)^3-1^3=(x^2-1)\{(x^2)^2+x^2\cdot1+1^2\}$
$=(x^2-1)(x^4+x^2+1)=(x^2-1)\{(x^2+1)^2-x^2\}$
$=(x+1)(x-1)\{(x^2+1)+x\}\{(x^2+1)-x\}$
$=\boldsymbol{(x+1)(x-1)(x^2+x+1)(x^2-x+1)}$ 答

2 二項定理

まとめ

1 $(a+b)^n$ の展開式

たとえば，$(a+b)^4$ の展開式は，

$$(a+b)^4=(a+b)^3(a+b)$$

として，右の計算より

$$(a+b)^4=a^4+4a^3b+6a^2b^2+4ab^3+b^4$$

この計算で，各項の係数だけを取り出してみると，右のようになる。

$$\begin{array}{rrrrrr} & a^3 & +3a^2b & +3ab^2 & +b^3 & \\ \times) & a & +b & & & \\ \hline & a^4 & +3a^3b & +3a^2b^2 & +ab^3 & \\ & & a^3b & +3a^2b^2 & +3ab^3 & +b^4 \\ \hline & a^4 & +4a^3b & +6a^2b^2 & +4ab^3 & +b^4 \end{array}$$

$$\begin{array}{rrrrrr} & 1 & 3 & 3 & 1 & \\ \times) & 1 & 1 & & & \\ \hline & 1 & 3 & 3 & 1 & \\ & & 1 & 3 & 3 & 1 \\ \hline & 1 & 4 & 6 & 4 & 1 \end{array}$$

2 パスカルの三角形

$(a+b)^n$ の展開式の各項の係数を，$n=1$，2，3，4，5 の場合について順に並べると，右の図のようになる。

この三角形状の数の配列を **パスカルの三角形** という。

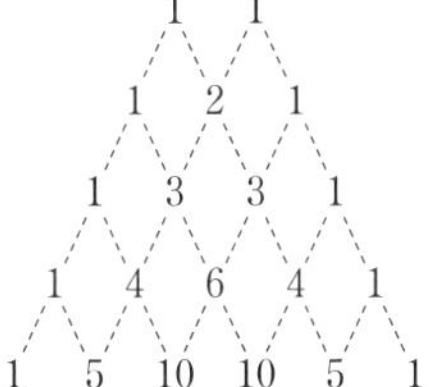

3 パスカルの三角形の性質

1 数の配列は左右対称で，各行の両端の数は 1 である。

2 2 行目以降の両端以外の数は，左上と右上の数の和に等しい。

4 二項定理

$$(a+b)^n={}_n\mathrm{C}_0a^n+{}_n\mathrm{C}_1a^{n-1}b+{}_n\mathrm{C}_2a^{n-2}b^2+\cdots\cdots$$
$$+{}_n\mathrm{C}_ra^{n-r}b^r+\cdots\cdots+{}_n\mathrm{C}_{n-1}ab^{n-1}+{}_n\mathrm{C}_nb^n$$

二項定理における ${}_n\mathrm{C}_ra^{n-r}b^r$ を，$(a+b)^n$ の展開式の **一般項** といい，係数 ${}_n\mathrm{C}_r$ を **二項係数** という。

5 パスカルの三角形と二項定理

パスカルの三角形は，$(a+b)^n$ の展開式に現れる二項係数 ${}_n\mathrm{C}_r$ を取り出して順に並べたものである。

6 二項係数に関する等式

二項定理の等式 $(a+b)^n={}_n\mathrm{C}_0a^n+{}_n\mathrm{C}_1a^{n-1}b+\cdots\cdots+{}_n\mathrm{C}_nb^n$ において，

$a=1$，$b=x$ とすると

$$(1+x)^n={}_n\mathrm{C}_0+{}_n\mathrm{C}_1x+{}_n\mathrm{C}_2x^2+\cdots\cdots+{}_n\mathrm{C}_nx^n \qquad ①$$

等式 ① で，$x=1$ とすると

$$2^n={}_n\mathrm{C}_0+{}_n\mathrm{C}_1+{}_n\mathrm{C}_2+\cdots\cdots+{}_n\mathrm{C}_n$$

A $(a+b)^n$ の展開式

練習 6 教 p.11

$(a+b)^5$ の展開式を，係数だけを取り出す計算によって求めよ。

指針 **$(a+b)^5$ の展開式の係数**　$(a+b)^5=(a+b)^4(a+b)$ として，p.7 のまとめの $(a+b)^4$ の展開式の係数を使い，下の解答の右側のように，係数だけで計算する。

解答 $(a+b)^4$ の展開式の項の係数は，左の項から順に

1，4，6，4，1

よって，右のような係数だけを取り出す計算から

	1	4	6	4	1	
×)	1	1				
	1	4	6	4	1	
		1	4	6	4	1
	1	5	10	10	5	1

$(a+b)^5=(a+b)^4(a+b)$

$=\boldsymbol{a^5+5a^4b+10a^3b^2+10a^2b^3+5ab^4+b^5}$ 答

B パスカルの三角形

練習 7 教 p.12

パスカルの三角形の性質を用いて，パスカルの三角形の 6 行目の数の配列を求めよ。また，$(a+b)^6$ の展開式を求めよ。

指針 **パスカルの三角形の性質**　練習 6 の $(a+b)^5$ の展開式の係数 (パスカルの三角形の 5 行目の配列) を利用し，次の性質を用いて計算する。

1　数の配列は左右対称で，各行の両端の数は 1 である。

2　2 行目以降の両端以外の数は，左上と右上の数の和に等しい。

解答 $(a+b)^5$ の展開式の項の係数，すなわち，パスカルの三角形の 5 行目の数の配列は，左から順に，

1，5，10，10，5，1

であるから，6 行目の数の配列は，右の計算により

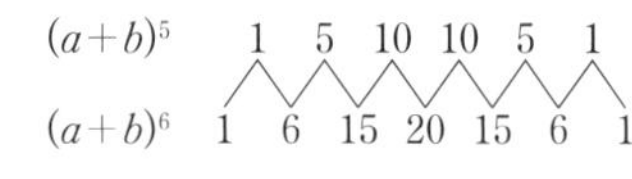

1　6　15　20　15　6　1 答

よって　$(a+b)^6=\boldsymbol{a^6+6a^5b+15a^4b^2+20a^3b^3+15a^2b^4+6ab^5+b^6}$ 答

C 二項定理

練習 8 教 p.13

次の式の展開式を，二項定理を使って求めよ。

(1)　$(x+1)^4$　　　　(2)　$(x-2)^6$

指針 **二項定理による展開**　二項定理は

$$(a+b)^n={}_n\mathrm{C}_0a^n+{}_n\mathrm{C}_1a^{n-1}b+{}_n\mathrm{C}_2a^{n-2}b^2+\cdots\cdots+{}_n\mathrm{C}_nb^n$$

(1)　二項定理において，$a=x$，$b=1$，$n=4$ とする。

(2) 二項定理において，$a=x$，$b=-2$，$n=6$ とする。

${}_n\mathrm{C}_r$ の計算では ${}_n\mathrm{C}_0={}_n\mathrm{C}_n=1$，${}_n\mathrm{C}_r={}_n\mathrm{C}_{n-r}$ であることに注意する。

解答 (1) $(x+1)^4={}_4\mathrm{C}_0x^4+{}_4\mathrm{C}_1x^3\cdot1+{}_4\mathrm{C}_2x^2\cdot1^2+{}_4\mathrm{C}_3x\cdot1^3+{}_4\mathrm{C}_41^4$

$=1\cdot x^4+4\cdot x^3\cdot1+6\cdot x^2\cdot1+4\cdot x\cdot1+1\cdot1$

$=\boldsymbol{x^4+4x^3+6x^2+4x+1}$ 答

(2) $(x-2)^6={}_6\mathrm{C}_0x^6+{}_6\mathrm{C}_1x^5(-2)+{}_6\mathrm{C}_2x^4(-2)^2+{}_6\mathrm{C}_3x^3(-2)^3$

$+{}_6\mathrm{C}_4x^2(-2)^4+{}_6\mathrm{C}_5x(-2)^5+{}_6\mathrm{C}_6(-2)^6$

$=1\cdot x^6+6\cdot x^5\cdot(-2)+15\cdot x^4\cdot4+20\cdot x^3\cdot(-8)$

$+15\cdot x^2\cdot16+6\cdot x\cdot(-32)+1\cdot64$

$=\boldsymbol{x^6-12x^5+60x^4-160x^3+240x^2-192x+64}$ 答

練習 9 教 p.14

次の式の展開式において，[　] 内に指定された項の係数を求めよ。

(1) $(2x+3)^4$ $[x^3]$　　(2) $(x-2y)^5$ $[x^2y^3]$

指針 **展開式の項の係数** $(a+b)^n$ の展開式における一般項は ${}_n\mathrm{C}_ra^{n-r}b^r$ である。

[　] 内の項の指数に着目して，まず r の値を求める。

解答 (1) $(2x+3)^4$ の展開式の一般項は

${}_4\mathrm{C}_r(2x)^{4-r}3^r={}_4\mathrm{C}_r2^{4-r}3^rx^{4-r}$

$4-r=3$ とすると　$r=1$

よって，求める係数は　${}_4\mathrm{C}_1\times2^3\times3^1=\boldsymbol{96}$ 答

(2) $(x-2y)^5$ の展開式の一般項は

${}_5\mathrm{C}_rx^{5-r}(-2y)^r={}_5\mathrm{C}_r(-2)^rx^{5-r}y^r$

$r=3$ のとき，求める係数は

${}_5\mathrm{C}_3\times(-2)^3=\boldsymbol{-80}$ 答

D 二項定理の応用

練習 10 教 p.14

等式 ① を用いて，等式 ② を導け。

$(1+x)^n={}_n\mathrm{C}_0+{}_n\mathrm{C}_1x+{}_n\mathrm{C}_2x^2+\cdots\cdots+{}_n\mathrm{C}_nx^n$　①

${}_n\mathrm{C}_0-{}_n\mathrm{C}_1+{}_n\mathrm{C}_2-\cdots\cdots+(-1)^n{}_n\mathrm{C}_n=0$　②

指針 **二項定理に関する等式** まず ① の左辺と右辺を入れかえて，② の各辺の項と比較する。${}_n\mathrm{C}_n$ を含む項に着目すると，$x=-1$ とすればよいことがわかる。

解答 等式 ① から　${}_n\mathrm{C}_0+{}_n\mathrm{C}_1x+{}_n\mathrm{C}_2x^2+\cdots\cdots+{}_n\mathrm{C}_nx^n=(1+x)^n$

この等式に $x=-1$ を代入すると

${}_n\mathrm{C}_0+{}_n\mathrm{C}_1(-1)+{}_n\mathrm{C}_2(-1)^2+\cdots\cdots+{}_n\mathrm{C}_n(-1)^n=(1-1)^n$

よって　${}_n\mathrm{C}_0-{}_n\mathrm{C}_1+{}_n\mathrm{C}_2-\cdots\cdots+(-1)^n{}_n\mathrm{C}_n=0$ 終

練習 11 教 p.15

$(a+b+c)^6$ の展開式における次の項の係数を求めよ。

(1) a^3bc^2　　(2) $a^2b^2c^2$　　(3) a^2b^4

指針 **二項定理と $(a+b+c)^n$ の展開**　$(a+b+c)^n$ の展開式における $a^pb^qc^r$ の項の係数を求めるには

① $(a+b+c)^n=\{(a+b)+c\}^n$ とみて，まず c^r を含む項を考えると
$${}_n\mathrm{C}_r(a+b)^{n-r}c^r$$

② 次に，$(a+b)^{n-r}$ の展開式における a^pb^q の項を調べる。

解答 (1) $(a+b+c)^6=\{(a+b)+c\}^6$ の展開式において，c^2 を含む項は
$${}_6\mathrm{C}_2(a+b)^4c^2$$
$(a+b)^4$ の展開式において，a^3b の項は　${}_4\mathrm{C}_1a^3b$

よって，求める係数は
$${}_6\mathrm{C}_2\times{}_4\mathrm{C}_1=\frac{6!}{2!4!}\times\frac{4!}{3!}=\frac{6\times5}{2}\times4=\mathbf{60}$$ 答

(2) c^2 を含む項は，(1) から　${}_6\mathrm{C}_2(a+b)^4c^2$

$(a+b)^4$ の展開式において，a^2b^2 の項は　${}_4\mathrm{C}_2a^2b^2$

よって，求める係数は
$${}_6\mathrm{C}_2\times{}_4\mathrm{C}_2=\frac{6\times5}{2}\times\frac{4!}{2!2!}=15\times\frac{4\times3}{2}=\mathbf{90}$$ 答

(3) $(a+b+c)^6=\{(a+b)+c\}^6$ の展開式において，$c^0=1$ を含む項は
$${}_6\mathrm{C}_0(a+b)^6$$
$(a+b)^6$ の展開式において，a^2b^4 の項は　${}_6\mathrm{C}_4a^2b^4$

よって，求める係数は
$${}_6\mathrm{C}_0\times{}_6\mathrm{C}_4=\frac{6!}{4!2!}=\frac{6\times5}{2}=\mathbf{15}$$ 答

研究　$(a+b+c)^n$ の展開式

まとめ

$(a+b+c)^n$ の展開式

$(a+b+c)^n$ の展開式における $a^pb^qc^r$ の項の係数は
$$\frac{n!}{p!q!r!}\qquad ただし\quad p+q+r=n$$

教 p.15

練習 1 $(a+b+c)^7$ の展開式における次の項の係数を求めよ。

(1) $a^2b^2c^3$　　(2) ab^3c^3　　(3) a^3b^4

指針 **$(a+b+c)^n$ の展開式の項の係数**　(3) では，$a^3b^4c^0$ と考え，$\dfrac{7!}{3!4!0!}$ を計算する。

解答 (1) $\dfrac{7!}{2!2!3!}=\dfrac{7\cdot6\cdot5\cdot4}{2\cdot1\times2\cdot1}=\mathbf{210}$ 答

(2) $\dfrac{7!}{1!3!3!}=\dfrac{7\cdot6\cdot5\cdot4}{3\cdot2\cdot1}=\mathbf{140}$ 答

(3) $\dfrac{7!}{3!4!0!}=\dfrac{7\cdot6\cdot5}{3\cdot2\cdot1}=\mathbf{35}$ 答

3 多項式の割り算

まとめ

多項式の割り算

A，B が同じ 1 つの文字についての多項式で，B は 0 でないとする。このとき，A を B で割った商と余りを求めるとは，次の等式を満たす多項式 Q，R を求めることである。

$$\boldsymbol{A=BQ+R}$$

ただし，R は 0 か，B より次数の低い多項式

A，B に対して，Q，R は 1 通りに定まり，Q を **商**，R を **余り** という。
とくに，$R=0$ すなわち $A=BQ$ のとき，A は B で **割り切れる** という。

注意 単項式は項が 1 つの多項式と考える。多項式のことを整式ともいう。

A 多項式の割り算

教 p.17

練習 12 次の多項式 A，B について，A を B で割った商と余りを求めよ。

(1) $A=3x^2+5x+4$,　　$B=x+2$

(2) $A=x^3-4x^2-5$,　　$B=x-3$

(3) $A=2x^3+5x^2-2x+4$,　　$B=x^2-x+2$

(4) $A=x^3-7x+6$,　　$B=x^2-3+2x$

指針 **多項式の割り算**　多項式 A を多項式 B で割るとき，次のことに注意する。

1　A，B を降べきの順に整理してから，割り算を行う。

2　余りが 0 になるか，余りの次数が割る式 B の次数より低くなるまで計算を続ける。

教科書 p.17

3　多項式 A に，ある次数の項がないときには，その項の場所を空けて計算するとよい。

解答 (1)

$$\begin{array}{r} 3x\ -1 \\ x+2\,\overline{)\,3x^2+5x+4} \\ \underline{3x^2+6x} \\ -\ x+4 \\ \underline{-\ x-2} \\ 6 \end{array}$$

答　商　$3x-1$，余り　6

(2)

$$\begin{array}{r} x^2-x\ \ -3 \\ x-3\,\overline{)\,x^3-4x^2\qquad-\ 5} \\ \underline{x^3-3x^2\qquad\qquad} \\ -x^2\qquad\qquad \\ \underline{-x^2+3x\qquad} \\ -3x-\ 5 \\ \underline{-3x+\ 9} \\ -14 \end{array}$$

←割られる式に 1 次の項がないから，その場所を空けておく。

答　商　x^2-x-3，余り　-14

(3)

$$\begin{array}{r} 2x\ +7\qquad\quad \\ x^2-x+2\,\overline{)\,2x^3+5x^2-2x+\ 4} \\ \underline{2x^3-2x^2+4x\qquad} \\ 7x^2-6x+\ 4 \\ \underline{7x^2-7x+14} \\ x-10 \end{array}$$

答　商　$2x+7$，余り　$x-10$

(4)

$$\begin{array}{r} x\ -2\qquad\qquad \\ x^2+2x-3\,\overline{)\,x^3\qquad\ -7x+6} \\ \underline{x^3+2x^2-3x\qquad} \\ -2x^2-4x+6 \\ \underline{-2x^2-4x+6} \\ 0 \end{array}$$

←割る式を降べきの順に整理する。割られる式に 2 次の項がないから，その場所を空けておく。

答　商　$x-2$，余り　0

1 次式で割った余りは定数，
2 次式で割った余りは 1 次式
か定数になるよ。

B 等式 $A=BQ+R$ の利用

教 p.18

練習 13

次の条件を満たす多項式 A を求めよ。

(1) A を $x+2$ で割ると，商が $x+3$，余りが -1

(2) A を x^2+2x+3 で割ると，商が $x-1$，余りが $2x+3$

指針 **等式 $A=BQ+R$ の利用（割られる式を求める）**

$A=BQ+R$，すなわち，$A=$(割る式)$\times$(商)$+$(余り) を用いる。

解答 (1) $A=(x+2)(x+3)-1$

$=(x^2+5x+6)-1$

$=\boldsymbol{x^2+5x+5}$ 答

(2) $A=(x^2+2x+3)(x-1)+2x+3$

$=(x^3+x^2+x-3)+2x+3$

$=\boldsymbol{x^3+x^2+3x}$ 答

教 p.18

練習 14

次の条件を満たす多項式 B を求めよ。

(1) $3x^2-4x+5$ を B で割ると，商が $x-1$，余りが 4

(2) x^3-2x^2+3x-3 を B で割ると，商が $x-2$，余りが $-2x+7$

指針 **等式 $A=BQ+R$ の利用（割る式を求める）**

$A=BQ+R$ より，(割られる式)$=B\times$(商)$+$(余り) となることを利用する。

解答 (1) この割り算について，次の等式が成り立つ。

$3x^2-4x+5=B\times(x-1)+4$

整理すると

$3x^2-4x+1=B\times(x-1)$

よって，$3x^2-4x+1$ は $x-1$ で割り切れて，

その商が B である。

右の計算により　$\boldsymbol{B=3x-1}$ 答

$$
\begin{array}{r|l}
 & 3x \quad -1 \\
\hline
x-1 & 3x^2-4x+1 \\
 & 3x^2-3x \\
\hline
 & -x+1 \\
 & -x+1 \\
\hline
 & 0
\end{array}
$$

(2) この割り算について，次の等式が成り立つ。

$x^3-2x^2+3x-3=B\times(x-2)-2x+7$

整理すると

$x^3-2x^2+5x-10=B\times(x-2)$

よって，$x^3-2x^2+5x-10$ は $x-2$ で割り切れて，

その商が B である。

右の計算により　$\boldsymbol{B=x^2+5}$ 答

$$
\begin{array}{r|l}
 & x^2 \qquad +5 \\
\hline
x-2 & x^3-2x^2+5x-10 \\
 & x^3-2x^2 \\
\hline
 & 5x-10 \\
 & 5x-10 \\
\hline
 & 0
\end{array}
$$

教科書 p.19

4 分数式とその計算

まとめ

1　分数式

2つの多項式 A, B によって $\dfrac{A}{B}$ の形に表され，B に文字を含む式を，**分数式** という。分数式 $\dfrac{A}{B}$ において，B をその **分母**，A をその **分子** という。

注意　与えられた分数式の分母は0でないとする。

2　分数式の約分

分数式では，その分母と分子に0でない同じ多項式を掛けても，分母と分子をその共通因数で割っても，もとの式と等しい。

$$\frac{A}{B}=\frac{AC}{BC}\quad(\text{ただし } C\neq 0),\qquad \frac{AD}{BD}=\frac{A}{B}$$

分数式の分母と分子をその共通因数で割ることを **約分** するという。それ以上約分できない分数式を **既約分数式** という。

3　分数式の四則計算

① 乗法・除法　$\dfrac{A}{B}\times\dfrac{C}{D}=\dfrac{AC}{BD}$,　$\dfrac{A}{B}\div\dfrac{C}{D}=\dfrac{A}{B}\times\dfrac{D}{C}=\dfrac{AD}{BC}$

② 加法・減法　$\dfrac{A}{C}+\dfrac{B}{C}=\dfrac{A+B}{C}$,　$\dfrac{A}{C}-\dfrac{B}{C}=\dfrac{A-B}{C}$

③ 2つ以上の分数式の分母を同じ多項式にすることを **通分** するという。分母が異なる分数式の加減は，数の場合と同様に通分して計算する。

注意　分数式の計算結果は既約分数式か多項式の形にしておく。

A 分数式の約分

教 p.19

練習 15

次の式を約分して，既約分数式で表せ。

(1) $\dfrac{15ab^4}{6a^3b^2}$　(2) $\dfrac{x^2-9}{x^2+7x+12}$　(3) $\dfrac{x^2-2x-3}{2x^2-7x+3}$

指針　**分数式の約分**　分数式の分母と分子をその共通因数で割る。

(2), (3)　まず，分母と分子をそれぞれ因数分解する。

解答　(1) $\dfrac{15ab^4}{6a^3b^2}=\dfrac{5b^2\cdot 3ab^2}{2a^2\cdot 3ab^2}=\boldsymbol{\dfrac{5b^2}{2a^2}}$　答

(2) $\dfrac{x^2-9}{x^2+7x+12}=\dfrac{(x+3)(x-3)}{(x+3)(x+4)}=\boldsymbol{\dfrac{x-3}{x+4}}$　答

(3) $\dfrac{x^2-2x-3}{2x^2-7x+3}=\dfrac{(x+1)(x-3)}{(x-3)(2x-1)}=\boldsymbol{\dfrac{x+1}{2x-1}}$　答

B 分数式の四則計算

教 p.20

練習 16

次の式を計算せよ。

(1) $\dfrac{x^2-4}{x^2-3x}\times\dfrac{x}{x+2}$　(2) $\dfrac{2x}{2x+1}\times\dfrac{2x^2-3x-2}{x-2}$

(3) $\dfrac{x-2}{x^2+3x}\div\dfrac{x^2-3x}{x^2-9}$　(4) $\dfrac{x^2-x}{x-3}\div\dfrac{x^2+5x}{x^2+2x-15}$

指針 **分数式の乗法・除法**　まず，分母や分子で因数分解できるものがあれば，因数分解しておく。割る分数式の逆数を掛ける。

解答 (1) $\dfrac{x^2-4}{x^2-3x}\times\dfrac{x}{x+2}=\dfrac{(x+2)(x-2)}{x(x-3)}\times\dfrac{x}{x+2}$

$=\dfrac{x(x+2)(x-2)}{x(x-3)(x+2)}=\boldsymbol{\dfrac{x-2}{x-3}}$ 答

(2) $\dfrac{2x}{2x+1}\times\dfrac{2x^2-3x-2}{x-2}=\dfrac{2x}{2x+1}\times\dfrac{(x-2)(2x+1)}{x-2}$

$=\dfrac{2x(x-2)(2x+1)}{(2x+1)(x-2)}=\boldsymbol{2x}$ 答

(3) $\dfrac{x-2}{x^2+3x}\div\dfrac{x^2-3x}{x^2-9}=\dfrac{x-2}{x(x+3)}\times\dfrac{(x+3)(x-3)}{x(x-3)}$

$=\dfrac{(x-2)(x+3)(x-3)}{x^2(x+3)(x-3)}=\boldsymbol{\dfrac{x-2}{x^2}}$ 答

(4) $\dfrac{x^2-x}{x-3}\div\dfrac{x^2+5x}{x^2+2x-15}=\dfrac{x(x-1)}{x-3}\times\dfrac{(x+5)(x-3)}{x(x+5)}$

$=\dfrac{x(x-1)(x+5)(x-3)}{x(x-3)(x+5)}=\boldsymbol{x-1}$ 答

教 p.21

練習 17

次の式を計算せよ。

(1) $\dfrac{x}{x-1}+\dfrac{2}{x-1}$　(2) $\dfrac{2x}{x+3}+\dfrac{x+9}{x+3}$

(3) $\dfrac{3x+1}{2x-1}-\dfrac{2x-3}{2x-1}$　(4) $\dfrac{2x^2}{x-1}-\dfrac{x+1}{x-1}$

指針 **分母が同じ分数式の加法・減法**　分数の場合と同じように計算し，結果はそれ以上約分できない形にしておく。

(3)，(4) の減法では，引く方の分子をかっこ書きにして符号のミスを防ぐ。

解答 (1) $\dfrac{x}{x-1}+\dfrac{2}{x-1}=\boldsymbol{\dfrac{x+2}{x-1}}$ 答

(2) $\dfrac{2x}{x+3}+\dfrac{x+9}{x+3}=\dfrac{2x+(x+9)}{x+3}=\dfrac{3x+9}{x+3}$

$$=\frac{3(x+3)}{x+3}=3 \quad \text{答}$$

(3) $\dfrac{3x+1}{2x-1}-\dfrac{2x-3}{2x-1}=\dfrac{3x+1-(2x-3)}{2x-1}$

$$=\boldsymbol{\frac{x+4}{2x-1}} \quad \text{答}$$

(4) $\dfrac{2x^2}{x-1}-\dfrac{x+1}{x-1}=\dfrac{2x^2-(x+1)}{x-1}=\dfrac{2x^2-x-1}{x-1}$

$$=\frac{(x-1)(2x+1)}{x-1}=\boldsymbol{2x+1} \quad \text{答}$$

練習 18 教 p.21

次の式を計算せよ。

(1) $\dfrac{2}{x+1}+\dfrac{3}{x-2}$　　(2) $\dfrac{x}{x-1}-\dfrac{1}{x^2-x}$

(3) $\dfrac{x}{x+1}+\dfrac{3x-1}{x^2-2x-3}$　　(4) $\dfrac{3x+5}{x^2-1}-\dfrac{1}{x^2+x}$

指針 **分母が異なる分数式の加法・減法**　通分してから計算する。

(2) $x^2-x=x(x-1)$ から，2 つの分数の分母は $x(x-1)$ にそろえる。

(4) 分母がそれぞれ $x^2-1=(x+1)(x-1)$，$x^2+x=x(x+1)$ と因数分解できるから，2 つの分数の分母は $x(x+1)(x-1)$ にそろえる。

解答 (1) $\dfrac{2}{x+1}+\dfrac{3}{x-2}=\dfrac{2(x-2)}{(x+1)(x-2)}+\dfrac{3(x+1)}{(x+1)(x-2)}$

$$=\frac{2(x-2)+3(x+1)}{(x+1)(x-2)}=\boldsymbol{\frac{5x-1}{(x+1)(x-2)}} \quad \text{答}$$

(2) $\dfrac{x}{x-1}-\dfrac{1}{x^2-x}=\dfrac{x}{x-1}-\dfrac{1}{x(x-1)}=\dfrac{x^2}{x(x-1)}-\dfrac{1}{x(x-1)}$

$$=\frac{x^2-1}{x(x-1)}=\frac{(x+1)(x-1)}{x(x-1)}=\boldsymbol{\frac{x+1}{x}} \quad \text{答}$$

(3) $\dfrac{x}{x+1}+\dfrac{3x-1}{x^2-2x-3}=\dfrac{x}{x+1}+\dfrac{3x-1}{(x+1)(x-3)}$

$$=\frac{x(x-3)}{(x+1)(x-3)}+\frac{3x-1}{(x+1)(x-3)}=\frac{(x^2-3x)+(3x-1)}{(x+1)(x-3)}$$

$$=\frac{x^2-1}{(x+1)(x-3)}=\frac{(x+1)(x-1)}{(x+1)(x-3)}=\boldsymbol{\frac{x-1}{x-3}} \quad \text{答}$$

(4) $\dfrac{3x+5}{x^2-1}-\dfrac{1}{x^2+x}=\dfrac{3x+5}{(x+1)(x-1)}-\dfrac{1}{x(x+1)}$

$$=\frac{3x^2+5x}{x(x+1)(x-1)}-\frac{x-1}{x(x+1)(x-1)}=\frac{(3x^2+5x)-(x-1)}{x(x+1)(x-1)}$$

$$=\frac{3x^2+4x+1}{x(x+1)(x-1)}=\frac{(x+1)(3x+1)}{x(x+1)(x-1)}=\boldsymbol{\frac{3x+1}{x(x-1)}} \quad \text{答}$$

5 恒等式

まとめ

1　恒等式

文字を含む等式において，含まれている文字にどのような値を代入しても，両辺の値が存在する限り等式が常に成り立つとき，その等式をそれらの文字についての **恒等式** という。

2　恒等式の性質

恒等式の両辺が x についての多項式のとき，各辺で同類項を整理すると，次のことが成り立つ。

両辺の同じ次数の項の係数は，それぞれ等しい。

たとえば，a，b，c，a'，b'，c' を定数とするとき，次のことが成り立つ。

1　$ax^2+bx+c=a'x^2+b'x+c'$ が x についての恒等式である

$$\iff \quad a=a',\ b=b',\ c=c'$$

2　$ax^2+bx+c=0$ が x についての恒等式である

$$\iff \quad a=b=c=0$$

A 恒等式

練習 19　教 p.22

次の等式のうち，x についての恒等式はどれか。

(1)　$(x+1)(x-1)=x^2-1$　　(2)　$x^2-4x+3=0$

(3)　$2+\dfrac{1}{x+1}=\dfrac{3}{x+1}$　　(4)　$\dfrac{1}{x}-\dfrac{1}{x+2}=\dfrac{2}{x(x+2)}$

指針　**恒等式**　式変形などによって左辺と右辺が等しいことを示すことができれば，それは恒等式である。

解答　(1)　左辺を展開すると　　$(x+1)(x-1)=x^2-1$

よって，等式 $(x+1)(x-1)=x^2-1$ は x についての恒等式である。

(2)　等式 $x^2-4x+3=0$ は x についての恒等式ではない。

この等式は，$x=1$ または $x=3$ のときに限り成り立つ。

(3)　左辺を変形すると

$$2+\frac{1}{x+1}=\frac{2(x+1)+1}{x+1}=\frac{2x+3}{x+1}$$

よって，等式 $2+\dfrac{1}{x+1}=\dfrac{3}{x+1}$ は x についての恒等式ではない。

この等式は，$x=0$ のときに限り成り立つ。

(4)　左辺を変形すると

$$\frac{1}{x}-\frac{1}{x+2}=\frac{(x+2)-x}{x(x+2)}=\frac{2}{x(x+2)}$$

よって，等式 $\frac{1}{x}-\frac{1}{x+2}=\frac{2}{x(x+2)}$ は x についての恒等式である。

以上から，恒等式であるのは　(1)，(4)　答

注意　(2)，(3) のような等式は，x についての方程式である。

練習 20　教 p.23

等式 $2x^2-7x+8=(x-3)(ax+b)+c$ が x についての恒等式となるように，定数 a，b，c の値を定めよ。

指針　**恒等式の性質**　まず，右辺を x について降べきの順に整理する。恒等式であるとき，両辺の同じ次数の項の係数は，それぞれ等しい。

解答　等式の右辺を x について整理すると

$$2x^2-7x+8=ax^2+(-3a+b)x+(-3b+c)$$

両辺の同じ次数の項の係数を比較して

$$2=a \quad \cdots\cdots ①,\quad -7=-3a+b \quad \cdots\cdots ②,\quad 8=-3b+c \quad \cdots\cdots ③$$

① を ② に代入すると　$-7=-6+b$　よって　$b=-1$

これを ③ に代入すると　$8=3+c$　よって　$c=5$

したがって　$\boldsymbol{a=2,\ b=-1,\ c=5}$　答

練習 21　教 p.23

等式 $\frac{1}{x(x+1)}=\frac{a}{x}+\frac{b}{x+1}$ が x についての恒等式となるように，定数 a，b の値を定めよ。

指針　**分数式の恒等式**　分数式の恒等式では，分母をはらって得られる等式もまた恒等式である。このことを利用する。

解答　与えられた等式が x についての恒等式ならば，等式の両辺に $x(x+1)$ を掛けて得られる等式

$$1=a(x+1)+bx$$

も x についての恒等式である。

右辺を x について整理すると

$$1=(a+b)x+a$$　← 左辺 $=0\cdot x+1$

両辺の同じ次数の項の係数を比較して

$$0=a+b,\quad 1=a$$

これを解いて　$\boldsymbol{a=1,\ b=-1}$　答

第1章 第1節 補充問題

教 p.24

1 次の式を展開せよ。

(1) $(2x-3)^3$　　(2) $(1-x)(1+x+x^2)$

指針 **展開の公式の利用**

(1) 展開の公式 **1** $(a-b)^3=a^3-3a^2b+3ab^2-b^3$ を利用する。
$2x$ をまとめて a とみることに注意。

(2) 展開の公式 **2** $(a-b)(a^2+ab+b^2)=a^3-b^3$ を利用する。

解答 (1) $(2x-3)^3=(2x)^3-3\cdot(2x)^2\cdot3+3\cdot2x\cdot3^2-3^3$
$=\boldsymbol{8x^3-36x^2+54x-27}$ 答

(2) $(1-x)(1+x+x^2)=1^3-x^3=\boldsymbol{1-x^3}$ 答

教 p.24

2 $A=6x^2-11ax-10a^2$，$B=3x+2a$ を，x についての多項式とみて，A を B で割った商と余りを求めよ。

指針 **2種類の文字を含む多項式の割り算**　x についての多項式とみて割り算を行う。a は数と同じように扱う。

解答

$$
\begin{array}{r}
2x-5a \\
3x+2a \,\big)\, \overline{6x^2-11ax-10a^2} \\
\underline{6x^2+\ \ 4ax } \\
-15ax-10a^2 \\
\underline{-15ax-10a^2} \\
0
\end{array}
$$

答 **商　$\boldsymbol{2x-5a}$，余り　0**

教 p.24

3 $A=1+\dfrac{1}{x}$，$B=x-\dfrac{1}{x}$ のとき，$\dfrac{A}{B}$ を簡単にせよ。

指針 **分母や分子に分数式を含む式の計算**　A，B をそれぞれ1つの分数式にして $\dfrac{A}{B}=A\div B=A\times\dfrac{1}{B}$ として，分数式の乗法の計算とする。

解答 $\dfrac{A}{B}=A\div B=\left(1+\dfrac{1}{x}\right)\div\left(x-\dfrac{1}{x}\right)=\dfrac{x+1}{x}\div\dfrac{x^2-1}{x}$

$=\dfrac{x+1}{x}\times\dfrac{x}{x^2-1}=\dfrac{x+1}{x}\times\dfrac{x}{(x+1)(x-1)}$

$=\boldsymbol{\dfrac{1}{x-1}}$ 答

別解 $\dfrac{A}{B}$ の分母と分子に x を掛ける。

$$\frac{A}{B}=\frac{1+\frac{1}{x}}{x-\frac{1}{x}}=\frac{\left(1+\frac{1}{x}\right)\times x}{\left(x-\frac{1}{x}\right)\times x}=\frac{x+1}{x^2-1}=\frac{x+1}{(x+1)(x-1)}=\boldsymbol{\frac{1}{x-1}}$$ 答

教 p.24

4 次の式を計算せよ。

$$\frac{1}{x(x+1)}+\frac{1}{(x+1)(x+2)}+\frac{1}{(x+2)(x+3)}$$

指針 **分数式の加法** 分母が異なるから通分して計算する。3 つの分数式を同時に通分してもよいが，計算が大変になる。まず，最初の 2 つの分数式を通分してから計算するとよい。

解答
$$\frac{1}{x(x+1)}+\frac{1}{(x+1)(x+2)}=\frac{x+2}{x(x+1)(x+2)}+\frac{x}{x(x+1)(x+2)}$$
$$=\frac{2x+2}{x(x+1)(x+2)}=\frac{2(x+1)}{x(x+1)(x+2)}=\frac{2}{x(x+2)}$$

よって

$$\frac{1}{x(x+1)}+\frac{1}{(x+1)(x+2)}+\frac{1}{(x+2)(x+3)}$$
$$=\frac{2}{x(x+2)}+\frac{1}{(x+2)(x+3)}=\frac{2(x+3)}{x(x+2)(x+3)}+\frac{x}{x(x+2)(x+3)}$$
$$=\frac{3x+6}{x(x+2)(x+3)}=\frac{3(x+2)}{x(x+2)(x+3)}=\boldsymbol{\frac{3}{x(x+3)}}$$ 答

別解 式の特徴に着目し，次のようにして計算してもよい。

$$\frac{1}{x(x+1)}=\frac{1}{x}-\frac{1}{x+1}$$
$$\frac{1}{(x+1)(x+2)}=\frac{1}{x+1}-\frac{1}{x+2}$$
$$\frac{1}{(x+2)(x+3)}=\frac{1}{x+2}-\frac{1}{x+3}$$

よって

$$\frac{1}{x(x+1)}+\frac{1}{(x+1)(x+2)}+\frac{1}{(x+2)(x+3)}$$
$$=\left(\frac{1}{x}-\frac{1}{x+1}\right)+\left(\frac{1}{x+1}-\frac{1}{x+2}\right)+\left(\frac{1}{x+2}-\frac{1}{x+3}\right)$$
$$=\frac{1}{x}-\frac{1}{x+3}=\frac{x+3}{x(x+3)}-\frac{x}{x(x+3)}=\boldsymbol{\frac{3}{x(x+3)}}$$ 答

教 p.24

5　次の等式が x についての恒等式となるように，定数 a，b の値を定めよ。

(1)　$(a+b-4)x+(a-b+2)=0$

(2)　$(x+1)a+(2x-1)b+2x+5=0$

指針　**恒等式の性質**

(1)　(x の 1 次式)$=0$ の形の恒等式である。x の係数，定数項が 0 に等しいことから，a，b についての連立方程式を作る。

(2)　まず，左辺を x について整理してから，(1) と同じように考えればよい。

解答　(1)　与えられた等式が x についての恒等式であるから

$$a+b-4=0 \quad \cdots\cdots ①$$
$$a-b+2=0 \quad \cdots\cdots ②$$

①+② から　$2a-2=0$　よって　$a=1$

① に代入すると　$1+b-4=0$　よって　$b=3$

すなわち　$\boldsymbol{a=1,\ b=3}$　答

(2)　左辺を x について整理すると

$$(a+2b+2)x+(a-b+5)=0$$

この等式が x についての恒等式であるから

$$a+2b+2=0 \quad \cdots\cdots ①$$
$$a-b+5=0 \quad \cdots\cdots ②$$

①−② から　$3b-3=0$　よって　$b=1$

② に代入すると　$a-1+5=0$　よって　$a=-4$

すなわち　$\boldsymbol{a=-4,\ b=1}$　答

第2節　等式・不等式の証明

6　等式の証明

まとめ

1　$A=B$ の証明

恒等式 $A=B$ を証明するには，たとえば次のような方法がある。

1　A か B の一方を変形して，他方を導く。

2　A と B の両方を変形して，同じ式を導く。

3　$A-B$ を変形して，0 になることを示す。　←$A-B=0$ を示す。

2　条件つきの等式の証明

ある条件のもとで成り立つ等式を証明するには，その条件をもとにして，1つの文字を他の文字におき換えて，文字の数を減らして証明することがある。

A　恒等式の証明

教 p.26

練習 22

次の等式を証明せよ。

(1)　$a^3-b^3=(a-b)^3+3ab(a-b)$

(2)　$a^2-ab+b^2=\left(a-\dfrac{b}{2}\right)^2+\dfrac{3}{4}b^2$

(3)　$(1+x)^3=1+x+x(1+x)+x(1+x)^2$

指針　**恒等式の証明**　恒等式 $A=B$ の証明は，複雑な方の辺の式を変形して簡単な方の辺の式へと導くのが一般的である (方法 **1**)。
どちらともいえない場合は，方法 **2** または方法 **3** を用いる。
(1), (2) は方法 **1**，(3) は方法 **2** を使うのがよい。

解答　(1)　右辺 $=(a^3-3a^2b+3ab^2-b^3)+3a^2b-3ab^2$

$=a^3-b^3$

よって　$a^3-b^3=(a-b)^3+3ab(a-b)$　終

(2)　右辺 $=\left(a^2-ab+\dfrac{b^2}{4}\right)+\dfrac{3}{4}b^2$

$=a^2-ab+b^2$

よって　$a^2-ab+b^2=\left(a-\dfrac{b}{2}\right)^2+\dfrac{3}{4}b^2$　終

(3)　左辺 $=1+3x+3x^2+x^3$　←$(a+b)^3=a^3+3a^2b+3ab^2+b^3$

右辺 $=1+x+x+x^2+x(1+2x+x^2)$

$=1+2x+x^2+x+2x^2+x^3=1+3x+3x^2+x^3$

よって　$(1+x)^3=1+x+x(1+x)+x(1+x)^2$　終

1つの証明方法にこだわらずにいろいろ試してみよう。

別解 (3) 右辺$=(1+x)+x(1+x)+x(1+x)^2$

$=(1+x)\{1+x+x(1+x)\}$ ←因数分解

$=(1+x)(1+2x+x^2)$

$=(1+x)(1+x)^2=(1+x)^3$

よって　$(1+x)^3=1+x+x(1+x)+x(1+x)^2$ 終

B 条件つきの等式の証明

教 p.26

練習 23

$a+b=c$ のとき，次の等式を証明せよ。

$$a^2+bc=b^2+ca$$

指針 **条件つきの等式の証明** まず，両辺の差をとる。次に，c に $a+b$ を代入して，0 となることを示す。

解答 $c=a+b$ であるから

左辺−右辺$=a^2+bc-(b^2+ca)$

$=a^2+b(a+b)-b^2-(a+b)a$

$=a^2+ab+b^2-b^2-a^2-ab$

$=0$

よって　$a^2+bc=b^2+ca$ 終

教 p.26

練習 24

$a+b+c=0$ のとき，次の等式を証明せよ。

(1) $a^2+ca=b^2+bc$

(2) $ab(a+b)+bc(b+c)+ca(c+a)+3abc=0$

指針 **条件つきの等式の証明** $a+b+c=0$ より，$c=-(a+b)$ であるから，c を $-(a+b)$ におき換える。(1) では，左辺−右辺$=0$ を導く。

解答 (1) $a+b+c=0$ より，$c=-(a+b)$ であるから

$a^2+ca-(b^2+bc)$

$=a^2-(a+b)a-\{b^2-b(a+b)\}$ ←c を $-(a+b)$ におき換える

$=a^2-(a^2+ab)-b^2+(ab+b^2)$

$=0$

よって　$a^2+ca=b^2+bc$ 終

(2) $a+b+c=0$ より，$c=-(a+b)$ であるから

$ab(a+b)+bc(b+c)+ca(c+a)+3abc$

$=ab(a+b)-b(a+b)\{b-(a+b)\}-(a+b)a\{-(a+b)+a\}-3ab(a+b)$

$=ab(a+b)+ab(a+b)+ab(a+b)-3ab(a+b)$

$=0$

よって　$ab(a+b)+bc(b+c)+ca(c+a)+3abc=0$ 終

別解 (1) $a+c=-b$, $b+c=-a$ であるから

$$左辺=a^2+ca=a(a+c)=-ab$$
$$右辺=b^2+bc=b(b+c)=-ab$$

よって　$a^2+ca=b^2+bc$ 終

(2) $a+b=-c$, $b+c=-a$, $c+a=-b$ であるから

$$ab(a+b)+bc(b+c)+ca(c+a)+3abc$$
$$=-abc-abc-abc+3abc$$
$$=0$$

よって　$ab(a+b)+bc(b+c)+ca(c+a)+3abc=0$ 終

教 p.26

深める

教科書の例題 8 を教科書 25 ページの **1** または **2** の方法で証明してみよう。

指針 **条件つきの等式の証明**

方法 **1**：右辺において a を消去し，右辺が左辺に等しいことを導く。

方法 **2**：左辺，右辺の式にそれぞれ $c=a+b$ を代入して計算する。

解答 **1** の方法

$a+b=c$ より，$a=c-b$ であるから

$$右辺=(c-b)^2+2bc=c^2-2bc+b^2+2bc$$
$$=b^2+c^2=左辺$$

よって　$b^2+c^2=a^2+2bc$ 終

2 の方法

$c=a+b$ であるから

$$左辺=b^2+(a+b)^2=b^2+a^2+2ab+b^2$$
$$=a^2+2ab+2b^2$$
$$右辺=a^2+2b(a+b)=a^2+2ab+2b^2$$

左辺と右辺が同じ式になるから　$b^2+c^2=a^2+2bc$ 終

教 p.27

練習 25

$\dfrac{a}{b}=\dfrac{c}{d}=3$ のとき，$\dfrac{a-c}{b-d}$ の値を求めよ。

指針 **分数式の値**　$\dfrac{a}{b}=\dfrac{c}{d}=3 \iff \dfrac{a}{b}=3,\ \dfrac{c}{d}=3$ である。

解答 $\dfrac{a}{b}=3$, $\dfrac{c}{d}=3$ より，$a=3b$, $c=3d$ であるから

$$\frac{a-c}{b-d}=\frac{3b-3d}{b-d}=\frac{3(b-d)}{b-d}=3$$ 答

教 p.27

練習 26

$\dfrac{a}{b}=\dfrac{c}{d}$ のとき，次の等式を証明せよ。

(1) $\dfrac{a+c}{b+d}=\dfrac{2a-3c}{2b-3d}$　　(2) $\dfrac{a^2+c^2}{b^2+d^2}=\dfrac{a^2}{b^2}$

指針　**分数式を含む等式の証明**　$\dfrac{a}{b}=\dfrac{c}{d}=k$ とおくと，$\dfrac{a}{b}=k$，$\dfrac{c}{d}=k$ より，$a=bk$，$c=dk$ である。

これらを等式の各辺に代入してみる。

解答　$\dfrac{a}{b}=\dfrac{c}{d}=k$ とおくと　　$a=bk$，$c=dk$

(1)
$$\frac{a+c}{b+d}=\frac{bk+dk}{b+d}=\frac{k(b+d)}{b+d}=k$$
$$\frac{2a-3c}{2b-3d}=\frac{2bk-3dk}{2b-3d}=\frac{k(2b-3d)}{2b-3d}=k$$
よって　$\dfrac{a+c}{b+d}=\dfrac{2a-3c}{2b-3d}$　終

(2)
$$\frac{a^2+c^2}{b^2+d^2}=\frac{b^2k^2+d^2k^2}{b^2+d^2}=\frac{k^2(b^2+d^2)}{b^2+d^2}=k^2$$
$$\frac{a^2}{b^2}=\frac{b^2k^2}{b^2}=k^2$$
よって　$\dfrac{a^2+c^2}{b^2+d^2}=\dfrac{a^2}{b^2}$　終

参考　$\dfrac{a}{b}=\dfrac{c}{d}$　…… ① は，$a:b$ の比の値 $\dfrac{a}{b}$ と $c:d$ の比の値 $\dfrac{c}{d}$ が等しいことを示すから，$a:b=c:d$　…… ② と同値である。

①，② のような式を **比例式** という。

7 不等式の証明

まとめ

1　実数の大小関係の基本性質

1　$a>b,\ b>c \implies a>c$

2　$a>b \implies a+c>b+c,\ a-c>b-c$

3　$a>b,\ c>0 \implies ac>bc,\ \dfrac{a}{c}>\dfrac{b}{c}$

4　$a>b,\ c<0 \implies ac<bc,\ \dfrac{a}{c}<\dfrac{b}{c}$

補足　**1～4** の性質を用いて，次のことが導かれる。

$$a>0,\ b>0 \Longrightarrow a+b>0 \qquad a>0,\ b>0 \Longrightarrow ab>0$$

$$a<0,\ b<0 \Longrightarrow a+b<0 \qquad a<0,\ b<0 \Longrightarrow ab>0$$

2　実数の大小関係と差

5　$\boldsymbol{a>b \iff a-b>0}$

6　$\boldsymbol{a<b \iff a-b<0}$

注意　不等式では，とくに断らない限り，文字は実数を表すものとする。2つの実数 a，b については，$a>b$，$a=b$，$a<b$ のうち，どれか1つの関係だけが成り立つ。

3　実数の平方の性質

1　実数 a について　　$\boldsymbol{a^2 \geqq 0}$

等号が成り立つのは，$a=0$ のときである。

2　実数 a，b について　$\boldsymbol{a^2+b^2 \geqq 0}$

等号が成り立つのは，$a=b=0$ のときである。

4　平方の大小関係

$a>0$，$b>0$ のとき

$$\boldsymbol{a^2>b^2 \iff a>b}$$

$$\boldsymbol{a^2 \geqq b^2 \iff a \geqq b}$$

注意　上のことは，$a \geqq 0$，$b \geqq 0$ のときにも成り立つ。

5　絶対値の性質

実数 a の絶対値 $|a|$ は，その定義より，次のようになる。

$\boldsymbol{a \geqq 0}$ のとき　$\boldsymbol{|a|=a}$

$\boldsymbol{a<0}$ のとき　$\boldsymbol{|a|=-a}$

また，実数の絶対値について，次のことが成り立つ。

$$\boldsymbol{|a| \geqq 0, \quad |a| \geqq a, \quad |a| \geqq -a}$$

$$\boldsymbol{|a|^2=a^2, \quad |ab|=|a||b|}$$

6　相加平均と相乗平均の大小関係

2つの実数 a，b について，$\dfrac{a+b}{2}$ を a と b の **相加平均** といい，$a>0$，$b>0$ のとき，$\sqrt{ab}$ を a と b の **相乗平均** という。

相加平均と相乗平均の間には，次の関係が成り立つ。

$a>0$，$b>0$ のとき　$\boldsymbol{\dfrac{a+b}{2} \geqq \sqrt{ab}}$

←$a+b \geqq 2\sqrt{ab}$ の形で使うことも多い。

等号が成り立つのは，$a=b$ のときである。

注意　このことは，$a \geqq 0$，$b \geqq 0$ のときにも成り立つ。

A 実数の大小関係

教 p.29

練習 27

$x>y$ のとき，次の不等式を証明せよ。

$$3x-4y>2x-3y$$

指針 **不等式の証明**　たとえば，不等式 $A>B$ を証明するには，$A-B>0$ であることを示してもよい。

$x>y \iff x-y>0$

$3x-4y>2x-3y \iff (3x-4y)-(2x-3y)>0$

であるから

$x-y>0$ のとき　$(3x-4y)-(2x-3y)>0$

を示せばよい。

解答　$(3x-4y)-(2x-3y)=3x-4y-2x+3y=x-y$

$x>y$ より，$x-y>0$ であるから

$(3x-4y)-(2x-3y)>0$

したがって　$3x-4y>2x-3y$ 終

教 p.29

練習 28

$x>2$，$y>3$ のとき，次の不等式を証明せよ。

$$xy+6>3x+2y$$

指針 **不等式の証明**

$x>2,\ y>3 \iff x-2>0,\ y-3>0$

$xy+6>3x+2y \iff (xy+6)-(3x+2y)>0$

であるから，練習 27 と同様に

$x-2>0$，$y-3>0$ のとき　$(xy+6)-(3x+2y)>0$

を示せばよい。

$(xy+6)-(3x+2y)$ を x について整理して因数分解する。

解答　$(xy+6)-(3x+2y)=xy-3x-2y+6$

$=(y-3)x-2(y-3)$　← x について整理すると，共通因数 $y-3$ がみつかる。

$=(x-2)(y-3)$

$x>2$，$y>3$ より，$x-2>0$，$y-3>0$ であるから

$(x-2)(y-3)>0$　← $a>0,\ b>0 \Longrightarrow ab>0$

よって　$(xy+6)-(3x+2y)>0$

したがって　$xy+6>3x+2y$ 終

B 実数の平方

教 p.30

練習 29 次の不等式を証明せよ。また，等号が成り立つときを調べよ。

(1) $x^2+4y^2 \geqq 4xy$　　(2) $(x+y)^2 \geqq 4xy$

指針 **実数の平方と不等式の証明**　左辺－右辺を計算し，A^2 の形を導く。
$A^2 \geqq 0$ であることから，左辺－右辺$\geqq 0$，すなわち，左辺$\geqq$右辺が示される。

解答 (1) $(x^2+4y^2)-4xy=x^2-4xy+4y^2=(x-2y)^2 \geqq 0$

よって　$x^2+4y^2 \geqq 4xy$

等号が成り立つのは，$x-2y=0$ すなわち $x=2y$ のときである。 終

(2) $(x+y)^2-4xy=(x^2+2xy+y^2)-4xy=x^2-2xy+y^2$
$=(x-y)^2 \geqq 0$

よって　$(x+y)^2 \geqq 4xy$

等号が成り立つのは，$x-y=0$ すなわち $x=y$ のときである。 終

教 p.31

練習 30 次の不等式を証明せよ。また，等号が成り立つときを調べよ。

(1) $a^2+2b^2 \geqq 2ab$　　(2) $a^2-ab+b^2 \geqq 0$

指針 **実数の平方と不等式の証明**　平方完成により，A^2+B^2 の形を導く。
$A^2+B^2 \geqq 0$ であり，等号が成り立つのは，$A=B=0$ のときである。

解答 (1) $(a^2+2b^2)-2ab=a^2-2ab+2b^2=(a-b)^2-b^2+2b^2$
$=(a-b)^2+b^2$

$(a-b)^2 \geqq 0$，$b^2 \geqq 0$ であるから　$(a-b)^2+b^2 \geqq 0$

したがって　$a^2+2b^2 \geqq 2ab$

等号が成り立つのは，$a-b=0$ かつ $b=0$，すなわち
$a=b=0$ のときである。 終

(2) $a^2-ab+b^2=\left(a-\frac{1}{2}b\right)^2-\frac{1}{4}b^2+b^2$
$=\left(a-\frac{1}{2}b\right)^2+\frac{3}{4}b^2$

$\left(a-\frac{1}{2}b\right)^2 \geqq 0$，$\frac{3}{4}b^2 \geqq 0$ であるから

$a^2-ab+b^2 \geqq 0$

等号が成り立つのは，$a-\frac{1}{2}b=0$ かつ $b=0$，
すなわち $a=b=0$ のときである。 終

等号成立は，
$A^2+B^2=0 \iff A=0$,
$B=0$ から考えるよ。

C 平方の大小関係

教 p.31

練習 31

$x>0$ のとき，次の不等式を証明せよ。

$$1+x>\sqrt{1+2x}$$

指針 **平方の大小関係と不等式の証明** 根号は平方するとはずすことができる。
$(1+x)^2>(\sqrt{1+2x})^2$ を示し，次のことを用いる。

$a>0$, $b>0$ のとき　$a^2>b^2 \iff a>b$

解答 両辺の平方の差を考えると

$$(1+x)^2-(\sqrt{1+2x})^2=(1+2x+x^2)-(1+2x)$$
$$=x^2>0$$

←$x>0$

よって　$(1+x)^2>(\sqrt{1+2x})^2$

$1+x>0$, $\sqrt{1+2x}>0$ であるから

$$1+x>\sqrt{1+2x}$$ 終

←$a>0$, $b>0$ のとき
$a^2>b^2 \iff a>b$

教 p.31

深める

平方の大小関係 $a^2>b^2 \iff a>b$ が「$a<0$, $b<0$」,「$a>0$, $b<0$」のときに成り立たないことを，反例をあげて確認してみよう。

指針 **平方の大小関係** それぞれの場合について，$a>b \Longrightarrow a^2>b^2$ が成り立たないことを示す方が容易である。

解答 **$a<0$, $b<0$ のとき**

(例)　$a=-2$, $b=-3$ は $a>b$ であるが，$a^2=4$, $b^2=9$ であるから，
$a^2>b^2$ ではない。 終

$a>0$, $b<0$ のとき

(例)　$a=2$, $b=-3$ は $a>b$ であるが，$a^2=4$, $b^2=9$ であるから，
$a^2>b^2$ ではない。 終

D 絶対値を含む不等式の証明

教 p.32

練習 32

次の不等式を証明せよ。また，等号が成り立つときを調べよ。

$$|a|+2|b|\geqq|a+2b|$$

指針 **絶対値を含む不等式の証明** 不等式の両辺について，$|a|+2|b|\geqq 0$, $|a+2b|\geqq 0$ であるから，次のことを用いる。

$A\geqq 0$, $B\geqq 0$ のとき　$A^2\geqq B^2 \iff A\geqq B$

解答 両辺の平方の差を考えると

$$(|a|+2|b|)^2-|a+2b|^2$$
$$=|a|^2+4|a||b|+4|b|^2-(a+2b)^2$$

←$|a+2b|^2=(a+2b)^2$
$|a|^2=a^2$, $|b|^2=b^2$
$|a||b|=|ab|$

$=a^2+4|ab|+4b^2-(a^2+4ab+4b^2)$

$=4(|ab|-ab)\geqq 0$ ←$|ab|\geqq ab$

よって　$(|a|+2|b|)^2\geqq|a+2b|^2$

$|a|+2|b|\geqq 0$, $|a+2b|\geqq 0$ であるから

$|a|+2|b|\geqq|a+2b|$

等号が成り立つのは　$|ab|=ab$ ←$|A|=A$ のとき $A\geqq 0$

すなわち $ab\geqq 0$ のときである。 終

E 相加平均と相乗平均

練習 33 教 p.34

$a>0$, $b>0$ のとき，次の不等式を証明せよ。また，等号が成り立つときを調べよ。

(1) $a+\dfrac{4}{a}\geqq 4$　　(2) $\dfrac{a}{b}+\dfrac{b}{a}\geqq 2$

指針 **相加平均・相乗平均と不等式の証明**　相加平均と相乗平均の大小関係を，$a+b\geqq 2\sqrt{ab}$ の形で使う。

解答 (1) $a>0$, $\dfrac{4}{a}>0$ であるから，相加平均と相乗平均の大小関係により

$$a+\frac{4}{a}\geqq 2\sqrt{a\cdot\frac{4}{a}}=2\sqrt{4}=4$$

よって　$a+\dfrac{4}{a}\geqq 4$

等号が成り立つのは，$a>0$ かつ $a=\dfrac{4}{a}$，すなわち $a=2$ のときである。 終

(2) $\dfrac{a}{b}>0$, $\dfrac{b}{a}>0$ であるから，相加平均と相乗平均の大小関係により

$$\frac{a}{b}+\frac{b}{a}\geqq 2\sqrt{\frac{a}{b}\cdot\frac{b}{a}}=2$$

よって　$\dfrac{a}{b}+\dfrac{b}{a}\geqq 2$

等号が成り立つのは，$a>0$, $b>0$ かつ $\dfrac{a}{b}=\dfrac{b}{a}$，すなわち $a=b$ のときである。

終

補足 **等号が成り立つ条件の求め方**

(1) $a+\dfrac{4}{a}\geqq 4$ で等号が成り立つとき　$a+\dfrac{4}{a}=4$

このとき，$\dfrac{4}{a}=a$ であるから　$a+a=4$

よって　$a=2$ $\left(\dfrac{4}{a}=2=a\right.$ となり，適する$\left.\right)$

(2) $\dfrac{a}{b}+\dfrac{b}{a}\geqq 2$ で等号が成り立つとき　$\dfrac{a}{b}+\dfrac{b}{a}=2$

このとき，$\dfrac{b}{a}=\dfrac{a}{b}$ であるから　$\dfrac{a}{b}+\dfrac{a}{b}=2$

よって　$\dfrac{a}{b}=1$　すなわち　$a=b$ $\left(\dfrac{b}{a}=1=\dfrac{a}{b}\right.$ となり，適する$\left.\right)$

教 p.34

深める

$a>0$ のとき，$a+\dfrac{16}{a}$ の最小値とそのときの a の値を求めてみよう。

指針　**相加平均・相乗平均の利用**　教科書の例題 12 や練習 33 (1) と同様にして，$a+\dfrac{16}{a}\geqq$(定数) の形の不等式を導くことを考える。

解答　$a>0$，$\dfrac{16}{a}>0$ であるから，相加平均と相乗平均の大小関係により

$$a+\frac{16}{a}\geqq 2\sqrt{a\cdot\frac{16}{a}}=8$$

よって　$a+\dfrac{16}{a}\geqq 8$

等号が成り立つのは，$a>0$ かつ $a=\dfrac{16}{a}$，すなわち $a=4$ のときである。

したがって，$a+\dfrac{16}{a}$ は $\boldsymbol{a=4}$ **で最小値 8 をとる。**　答

第1章 第2節　補充問題

教 p.35

6　$a+b+c=0$ のとき，次の等式を証明せよ。

$$a^3+b^3+c^3=3abc$$

指針　**条件つきの等式の証明**　$a+b+c=0$ より $c=-(a+b)$ であるから，c を $-(a+b)$ におき換えて，左辺－右辺＝0 になることを示す。

解答　$a+b+c=0$ より，$c=-(a+b)$ であるから

$$\begin{aligned}\text{左辺}-\text{右辺}&=a^3+b^3+c^3-3abc\\&=a^3+b^3-(a+b)^3+3ab(a+b)\\&=a^3+b^3-a^3-3a^2b-3ab^2-b^3+3a^2b+3ab^2\\&=0\end{aligned}$$

よって　$a^3+b^3+c^3=3abc$　終

参考 左辺−右辺$=a^3+b^3+c^3-3abc$

$=(a+b+c)(a^2+b^2+c^2-ab-bc-ca)$

のように因数分解される。

よって，$a+b+c=0$ のとき，左辺−右辺$=0$ であるから，等式は成り立つ。

教 p.35

7 $a<b$，$x<y$ のとき，$ax+by$ と $bx+ay$ の大小を，不等号を用いて表せ。

指針 **実数の大小関係** $(ax+by)-(bx+ay)$ の符号を調べる。次の性質を使う。

$P-Q>0 \iff P>Q \qquad P-Q<0 \iff P<Q$

解答 $(ax+by)-(bx+ay)=ax+by-bx-ay$

$=a(x-y)-b(x-y)$

$=(a-b)(x-y)$ ←因数分解

$a<b$，$x<y$ のとき　$a-b<0$，$x-y<0$

よって　$(a-b)(x-y)>0$ ←$(-)\times(-)=(+)$

すなわち　$(ax+by)-(bx+ay)>0$

したがって　$\boldsymbol{ax+by>bx+ay}$ 答

教 p.35

8 $a>0$，$b>0$ のとき，次の不等式を証明せよ。

$$(a+b)\left(\frac{1}{a}+\frac{1}{b}\right)\geqq 4$$

指針 **相加平均・相乗平均と不等式の証明** 左辺を展開し，分数式の和の部分について相加平均と相乗平均の大小関係を用いる。

解答 左辺を展開すると

$$(a+b)\left(\frac{1}{a}+\frac{1}{b}\right)=a\cdot\frac{1}{a}+a\cdot\frac{1}{b}+b\cdot\frac{1}{a}+b\cdot\frac{1}{b}=\frac{a}{b}+\frac{b}{a}+2$$

$a>0$，$b>0$ のとき，$\frac{a}{b}>0$，$\frac{b}{a}>0$ であるから，相加平均と相乗平均の大小関係により　$\frac{a}{b}+\frac{b}{a}\geqq 2\sqrt{\frac{a}{b}\cdot\frac{b}{a}}=2$

よって　$(a+b)\left(\frac{1}{a}+\frac{1}{b}\right)=\frac{a}{b}+\frac{b}{a}+2\geqq 2+2=4$ 終

注意 等号が成り立つのは，$\frac{a}{b}+\frac{b}{a}=2$，$\frac{a}{b}=\frac{b}{a}$ から $\frac{a}{b}=\frac{b}{a}=1$ のとき，すなわち $a=b$ のときである。

コラム 調和平均

教 p.35

$a>0$, $b>0$ のとき, a と b の相加平均と調和平均, 相乗平均と調和平均の大小関係はどうなるのでしょうか。次の□には≧または≦が入るのですが, どちらが適するかの見当をつけ, その不等式を証明してみましょう。

$$\frac{a+b}{2}\ \square\ \frac{2}{\frac{1}{a}+\frac{1}{b}} \qquad \sqrt{ab}\ \square\ \frac{2}{\frac{1}{a}+\frac{1}{b}}$$

これと, 相加平均と相乗平均の大小関係により, 3 つの平均の大小関係がわかります。

指針 **調和平均** まずは, a, b に適当な正の数を代入して, 大小の見当をつけてみる。

解答 (例) たとえば, $a=2$, $b=4$ のとき $\frac{a+b}{2}=\frac{2+4}{2}=3$,

$$\frac{2}{\frac{1}{a}+\frac{1}{b}}=\frac{2}{\frac{1}{2}+\frac{1}{4}}=\frac{8}{2+1}=\frac{8}{3}, \qquad \sqrt{ab}=\sqrt{2\cdot4}=2\sqrt{2}$$

$\frac{8}{3}=2.66\cdots\cdots$, $2\sqrt{2}=2.82\cdots\cdots$ であるから

$$\frac{a+b}{2}\geqq\frac{2}{\frac{1}{a}+\frac{1}{b}} \quad \cdots\cdots ① \qquad \sqrt{ab}\geqq\frac{2}{\frac{1}{a}+\frac{1}{b}} \quad \cdots\cdots ②$$

であると考えられる。ここで, ①, ② の右辺はともに,

$$\frac{2}{\frac{1}{a}+\frac{1}{b}}=\frac{2ab}{a+b} \quad \cdots\cdots ③$$ と変形される。

[① の証明]

③ を用いて

$$左辺-右辺=\frac{a+b}{2}-\frac{2ab}{a+b}=\frac{(a+b)^2-4ab}{2(a+b)}$$

$$=\frac{a^2-2ab+b^2}{2(a+b)}=\frac{(a-b)^2}{2(a+b)}\geqq0$$

よって, ① が成り立つ。また, 等号が成り立つのは, $a-b=0$, すなわち $a=b$ のときである。 終

[② の証明]

③ を用いて

$$左辺^2-右辺^2=ab-\frac{4a^2b^2}{(a+b)^2}=\frac{ab(a+b)^2-4a^2b^2}{(a+b)^2}$$

$$=\frac{ab\{(a+b)^2-4ab\}}{(a+b)^2}=\frac{ab(a^2-2ab+b^2)}{(a+b)^2}$$

$$=\frac{ab(a-b)^2}{(a+b)^2}\geqq 0$$

左辺，右辺はともに正であるから，左辺≧右辺，すなわち ② が成り立つ。
また，等号が成り立つのは，$a-b=0$，すなわち $a=b$ のときである。 終

さらに，①，② および，$\dfrac{a+b}{2}\geqq\sqrt{ab}$ から，3 つの平均の大小関係は

$$\frac{a+b}{2}\geqq\sqrt{ab}\geqq\frac{2}{\dfrac{1}{a}+\dfrac{1}{b}}$$

となる。 終

第1章　章末問題A

教 p.36

1. 次の(1)の式を展開せよ。また，(2)の式を計算せよ。

(1) $(a+b)^2(a^2-ab+b^2)^2$　　(2) $(n+1)^3-n^3$

指針 **3次式の展開** (1)は，$A^2B^2=(AB)^2$ のように変形して，展開の公式を利用する。

解答 (1) $(a+b)^2(a^2-ab+b^2)^2=\{(a+b)(a^2-ab+b^2)\}^2$

$=(a^3+b^3)^2$

$=\boldsymbol{a^6+2a^3b^3+b^6}$ 答

(2) $(n+1)^3-n^3=(n^3+3n^2+3n+1)-n^3$

$=\boldsymbol{3n^2+3n+1}$ 答

教 p.36

2. 次の多項式 A，B について，A を B で割った商と余りを求めよ。

(1) $A=x^4-1$，$B=x-1$

(2) $A=4x^3-3x-2$，$B=2x^2+x-3$

指針 **多項式の割り算** (1)では，A に1次～3次の項がない。また，(2)では，A に2次の項がない。割られる式に，ある次数の項がない場合は，その場所を空けておくと計算しやすい。

解答 (1)

$$\begin{array}{r|l} & x^3+x^2+x+1 \\ x-1 & x^4 \qquad\qquad -1 \\ & x^4-x^3 \\ \hline & x^3 \\ & x^3-x^2 \\ \hline & x^2 \\ & x^2-x \\ \hline & x-1 \\ & x-1 \\ \hline & 0 \end{array}$$

答 **商** $\boldsymbol{x^3+x^2+x+1}$，**余り** $\boldsymbol{0}$

(2)

$$\begin{array}{r|l} & 2x-1 \\ 2x^2+x-3 & 4x^3 \qquad -3x-2 \\ & 4x^3+2x^2-6x \\ \hline & -2x^2+3x-2 \\ & -2x^2-x+3 \\ \hline & 4x-5 \end{array}$$

答 **商** $\boldsymbol{2x-1}$，**余り** $\boldsymbol{4x-5}$

教 p.36

3. 次の式を計算せよ。

(1) $\dfrac{1}{x^2-x}-\dfrac{2}{x^2-1}$　　(2) $\dfrac{x-y}{xy}+\dfrac{y-z}{yz}+\dfrac{z-x}{zx}$

指針 **分数式の加法・減法**　分数式の加減では，通分して計算する。また，(1)では，まず分母を因数分解すると，共通因数があることがわかるから，通分しやすくなる。

解答 (1) $\dfrac{1}{x^2-x}-\dfrac{2}{x^2-1}=\dfrac{1}{x(x-1)}-\dfrac{2}{(x+1)(x-1)}$

$=\dfrac{x+1}{x(x+1)(x-1)}-\dfrac{2x}{x(x+1)(x-1)}=\dfrac{(x+1)-2x}{x(x+1)(x-1)}$

$=\dfrac{1-x}{x(x+1)(x-1)}=\dfrac{-(x-1)}{x(x+1)(x-1)}=-\boldsymbol{\dfrac{1}{x(x+1)}}$ 答

(2) $\dfrac{x-y}{xy}+\dfrac{y-z}{yz}+\dfrac{z-x}{zx}=\dfrac{(x-y)z}{xyz}+\dfrac{(y-z)x}{xyz}+\dfrac{(z-x)y}{xyz}$

$=\dfrac{(x-y)z+(y-z)x+(z-x)y}{xyz}=\dfrac{xz-yz+yx-zx+zy-xy}{xyz}$

$=\boldsymbol{0}$ 答

教 p.36

4. 次の等式が x についての恒等式となるように，定数 a，b，c の値を定めよ。

(1) $x^3=(x-1)^3+a(x-1)^2+b(x-1)+c$

(2) $\dfrac{3}{x^3+1}=\dfrac{a}{x+1}+\dfrac{bx+c}{x^2-x+1}$

指針 **恒等式の性質**　恒等式においては，次のことが成り立つ。

両辺の同じ次数の項の係数は，それぞれ等しい。

(2) $x^3+1=(x+1)(x^2-x+1)$ であることに着目し，分母をはらう。分数式の恒等式は，分母をはらった等式もまた恒等式である。

解答 (1) 等式の右辺を計算すると

$x^3=x^3-3x^2+3x-1+ax^2-2ax+a+bx-b+c$

整理すると　$(a-3)x^2+(-2a+b+3)x+(a-b+c-1)=0$

この等式も x についての恒等式であるから，どの係数も 0 に等しく

$a-3=0,\quad -2a+b+3=0,\quad a-b+c-1=0$

これを解いて　$\boldsymbol{a=3,\ b=3,\ c=1}$ 答

(2) 等式の両辺に $(x+1)(x^2-x+1)$ $(=x^3+1)$ を掛けると

$3=a(x^2-x+1)+(bx+c)(x+1)$

右辺を計算して　$3=ax^2-ax+a+bx^2+bx+cx+c$

整理すると　$3=(a+b)x^2+(-a+b+c)x+(a+c)$

両辺の同じ次数の項の係数を比較して

$0=a+b,\quad 0=-a+b+c,\quad 3=a+c$

これを解いて　$\boldsymbol{a=1,\ b=-1,\ c=2}$ 答

参考 等式の両辺の x に適当な値を代入して連立方程式をつくり，a，b，c の値を求めることもできる (数値代入法)。数値代入法は求めた値は必要条件でしかないから，十分条件でもある (恒等式になる) ことの確認を忘れないように注意する。

たとえば，(1) は次のようになる。

別解 (1)　等式の両辺の x に 0，1，2 をそれぞれ代入すると

$0=-1+a-b+c,\quad 1=c,\quad 8=1+a+b+c$

これを解いて　$a=3,\ b=3,\ c=1$

逆に，これらの値を右辺に代入して整理すると左辺と一致し，与えられた等式は x についての恒等式である。

よって　$\boldsymbol{a=3,\ b=3,\ c=1}$ 答

教 p.36

5. 次の等式を証明せよ。

(1)　$x^2+\dfrac{1}{x^2}=\left(x+\dfrac{1}{x}\right)^2-2$　　(2)　$x^3+\dfrac{1}{x^3}=\left(x+\dfrac{1}{x}\right)^3-3\left(x+\dfrac{1}{x}\right)$

指針 **恒等式の証明**　(1)，(2) とも，右辺を変形して左辺を導くとよい。

解答 (1)　右辺$=\left(x+\dfrac{1}{x}\right)^2-2=x^2+2\cdot x\cdot\dfrac{1}{x}+\left(\dfrac{1}{x}\right)^2-2$

$=x^2+2+\dfrac{1}{x^2}-2=x^2+\dfrac{1}{x^2}=$左辺

よって　$x^2+\dfrac{1}{x^2}=\left(x+\dfrac{1}{x}\right)^2-2$ 終

(2)　右辺$=\left(x+\dfrac{1}{x}\right)^3-3\left(x+\dfrac{1}{x}\right)$

$=x^3+3x^2\cdot\dfrac{1}{x}+3x\left(\dfrac{1}{x}\right)^2+\left(\dfrac{1}{x}\right)^3-3\left(x+\dfrac{1}{x}\right)$

$=x^3+3x+\dfrac{3}{x}+\dfrac{1}{x^3}-3x-\dfrac{3}{x}=x^3+\dfrac{1}{x^3}=$左辺

よって　$x^3+\dfrac{1}{x^3}=\left(x+\dfrac{1}{x}\right)^3-3\left(x+\dfrac{1}{x}\right)$ 終

教 p.36

6．次の等式，不等式を証明せよ。

(1)　$(a-b)^2+(b-c)^2+(c-a)^2=2(a^2+b^2+c^2-ab-bc-ca)$

(2)　$a^2+b^2+c^2 \geqq ab+bc+ca$

指針　**等式・不等式の証明**

(1)　左辺を変形して，右辺を導く。

(2)　左辺－右辺≧0 を証明する。このとき，(1) の結果を利用する。

解答　(1)　左辺 $=a^2-2ab+b^2+b^2-2bc+c^2+c^2-2ca+a^2$

$=2(a^2+b^2+c^2-ab-bc-ca)$

よって

$(a-b)^2+(b-c)^2+(c-a)^2=2(a^2+b^2+c^2-ab-bc-ca)$　終

(2)　(1) より

$$\frac{1}{2}\{(a-b)^2+(b-c)^2+(c-a)^2\}=a^2+b^2+c^2-ab-bc-ca$$

であるから

$$a^2+b^2+c^2-(ab+bc+ca)=a^2+b^2+c^2-ab-bc-ca$$

$$=\frac{1}{2}\{(a-b)^2+(b-c)^2+(c-a)^2\} \geqq 0$$

よって　$a^2+b^2+c^2 \geqq ab+bc+ca$　終

注意　(2)　等号が成り立つのは，$a-b=0$，$b-c=0$，$c-a=0$

すなわち $a=b=c$ のときである。

教 p.36

7．$a>0$，$b>0$ のとき，次の不等式を証明せよ。

(1)　$ab+\dfrac{9}{ab} \geqq 6$　　(2)　$\left(a+\dfrac{1}{b}\right)\left(b+\dfrac{4}{a}\right) \geqq 9$

指針　**相加平均・相乗平均と不等式の証明**　相加平均と相乗平均の大小関係

$\dfrac{a+b}{2} \geqq \sqrt{ab}$ $(a>0,\ b>0)$ を，$a+b \geqq 2\sqrt{ab}$ の形で利用する。

(2)　まず，左辺を展開し，文字の項についてこの関係を用いる。

解答　(1)　$ab>0$，$\dfrac{9}{ab}>0$ であるから，相加平均と相乗平均の大小関係により

$$ab+\frac{9}{ab} \geqq 2\sqrt{ab\cdot\frac{9}{ab}}=2\sqrt{9}=2\cdot3=6$$

よって　$ab+\dfrac{9}{ab} \geqq 6$　終

(2)　左辺を展開すると

$$\left(a+\frac{1}{b}\right)\left(b+\frac{4}{a}\right)=ab+a\cdot\frac{4}{a}+\frac{1}{b}\cdot b+\frac{1}{b}\cdot\frac{4}{a}$$

$$=ab+\frac{4}{ab}+5$$

$ab>0$，$\frac{4}{ab}>0$ であるから，相加平均と相乗平均の大小関係により

$$ab+\frac{4}{ab}\geqq 2\sqrt{ab\cdot\frac{4}{ab}}=2\sqrt{4}=2\cdot 2=4$$

よって　$\left(a+\frac{1}{b}\right)\left(b+\frac{4}{a}\right)=ab+\frac{4}{ab}+5\geqq 4+5=9$　終

注意　等号が成り立つのは次のときになる。

(1)　$ab+\frac{9}{ab}=6$，$ab=\frac{9}{ab}$ から　　$ab=\frac{9}{ab}=\frac{6}{2}$，すなわち，$ab=3$ のとき。

(2)　$ab+\frac{4}{ab}=4$，$ab=\frac{4}{ab}$ から　　$ab=\frac{4}{ab}=\frac{4}{2}$，すなわち，$ab=2$ のとき。

第1章　章末問題B

教 p.37

8. (1)　$8x^3-12x^2y+6xy^2-y^3$ を因数分解せよ。

(2)　$x^3+y^3=(x+y)^3-3xy(x+y)$ であることを用いて，
$x^3+y^3+z^3-3xyz$ を因数分解せよ。

指針　**3 次式の因数分解**

(1)　与式を $(8x^3-y^3)-12x^2y+6xy^2$ のように式変形して，まず，〜〜〜の部分と……の部分でそれぞれ因数分解をする。

(2)　$x^3+y^3=(x+y)^3-3xy(x+y)$ から $x^3+y^3+z^3-3xyz$ は $(x+y+z)$ でくくれる。

解答 (1)　$8x^3-12x^2y+6xy^2-y^3$

$=(8x^3-y^3)-12x^2y+6xy^2$

$=(2x-y)(4x^2+2xy+y^2)-6xy(2x-y)$

$=(2x-y)(4x^2+2xy+y^2-6xy)$

$=(2x-y)(4x^2-4xy+y^2)=(2x-y)(2x-y)^2=\boldsymbol{(2x-y)^3}$　答

(2)　$x^3+y^3=(x+y)^3-3xy(x+y)$ であるから

$x^3+y^3+z^3-3xyz$

$=(x+y)^3-3xy(x+y)+z^3-3xyz$

$=(x+y)^3+z^3-3xy(x+y)-3xyz$

$=\{(x+y)+z\}\{(x+y)^2-(x+y)z+z^2\}-3xy(x+y+z)$

$=(x+y+z)\{(x+y)^2-(x+y)z+z^2-3xy\}$

$=(x+y+z)(x^2+2xy+y^2-xz-yz+z^2-3xy)$

$=\boldsymbol{(x+y+z)(x^2+y^2+z^2-xy-yz-zx)}$　答

参考 (1) の式は，展開の公式 $(a-b)^3=a^3-3a^2b+3ab^2-b^3$ の右辺の式において，$a\to 2x$，$b\to y$ とおき換えたものになっている。これに気付けば，次のように計算できる。

別解 (1) $8x^3-12x^2y+6xy^2-y^3$

$=(2x)^3-3(2x)^2y+3(2x)y^2-y^3$

$=\boldsymbol{(2x-y)^3}$ 答

教 p.37

9. 二項定理を用いて，次の不等式が成り立つことを示せ。

$$\left(1+\frac{1}{n}\right)^n>2 \qquad \text{ただし，} n \text{は 2 以上の自然数}$$

指針 **二項定理を利用する不等式の証明** 二項定理により

$$(1+x)^n={}_n\mathrm{C}_0+{}_n\mathrm{C}_1x+{}_n\mathrm{C}_2x^2+\cdots\cdots+{}_n\mathrm{C}_nx^n$$

が成り立つ。この等式に $x=\dfrac{1}{n}$ を代入する。

解答 二項定理により

$$\left(1+\frac{1}{n}\right)^n={}_n\mathrm{C}_0+{}_n\mathrm{C}_1\cdot\frac{1}{n}+{}_n\mathrm{C}_2\left(\frac{1}{n}\right)^2+\cdots\cdots+{}_n\mathrm{C}_n\left(\frac{1}{n}\right)^n$$

$$=1+n\cdot\frac{1}{n}+\frac{n(n-1)}{2}\cdot\left(\frac{1}{n}\right)^2+\cdots\cdots+\left(\frac{1}{n}\right)^n$$ ←第 3 項以降は正の数

$$>1+1=2$$

よって $\left(1+\dfrac{1}{n}\right)^n>2$ 終

教 p.37

10. 次の式を計算せよ。

(1) $\dfrac{1}{1-x}+\dfrac{1}{1+x}+\dfrac{2}{1+x^2}$

(2) $\dfrac{a}{(a-b)(a-c)}+\dfrac{b}{(b-a)(b-c)}+\dfrac{c}{(c-a)(c-b)}$

指針 **分数式の加法**

(1) まず，最初の 2 つの分数式を通分して計算する。

(2) 与式の 3 つの分数式の分母は，$a-b$，$b-c$，$c-a$ のうちのいずれか 2 つが因数である式に変形できる。

解答 (1) $\dfrac{1}{1-x}+\dfrac{1}{1+x}+\dfrac{2}{1+x^2}$

$$=\frac{1+x}{(1-x)(1+x)}+\frac{1-x}{(1-x)(1+x)}+\frac{2}{1+x^2}$$

$$=\frac{(1+x)+(1-x)}{(1-x)(1+x)}+\frac{2}{1+x^2}=\frac{2}{1-x^2}+\frac{2}{1+x^2}$$

$$=\frac{2(1+x^2)}{(1-x^2)(1+x^2)}+\frac{2(1-x^2)}{(1-x^2)(1+x^2)}$$

$$=\frac{2(1+x^2)+2(1-x^2)}{(1-x^2)(1+x^2)}=\frac{4}{\mathbf{1-x^4}}$$ 答

(2) $$\frac{a}{(a-b)(a-c)}+\frac{b}{(b-a)(b-c)}+\frac{c}{(c-a)(c-b)}$$

$$=-\frac{a}{(a-b)(c-a)}-\frac{b}{(a-b)(b-c)}-\frac{c}{(c-a)(b-c)}$$

$$=-\frac{a(b-c)}{(a-b)(b-c)(c-a)}-\frac{b(c-a)}{(a-b)(b-c)(c-a)}-\frac{c(a-b)}{(a-b)(b-c)(c-a)}$$

$$=\frac{-a(b-c)-b(c-a)-c(a-b)}{(a-b)(b-c)(c-a)}$$

$$=\frac{-ab+ac-bc+ab-ac+bc}{(a-b)(b-c)(c-a)}=\mathbf{0}$$ 答

教 p.37

11. a は定数とする。x についての多項式 x^3+ax^2+2x+1 を x^2+x-2 で割ると，余りが $2x+5$ となるように，a の値を定めよ。また，そのときの商を求めよ。

指針 **等式 $A=BQ+R$ の利用，恒等式の性質**　割る式は 2 次式であるから，商は 1 次式となる。これを $bx+c$ とおく。それぞれの多項式を $A=BQ+R$ に代入して得られる等式を恒等式とみて，両辺の係数を比べて a，b，c の値を求める。

解答 商を $bx+c$ とおくと

$$x^3+ax^2+2x+1=(x^2+x-2)(bx+c)+2x+5$$

右辺を計算して，x について整理すると

$$x^3+ax^2+2x+1=bx^3+(b+c)x^2+(-2b+c+2)x-2c+5$$

この等式は x についての恒等式であるから，両辺の同じ次数の項の係数を比較して

$$1=b,\quad a=b+c,\quad 2=-2b+c+2,\quad 1=-2c+5$$

これを解いて　　$a=3$，$b=1$，$c=2$

よって　　**$a=3$，商は $x+2$**　答

教 p.37

12. 等式 $(k+2)x+(k+1)y-3k-4=0$ が，k のどのような値に対しても成り立つように，x，y の値を定めよ。

指針 **恒等式の性質**　「k のどのような値に対しても成り立つ」から，k についての恒等式と考える。まず，左辺を k について整理する。

$ak+b=0$ が k についての恒等式である　$\Longleftrightarrow$　$a=b=0$

解答 等式の左辺を k について整理すると

$(x+y-3)k+(2x+y-4)=0$

この等式は k についての恒等式であるから，係数はすべて 0 で

$x+y-3=0,\quad 2x+y-4=0$

これを解いて　　$\boldsymbol{x=1,\ y=2}$ 答

教 p.37

13. $\dfrac{x}{a}=\dfrac{y}{b}=\dfrac{z}{c}=2$ のとき，次の式の値を求めよ。

(1) $\dfrac{x+y+z}{a+b+c}$　　(2) $\dfrac{x^2+y^2+z^2}{a^2+b^2+c^2}$

指針　**分数式の値**　条件式から，$x=2a$，$y=2b$，$z=2c$ と表すことができる。それぞれを代入し，約分を考える。

解答　$\dfrac{x}{a}=\dfrac{y}{b}=\dfrac{z}{c}=2$ から　　$x=2a$，$y=2b$，$z=2c$

(1) $\dfrac{x+y+z}{a+b+c}=\dfrac{2a+2b+2c}{a+b+c}=\dfrac{2(a+b+c)}{a+b+c}=\boldsymbol{2}$ 答

(2) $\dfrac{x^2+y^2+z^2}{a^2+b^2+c^2}=\dfrac{(2a)^2+(2b)^2+(2c)^2}{a^2+b^2+c^2}=\dfrac{4a^2+4b^2+4c^2}{a^2+b^2+c^2}$

$=\dfrac{4(a^2+b^2+c^2)}{a^2+b^2+c^2}=\boldsymbol{4}$ 答

教 p.37

14. $a>b>0$，$a+b=1$ のとき，次の数を大きい順に並べよ。

$$\frac{1}{2},\quad 2ab,\quad a^2+b^2$$

指針　**実数の大小関係**　まず，2 つの条件 $a>b>0$，$a+b=1$ を満たす数 a，b を代入して，大小の見当をつける。

たとえば，$a=\dfrac{2}{3}$，$b=\dfrac{1}{3}$ とすると

$2ab=2\cdot\dfrac{2}{3}\cdot\dfrac{1}{3}=\dfrac{4}{9}<\dfrac{1}{2},\qquad a^2+b^2=\left(\dfrac{2}{3}\right)^2+\left(\dfrac{1}{3}\right)^2=\dfrac{5}{9}>\dfrac{1}{2}$

となるから，$a^2+b^2>\dfrac{1}{2}>2ab$ であると考えられる。これを証明する。

$a+b=1$ を用いて b を消去し，実数の平方の性質を用いる。

解答　$a+b=1$ であるから　　$b=1-a$

$a>b>0$ から　　$a>1-a>0$

これを解くと　　$\dfrac{1}{2}<a<1$　　←$a>1-a$ より $a>\dfrac{1}{2}$，$1-a>0$ より $a<1$

このとき　　$a^2+b^2-\dfrac{1}{2}=a^2+(1-a)^2-\dfrac{1}{2}=2a^2-2a+\dfrac{1}{2}$

$$=2\left(a^2-a+\frac{1}{4}\right)=2\left(a-\frac{1}{2}\right)^2>0$$

$$\frac{1}{2}-2ab=\frac{1}{2}-2a(1-a)=2a^2-2a+\frac{1}{2}$$

$$=2\left(a^2-a+\frac{1}{4}\right)=2\left(a-\frac{1}{2}\right)^2>0$$

よって　　$a^2+b^2>\frac{1}{2}$，$\frac{1}{2}>2ab$

したがって，大きい順に並べると　　$\boldsymbol{a^2+b^2}$，$\boldsymbol{\frac{1}{2}}$，$\boldsymbol{2ab}$　答

別解　$a>b$ から，$a^2 \neq b^2$ である。

このとき，相加平均と相乗平均の大小関係により

$$a^2+b^2>2\sqrt{a^2b^2}$$　←$a^2 \neq b^2$ から，等号は成立しない。

すなわち　　$a^2+b^2>2ab$　…… ①

ここで，$a+b=1$ から

$$a^2+b^2=(a+b)^2-2ab=1-2ab \quad \cdots\cdots ②$$

であるから，① より　　$1-2ab>2ab$　　$ab<\frac{1}{4}$

よって，$2ab<\frac{1}{2}$　…… ③ であり，このとき，$-2ab>-\frac{1}{2}$ であるから，

② より　　$a^2+b^2>1-\frac{1}{2}=\frac{1}{2}$　…… ④

③，④ から，大きい順に並べると　　$\boldsymbol{a^2+b^2}$，$\boldsymbol{\frac{1}{2}}$，$\boldsymbol{2ab}$　答

教科書 p.40

第2章 複素数と方程式

第1節 複素数と2次方程式の解

1 複素数とその計算

まとめ

1 虚数単位 i

2乗すると -1 になる新しい数を1つ考え，これを文字 i で表す。
すなわち，$i^2=-1$ とする。この i を **虚数単位** という。

2 複素数

虚数単位 i と2つの実数 a，b を用いて $a+bi$ の形に表される数を考える。
この数を **複素数** という。複素数 $a+bi$ で，a を **実部**，b を **虚部** という。

3 虚数・純虚数

複素数 $a+bi$ について，$b=0$ のときの複素数 $a+0i$ は実数 a を表すものとする。
$b\neq0$ のときの複素数 $a+bi$ を **虚数** といい，とくに，$a=0$ であるときの虚数 $0+bi$ は bi と表し，これを **純虚数** という。

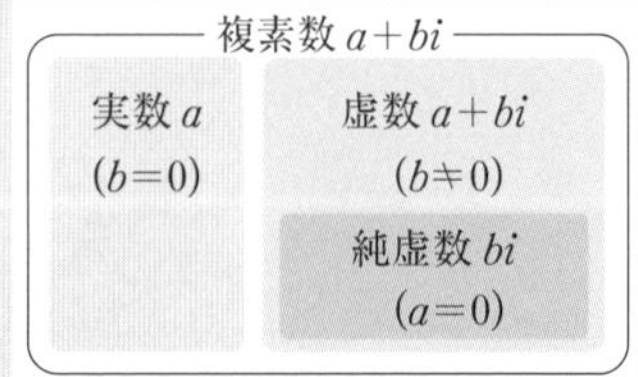

4 複素数の相等

2つの複素数が **等しい** のは，実部，虚部が，それぞれ一致する場合とする。
すなわち，次のように定める。

$$a+bi=c+di \iff a=c \text{ かつ } b=d$$

とくに $$a+bi=0 \iff a=0 \text{ かつ } b=0$$

注意 複素数 $a+bi$，$c+di$ などでは，文字 a，b，c，d は実数とする。

5 共役な複素数

2つの複素数 $a+bi$，$a-bi$ を，互いに **共役（きょうやく）な複素数** という。実数 a と共役な複素数は，a 自身である。

6 複素数の四則計算

加法 $(a+bi)+(c+di)=(a+c)+(b+d)i$

減法 $(a+bi)-(c+di)=(a-c)+(b-d)i$

乗法 $(a+bi)(c+di)=(ac-bd)+(ad+bc)i$

除法 $\dfrac{a+bi}{c+di}=\dfrac{(a+bi)(c-di)}{(c+di)(c-di)}=\dfrac{ac+bd}{c^2+d^2}+\dfrac{bc-ad}{c^2+d^2}i$

7　複素数の性質

1　2つの複素数の和，差，積，商は常に複素数である。

2　実数の場合と同様に，複素数α，βに対しても次が成り立つ。

$$\alpha\beta=0 \iff \alpha=0 \quad \text{または} \quad \beta=0$$

なお，虚数については，大小関係や正，負は考えない。

8　$\sqrt{-a}$ の定義

$a>0$ のときの記号 $\sqrt{-a}$ の意味を次のように定める。

$a>0$ のとき　$\sqrt{-a}=\sqrt{a}\,i$　とくに　$\sqrt{-1}=i$

9　負の数の平方根

$a>0$ のとき，$-a$の平方根は　$\pm\sqrt{-a}$　すなわち　$\pm\sqrt{a}\,i$

A 複素数

練習 1　教 p.41

次の複素数の実部と虚部をいえ。

(1)　$-3+5i$　(2)　$\dfrac{-1-\sqrt{3}\,i}{2}$　(3)　1　(4)　$-i$

指針　**複素数の実部，虚部**　複素数 $a+bi$ では，実部は a，虚部は b である。

(2) は，まず，$a+bi$ の形にする。

(3)　$1=1+0i$　(4)　$-i=0+(-1)i$ と考える。

解答　(1)　**実部は -3，虚部は 5**　答

(2)　$\dfrac{-1-\sqrt{3}\,i}{2}=-\dfrac{1}{2}+\left(-\dfrac{\sqrt{3}}{2}\right)i$

実部は $-\dfrac{1}{2}$，虚部は $-\dfrac{\sqrt{3}}{2}$　答

(3)　$1=1+0i$　**実部は 1，虚部は 0**　答

(4)　$-i=0+(-1)i$　**実部は 0，虚部は -1**　答

練習 2　教 p.41

次の等式を満たす実数 x，y の値を求めよ。

(1)　$(x-2y)+(x+3)i=2-i$　(2)　$(2x+y)+(x-y+3)i=0$

指針　**複素数の相等**　a，b，c，d が実数のとき

$a+bi=c+di \iff a=c$　かつ　$b=d$

とくに　$a+bi=0 \iff a=0$　かつ　$b=0$

解答　(1)　x，y が実数であるから，$x-2y$，$x+3$ は実数である。

よって　$x-2y=2$，$x+3=-1$

これを解いて　$\boldsymbol{x=-4,\ y=-3}$　答

(2)　x，y が実数であるから，$2x+y$，$x-y+3$ は実数である。

よって　　　　$2x+y=0$，$x-y+3=0$

これを解いて　　$\boldsymbol{x=-1}$，$\boldsymbol{y=2}$　答

B 複素数の計算

教 p.42

練習 3

次の式を計算せよ。

(1)　$(2+3i)+(4+i)$　　(2)　$(-1+2i)+(3-4i)$

(3)　$(6+4i)-(3+2i)$　　(4)　$(2-3i)-(4-2i)$

指針　**複素数の加法・減法**　虚数単位の i を文字と考え，同類項をまとめる要領で計算する。

解答　(1)　$(2+3i)+(4+i)=(2+4)+(3+1)i$

$=\boldsymbol{6+4i}$　答

(2)　$(-1+2i)+(3-4i)=(-1+3)+(2-4)i$

$=\boldsymbol{2-2i}$　答

(3)　$(6+4i)-(3+2i)=(6-3)+(4-2)i$

$=\boldsymbol{3+2i}$　答

(4)　$(2-3i)-(4-2i)=(2-4)+(-3+2)i$

$=\boldsymbol{-2-i}$　答

教 p.42

練習 4

次の式を計算せよ。

(1)　$(1+2i)(4+3i)$　　(2)　$(2-i)(3+4i)$

(3)　$(3+4i)(3-4i)$　　(4)　$(2+3i)^2$

指針　**複素数の乗法**　文字 i の式と考えて展開する。ただし，i^2 が出てくればそれを -1 におき換えて整理する。

解答　(1)　$(1+2i)(4+3i)=4+3i+8i+6i^2=\{4+6(-1)\}+(3+8)i$

$=\boldsymbol{-2+11i}$　答

(2)　$(2-i)(3+4i)=6+8i-3i-4i^2=\{6-4(-1)\}+(8-3)i$

$=\boldsymbol{10+5i}$　答

(3)　$(3+4i)(3-4i)=3^2-(4i)^2=9-16i^2$

$=9-16(-1)=\boldsymbol{25}$　答

(4)　$(2+3i)^2=2^2+2\cdot2\cdot3i+(3i)^2=4+12i+9i^2$

$=\{4+9(-1)\}+12i=\boldsymbol{-5+12i}$　答

教 p.42

練習 5

次の複素数と共役な複素数をいえ。

(1) $2+3i$　　(2) $1-i$　　(3) $\sqrt{3}i$

(4) $\dfrac{-1+\sqrt{3}i}{2}$　　(5) -4

指針 **共役な複素数**　2つの複素数 $a+bi$, $a-bi$ は互いに共役な複素数である。すなわち，実部はそのままにして，虚部の符号を変えることにより，もとの複素数と共役な複素数をつくることができる。

また，実数 a と共役な複素数は a 自身である。

解答 (1) $\boldsymbol{2-3i}$ 答

(2) $\boldsymbol{1+i}$ 答

(3) $\boldsymbol{-\sqrt{3}i}$ 答

(4) $\dfrac{-1+\sqrt{3}i}{2}=-\dfrac{1}{2}+\dfrac{\sqrt{3}}{2}i$ であるから，共役な複素数は

$-\dfrac{1}{2}-\dfrac{\sqrt{3}}{2}i$　　よって　　$\boldsymbol{\dfrac{-1-\sqrt{3}i}{2}}$ 答

(5) $\boldsymbol{-4}$ 答

教 p.43

練習 6

次の式を計算せよ。

(1) $\dfrac{1+2i}{2+3i}$　　(2) $\dfrac{1-i}{1+i}$　　(3) $\dfrac{5i}{2-i}$　　(4) $\dfrac{1}{i}$

指針 **複素数の除法**　分母と共役な複素数を分母と分子に掛けて，分母を実数にしてから計算する。

解答 (1) $\dfrac{1+2i}{2+3i}=\dfrac{(1+2i)(2-3i)}{(2+3i)(2-3i)}=\dfrac{2-3i+4i-6i^2}{2^2-(3i)^2}$

$=\dfrac{2-6(-1)+(-3+4)i}{4-9i^2}=\dfrac{8+i}{4-9(-1)}$

$=\dfrac{8+i}{13}=\boldsymbol{\dfrac{8}{13}+\dfrac{1}{13}i}$ 答

(2) $\dfrac{1-i}{1+i}=\dfrac{(1-i)^2}{(1+i)(1-i)}=\dfrac{1^2-2i+i^2}{1^2-i^2}=\dfrac{1-2i-1}{1-(-1)}$

$=\dfrac{-2i}{2}=\boldsymbol{-i}$ 答

(3) $\dfrac{5i}{2-i}=\dfrac{5i(2+i)}{(2-i)(2+i)}=\dfrac{10i+5i^2}{2^2-i^2}$

$=\dfrac{10i+5(-1)}{4-(-1)}=\dfrac{-5+10i}{5}$

$=\boldsymbol{-1+2i}$ 答

分母を実数にする方法は分母の有理化と似ているね。

(4) $\dfrac{1}{i}=\dfrac{-i}{i\cdot(-i)}=\dfrac{-i}{-i^2}=\dfrac{-i}{-(-1)}=-\boldsymbol{i}$ 答

別解 (4) $\dfrac{1}{i}=\dfrac{i}{i\cdot i}=\dfrac{i}{i^2}=\dfrac{i}{-1}=-\boldsymbol{i}$ 答

C 負の数の平方根

教 p.44

練習 7

次の数を i を用いて表せ。

(1) $\sqrt{-5}$　　(2) $\sqrt{-9}$　　(3) -27 の平方根

指針 **負の数の平方根**　$a>0$ のとき，$\sqrt{-a}=\sqrt{a}\,i$ であることを用いる。

(3) -27 の平方根は 2 つあり，$\pm\sqrt{-27}$ ($\sqrt{-27}$ と $-\sqrt{-27}$) である。

解答 (1) $\sqrt{-5}=\sqrt{5}\,\boldsymbol{i}$ 答

(2) $\sqrt{-9}=\sqrt{9}\,i=\boldsymbol{3i}$ 答

(3) -27 の平方根は

$\pm\sqrt{-27}=\pm\sqrt{27}\,i=\pm\boldsymbol{3\sqrt{3}\,i}$ 答

教 p.44

練習 8

次の式を計算せよ。

(1) $\sqrt{-2}\sqrt{-6}$　　(2) $\dfrac{\sqrt{-8}}{\sqrt{2}}$　　(3) $\dfrac{\sqrt{-3}}{\sqrt{-2}}$　　(4) $\dfrac{\sqrt{50}}{\sqrt{-5}}$

指針 **負の数の平方根の計算**　負の数の平方根を含む計算を行うときは，まず次の変形を行う。

$a>0$ のとき　$\sqrt{-a}=\sqrt{a}\,i$

解答 (1) $\sqrt{-2}\sqrt{-6}=\sqrt{2}\,i\times\sqrt{6}\,i=\sqrt{2}\sqrt{6}\,i^2=\sqrt{12}(-1)=-\boldsymbol{2\sqrt{3}}$ 答

(2) $\dfrac{\sqrt{-8}}{\sqrt{2}}=\dfrac{\sqrt{8}\,i}{\sqrt{2}}=\dfrac{2\sqrt{2}\,i}{\sqrt{2}}=\boldsymbol{2i}$ 答

(3) $\dfrac{\sqrt{-3}}{\sqrt{-2}}=\dfrac{\sqrt{3}\,i}{\sqrt{2}\,i}=\dfrac{\sqrt{3}}{\sqrt{2}}=\boldsymbol{\dfrac{\sqrt{6}}{2}}$ 答

(4) $\dfrac{\sqrt{50}}{\sqrt{-5}}=\dfrac{\sqrt{50}}{\sqrt{5}\,i}=\dfrac{\sqrt{10}}{i}=\dfrac{\sqrt{10}\,i}{i\cdot i}=\dfrac{\sqrt{10}\,i}{-1}=-\boldsymbol{\sqrt{10}\,i}$ 答

教 p.44

深める

等式 $\dfrac{\sqrt{5}}{\sqrt{-3}}=\sqrt{-\dfrac{5}{3}}$ は成り立たない。このことを示してみよう。

指針 **負の数の平方根の計算**　$\sqrt{-a}=\sqrt{a}\,i$ ($a>0$) という定義に忠実に計算する。

$a>0$，$b>0$ のときに成り立つ計算法則 $\dfrac{\sqrt{a}}{\sqrt{b}}=\sqrt{\dfrac{a}{b}}$ と混同しないように注意する。

解答　$\dfrac{\sqrt{5}}{\sqrt{-3}}=\dfrac{\sqrt{5}}{\sqrt{3}i}=\dfrac{\sqrt{5}i}{\sqrt{3}i\cdot i}=-\dfrac{\sqrt{5}i}{\sqrt{3}}$

$\sqrt{-\dfrac{5}{3}}=\sqrt{\dfrac{5}{3}}i=\dfrac{\sqrt{5}i}{\sqrt{3}}$

よって，$\dfrac{\sqrt{5}}{\sqrt{-3}}\neq\sqrt{-\dfrac{5}{3}}$ であるから，等式は成り立たない。　終

参考　一般には，次のようになる。

$a<0$，$b<0$ のとき　$\sqrt{a}\sqrt{b}\neq\sqrt{ab}$

$a>0$，$b<0$ のとき　$\dfrac{\sqrt{a}}{\sqrt{b}}\neq\sqrt{\dfrac{a}{b}}$

2　2次方程式の解

まとめ

1　2次方程式 $x^2=k$ の解

k が実数のとき，複素数の範囲では，2次方程式 $x^2=k$ は k の符号に関係なく常に解をもち，その解は　$\boldsymbol{x=\pm\sqrt{k}}$

2　2次方程式の解

実数係数の2次方程式 $ax^2+bx+c=0$ は，解を複素数の範囲で考えると，b^2-4ac の符号に関係なく常に解をもつ。

3　2次方程式の解の公式

2次方程式 $ax^2+bx+c=0$ の解は　$\boldsymbol{x=\dfrac{-b\pm\sqrt{b^2-4ac}}{2a}}$

2次方程式 $ax^2+2b'x+c=0$ の解は　$\boldsymbol{x=\dfrac{-b'\pm\sqrt{b'^2-ac}}{a}}$

4　実数解と虚数解

方程式の解のうち，実数であるものを **実数解**，虚数であるものを **虚数解** という。複素数の範囲で，2次方程式 $ax^2+bx+c=0$ は常に解をもち，その解の種類は $\boldsymbol{b^2-4ac}$ すなわち **判別式** の符号によって判別できる。

5　2次方程式の解の種類の判別

2次方程式 $ax^2+bx+c=0$ の判別式を $D=b^2-4ac$ とすると

$D>0$ $\iff$ 異なる2つの実数解をもつ

$D=0$ $\iff$ 重解をもつ

$D<0$ $\iff$ 異なる2つの虚数解をもつ

注意　重解は実数解であるから，次のことが成り立つ。

$D\geqq0$ $\iff$ 2次方程式が実数解をもつ

2次方程式 $ax^2+2b'x+c=0$ では，$D=4b'^2-4ac=4(b'^2-ac)$ であるから，D の代わりに $\dfrac{D}{4}=b'^2-ac$ を用いてもよい。

A 2次方程式 $x^2=k$ の解

教 p.45

練習 9

次の2次方程式を解け。

(1) $x^2=-2$　　(2) $x^2+1=0$　　(3) $4x^2+1=0$

指針 **2次方程式 $x^2=k$ の解**　複素数の範囲では k の符号に関係なく常に解をもち，その解は $x=\pm\sqrt{k}$ である。

解答 (1) $\boldsymbol{x=\pm\sqrt{-2}=\pm\sqrt{2}\,i}$ 答

(2) $x^2=-1$ より　　$\boldsymbol{x=\pm\sqrt{-1}=\pm i}$ 答

(3) $x^2=-\frac{1}{4}$ より　　$\boldsymbol{x}=\pm\sqrt{-\frac{1}{4}}=\pm\sqrt{\frac{1}{4}}i=\boldsymbol{\pm\frac{1}{2}i}$ 答

B 解の公式

教 p.46

練習 10

次の2次方程式を解け。

(1) $x^2+3x+4=0$　　(2) $x^2-4x+12=0$

(3) $2x^2+5x+5=0$　　(4) $x^2-2\sqrt{3}x+4=0$

指針 **2次方程式の解の公式**

$ax^2+bx+c=0$ の解は　　$x=\dfrac{-b\pm\sqrt{b^2-4ac}}{2a}$　…… ①

$ax^2+2b'x+c=0$ の解は　　$x=\dfrac{-b'\pm\sqrt{b'^2-ac}}{a}$　…… ②

(2)，(4) では，② を利用するとよい。

解答 (1) $\boldsymbol{x}=\dfrac{-3\pm\sqrt{3^2-4\cdot1\cdot4}}{2\cdot1}=\dfrac{-3\pm\sqrt{-7}}{2}$

$=\boldsymbol{\dfrac{-3\pm\sqrt{7}\,i}{2}}$ 答

(2) $\boldsymbol{x}=\dfrac{-(-2)\pm\sqrt{(-2)^2-1\cdot12}}{1}=2\pm\sqrt{-8}=\boldsymbol{2\pm2\sqrt{2}\,i}$ 答

(3) $\boldsymbol{x}=\dfrac{-5\pm\sqrt{5^2-4\cdot2\cdot5}}{2\cdot2}=\dfrac{-5\pm\sqrt{-15}}{4}$

$=\boldsymbol{\dfrac{-5\pm\sqrt{15}\,i}{4}}$ 答

(4) $\boldsymbol{x}=\dfrac{-(-\sqrt{3})\pm\sqrt{(-\sqrt{3})^2-1\cdot4}}{1}=\sqrt{3}\pm\sqrt{-1}=\boldsymbol{\sqrt{3}\pm i}$ 答

参考 (2) や (4) を解く際に，① を使うのと ② を使うのとでは，計算のスピードが違ってくるから，② を使うことに慣れておこう。

C 2次方程式の解の種類の判別

教 p.47

練習 11

次の2次方程式の解の種類を判別せよ。

(1) $x^2+5x+5=0$　　(2) $2x^2+4x+3=0$

(3) $-4x^2+x-1=0$　　(4) $x^2-2\sqrt{3}x+3=0$

指針 **解の種類の判別**　2次方程式 $ax^2+bx+c=0$ の判別式を $D=b^2-4ac$ とすると

$D>0 \iff$ 異なる2つの実数解をもつ

$D=0 \iff$ 重解をもつ

$D<0 \iff$ 異なる2つの虚数解をもつ

なお，(2)，(4) は $ax^2+2b'x+c=0$ の形であるから，$\dfrac{D}{4}=b'^2-ac$ の符号を調べるとよい。

解答 2次方程式の判別式を D とする。

(1) $D=5^2-4\cdot1\cdot5=5>0$

よって，この2次方程式は **異なる2つの実数解** をもつ。 答

(2) $\dfrac{D}{4}=2^2-2\cdot3=-2<0$

よって，この2次方程式は **異なる2つの虚数解** をもつ。 答

(3) $D=1^2-4(-4)(-1)=-15<0$

よって，この2次方程式は **異なる2つの虚数解** をもつ。 答

(4) $\dfrac{D}{4}=(-\sqrt{3})^2-1\cdot3=0$

よって，この2次方程式は **重解** をもつ。 答

教 p.48

練習 12

2次方程式 $x^2+2mx+m=0$ について，次の問いに答えよ。

(1) 実数解をもつとき，定数 m の値の範囲を求めよ。

(2) 異なる2つの虚数解をもつとき，定数 m の値の範囲を求めよ。

指針 **解の条件**　2次方程式 $ax^2+bx+c=0$ の判別式を D とする。

(1) 実数解をもつ $\iff D\geqq0$

(2) 異なる2つの虚数解をもつ $\iff D<0$

解答 この2次方程式の判別式を D とすると

$$\frac{D}{4}=m^2-1\cdot m=m^2-m=m(m-1)$$

(1) 2次方程式が実数解をもつのは $D\geqq0$ のときである。

よって　　$m(m-1)\geqq0$

これを解いて　　$\boldsymbol{m\leqq0,\ 1\leqq m}$ 答

(2) 2 次方程式が異なる 2 つの虚数解をもつのは $D<0$ のときである。

よって　$m(m-1)<0$

これを解いて　$0<m<1$　答

教 p.48

練習 13

m は定数とする。次の 2 次方程式の解の種類を判別せよ。

(1) $x^2+4x+m=0$　　(2) $x^2-mx+4=0$

指針 **解の種類の判別 (文字係数)** $D>0$, $D=0$, $D<0$ となる m の値または範囲をそれぞれ求め，場合分けをして示す。

解答 (1) この 2 次方程式の判別式を D とすると

$$\frac{D}{4}=2^2-1\cdot m=4-m$$

よって，2 次方程式の解は次のようになる。

$D>0$ すなわち

$m<4$ のとき　異なる 2 つの実数解

$D=0$ すなわち

$m=4$ のとき　重解

$D<0$ すなわち

$m>4$ のとき　異なる 2 つの虚数解　答

(2) この 2 次方程式の判別式を D とすると

$$D=(-m)^2-4\cdot1\cdot4=m^2-16=(m+4)(m-4)$$

よって，2 次方程式の解は次のようになる。

$D>0$ すなわち

$m<-4$, $4<m$ のとき　異なる 2 つの実数解

$D=0$ すなわち

$m=-4$, 4 のとき　重解

$D<0$ すなわち

$-4<m<4$ のとき　異なる 2 つの虚数解　答

3 解と係数の関係

まとめ

1　解と係数の関係

2 次方程式の 2 つの解の和と積は，方程式の係数を用いて表すことができる。これを，2 次方程式の **解と係数の関係** という。

2 次方程式 $ax^2+bx+c=0$ の 2 つの解を α, β とすると

$$\boldsymbol{\alpha+\beta=-\frac{b}{a},\ \ \alpha\beta=\frac{c}{a}}$$

2　2次式の因数分解

2次方程式 $ax^2+bx+c=0$ の2つの解を α，β とすると

$$\boldsymbol{ax^2+bx+c=a(x-\alpha)(x-\beta)}$$

係数が実数である2次式は，複素数の範囲で常に1次式の積に因数分解できる。

3　2数 α，β を解とする2次方程式

2数 α，β を解とする2次方程式の1つは

$$\boldsymbol{x^2-(\alpha+\beta)x+\alpha\beta=0}$$

←和が p，積が q である2数 α，β は $x^2-px+q=0$ の解であるといえる。

A 解と係数の関係

教 p.49

練習 14　次の2次方程式について，2つの解の和と積を求めよ。

(1)　$3x^2+4x+2=0$　　(2)　$x^2-6x-4=0$

指針　**解と係数の関係**　2次方程式 $ax^2+bx+c=0$ の2つの解を α，β とすると解の和，積はそれぞれ次のようになる。

$$\alpha+\beta=-\frac{b}{a},\quad \alpha\beta=\frac{c}{a}$$

解答　2次方程式の2つの解を α，β とする。

(1)　$a=3$，$b=4$，$c=2$ であるから

$$\alpha+\beta=-\frac{b}{a}=-\frac{4}{3},\quad \alpha\beta=\frac{c}{a}=\frac{2}{3}$$

答　和 $-\frac{4}{3}$，積 $\frac{2}{3}$

(2)　$a=1$，$b=-6$，$c=-4$ であるから

$$\alpha+\beta=-\frac{b}{a}=-\frac{-6}{1}=6,\quad \alpha\beta=\frac{c}{a}=\frac{-4}{1}=-4$$

答　和 6，積 -4

とくに，解の和の符号を間違えないように注意しよう。

教 p.50

練習 15　2次方程式 $x^2+3x-1=0$ の2つの解を α，β とするとき，次の式の値を求めよ。

(1)　$\alpha^2+\beta^2$　　(2)　$\alpha^3+\beta^3$　　(3)　$(\alpha-\beta)^2$

指針　**解と係数の関係・式の値**

(1)　$(\alpha+\beta)^2=\alpha^2+2\alpha\beta+\beta^2$ から，$\alpha^2+\beta^2=(\alpha+\beta)^2-2\alpha\beta$ であることを利用する。

(2) $(\alpha+\beta)^3=\alpha^3+3\alpha^2\beta+3\alpha\beta^2+\beta^3$ から，$\alpha^3+\beta^3=(\alpha+\beta)^3-3\alpha\beta(\alpha+\beta)$ であることを利用する。

(3) $(\alpha-\beta)^2=\alpha^2+\beta^2-2\alpha\beta$ と (1) の結果を利用する。

解答 解と係数の関係から

$$\alpha+\beta=-\frac{3}{1}=-3,\ \alpha\beta=\frac{-1}{1}=-1$$

(1) $\alpha^2+\beta^2=(\alpha+\beta)^2-2\alpha\beta$
$=(-3)^2-2(-1)=\mathbf{11}$ 答

(2) $\alpha^3+\beta^3=(\alpha+\beta)^3-3\alpha\beta(\alpha+\beta)$
$=(-3)^3-3(-1)(-3)=\mathbf{-36}$ 答

(3) $(\alpha-\beta)^2=\alpha^2+\beta^2-2\alpha\beta$
$=11-2(-1)=\mathbf{13}$ 答　　←(1) の結果を利用

別解 (2) $\alpha^3+\beta^3=(\alpha+\beta)(\alpha^2-\alpha\beta+\beta^2)$
$=(-3)\{11-(-1)\}=\mathbf{-36}$ 答　　←(1) の結果を利用

(3) $(\alpha-\beta)^2=(\alpha+\beta)^2-4\alpha\beta$
$=(-3)^2-4(-1)=\mathbf{13}$ 答

練習 16　教 p.50

2 次方程式 $x^2+5x+m=0$ の 2 つの解が次の条件を満たすとき，定数 m の値と 2 つの解を，それぞれ求めよ。

(1) 1 つの解が他の解の 4 倍である。

(2) 2 つの解の差が 1 である。

指針 **解と係数の関係・解の条件** (1) では 2 つの解を α，4α，(2) では 2 つの解を α，$\alpha+1$ とおき，解と係数の関係を使って，α，m についての連立方程式を作る。

解答 (1) 2 つの解は，α，4α と表すことができる。

解と係数の関係から

$$\alpha+4\alpha=-\frac{5}{1}=-5,\quad \alpha\cdot4\alpha=\frac{m}{1}=m$$

すなわち　$5\alpha=-5$,　$4\alpha^2=m$

よって，1 つの解 α は　$\alpha=-1$

このとき　$m=4\alpha^2=4(-1)^2=4$

また，他の解 4α は　$4\alpha=4(-1)=-4$

答 $\mathbf{m=4}$，**2 つの解は -1，-4**

(2) 2 つの解は，α，$\alpha+1$ と表すことができる。

解と係数の関係から

$$\alpha+(\alpha+1)=-5,\quad \alpha(\alpha+1)=m$$

すなわち　$2\alpha+1=-5$,　$\alpha(\alpha+1)=m$

よって，1つの解 α は　　$\alpha=-3$

このとき　　$m=\alpha(\alpha+1)=-3(-3+1)=6$

また，他の解 $\alpha+1$ は　　$\alpha+1=-3+1=-2$

答　$m=6$，2つの解は -3，-2

補足 (2)　2つの解を，α，$\alpha-1$ と表して求めてもよい。

B 2次式の因数分解

教 p.51

練習 17

次の2次式を，複素数の範囲で因数分解せよ。

(1)　x^2-3x-2　　(2)　$2x^2-2x-3$　　(3)　x^2+4x+6

指針　**2次式の因数分解**　2次式 ax^2+bx+c を因数分解するには，方程式 $ax^2+bx+c=0$ の解 α, β を求めて，$ax^2+bx+c=a(x-\alpha)(x-\beta)$ とすればよい。(2)では x^2 の係数 $a=2$ を忘れないようにする。

解答 (1)　2次方程式 $x^2-3x-2=0$ の解は

$$x=\frac{-(-3)\pm\sqrt{(-3)^2-4\cdot1\cdot(-2)}}{2\cdot1}=\frac{3\pm\sqrt{17}}{2}$$

よって　　$x^2-3x-2=\left(x-\frac{3+\sqrt{17}}{2}\right)\left(x-\frac{3-\sqrt{17}}{2}\right)$　答

(2)　2次方程式 $2x^2-2x-3=0$ の解は

$$x=\frac{-(-1)\pm\sqrt{(-1)^2-2(-3)}}{2}=\frac{1\pm\sqrt{7}}{2}$$

よって　　$2x^2-2x-3=2\left(x-\frac{1+\sqrt{7}}{2}\right)\left(x-\frac{1-\sqrt{7}}{2}\right)$　答

(3)　2次方程式 $x^2+4x+6=0$ の解は

$$x=\frac{-2\pm\sqrt{2^2-1\cdot6}}{1}=-2\pm\sqrt{-2}=-2\pm\sqrt{2}\,i$$

よって　　$x^2+4x+6=\{x-(-2+\sqrt{2}\,i)\}\{x-(-2-\sqrt{2}\,i)\}$

$=(x+2-\sqrt{2}\,i)(x+2+\sqrt{2}\,i)$　答

C 2次方程式の決定

教 p.52

練習 18

次の2数を解とする2次方程式を1つ作れ。

(1)　2，-1　　(2)　$2+\sqrt{3}$，$2-\sqrt{3}$　　(3)　$1+2i$，$1-2i$

指針　**2次方程式の決定**　2数 α，β を解とする2次方程式の1つは，$x^2-(\alpha+\beta)x+\alpha\beta=0$ である。つまり，x^2-(解の和)$x+$(解の積)$=0$ となる。

解答 (1)　解の和は　　$2+(-1)=1$

解の積は　　$2(-1)=-2$

よって，この2数を解とする2次方程式の1つは

$$x^2-x-2=0$$ 答

(2) 解の和は　$(2+\sqrt{3})+(2-\sqrt{3})=4$

解の積は　$(2+\sqrt{3})(2-\sqrt{3})=2^2-(\sqrt{3})^2=1$

よって，この2数を解とする2次方程式の1つは

$$x^2-4x+1=0$$ 答

(3) 解の和は　$(1+2i)+(1-2i)=2$

解の積は　$(1+2i)(1-2i)=1^2-4i^2$

$=1-4(-1)=5$

よって，この2数を解とする2次方程式の1つは

$$x^2-2x+5=0$$ 答

注意 たとえば，(1)を例にとると，「1つ作れ」という設問であるから，(1)の答えである「$x^2-x-2=0$」の両辺を何倍かした $2x^2-2x-4=0$，$\frac{1}{2}x^2-\frac{1}{2}x-1=0$，……などを答えても間違いではない。しかし，本問のような問題では，方程式の係数を最大公約数が1である整数の組にしておくのが普通である。

研究 2次方程式の実数解の符号

まとめ

2次方程式の実数解の符号

2次方程式 $ax^2+bx+c=0$ の2つの解 α，β と判別式 D について，次のことが成り立つ。

α，β は異なる2つの正の解 $\iff$ $D>0$ で，$\alpha+\beta>0$ かつ $\alpha\beta>0$

α，β は異なる2つの負の解 $\iff$ $D>0$ で，$\alpha+\beta<0$ かつ $\alpha\beta>0$

α，β は符号の異なる解 $\iff$ $\alpha\beta<0$

補足 解と係数の関係により，$\alpha\beta=\frac{c}{a}$ であるから，$\alpha\beta<0$ ならば $ac<0$ である。

よって，$\alpha\beta<0$ のとき $D=b^2-4ac>0$ は成り立っている。

教 p.53

練習 1 2次方程式 $x^2+2(m-3)x+4m=0$ が異なる2つの正の解をもつとき，定数 m の値の範囲を求めよ。

指針 **2次方程式の実数解の符号**　2次方程式の判別式を D，解を α，β とすると

異なる2つの正の解をもつ $\iff$ $D>0$，$\alpha+\beta>0$，$\alpha\beta>0$

解と係数の関係を使って，条件を m についての不等式で表し，それらをともに満たす m の値の範囲を求める。

解答 この2次方程式の2つの解を α, β とし，判別式を D とすると

$$\frac{D}{4}=(m-3)^2-1\cdot4m=m^2-10m+9$$

$$=(m-1)(m-9)$$

また，解と係数の関係から

$$\alpha+\beta=-2(m-3),\ \alpha\beta=4m$$

方程式が条件を満たすのは，次の ①，② が成り立つときである。

$D>0$ …… ①

$\alpha+\beta>0$ かつ $\alpha\beta>0$ …… ②

① から　$(m-1)(m-9)>0$

よって　$m<1$, $9<m$ …… ③

② から　$-2(m-3)>0$ かつ $4m>0$

よって　$m<3$ …… ④

$m>0$ …… ⑤

③，④，⑤ の共通範囲を求めて

$0<m<1$ 答

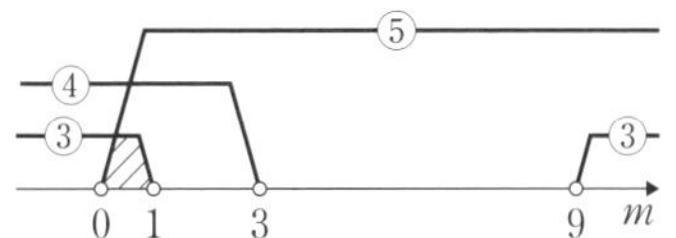

第2章 第1節 補充問題

教 p.54

1 次の式を計算せよ。

(1) $\left(\frac{-1+\sqrt{3}i}{2}\right)^2$　(2) $i+\frac{1}{i}$　(3) $i+i^2+i^3+i^4$

指針 **複素数の計算**

(1) 展開して，i^2 は -1 でおき換える。

(2) 分数は分母を実数にする。分母，分子に i を掛ける。

(3) $i^3=i^2i=-i$, $i^4=(i^2)^2=(-1)^2=1$

解答 (1) $\left(\frac{-1+\sqrt{3}i}{2}\right)^2=\frac{(-1+\sqrt{3}i)^2}{2^2}=\frac{1-2\sqrt{3}i+3i^2}{4}$

$$=\frac{1-2\sqrt{3}i+3(-1)}{4}=\frac{-2-2\sqrt{3}i}{4}=\boldsymbol{\frac{-1-\sqrt{3}i}{2}}$$ 答

(2) $i+\frac{1}{i}=i+\frac{i}{i^2}=i+\frac{i}{-1}=i-i=\mathbf{0}$ 答

(3) $i+i^2+i^3+i^4=i+i^2+i^2i+(i^2)^2$

$=i-1+(-1)i+(-1)^2=\mathbf{0}$ 答

教 p.54

2　和と積がともに3であるような2数を求めよ。

指針　**和・積が与えられた2数**　求める2数をα，βとすると，$\alpha+\beta$，$\alpha\beta$が与えられているから，この2数は2次方程式$x^2-(\alpha+\beta)x+\alpha\beta=0$の解とみることができる。

一般に，和がp，積がqである2数は，2次方程式$x^2-px+q=0$の解である。

解答　求める2数は2次方程式$x^2-3x+3=0$の解である。

これを解いて　$x=\dfrac{-(-3)\pm\sqrt{(-3)^2-4\cdot1\cdot3}}{2\cdot1}=\dfrac{3\pm\sqrt{3}\,i}{2}$

よって，求める2数は　$\boldsymbol{\dfrac{3+\sqrt{3}\,i}{2}}$，$\boldsymbol{\dfrac{3-\sqrt{3}\,i}{2}}$　答

教 p.54

3　2次方程式$x^2+2x+4=0$の2つの解をα，βとするとき，2数$\alpha-1$，$\beta-1$を解とする2次方程式を1つ作れ。

指針　**2次方程式の解と方程式の決定**　まず，解と係数の関係から$\alpha+\beta$，$\alpha\beta$の値を求める。次に，これを利用して，求める2次方程式の解の和$(\alpha-1)+(\beta-1)$，解の積$(\alpha-1)(\beta-1)$の値を求めて係数を決定する。

解答　解と係数の関係から　$\alpha+\beta=-2$，$\alpha\beta=4$

ここで　$(\alpha-1)+(\beta-1)=(\alpha+\beta)-2=-2-2=-4$

$(\alpha-1)(\beta-1)=\alpha\beta-(\alpha+\beta)+1=4-(-2)+1=7$

よって，$\alpha-1$，$\beta-1$を解とする2次方程式の1つは

$x^2-(-4)x+7=0$　すなわち　$\boldsymbol{x^2+4x+7=0}$　答

コラム 2次方程式と2次関数

教 p.54

2次方程式 $ax^2+bx+c=0$ が異なる2つの正の解をもつための条件は，2次関数 $y=ax^2+bx+c$ のグラフが x 軸の正の部分と異なる2点で交わることです。

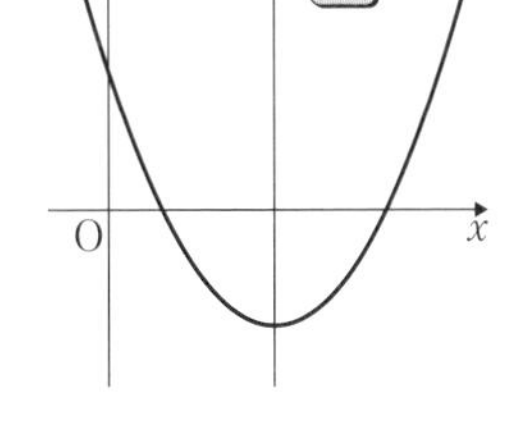

$a>0$ のとき，グラフと x 軸の正の部分が異なる2点で交わるのは，次の [1]，[2]，[3] が同時に成り立つときです。

[1]　グラフが x 軸と異なる2点で交わる

[2]　グラフの軸が y 軸より右側にある

[3]　グラフが y 軸の正の部分で交わる

[1]，[2]，[3] は次の ①，②，③ のいずれかと同じ条件です。どの条件と同じであるか考えてみましょう。

① $\dfrac{c}{a}>0$　　② $b^2-4ac>0$　　③ $-\dfrac{b}{a}>0$

指針　**2次方程式と2次関数**

[1] $\iff$ 頂点の y 座標が負

[2] $\iff$ 軸が $x>0$ の部分にある（頂点の x 座標が正）

[3] $\iff$ y 軸との交点の y 座標が正

であることから考える。

解答　$y=ax^2+bx+c=a\left(x+\dfrac{b}{2a}\right)^2-\dfrac{b^2-4ac}{4a}$ より，$y=ax^2+bx+c$ のグラフの頂点は $\left(-\dfrac{b}{2a},\ -\dfrac{b^2-4ac}{4a}\right)$ である。

[1] より　$-\dfrac{b^2-4ac}{4a}<0$　　$a>0$ より　$b^2-4ac>0$

[2] より　$-\dfrac{b}{2a}>0$　　すなわち　$-\dfrac{b}{a}>0$

また，[3] より，$c>0$ であり，$a>0$ であるから

$$c>0 \iff \frac{c}{a}>0$$

以上により，① は [3]，② は [1]，③ は [2] と同じ条件である。　終

第2節　高次方程式

4 剰余の定理と因数定理

まとめ

1　剰余(じょうよ)の定理

多項式 $P(x)$ を1次式 $x-k$ で割った余りは，$P(k)$ に等しい。

解説　$P(x)$ を $x-k$ で割った商が $Q(x)$，余りが R であることは

$$P(x)=(x-k)Q(x)+R$$ ←R は定数である。

と表され，両辺の x に k を代入すると，$P(k)=R$ が得られる。

2　因数定理

多項式 $P(x)$ が1次式 $x-k$ を因数にもつ $\iff$ $P(k)=0$

解説　剰余の定理により

$P(x)$ が1次式 $x-k$ で割り切れる $\iff$ $P(k)=0$

よって，$P(k)=0$ のとき　$P(x)=(x-k)Q(x)$ ←余り0

すなわち，$P(x)$ は $x-k$ を因数にもつ。

A 剰余の定理

教 p.55

練習19　$P(x)=x^3+x^2-3x-2$ を次の1次式で割った余りを求めよ。

(1)　$x-1$　(2)　$x-2$　(3)　$x+1$　(4)　$x+2$

指針　**1次式で割った余り**　1次式で割った余りを求めるとき，実際に割り算をするより剰余の定理を用いる方が簡単に求められる。

(1)　$P(x)$ を $x-k$ で割った余りは $P(k)$ に等しいから，$x-1$ で割った余りは，$P(1)$ すなわち $P(x)$ の x に1を代入して計算した値である。代入する x の値は，(割る1次式)$=0$ の解と考えるとよい。

(2)　$P(2)$　(3)　$P(-1)$　(4)　$P(-2)$　をそれぞれ計算する。

解答　(1)　$P(1)=1^3+1^2-3\cdot1-2=\mathbf{-3}$　答

(2)　$P(2)=2^3+2^2-3\cdot2-2=\mathbf{4}$　答

(3)　$P(-1)=(-1)^3+(-1)^2-3(-1)-2=\mathbf{1}$　答

(4)　$P(-2)=(-2)^3+(-2)^2-3(-2)-2=\mathbf{0}$　答

教 p.56

練習20　多項式 $P(x)=2x^3+5ax^2+ax+1$ を $x+1$ で割った余りが -5 であるとき，定数 a の値を求めよ。

指針　**剰余の定理の利用**　$P(x)$ を $x+1$ で割った余りは $P(-1)$ に等しい。

よって，$P(-1)=-5$ を解き，a の値を求める。

解答　剰余の定理により $P(-1)=-5$ であるから

$$2(-1)^3+5a(-1)^2+a(-1)+1=-5$$

整理すると　$4a=-4$

よって　$\boldsymbol{a=-1}$　答

教 p.56

練習 21　多項式 $P(x)$ を $x-3$ で割った余りが 1，$x+1$ で割った余りが 5 である。$P(x)$ を $(x-3)(x+1)$ で割った余りを求めよ。

指針　**2次式で割った余り**　$P(x)$ を 2 次式 $(x-3)(x+1)$ で割った商を $Q(x)$ とすると，余りは 1 次式か定数であるから

$$P(x)=(x-3)(x+1)Q(x)+ax+b \quad \cdots\cdots ①$$

また，$P(x)$ を $x-3$，$x+1$ で割った余りはそれぞれ $P(3)$，$P(-1)$ に等しいから，$P(3)=1$，$P(-1)=5$ が成り立つ。したがって，① に $x=3$，$x=-1$ を代入すれば，a，b についての連立方程式ができる。

解答　$P(x)$ を 2 次式 $(x-3)(x+1)$ で割った余りを $ax+b$ とおいて，商を $Q(x)$ とすると，次の等式が成り立つ。

$$P(x)=(x-3)(x+1)Q(x)+ax+b \qquad \leftarrow A=BQ+R$$

この等式より　$P(3)=3a+b$，$P(-1)=-a+b$

また，$x-3$ で割った余りが 1 であるから　$P(3)=1$

$x+1$ で割った余りが 5 であるから　$P(-1)=5$

よって　$3a+b=1$，　$-a+b=5$

これを解くと　$a=-1$，$b=4$

したがって，求める余りは　$\boldsymbol{-x+4}$　答

割られる式が具体的な式でなくても，余りが求められるんだね。

B 因数定理

教 p.57

練習 22　次の 1 次式のうち，多項式 x^3+2x^2-5x-6 の因数であるものはどれか。

①　$x-1$　　②　$x+1$　　③　$x-2$　　④　$x+2$

指針　**因数定理**　$P(x)=x^3+2x^2-5x-6$ とおくと

多項式 $P(x)$ が 1 次式 $x-k$ を因数にもつ　$\Longleftrightarrow$　$P(k)=0$

①〜④ のうち，$P(k)=0$ となるものを選ぶ。

解答　$P(x)=x^3+2x^2-5x-6$ とおく。

① $P(1)=1^3+2\cdot1^2-5\cdot1-6=-8$

② $P(-1)=(-1)^3+2(-1)^2-5(-1)-6=0$

③ $P(2)=2^3+2\cdot2^2-5\cdot2-6=0$

④ $P(-2)=(-2)^3+2(-2)^2-5(-2)-6=4$

よって，$P(x)$ の因数であるものは　②，③ 答

練習 23 教 p.57

次の式を因数分解せよ。

(1) x^3-3x^2-6x+8　　(2) x^3-5x^2+3x+9

(3) $2x^3+3x^2-11x-6$

指針 **3次式の因数分解**　まず3次式 $P(x)$ に対し，$P(k)=0$ となる k の値をみつける。$P(x)$ の定数項の正・負の約数の中から探すとよい。
次に，$P(x)$ を $x-k$ で割り，商 $Q(x)$(2次式) を求め，$P(x)=(x-k)Q(x)$ とする。
$Q(x)$ が因数分解できる場合はさらに因数分解しておく。

解答 (1) $P(x)=x^3-3x^2-6x+8$ とすると

$P(1)=1^3-3\cdot1^2-6\cdot1+8=0$

よって，$P(x)$ は $x-1$ を因数にもつ。

右の割り算から

$x^3-3x^2-6x+8=(x-1)(x^2-2x-8)$

さらに因数分解して

$x^3-3x^2-6x+8=\boldsymbol{(x-1)(x+2)(x-4)}$ 答

$$
\begin{array}{r}
x^2-2x-8 \\
x-1\,\big)\,\overline{x^3-3x^2-6x+8} \\
\underline{x^3-x^2} \\
-2x^2-6x \\
\underline{-2x^2+2x} \\
-8x+8 \\
\underline{-8x+8} \\
0
\end{array}
$$

(2) $P(x)=x^3-5x^2+3x+9$ とすると

$P(-1)=(-1)^3-5\cdot(-1)^2+3\cdot(-1)+9=0$

よって，$P(x)$ は $x+1$ を因数にもつ。

右の割り算から

$x^3-5x^2+3x+9=(x+1)(x^2-6x+9)$

さらに因数分解して

$x^3-5x^2+3x+9=\boldsymbol{(x+1)(x-3)^2}$ 答

$$
\begin{array}{r}
x^2-6x+9 \\
x+1\,\big)\,\overline{x^3-5x^2+3x+9} \\
\underline{x^3+x^2} \\
-6x^2+3x \\
\underline{-6x^2-6x} \\
9x+9 \\
\underline{9x+9} \\
0
\end{array}
$$

(3) $P(x)=2x^3+3x^2-11x-6$ とすると

$P(2)=2\cdot2^3+3\cdot2^2-11\cdot2-6=0$

よって，$P(x)$ は $x-2$ を因数にもつ。

右の割り算から

$2x^3+3x^2-11x-6=(x-2)(2x^2+7x+3)$

さらに因数分解して

$2x^3+3x^2-11x-6=\boldsymbol{(x-2)(x+3)(2x+1)}$ 答

$$
\begin{array}{r}
2x^2+7x+3 \\
x-2\,\big)\,\overline{2x^3+3x^2-11x-6} \\
\underline{2x^3-4x^2} \\
7x^2-11x \\
\underline{7x^2-14x} \\
3x-6 \\
\underline{3x-6} \\
0
\end{array}
$$

研究 組立除法

まとめ

組立除法

たとえば，3 次式 ax^3+bx^2+cx+d を 1 次式 $x-k$ で割った商を lx^2+mx+n とし，余りを R とする。

この商の係数 l，m，n と余り R は，次のような方法でも求められる。この方法を **組立除法** という。

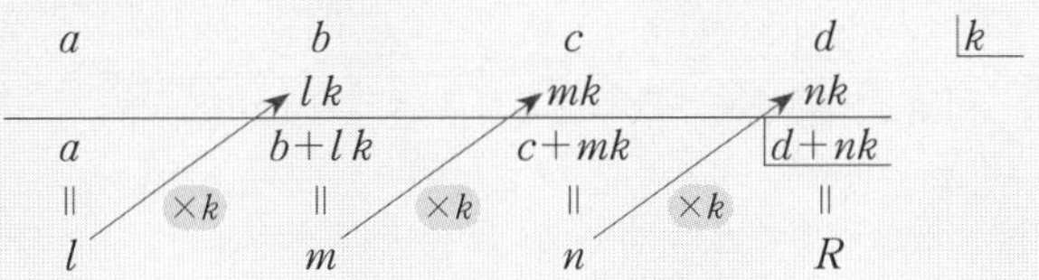

練習 1 教 p.58

x^3-2x^2+3x-9 を $x-3$ で割った商と余りを求めよ。

指針 **組立除法** 割られる式の係数を最上段に書く。最高次の係数 1 を最下段に書き，-2 と $(1\times3=)3$ の和 1 を最下段に書く。このような操作を繰り返していく。

1	−2	3	−9	3
×3	3			
1	1			

解答 組立除法により

商 x^2+x+6 余り 9 答

1	−2	3	−9	3
	3	3	18	
1	1	6	9	

5 高次方程式

まとめ

1 高次方程式

x の多項式 $P(x)$ が n 次式のとき，方程式 $P(x)=0$ を x の **n 次方程式** という。また，3 次以上の方程式を **高次方程式** という。

2 3 乗根

3 乗すると a になる数を a の **3 乗根** という。すなわち，$x^3=a$ となる x が a の 3 乗根である。

3 1 の 3 乗根 ω

1 の 3 乗根のうち虚数であるものの 1 つを ω（オメガ）とすると，1 の 3 乗根は，1，ω，ω^2 と表される。また，$\omega^2+\omega+1=0$ が成り立つ。

4　2重解，3重解
たとえば，方程式 $(x-1)^2(x+2)=0$ の解 $x=1$ を，この方程式の **2重解** という。また，方程式 $(x-1)^3(x+2)=0$ の解 $x=1$ を，この方程式の **3重解** という。

A 高次方程式の解き方(1)

教 p.59

練習 24
次の3次方程式を解け。
(1)　$x^3-8=0$　　　(2)　$x^3+1=0$

指針　**因数分解を利用する解き方**　次の因数分解の公式を利用する。

$$a^3+b^3=(a+b)(a^2-ab+b^2),\quad a^3-b^3=(a-b)(a^2+ab+b^2)$$

解答 (1)　左辺を因数分解すると　$(x-2)(x^2+2x+4)=0$
よって　$x-2=0$　または　$x^2+2x+4=0$
したがって　$\boldsymbol{x=2,\ -1\pm\sqrt{3}\,i}$　答
(2)　左辺を因数分解すると　$(x+1)(x^2-x+1)=0$
よって　$x+1=0$　または　$x^2-x+1=0$
したがって　$\boldsymbol{x=-1,\ \dfrac{1\pm\sqrt{3}\,i}{2}}$　答

教 p.59

練習 25
次のものを求めよ。
(1)　27 の 3 乗根　　　(2)　-8 の 3 乗根

指針　**3乗根を求める**　それぞれ $x^3=27$，$x^3=-8$，すなわち，$x^3-27=0$，$x^3+8=0$ の解である。練習 24 と同様に，因数分解によって3次方程式を解けばよい。

解答 (1)　27 の 3 乗根は，3次方程式 $x^3=27$ の解である。

$$x^3-27=0$$

左辺を因数分解すると　$(x-3)(x^2+3x+9)=0$
よって　$x-3=0$　または　$x^2+3x+9=0$
これを解くと　$x=3,\ \dfrac{-3\pm3\sqrt{3}\,i}{2}$
したがって，27 の 3 乗根は

$$\boldsymbol{3,\ \frac{-3+3\sqrt{3}\,i}{2},\ \frac{-3-3\sqrt{3}\,i}{2}}$$　答

(2)　-8 の 3 乗根は，3次方程式 $x^3=-8$ の解である。

$$x^3+8=0$$

左辺を因数分解すると　$(x+2)(x^2-2x+4)=0$
よって　$x+2=0$　または　$x^2-2x+4=0$

これを解くと　$x=-2,\ 1\pm\sqrt{3}i$
したがって，-8 の 3 乗根は

$-2,\ 1+\sqrt{3}i,\ 1-\sqrt{3}i$　答

教 p.59

深める

1 の 3 乗根のうち，虚数であるものの 1 つを ω（オメガ）とおくと，1 の 3 乗根は 1，ω，ω^2 と表すことができる。このことを教科書の例題 8 の結果を利用して確かめてみよう。

指針　**1 の 3 乗根 ω**　$x^3=1$ の虚数解 $\dfrac{-1+\sqrt{3}i}{2}$，$\dfrac{-1-\sqrt{3}i}{2}$ について，一方を 2 乗したものが他方と一致することを示せばよい。

解答　1 の 3 乗根のうち，実数であるものは 1 である。
次に，1 の 3 乗根のうち，虚数であるものの 1 つを ω とおく。

$\omega=\dfrac{-1+\sqrt{3}i}{2}$ のとき

$$\omega^2=\left(\frac{-1+\sqrt{3}i}{2}\right)^2=\frac{1-2\sqrt{3}i+3i^2}{4}$$
$$=\frac{1-2\sqrt{3}i-3}{4}=\frac{-2-2\sqrt{3}i}{4}$$
$$=\frac{2(-1-\sqrt{3}i)}{4}=\frac{-1-\sqrt{3}i}{2}$$

$\omega=\dfrac{-1-\sqrt{3}i}{2}$ のとき

$$\omega^2=\left(\frac{-1-\sqrt{3}i}{2}\right)^2=\left(\frac{1+\sqrt{3}i}{2}\right)^2$$
$$=\frac{1+2\sqrt{3}i+3i^2}{4}=\frac{1+2\sqrt{3}i-3}{4}=\frac{-2+2\sqrt{3}i}{4}$$
$$=\frac{2(-1+\sqrt{3}i)}{4}=\frac{-1+\sqrt{3}i}{2}$$

よって，1 の 3 乗根のうち，虚数であるものの 1 つを ω とおくと，1 の 3 乗根は 1，ω，ω^2 と表すことができる。　終

教 p.60

練習 26

次の 4 次方程式を解け。

(1)　$x^4+x^2-20=0$　　　(2)　$x^4-1=0$

指針　**因数分解を利用する解き方**　$x^2=A$ と考え，2 次式の因数分解と同じ要領で左辺を因数分解する。

教科書 $p.60$

解答 (1)　左辺を因数分解すると

$$(x^2-4)(x^2+5)=0$$

ゆえに　$x^2-4=0$　または　$x^2+5=0$

よって　$x^2=4$　または　$x^2=-5$

したがって　$\boldsymbol{x=\pm 2,\ \pm\sqrt{5}\,i}$　答

← $(x^2)^2+x^2-20=0$
$x^2=A$ とおくと
$A^2+A-20=0$
$(A-4)(A+5)=0$

(2)　左辺を因数分解すると

$$(x^2-1)(x^2+1)=0$$

$$(x+1)(x-1)(x^2+1)=0$$

よって　$x+1=0$　または　$x-1=0$

または　$x^2+1=0$

したがって　$\boldsymbol{x=\pm 1,\ \pm i}$　答

← $x^2=-1$
$x=\pm\sqrt{-1}=\pm i$

B 高次方程式の解き方(2)

練習 27

次の 3 次方程式を解け。

(1)　$x^3+4x^2+x-6=0$　　(2)　$x^3+4x^2+5x+2=0$

(3)　$x^3-3x^2+2=0$　　(4)　$2x^3-3x^2-4=0$

指針　**因数定理を用いる解き方**　因数定理を用いて左辺を因数分解する。

多項式 $P(x)$ が 1 次式 $x-k$ を因数にもつ　$\Longleftrightarrow$　$P(k)=0$

$P(k)=0$ となる k は，$P(x)$ の定数項の正・負の約数の中から探すとよい。

なお，$P(x)$ を $x-k$ で割り算する場合，ここでは $p.63$ で示した組立除法を使うことにする。

解答 (1)　$P(x)=x^3+4x^2+x-6$ とすると

$P(1)=1^3+4\cdot 1^2+1-6=0$

よって，$P(x)$ は $x-1$ を因数にもち

$$P(x)=(x-1)(x^2+5x+6)=(x-1)(x+2)(x+3)$$

$P(x)=0$ から　$\boldsymbol{x=1,\ -2,\ -3}$　答

1	4	1	−6	1
	1	5	6	
1	5	6	0	

(2)　$P(x)=x^3+4x^2+5x+2$ とすると

$P(-1)=(-1)^3+4(-1)^2+5(-1)+2=0$

よって，$P(x)$ は $x+1$ を因数にもち

$$P(x)=(x+1)(x^2+3x+2)=(x+1)^2(x+2)$$

$P(x)=0$ から　$\boldsymbol{x=-1,\ -2}$　答

1	4	5	2	−1
	−1	−3	−2	
1	3	2	0	

(3)　$P(x)=x^3-3x^2+2$ とすると

$P(1)=1^3-3\cdot 1^2+2=0$

よって，$P(x)$ は $x-1$ を因数にもち

$$P(x)=(x-1)(x^2-2x-2)$$

1	−3	0	2	1
	1	−2	−2	
1	−2	−2	0	

$P(x)=0$ から

$x-1=0$ または $x^2-2x-2=0$

したがって **$x=1,\ 1\pm\sqrt{3}$** 答

(4) $P(x)=2x^3-3x^2-4$ とすると

$P(2)=2\cdot2^3-3\cdot2^2-4=0$

よって，$P(x)$ は $x-2$ を因数にもち

$P(x)=(x-2)(2x^2+x+2)$

2	−3	0	−4	2
	4	2	4	
2	1	2	0	

$P(x)=0$ から

$x-2=0$ または $2x^2+x+2=0$

したがって **$x=2,\ \dfrac{-1\pm\sqrt{15}i}{4}$** 答

C 高次方程式と虚数解

教 p.61

練習 28 a，b は実数とする。3 次方程式 $x^3+x^2+ax+b=0$ が $1+i$ を解にもつとき，定数 a，b の値を求めよ。また，他の解を求めよ。

指針 **高次方程式と虚数解**

方程式 $P(x)=0$ が α を解にもつ $\iff$ $P(\alpha)=0$

すなわち，$1+i$ がこの方程式の解であるから，x に $1+i$ を代入すると等式が成り立つ。その左辺を i について整理し，次のことを使う。

a，b が実数のとき $a+bi=0 \iff a=0$ かつ $b=0$

解答 $1+i$ がこの方程式の解であるから

$(1+i)^3+(1+i)^2+a(1+i)+b=0$

よって $2i-2+2i+a+ai+b=0$ ← $(1+i)^3=2i-2$，$(1+i)^2=2i$

整理して $(a+b-2)+(a+4)i=0$

a，b は実数であるから，$a+b-2$，$a+4$ は実数である。

よって $a+b-2=0$，$a+4=0$

これを解くと $a=-4$，$b=6$

このとき，方程式は $x^3+x^2-4x+6=0$

$P(x)=x^3+x^2-4x+6$ とすると

$P(-3)=(-3)^3+(-3)^2-4(-3)+6=0$

1	1	−4	6	−3
	−3	6	−6	
1	−2	2	0	

よって，$P(x)$ は $x+3$ を因数にもち

$P(x)=(x+3)(x^2-2x+2)$

$P(x)=0$ から $x=-3,\ 1\pm i$

答 **$a=-4$，$b=6$，他の解は -3，$1-i$**

参考 本問において，$1+i$ が解であるとき，共役な複素数 $1-i$ も解になっている。一般に，実数係数の n 次方程式の解の 1 つが虚数 $a+bi$ のとき，共役な複素

数 $a-bi$ も解であることが知られている。

このことを利用した次のような別解も考えられる。

別解　係数が実数の方程式の解の1つが $1+i$ のとき，それと共役な複素数 $1-i$ も解である。

$1\pm i$ を解にもつ2次方程式の1つは $x^2-2x+2=0$ であるから，x^3+x^2+ax+b は，x^2-2x+2 で割り切れる。

割り算を実行すると

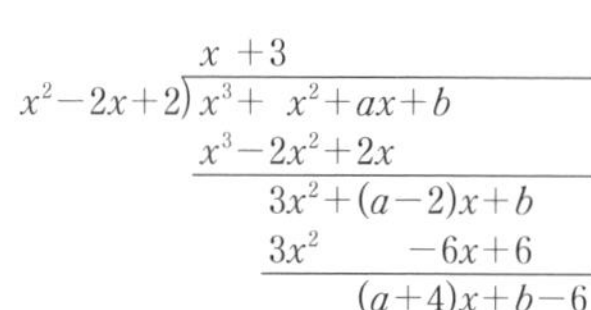

　　商は　　$x+3$

　　余りは　　$(a+4)x+b-6$

このとき，余りは0であるから

$$a+4=0,\quad b-6=0$$

よって　　$\boldsymbol{a=-4,\ b=6}$　答

このとき，**他の解は $\boldsymbol{1-i}$ と**，$x+3=0$ から $\boldsymbol{-3}$　答

発展　3次方程式の解と係数の関係

まとめ

3次方程式の解と係数の関係

3次方程式 $ax^3+bx^2+cx+d=0$ の3つの解を α，β，γ とすると

$$\boldsymbol{\alpha+\beta+\gamma=-\frac{b}{a},\quad \alpha\beta+\beta\gamma+\gamma\alpha=\frac{c}{a},\quad \alpha\beta\gamma=-\frac{d}{a}}$$

教 p.62

練習 1

3次方程式 $x^3-3x^2+x+2=0$ の3つの解を α，β，γ とするとき，次の式の値を求めよ。

(1)　$\alpha^2+\beta^2+\gamma^2$　　　(2)　$(\alpha+1)(\beta+1)(\gamma+1)$

指針　**3次方程式の解と係数の関係**　まとめの公式から

$$\alpha+\beta+\gamma=-\frac{-3}{1},\quad \alpha\beta+\beta\gamma+\gamma\alpha=\frac{1}{1},\quad \alpha\beta\gamma=-\frac{2}{1}$$

解答　解と係数の関係から

$$\alpha+\beta+\gamma=3,\quad \alpha\beta+\beta\gamma+\gamma\alpha=1,\quad \alpha\beta\gamma=-2$$

(1)　$\alpha^2+\beta^2+\gamma^2=(\alpha+\beta+\gamma)^2-2(\alpha\beta+\beta\gamma+\gamma\alpha)$

$=3^2-2\cdot1=\boldsymbol{7}$　答

(2)　$(\alpha+1)(\beta+1)(\gamma+1)=\alpha\beta\gamma+(\alpha\beta+\beta\gamma+\gamma\alpha)+(\alpha+\beta+\gamma)+1$

$=-2+1+3+1=\boldsymbol{3}$　答

第2章 第2節 補充問題

教 p.63

4 次の問いに答えよ。

(1) 多項式 $P(x)$ を1次式 $ax+b$ で割った余りは，$P\left(-\dfrac{b}{a}\right)$ に等しいことを示せ。

(2) 多項式 $3x^3+x^2+x+1$ を $3x+1$ で割った余りを求めよ。

指針 **1次式で割った余り**

(1) $P(x)$ を $ax+b$ で割った商を $Q(x)$，余りを R（定数）として，

$P(x)=(ax+b)Q(x)+R$ とおき，$x=-\dfrac{b}{a}$ を代入する。

(2) (1)の結果を利用する。

解答 (1) $P(x)$ を1次式 $ax+b$ で割った商を $Q(x)$，余りを R とすると，次の等式が成り立つ。

$$P(x)=(ax+b)Q(x)+R$$

両辺に $x=-\dfrac{b}{a}$ を代入すると　$P\left(-\dfrac{b}{a}\right)=R$

よって，$P(x)$ を1次式 $ax+b$ で割った余りは $P\left(-\dfrac{b}{a}\right)$ に等しい。 終

(2) $P(x)=3x^3+x^2+x+1$ とすると，(1)から，求める余りは

$$P\left(-\frac{1}{3}\right)=3\left(-\frac{1}{3}\right)^3+\left(-\frac{1}{3}\right)^2+\left(-\frac{1}{3}\right)+1$$

$$=-\frac{1}{9}+\frac{1}{9}-\frac{1}{3}+1=\frac{2}{3}$$ 答

教 p.63

5 $P(x)=x^3+ax+b$ を $(x+1)(x-3)$ で割った余りが $3x-2$ であるとき，次の問いに答えよ。

(1) $P(-1)$，$P(3)$ を a，b で表せ。

(2) 定数 a，b の値を求めよ。

指針 **2次式で割った余り**

(1) $P(x)=x^3+ax+b$ に $x=-1$，3 を代入する。

(2) $P(x)$ を $(x+1)(x-3)$ で割った商を $Q(x)$ とすると

$P(x)=(x+1)(x-3)Q(x)+3x-2$ が成り立つ。これの両辺に $x=-1$，3 を代入して，(1)の結果を用いる。

解答 (1) $P(x)=x^3+ax+b$ であるから

$$P(-1)=(-1)^3+a(-1)+b,\quad P(3)=3^3+a\cdot 3+b$$

すなわち　$\boldsymbol{P(-1)=-a+b-1},\quad \boldsymbol{P(3)=3a+b+27}$ 答

(2) $P(x)$ を $(x+1)(x-3)$ で割った余りが $3x-2$ であるから，商を $Q(x)$ とすると　$P(x)=(x+1)(x-3)Q(x)+3x-2$

ゆえに　$P(-1)=3\cdot(-1)-2=-5,\quad P(3)=3\cdot 3-2=7$

よって，(1) の結果から

$$-a+b-1=-5,\quad 3a+b+27=7$$

すなわち　$-a+b=-4,\quad 3a+b=-20$

これを解くと　$\boldsymbol{a=-4,\ b=-8}$ 答

教 p.63

6　a，b は定数とする。3 次方程式 $x^3-2x^2+ax+b=0$ が 1 と -1 を解にもつとき，次の問いに答えよ。

(1) a，b の値を求めよ。　　(2) 他の解を求めよ。

指針 **高次方程式と解**　$P(x)=x^3-2x^2+ax+b$ とする。

(1) 方程式 $P(x)=0$ が α を解にもつ $\iff$ $P(\alpha)=0$

このことを使うと，$P(1)=0$，$P(-1)=0$ であるから，a と b についての連立方程式が得られる。

(2) 因数定理　$P(x)$ が 1 次式 $x-k$ を因数にもつ $\iff$ $P(k)=0$

このことを使うと，$P(1)=0$，$P(-1)=0$ から，$P(x)$ は $(x-1)(x+1)$ を因数にもつ。方程式の左辺を因数分解するのに利用できる。

解答 (1) 1 と -1 がこの方程式の解であるから

$$1^3-2\cdot 1^2+a\cdot 1+b=0$$
$$(-1)^3-2(-1)^2+a(-1)+b=0$$

すなわち　$a+b=1,\quad -a+b=3$

これを解くと　$\boldsymbol{a=-1,\ b=2}$ 答

(2) (1) から，方程式は

$$x^3-2x^2-x+2=0$$

左辺を因数分解すると

$$(x-1)(x+1)(x-2)=0$$

よって　$x=\pm 1,\ 2$

したがって，他の解は　**2** 答

$$\begin{array}{r|l} & x\ -2 \\ x^2-1 & x^3-2x^2-x+2 \\ & x^3\qquad\ -x \\ \hline & \quad -2x^2\quad +2 \\ & \quad -2x^2\quad +2 \\ \hline & \qquad\qquad 0 \end{array}$$

コラム 1の3乗根の不思議

教 p.63

$\omega^3=1$，$\omega^2+\omega+1=0$ を利用して，次の値を求めてみましょう。

$$\omega^{16}+\omega^8+2$$

指針 **1の3乗根の性質** まず，$\omega^3=1$ を利用して，与えられた式をできるだけ次数の低い式に変形することを考える。

解答 $\omega^3=1$ から $\omega^{16}+\omega^8+2=\omega\cdot\omega^{15}+\omega^2\cdot\omega^6+2$

$=\omega(\omega^3)^5+\omega^2(\omega^3)^2+2=\omega\cdot1^5+\omega^2\cdot1^2+2$

$=\omega^2+\omega+2$

$\omega^2+\omega+1=0$ から $\omega^2+\omega+2=(\omega^2+\omega+1)+1=0+1=\mathbf{1}$ 答

第2章　章末問題A

教 p.64

1. 次の式を計算せよ。

(1) $(3-2i)(-2+i)$　　(2) $(1+\sqrt{-2})(3-\sqrt{-8})$

(3) $(1-i)^3$　　(4) $\dfrac{1}{1+i}+\dfrac{1}{1-2i}$

指針　**複素数の計算**　(2)は，まず負の数の平方根を i を使って表してから計算を始める。(3)では，$(a-b)^3=a^3-3a^2b+3ab^2-b^3$ を利用する。(4)では，それぞれの分数の分母，分子に，分母と共役な複素数を掛けて，分母を実数にする。

解答 (1) $(3-2i)(-2+i)=-6+7i-2i^2$

$=-6+7i-2(-1)=\mathbf{-4+7i}$　答

(2) $(1+\sqrt{-2})(3-\sqrt{-8})=(1+\sqrt{2}\,i)(3-2\sqrt{2}\,i)$　　← $\sqrt{-8}=\sqrt{8}\,i=2\sqrt{2}\,i$

$=3+\sqrt{2}\,i-4i^2$

$=3+\sqrt{2}\,i-4(-1)=\mathbf{7+\sqrt{2}\,i}$　答

(3) $(1-i)^3=1^3-3\cdot1^2\cdot i+3\cdot1\cdot i^2-i^3$　　← $i^3=i^2\cdot i$

$=1-3i+3(-1)-(-1)i=\mathbf{-2-2i}$　答

(4) $\dfrac{1}{1+i}+\dfrac{1}{1-2i}=\dfrac{1-i}{(1+i)(1-i)}+\dfrac{1+2i}{(1-2i)(1+2i)}$

$=\dfrac{1-i}{2}+\dfrac{1+2i}{5}$

$=\dfrac{5(1-i)}{10}+\dfrac{2(1+2i)}{10}=\mathbf{\dfrac{7}{10}-\dfrac{1}{10}i}$　答

教 p.64

2. 次の等式を満たす実数 x，y の値を求めよ。

(1) $(x-3y)+(2x+y)i=1-12i$

(2) $(5+i)(x+yi)=13+13i$

指針　**複素数の相等**　2つの複素数が等しいのは，実部，虚部が，それぞれ一致する場合である。すなわち　$a+bi=c+di \iff a=c$ かつ $b=d$

この関係をもとにして，x，y の連立方程式を作って解く。

解答 (1) $x-3y$，$2x+y$ は実数であるから

$x-3y=1$ ……①　　$2x+y=-12$ ……②

①，②を連立方程式として解くと　$\mathbf{x=-5,\ y=-2}$　答

(2) 左辺 $=(5+i)(x+yi)=5x+(x+5y)i+yi^2$

$=(5x-y)+(x+5y)i$

よって，$(5x-y)+(x+5y)i=13+13i$ のとき，$5x-y$，$x+5y$ は実数である

から

$5x-y=13$ …… ①　　$x+5y=13$ …… ②

①，② を連立方程式として解くと　　$x=3$，$y=2$ 答

教 p.64

3. 次の 2 次方程式を解け。

(1) $x(x+1)+(x+2)(x+3)=0$　　(2) $2(x+1)^2-4(x+1)+3=0$

指針　**2 次方程式の解**　左辺を計算し，整理してから解く。

(2) $x+1=X$ とおき，まず X の値を求めてもよいが，左辺を整理すると 1 次の項が消えて解きやすくなる。

解答 (1) 左辺のかっこをはずすと

$$x^2+x+x^2+5x+6=0$$

整理して　$x^2+3x+3=0$

よって　$x=\dfrac{-3\pm\sqrt{3^2-4\cdot1\cdot3}}{2\cdot1}=\dfrac{-3\pm\sqrt{3}i}{2}$ 答

(2) 左辺のかっこをはずすと

$$2x^2+4x+2-4x-4+3=0$$

整理して　$2x^2+1=0$　すなわち　$x^2=-\dfrac{1}{2}$

よって　$x=\pm\sqrt{-\dfrac{1}{2}}=\pm\sqrt{\dfrac{1}{2}}i=\pm\dfrac{\sqrt{2}}{2}i$ 答

別解 (2) $x+1=X$ とおくと　$2X^2-4X+3=0$

よって　$X=\dfrac{2\pm\sqrt{-2}}{2}=\dfrac{2\pm\sqrt{2}i}{2}=1\pm\dfrac{\sqrt{2}}{2}i$

ゆえに　$x+1=1\pm\dfrac{\sqrt{2}}{2}i$　したがって　$x=\pm\dfrac{\sqrt{2}}{2}i$ 答

教 p.64

4. 2 次方程式 $x^2+4x+2=0$ の 2 つの解を α，β とするとき，次の式の値を求めよ。

(1) $\alpha^2+\beta^2$　　(2) $\alpha^2\beta+\alpha\beta^2$　　(3) $\dfrac{\beta}{\alpha}+\dfrac{\alpha}{\beta}$

指針　**解と係数の関係**　解と係数の関係から $\alpha+\beta$，$\alpha\beta$ の値を求め，(1)~(3) の各式を，$\alpha+\beta$，$\alpha\beta$ を使った式で表して，代入する。

解答　解と係数の関係から　$\alpha+\beta=-4$，$\alpha\beta=2$

(1) $\alpha^2+\beta^2=(\alpha+\beta)^2-2\alpha\beta=(-4)^2-2\cdot2=12$ 答

(2) $\alpha^2\beta+\alpha\beta^2=\alpha\beta(\alpha+\beta)=2(-4)=-8$ 答

(3) $\dfrac{\beta}{\alpha}+\dfrac{\alpha}{\beta}=\dfrac{\beta^2}{\alpha\beta}+\dfrac{\alpha^2}{\alpha\beta}=\dfrac{\alpha^2+\beta^2}{\alpha\beta}=\dfrac{12}{2}=6$ 答　　← (1) を使う

教 p.64

5. 2 次方程式 $x^2-7x-1=0$ の 2 つの解を α，β とするとき，次の 2 数を解とする 2 次方程式を 1 つ作れ。

(1) $\dfrac{2}{\alpha}$，$\dfrac{2}{\beta}$　　　(2) α^2，β^2

指針 **2 次方程式の解と方程式の決定**

① 解と係数の関係から，$\alpha+\beta$，$\alpha\beta$ の値を求める。

② 2 数の和と積をそれぞれ $\alpha+\beta$，$\alpha\beta$ の式で表し，① を利用して，それらの和と積の値を計算する。

求める 2 次方程式は　　$x^2-(2\text{ 数の和})x+(2\text{ 数の積})=0$

解答 α，β は 2 次方程式 $x^2-7x-1=0$ の解であるから，

解と係数の関係から　　$\alpha+\beta=7$，　$\alpha\beta=-1$　…… ①

(1) 2 数 $\dfrac{2}{\alpha}$，$\dfrac{2}{\beta}$ の和と積は，① より

和 $\dfrac{2}{\alpha}+\dfrac{2}{\beta}=\dfrac{2\beta}{\alpha\beta}+\dfrac{2\alpha}{\alpha\beta}=\dfrac{2(\alpha+\beta)}{\alpha\beta}$

$=\dfrac{2\cdot7}{-1}=-14$

積 $\dfrac{2}{\alpha}\cdot\dfrac{2}{\beta}=\dfrac{4}{\alpha\beta}=\dfrac{4}{-1}=-4$

よって　　$x^2-(-14)x-4=0$　　すなわち　　$\boldsymbol{x^2+14x-4=0}$ 答

(2) 2 数 α^2，β^2 の和と積は，① より

和 $\alpha^2+\beta^2=(\alpha+\beta)^2-2\alpha\beta=7^2-2(-1)=51$

積 $\alpha^2\beta^2=(\alpha\beta)^2=(-1)^2=1$

よって　　$\boldsymbol{x^2-51x+1=0}$ 答

教 p.64

6. 次の方程式を解け。

(1) $8x^3-1=0$　　　(2) $2x^4+x^2-6=0$

(3) $x(x+1)(x+2)=2\cdot3\cdot4$　　　(4) $(x^2-x)^2-8(x^2-x)+12=0$

指針 **高次方程式の解き方**　(1)，(2)，(4) は，それぞれ左辺を因数分解する。(1) は公式が利用できる。(2) は $x^2=X$ とみて考える。(4) は $x^2-x=X$ とおく。

(3) は，両辺の形から $x=2$ が 1 つの解であることがわかる。これは，方程式を整理した後，左辺に因数定理を使うときのヒントとなる。

解答 (1) 左辺を因数分解すると

$(2x-1)(4x^2+2x+1)=0$　　← $a^3-b^3=(a-b)(a^2+ab+b^2)$

よって　　$2x-1=0$　または　$4x^2+2x+1=0$

したがって　$x=\frac{1}{2},\ \frac{-1\pm\sqrt{3}i}{4}$ 答

(2)　左辺を因数分解すると

$(2x^2-3)(x^2+2)=0$

よって　$2x^2-3=0$　または　$x^2+2=0$

したがって　$x=\pm\frac{\sqrt{6}}{2},\ \pm\sqrt{2}i$ 答

$$\begin{array}{ccccc} 2 & \times & -3 & \longrightarrow & -3 \\ 1 & & 2 & \longrightarrow & 4 \\ \hline 2 & & -6 & & 1 \end{array}$$

(3)　整理して　$x^3+3x^2+2x-24=0$

$P(x)=x^3+3x^2+2x-24$ とすると

$P(2)=2^3+3\cdot2^2+2\cdot2-24=0$

よって，$P(x)$ は $x-2$ を因数にもち

$P(x)=(x-2)(x^2+5x+12)$

$P(x)=0$ から　$x-2=0$　または　$x^2+5x+12=0$

したがって　$x=2,\ \frac{-5\pm\sqrt{23}i}{2}$ 答

$$\begin{array}{cccc|c} 1 & 3 & 2 & -24 & 2 \\ & 2 & 10 & 24 & \\ \hline 1 & 5 & 12 & 0 & \end{array}$$

(4)　$x^2-x=X$ とおくと，方程式は　$X^2-8X+12=0$

左辺を因数分解すると　$(X-2)(X-6)=0$

よって　$(x^2-x-2)(x^2-x-6)=0$

さらに因数分解して　$(x+1)(x-2)(x+2)(x-3)=0$

したがって　$x=-2,\ -1,\ 2,\ 3$ 答

式の形をよく観察して，どんな方法が最適かを考えよう。

教 p.64

7. a は実数の定数とする。x の 3 次方程式

$x^3-x^2+(a-6)x-3a=0$ …… ① について，次の問いに答えよ。

(1)　3 次方程式 ① は a の値に関係なく，整数の解をもつ。その整数の解を求めよ。

(2)　3 次方程式 ① の解がすべて実数であるように，a の値の範囲を定めよ。

指針　**3 次方程式が実数解をもつ条件**

(1)　① の左辺が (x−整数) を因数にもつように因数分解できることを示す。2 種類以上の文字を含む式の因数分解は，次数の最も低い文字について整理するとよい。

(2) 整数解以外の2つの解は2次方程式の解となる。2次方程式が実数解をもつ条件は，判別式をDとすると　$D \geqq 0$

解答 (1) 3次方程式①の左辺をaについて整理して因数分解すると

$$(x-3)a+x^3-x^2-6x=0$$
$$(x-3)a+x(x+2)(x-3)=0$$
$$(x-3)(x^2+2x+a)=0 \quad \cdots\cdots ②$$

よって，3次方程式①はaの値に関係なく，整数の解をもち，その整数の解は　$\boldsymbol{x=3}$ 答

(2) 3次方程式①の$x=3$以外の解は，②より，2次方程式
$x^2+2x+a=0$ …… ③の解である。
したがって，3次方程式①の解がすべて実数となるのは，2次方程式③が実数解をもつときである。
2次方程式③の判別式をDとすると

$$\frac{D}{4}=1^2-1\cdot a=1-a$$

実数解をもつのは$D \geqq 0$のときであるから　$1-a \geqq 0$
よって，求めるaの値の範囲は　$\boldsymbol{a \leqq 1}$ 答

第2章　章末問題B

教 p.65

8. 2乗して$5+12i$となる複素数$z=a+bi$について，a, bはともに整数であるという。このような複素数zをすべて求めよ。

指針 **複素数の相等**　$(a+bi)^2=5+12i$を満たす整数a, bを求める。この等式の左辺を整理し，両辺の実部，虚部がそれぞれ一致することから，a, bについての連立方程式を導く。

解答 $z^2=5+12i$であるから　$(a+bi)^2=5+12i$
左辺を整理すると　$(a^2-b^2)+2abi=5+12i$
a^2-b^2, abは実数であるから

$$a^2-b^2=5 \quad \cdots\cdots ① \qquad ab=6 \quad \cdots\cdots ②$$

①から　$(a+b)(a-b)=5$　←$5=1\cdot 5=(-1)(-5)$
②から，a, bは同符号の整数である。
$a>0$, $b>0$のとき，$a+b>0$, $a+b>a-b$であるから

$$a+b=5,\ a-b=1$$

これを解くと　$a=3$, $b=2$
$a<0$, $b<0$のとき，$a+b<0$, $a+b<a-b$であるから

$$a+b=-5,\ a-b=-1$$

これを解くと　　$a=-3,\ b=-2$

したがって，求める複素数 z は　　$\boldsymbol{z=3+2i,\ -3-2i}$　答

別解 ② から　　$b=\dfrac{6}{a}$　$(a\neq 0)$　　これを ① に代入して　　$a^2-\dfrac{36}{a^2}=5$

両辺に a^2 を掛けて整理すると　　$a^4-5a^2-36=0$

$(a^2+4)(a^2-9)=0$ から　　$(a^2+4)(a+3)(a-3)=0$

a は実数であるから　　$a=-3,\ 3$

$a=-3$ のとき，② から　　$b=-2$

$a=3$ のとき，② から　　$b=2$

したがって　　$\boldsymbol{z=3+2i,\ -3-2i}$　答

注意 上の 別解 から，この問題は「$a,\ b$ は実数」としても同じ結果が得られることがわかる。

教 p.65

9. 2 次方程式 $x^2+ax+b=0$ の 2 つの解から，それぞれ 1 を引いた数を解にもつ 2 次方程式が $x^2+bx+a=0$ であるという。定数 $a,\ b$ の値を求めよ。

指針 **解と係数の関係，方程式の決定**　$x^2+ax+b=0$ の解を $\alpha,\ \beta$ とおけば，$x^2+bx+a=0$ の解は $\alpha-1,\ \beta-1$ と表される。解と係数の関係を用いて，それぞれの方程式において，$\alpha+\beta,\ \alpha\beta$ と $a,\ b$ との関係式を求め，$\alpha+\beta,\ \alpha\beta$ を消去して $a,\ b$ についての連立方程式を導く。

解答 $x^2+ax+b=0$ の 2 つの解を $\alpha,\ \beta$ とすると

$\alpha+\beta=-a$　…… ①　　$\alpha\beta=b$　…… ②

また，$x^2+bx+a=0$ の 2 つの解は $\alpha-1,\ \beta-1$ と表されるから，

$(\alpha-1)+(\beta-1)=-b$ より　　$(\alpha+\beta)-2=-b$　…… ③

$(\alpha-1)(\beta-1)=a$ より　　$\alpha\beta-(\alpha+\beta)+1=a$　…… ④

③ に ①，④ に ①，② をそれぞれ代入して整理すると

$a-b=-2,\ b+1=0$

これを解いて　　$\boldsymbol{a=-3,\ b=-1}$　答

教 p.65

10. $x=1+\sqrt{2}\,i$ のとき，次の問いに答えよ。

(1) $x^2-2x+3=0$ であることを示せ。

(2) (1) の結果を用いて，x^3+4x^2-5x+9 の値を求めよ。

指針 **高次式の値**

(2) 多項式の除法を利用する。x^3+4x^2-5x+9 を x^2-2x+3 で割った商を $Q(x)$，余りを $R(x)$ とすると

$x^3+4x^2-5x+9=(x^2-2x+3)Q(x)+R(x)$

ここで，(1) の結果から，$x=1+\sqrt{2}i$ のとき，$x^2-2x+3=0$ であるから，求める値は $R(x)$(1次式) の値に等しい。

解答 (1)　$x=1+\sqrt{2}i$ より　　$x-1=\sqrt{2}i$

両辺を 2 乗して　　$(x-1)^2=-2$

よって　　$x^2-2x+3=0$　終

(2)　x^3+4x^2-5x+9 を x^2-2x+3 で割ると

$$
\begin{array}{r|l}
 & x+6 \\
\hline
x^2-2x+3 & x^3+4x^2-5x+9 \\
 & x^3-2x^2+3x \\
\hline
 & 6x^2-8x+9 \\
 & 6x^2-12x+18 \\
\hline
 & 4x-9
\end{array}
$$

よって，商は $x+6$，余りは $4x-9$

ゆえに　　$x^3+4x^2-5x+9=(x^2-2x+3)(x+6)+4x-9$

(1) から，$x=1+\sqrt{2}i$ のとき　　$x^2-2x+3=0$

よって　　$x^3+4x^2-5x+9=(x^2-2x+3)(x+6)+4x-9$

$=0+4(1+\sqrt{2}i)-9=\mathbf{-5+4\sqrt{2}i}$　答

別解 (1)　$x=1+\sqrt{2}i$ のとき

$x^2-2x+3=(1+\sqrt{2}i)^2-2(1+\sqrt{2}i)+3$

$=1+2\sqrt{2}i-2-2-2\sqrt{2}i+3=0$

よって　　$x^2-2x+3=0$　終

教 p.65

11. a，b は実数の定数とする。3次方程式 $x^3+(a-1)x^2+(1-a)x+b=0$ の実数解が $x=1$ だけであるとき，a の値の範囲と b の値を求めよ。

指針 **高次方程式と解**　$x=1$ を代入すると，a が消え，b の値を求めることができる。これをもとにして，方程式の左辺を $(x-1)(\quad)$ の形に因数分解する。

実数解が $x=1$ だけであるのは，$x=1$ が 3 重解の場合と，1 以外の解が虚数解となる場合の 2 通りあることに注意する。

解答 $x=1$ がこの方程式の解であるから

$1^3+(a-1)\cdot1^2+(1-a)\cdot1+b=0$

整理して　　$1+b=0$　　よって　　$\mathbf{b=-1}$　答

このとき，方程式は　　$x^3+(a-1)x^2+(1-a)x-1=0$

左辺は $x-1$ を因数にもつから，因数分解すると

$(x-1)(x^2+ax+1)=0$　……①

$x^2+ax+1=0$　……② とすると，方程式 ① の実数解が $x=1$ だけであるとき，次の [1]，[2] の場合が考えられる。

[1]　2次方程式 ② が重解 $x=1$ をもつ。

$x=1$ は ② の解であるから　　$1^2+a\cdot1+1=0$

よって　　$a=-2$　……③

このとき，② は $x^2-2x+1=0$ となり，確かに重解 $x=1$ をもつ。

[2] 2 次方程式 ② が実数解をもたない。

② の判別式を D とすると　$D=a^2-4\cdot1\cdot1=(a+2)(a-2)$

実数解をもたないのは $D<0$ のときであるから

$(a+2)(a-2)<0$　よって　$-2<a<2$ …… ④

したがって，③，④ から　$-2\leqq a<2$ 答

教 p.65

12. ある立方体から，底面の縦を 1 cm，横を 2 cm それぞれ延ばし，高さを 1 cm 縮めた直方体を作ったら，体積が $\frac{3}{2}$ 倍になった。もとの立方体の 1 辺の長さを求めよ。

指針 **高次方程式の応用問題**　もとの立方体の 1 辺を x cm とし，直方体の辺の長さを x の式で表して方程式を作る。このとき，「高さを 1 cm 縮めた」ことから，もとの立方体の 1 辺は 1 cm より長いことに注意する。

解答 もとの立方体の 1 辺の長さを x cm とすると，直方体の辺の長さは

縦 $(x+1)$ cm，横 $(x+2)$ cm，高さ $(x-1)$ cm

である。ただし，$x>1$ である。

問題の条件から　$(x+1)(x+2)(x-1)=\frac{3}{2}x^3$

展開して整理すると　$x^3-4x^2+2x+4=0$

左辺を因数分解すると　$(x-2)(x^2-2x-2)=0$

よって　$x=2,\ 1\pm\sqrt{3}$

$x>1$ であるから　$x=2,\ 1+\sqrt{3}$

したがって，立方体の 1 辺の長さは

2 cm　または　$(1+\sqrt{3})$ cm 答

教科書 p.68

第3章 図形と方程式

第1節 点と直線

1 直線上の点

まとめ

1 座標

数直線上で，点Pに実数 a が対応しているとき，a を点Pの座標といい，座標が a である点Pを $\mathrm{P}(a)$ で表す。

2 2点間の距離

数直線上の原点Oと点 $\mathrm{P}(a)$ の距離を，a の絶対値といい，$|a|$ で表す。すなわち，2点O，P間の距離OPは

$$\mathbf{OP}=|\boldsymbol{a}|$$

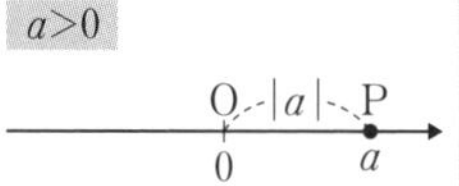

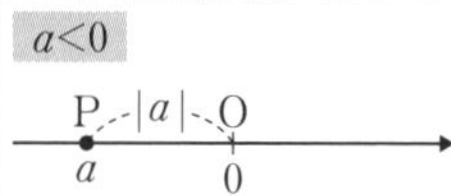

補足　$a \geqq 0$ のとき $|a|=a$，$a<0$ のとき $|a|=-a$ である。

数直線上の2点 $\mathrm{A}(a)$，$\mathrm{B}(b)$ 間の距離ABは　　$\mathbf{AB}=|\boldsymbol{b}-\boldsymbol{a}|$

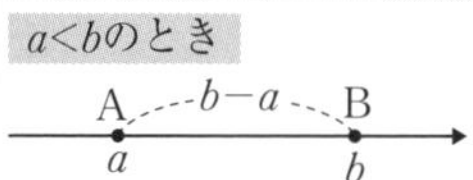

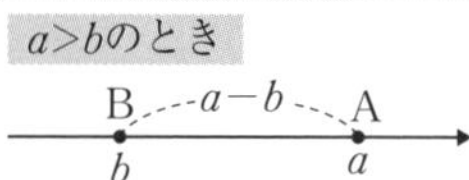

3 内分と外分

m，n は正の数とする。

線分AB上の点Pが $\mathrm{AP}:\mathrm{PB}=m:n$ を満たすとき，点Pは線分ABを $m:n$ に **内分する** という。

また，線分ABの延長上の点Qが

$\mathrm{AQ}:\mathrm{QB}=m:n$　$(m \neq n)$

を満たすとき，点Qは線分ABを $m:n$ に **外分する** という。

点Pを線分ABの **内分点**，点Qを線分ABの **外分点** という。

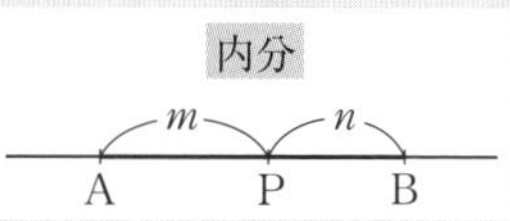

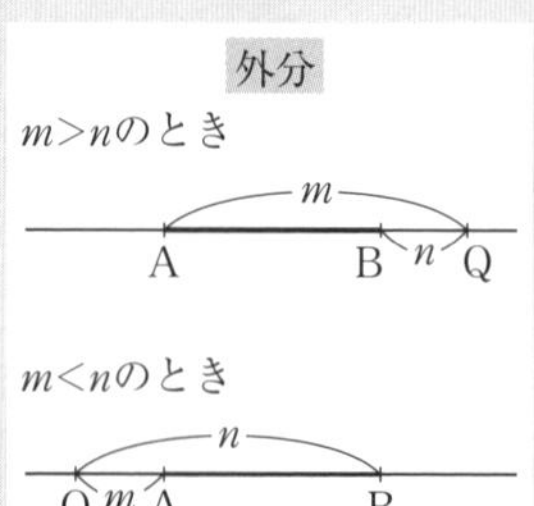

4　線分の内分点・外分点

数直線上の 2 点 $A(a)$，$B(b)$ を結ぶ線分 AB を，$m:n$ に内分する点を P，$m:n$ に外分する点を Q とする。

内分点 P の座標は　$\dfrac{na+mb}{m+n}$，　外分点 Q の座標は　$\dfrac{-na+mb}{m-n}$

とくに，線分 AB の中点の座標は　$\dfrac{a+b}{2}$

補足　内分点の座標で n を $-n$ におき換えたものが，外分点の座標である。

A 数直線上の 2 点間の距離

教 p.68

練習 1　次の 2 点間の距離を求めよ。

(1)　A(6)，B(1)　　　(2)　A(−2)，B(4)

指針　**数直線上の 2 点間の距離**　2 点の座標の差の絶対値を求める。

解答　(1)　$AB=|1-6|=|-5|=\mathbf{5}$　答

(2)　$AB=|4-(-2)|=|6|=\mathbf{6}$　答

B 線分の内分点・外分点

教 p.69

練習 2　線分 AB を 3：1 に内分する点 P，線分 AB を 3：1 に外分する点 Q，線分 AB を 3：7 に外分する点 R を下の図にしるせ。

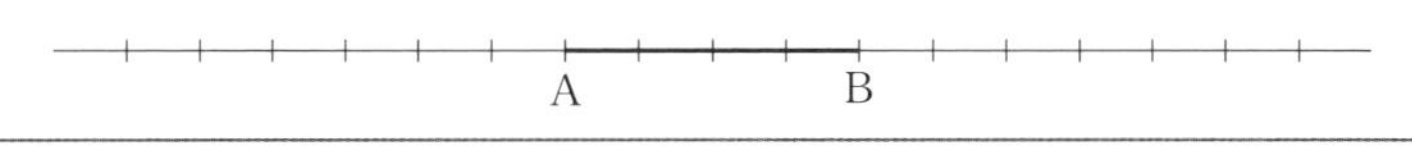

指針　**内分と外分**　線分を内分する点は線分上にある。また，線分 AB を $m:n$ に外分する点は，前ページのまとめの図のように，$m>n$ ならば，点 B の方向への延長線上にあり，$m<n$ ならば，点 A の方向への延長線上にある。以上をふまえて，線分の端点 A，B からの距離の比が指定されたものになるような点を探す。

解答　点 P は，線分 AB 上にあり，2 点 A，B からの距離の比が 3：1 となる点，点 Q は，線分 AB の点 B の方向への延長線上にあり，2 点 A，B からの距離の比が 3：1 となる点，点 R は，線分 AB の点 A の方向への延長線上にあり，2 点 A，B からの距離の比が 3：7 となる点であり，これらを図示すると，下図のようになる。

答
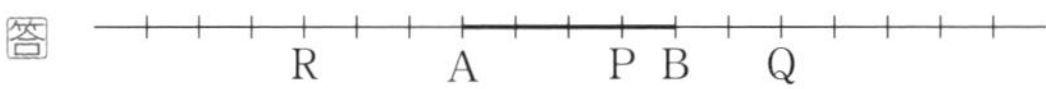

教 p.69

深める

教科書の練習 2 において，次の□に適する数または用語を考えてみよう。

点 P は線分 BA を□：□に□する。

点 B は線分 AQ を□：□に□する。

指針 **内分と外分**　まずは，点 P や B の位置に着目する。点 P は線分 BA 上，点 B は線分 AQ 上にあるので，どちらも内分する点である。あとは，端点からの距離の比がどのようになっているかを調べる。

解答 練習 2 の結果は次の図のようになる。

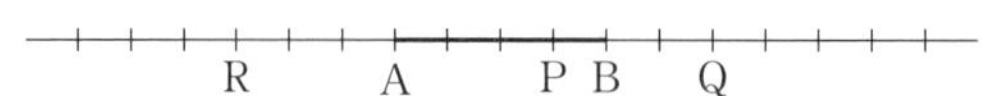

図より，点 P は線分 BA 上にあり　　BP：PA=1：3

よって，点 P は線分 BA を 1 ： 3 に 内分 する。 答

また，図より，点 B は線分 AQ 上にあり　　AB：BQ=4：2=2：1

よって，点 B は線分 AQ を 2 ： 1 に 内分 する。 答

教 p.70

練習 3

2 点 A(4)，B(8) を結ぶ線分 AB について，次の点の座標を求めよ。

(1)　3：2 に内分する点 C　　　(2)　3：1 に外分する点 D

(3)　2：3 に外分する点 E　　　(4)　中点 M

指針 **線分の内分点・外分点**　2 点 A(a)，B(b) を結ぶ線分 AB を，m：n に内分する点を P，外分する点を Q とするとき，

内分点 P の座標は　$\dfrac{na+mb}{m+n}$，　外分点 Q の座標は　$\dfrac{-na+mb}{m-n}$

線分 AB の中点の座標は　$\dfrac{a+b}{2}$

解答 (1)　$\dfrac{2\times4+3\times8}{3+2}=\dfrac{32}{5}$ から　　$\mathbf{C\left(\dfrac{32}{5}\right)}$ 答

(2)　$\dfrac{-1\times4+3\times8}{3-1}=\dfrac{20}{2}=10$ から　　**D(10)** 答

(3)　$\dfrac{-3\times4+2\times8}{2-3}=\dfrac{4}{-1}=-4$ から　　**E(−4)** 答

(4)　$\dfrac{4+8}{2}=6$ から　　**M(6)** 答

2 平面上の点

まとめ

1 象限

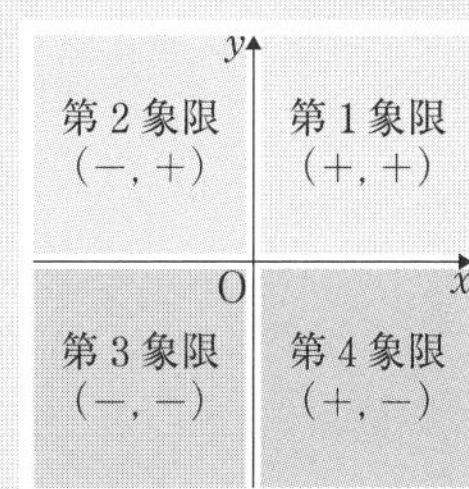

座標平面は座標軸によって4つの部分に分けられる。これらの各部分を **象限**(しょうげん) といい，右の図のように，それぞれを **第1象限，第2象限，第3象限，第4象限** という。座標軸はどの象限にも含めない。なお，図の(＋，＋)などは，それぞれの象限にある点の x 座標，y 座標の符号を示している。

2 対称な点の座標

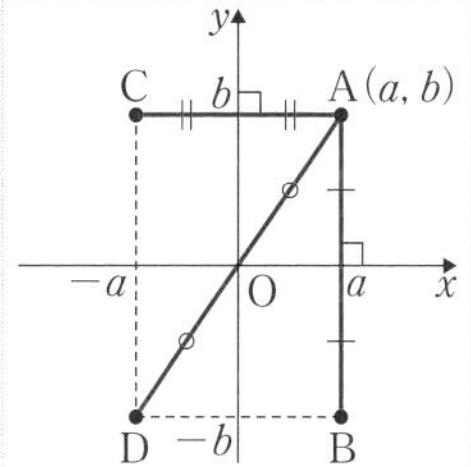

第1象限の点 A$(a,\ b)$ と

x 軸に関して対称な点Bの座標は $(a,\ -b)$

y 軸に関して対称な点Cの座標は $(-a,\ b)$

原点に関して対称な点Dの座標は $(-a,\ -b)$

である。

3 2点間の距離

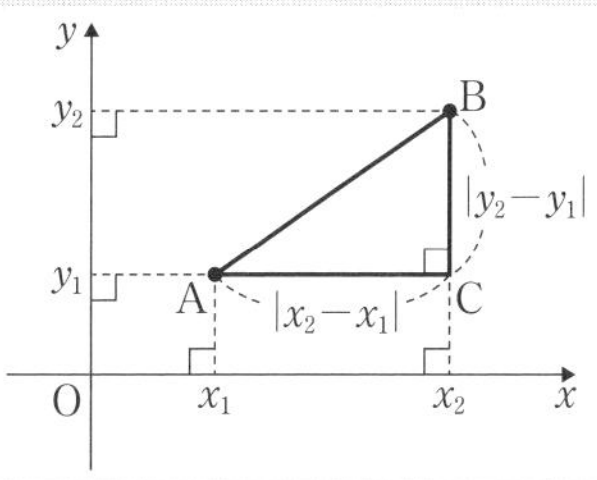

2点 A$(x_1,\ y_1)$，B$(x_2,\ y_2)$ 間の距離 AB は

$$\mathbf{AB}=\sqrt{(x_2-x_1)^2+(y_2-y_1)^2}$$

とくに，原点Oと点 A$(x_1,\ y_1)$ の距離 OA は　　$\mathbf{OA}=\sqrt{x_1{}^2+y_1{}^2}$

4 内分点・外分点の座標

2点 A$(x_1,\ y_1)$，B$(x_2,\ y_2)$ を結ぶ線分 AB を，$m:n$ に内分する点をP，$m:n$ に外分する点をQとする。

内分点Pの座標は　$\left(\dfrac{nx_1+mx_2}{m+n},\ \dfrac{ny_1+my_2}{m+n}\right)$

外分点Qの座標は　$\left(\dfrac{-nx_1+mx_2}{m-n},\ \dfrac{-ny_1+my_2}{m-n}\right)$

とくに，線分 AB の中点の座標は　$\left(\dfrac{x_1+x_2}{2},\ \dfrac{y_1+y_2}{2}\right)$

5 三角形の重心

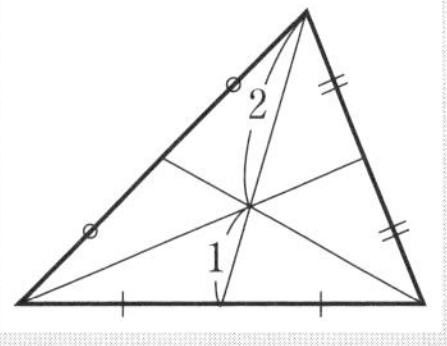

三角形の頂点とそれに向かい合う辺の中点とを結ぶ線分を，三角形の **中線** という。三角形の3本の中線は1点で交わり，その点は各中線を2：1に内分する。三角形の3本の中線が交わる点を，三角形の **重心** という。

6　三角形の重心の座標

3 点 A$(x_1,\ y_1)$，B$(x_2,\ y_2)$，C$(x_3,\ y_3)$ を頂点とする△ABC の重心の座標は

$$\left(\frac{\boldsymbol{x_1+x_2+x_3}}{3},\ \frac{\boldsymbol{y_1+y_2+y_3}}{3}\right)$$

A 座標平面上の点

教 p.71

練習 4

次の点はどの象限にあるか。

(1)　点 A(2，1)　　(2)　点 B(2，−1)

(3)　点 C(−2，1)　　(4)　点 D(−2，−1)

指針　**点と象限**　座標平面上の点の各座標の符号と象限の対応は次のようになる。

(+，+)……第 1 象限　　(−，+)……第 2 象限

(−，−)……第 3 象限　　(+，−)……第 4 象限

解答　(1)　**第 1 象限**　答　　(2)　**第 4 象限**　答

(3)　**第 2 象限**　答　　(4)　**第 3 象限**　答

教 p.71

練習 5

点 P(−2，3) に対して，次のような点の座標を求めよ。

(1)　x 軸に関して対称な点 Q　　(2)　y 軸に関して対称な点 R

(3)　原点に関して対称な点 S

指針　**対称な点**　座標軸や原点に関して対称な点の座標について，次のことが成り立つ。

x 軸に関して対称 ⟶ y 座標の符号が変わる。

y 軸に関して対称 ⟶ x 座標の符号が変わる。

原点に関して対称 ⟶ x 座標，y 座標の符号がともに変わる。

解答　(1)　**Q(−2，−3)**　答

(2)　**R(2，3)**　答

(3)　**S(2，−3)**　答

B 座標平面上の 2 点間の距離

教 p.72

練習 6

次の 2 点間の距離を求めよ。

(1)　A(1，2)，B(4，6)　　(2)　A(−3，1)，B(2，−4)

(3)　A(5，−2)，B(3，−2)　　(4)　原点 O，A(2，−3)

指針 **2点間の距離**　2点 $A(x_1,\ y_1)$，$B(x_2,\ y_2)$ 間の距離 AB は

$$AB=\sqrt{(x_2-x_1)^2+(y_2-y_1)^2}$$

とくに，原点 O と $A(x_1,\ y_1)$ の距離 OA は　　$OA=\sqrt{x_1{}^2+y_1{}^2}$

解答 (1)　$AB=\sqrt{(4-1)^2+(6-2)^2}=\sqrt{3^2+4^2}=\sqrt{25}=\mathbf{5}$　答

(2)　$AB=\sqrt{\{2-(-3)\}^2+(-4-1)^2}=\sqrt{5^2+5^2}=\sqrt{5^2\times2}=\mathbf{5\sqrt{2}}$　答

(3)　$AB=\sqrt{(3-5)^2+\{-2-(-2)\}^2}=\sqrt{4}=\mathbf{2}$　答

(4)　$OA=\sqrt{2^2+(-3)^2}=\sqrt{4+9}=\mathbf{\sqrt{13}}$　答

別解 (3)　y 座標が等しいから，AB//x 軸であり　　$AB=|3-5|=\mathbf{2}$　答

C 内分点・外分点の座標

教 p.73

練習 7

2点 $A(-3,\ 2)$，$B(4,\ 5)$ を結ぶ線分 AB について，次の点の座標を求めよ。

(1)　2：1 に内分する点 C　　(2)　2：1 に外分する点 D

(3)　2：3 に外分する点 E　　(4)　中点 M

指針 **内分点・外分点の座標**　2点 $A(x_1,\ y_1)$，$B(x_2,\ y_2)$ を結ぶ線分 AB を，$m：n$ に内分する点を P，外分する点を Q とするとき，

内分点 P の座標は　$\left(\dfrac{nx_1+mx_2}{m+n},\ \dfrac{ny_1+my_2}{m+n}\right)$

外分点 Q の座標は　$\left(\dfrac{-nx_1+mx_2}{m-n},\ \dfrac{-ny_1+my_2}{m-n}\right)$

線分 AB の中点の座標は　$\left(\dfrac{x_1+x_2}{2},\ \dfrac{y_1+y_2}{2}\right)$

解答 (1)　$\left(\dfrac{1\times(-3)+2\times4}{2+1},\ \dfrac{1\times2+2\times5}{2+1}\right)$

から　　$\mathbf{C\left(\dfrac{5}{3},\ 4\right)}$　答

(2)　$\left(\dfrac{-1\times(-3)+2\times4}{2-1},\ \dfrac{-1\times2+2\times5}{2-1}\right)$

から　　$\mathbf{D(11,\ 8)}$　答

(3)　$\left(\dfrac{-3\times(-3)+2\times4}{2-3},\ \dfrac{-3\times2+2\times5}{2-3}\right)$

から　　$\mathbf{E(-17,\ -4)}$　答

(4)　$\left(\dfrac{-3+4}{2},\ \dfrac{2+5}{2}\right)$ から　　$\mathbf{M\left(\dfrac{1}{2},\ \dfrac{7}{2}\right)}$　答

教 p.74

練習 8

次の 3 点 A，B，C を頂点とする△ABC の重心の座標を求めよ。

(1) A(1, 1)，B(5, 2)，C(4, 3)

(2) A(−2, 4)，B(0, −3)，C(2, 1)

指針 **三角形の重心** 3 点 $A(x_1, y_1)$，$B(x_2, y_2)$，$C(x_3, y_3)$ を頂点とする△ABC の重心の座標は

$$\left(\frac{x_1+x_2+x_3}{3},\ \frac{y_1+y_2+y_3}{3}\right)$$

解答 (1) $\left(\frac{1+5+4}{3},\ \frac{1+2+3}{3}\right)$ から $\left(\frac{10}{3},\ 2\right)$ 答

←x 座標，y 座標それぞれの「平均」

(2) $\left(\frac{-2+0+2}{3},\ \frac{4+(-3)+1}{3}\right)$ から $\left(0,\ \frac{2}{3}\right)$ 答

研究 座標平面を利用した図形の性質の証明

教 p.75

練習 1

△ABC において，辺 BC を 1：2 に内分する点を D とするとき，等式 $2AB^2+AC^2=3(AD^2+2BD^2)$ が成り立つ。このことを証明せよ。

指針 **座標平面を利用した証明** 計算が簡単になるような点のとり方を工夫する。BD：DC＝1：2 であることから，点 D を原点，$B(-c, 0)$，$C(2c, 0)$ とすると，計算しやすくなる。

解答 直線 BC を x 軸に，点 D を原点 O にとると，3 頂点は

$A(a, b)$，$B(-c, 0)$，$C(2c, 0)$

と表すことができる。

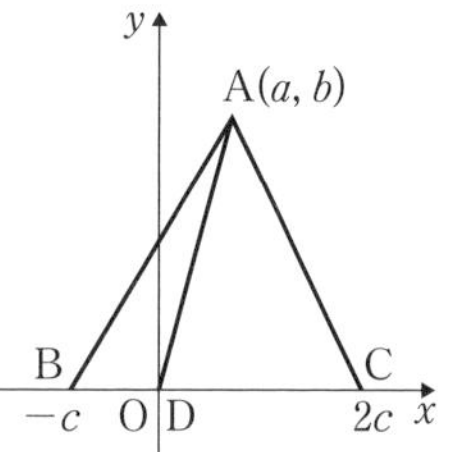

このとき $AB^2=(-c-a)^2+(0-b)^2$

$=a^2+b^2+c^2+2ca$

$AC^2=(2c-a)^2+(0-b)^2$

$=a^2+b^2+4c^2-4ca$

よって $2AB^2+AC^2=3(a^2+b^2+2c^2)$

また $AD^2+2BD^2=(a^2+b^2)+2c^2=a^2+b^2+2c^2$

したがって $2AB^2+AC^2=3(AD^2+2BD^2)$ 終

3 直線の方程式

まとめ

1　1次方程式の表す図形

x, y の1次方程式 $ax+by+c=0$ の表す図形は直線である。逆に，座標平面上のすべての直線は x, y の1次方程式 $ax+by+c=0$ で表される。ただし，a, b, c は定数で，$a \neq 0$ または $b \neq 0$ である。

2　直線の方程式(1)

点 $(x_1,\ y_1)$ を通り，傾きが m の直線の方程式は

$$\boldsymbol{y-y_1=m(x-x_1)}$$

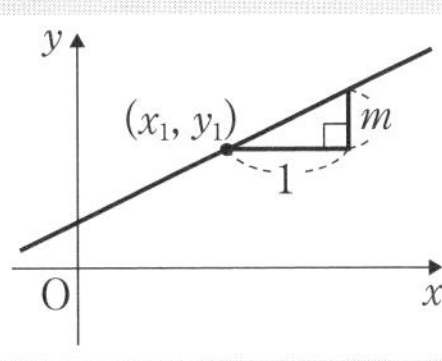

3　直線の方程式(2)

異なる2点 $(x_1,\ y_1)$, $(x_2,\ y_2)$ を通る直線の方程式は

$x_1 \neq x_2$ のとき　$\boldsymbol{y-y_1=\dfrac{y_2-y_1}{x_2-x_1}(x-x_1)}$

$x_1=x_2$ のとき　$\boldsymbol{x=x_1}$

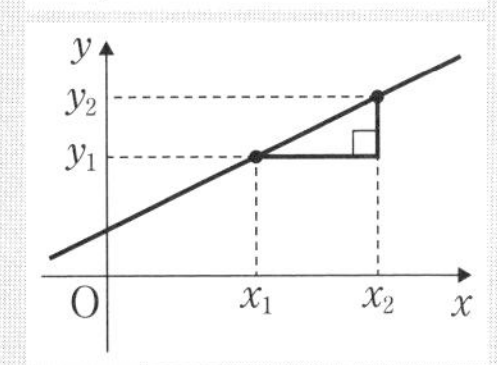

4　x 切片，y 切片

直線が x 軸，y 軸とそれぞれ点 $(a,\ 0)$, $(0,\ b)$ で交わるとき，a をこの直線の **x 切片**，b をこの直線の **y 切片** という。

A　x, y の1次方程式の表す図形

教 p.76

練習 9　次の方程式の表す直線を座標平面上にかけ。

(1)　$3x-y+1=0$　　(2)　$y+1=0$　　(3)　$x-2=0$

指針　**1次方程式の表す図形**　$ax+by+c=0$ の表す図形は直線である。

(1)　$a \neq 0$, $b \neq 0$ の場合で，y について解き，傾きと切片を求める。

(2)　$a=0$, $b \neq 0$ の場合で，y 軸に垂直な直線である。

(3)　$a \neq 0$, $b=0$ の場合で，x 軸に垂直な直線である。

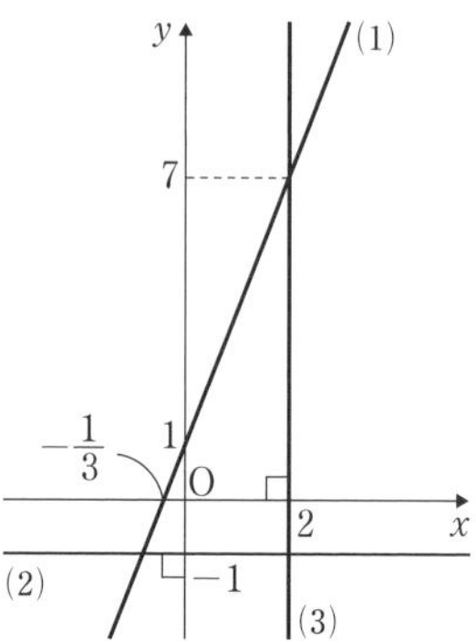

解答 (1) この方程式を変形すると

$y=3x+1$

よって，この方程式の表す図形は，傾きが 3，切片が 1 の直線である。

(2) $y=-1$ であるから，この方程式の表す図形は，点 $(0,\ -1)$ を通り y 軸に垂直な直線である。

(3) $x=2$ であるから，この方程式の表す図形は，点 $(2,\ 0)$ を通り x 軸に垂直な直線である。

B 直線の方程式のいろいろな形

練習 10 教 p.77

次のような直線の方程式を求めよ。

(1) 点 $(2,\ 4)$ を通り，傾きが 3 の直線

(2) 点 $(-3,\ 1)$ を通り，傾きが -2 の直線

指針 **1 点と傾きが与えられた直線の方程式** 点 $(x_1,\ y_1)$ を通り，傾きが m の直線の方程式は $y-y_1=m(x-x_1)$

解答 (1) $y-4=3(x-2)$

すなわち $\boldsymbol{y=3x-2}$ 答

←$y-y$ 座標 $=m(x-x$ 座標$)$

(2) $y-1=-2\{x-(-3)\}$

すなわち $\boldsymbol{y=-2x-5}$ 答

練習 11 教 p.78

次の 2 点を通る直線の方程式を求めよ。

(1) $(3,\ 2)$，$(5,\ 6)$ (2) $(-1,\ 4)$，$(2,\ -2)$

(3) $(2,\ -1)$，$(1,\ -1)$ (4) $(3,\ -1)$，$(3,\ 4)$

指針 **2 点が与えられた直線の方程式** 異なる 2 点 $(x_1,\ y_1)$，$(x_2,\ y_2)$ を通る直線の方程式は

$x_1 \neq x_2$ のとき $y-y_1=\dfrac{y_2-y_1}{x_2-x_1}(x-x_1)$

$x_1=x_2$ のとき $x=x_1$

(4) は $x_1=x_2$ の場合である。

解答 (1) $y-2=\dfrac{6-2}{5-3}(x-3)$

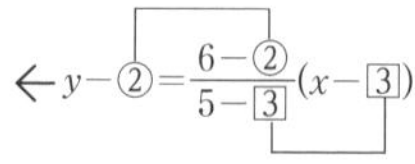

すなわち $\boldsymbol{y=2x-4}$ 答

(2) $y-4=\dfrac{-2-4}{2-(-1)}\{x-(-1)\}$

すなわち　$\boldsymbol{y=-2x+2}$　答

(3)　$y-(-1)=\dfrac{-1-(-1)}{1-2}(x-2)$

すなわち　$\boldsymbol{y=-1}$　答

(4)　2 つの点の x 座標は等しく 3 であるから　←$x_1=x_2$ のとき $x=x_1$ $(=x_2)$

$\boldsymbol{x=3}$　答

注意 (3)のように，$y_1=y_2$ のとき，異なる 2 点 $(x_1,\ y_1)$，$(x_2,\ y_2)$ を通る直線の方程式は $y=y_1$ となる。

練習 12　教 p.78

x 切片が 3，y 切片が 2 である直線の方程式は，$\dfrac{x}{3}+\dfrac{y}{2}=1$ で表されることを示せ。

指針　**x 切片，y 切片が与えられた直線の方程式**　x 切片が 3，y 切片が 2 であるから，この直線は 2 点 (3, 0)，(0, 2) を通る。公式を使う。

解答　2 点 (3, 0)，(0, 2) を通る直線であるから

$$y-0=\frac{2-0}{0-3}(x-3)$$

すなわち　$y=-\dfrac{2}{3}x+2$　　よって　$\dfrac{2x}{3}+y=2$

両辺を 2 で割ると　$\dfrac{x}{3}+\dfrac{y}{2}=1$　終

4　2 直線の関係

まとめ

1　2 直線の平行・垂直

2 直線 $y=m_1x+n_1$，$y=m_2x+n_2$ について

2 直線が平行 $\iff$ $\boldsymbol{m_1=m_2}$　←傾きが等しい

2 直線が垂直 $\iff$ $\boldsymbol{m_1m_2=-1}$　←傾きの積が -1

注意　$m_1=m_2$ かつ $n_1=n_2$ のとき，2 直線は一致するが，この場合も 2 直線は平行であると考えることにする。

2　直線に関して対称な点

2 点 A，B が直線 ℓ に関して対称であるのは，次の [1]，[2] が成り立つときである。

[1]　直線 AB は ℓ に垂直である。

[2]　線分 AB の中点は ℓ 上にある。

(直線 ℓ は線分 AB の垂直二等分線である。)

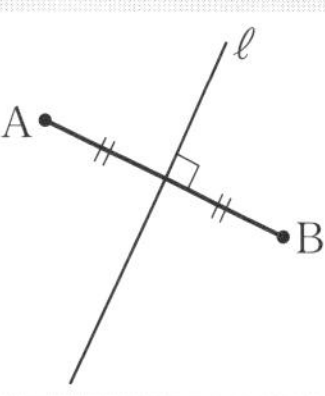

3　点と直線の距離

点 $(x_1,\ y_1)$ と直線 $ax+by+c=0$ の距離 d は

$$d=\frac{|ax_1+by_1+c|}{\sqrt{a^2+b^2}}$$

とくに，原点 O と直線 $ax+by+c=0$ の距離 d は

$$d=\frac{|c|}{\sqrt{a^2+b^2}}$$

A 2直線の平行・垂直

教 p.79

練習 13　次の直線のうち，直線 $y=-2x$ と平行であるものはどれか。

①　$y=2x-3$　　②　$y=-2x+4$　　③　$2x+y+5=0$

指針　**2直線の平行**　2直線の傾きが等しいとき，その2直線は平行である。直線①～③の中から，傾きが -2 であるものを選ぶ。

解答　直線①の傾きは　2

直線②の傾きは　-2

$y=-2x-5$ から，直線③の傾きは　-2

よって，直線 $y=-2x$ と平行であるものは　②，③　答

教 p.80

練習 14　次の2直線は，それぞれ平行，垂直のいずれであるか。

(1)　$y=4x+1$，$y=4x-3$　　(2)　$y=3x-1$，$x+3y+2=0$

(3)　$2x+3y=3$，$4x+6y=5$　　(4)　$3x+4y=2$，$4x-3y=1$

指針　**2直線の平行，垂直**　2直線 $y=m_1x+n_1$，$y=m_2x+n_2$ について

2直線が平行 $\Longleftrightarrow$ $m_1=m_2$，　2直線が垂直 $\Longleftrightarrow$ $m_1m_2=-1$

$ax+by=c$ のような形になっているものは，$y=mx+n$ の形に変形して傾きを求める。

解答　(1)　直線 $y=4x+1$ の傾きは 4，　直線 $y=4x-3$ の傾きは 4

傾きが等しいから，2直線は **平行** である。　答

(2)　直線 $y=3x-1$ の傾きを m_1 とすると　$m_1=3$

直線 $x+3y+2=0$ の傾きを m_2 とすると

$y=-\frac{1}{3}x-\frac{2}{3}$ から　$m_2=-\frac{1}{3}$　　←y について解く。

$m_1m_2=3\cdot\left(-\frac{1}{3}\right)=-1$ であるから，2直線は **垂直** である。　答

(3)　直線 $2x+3y=3$ の傾きを m_1 とすると

$y=-\frac{2}{3}x+1$ から　$m_1=-\frac{2}{3}$

直線 $4x+6y=5$ の傾きを m_2 とすると

$$y=-\frac{2}{3}x+\frac{5}{6} \text{ から} \qquad m_2=-\frac{2}{3}$$

$m_1=m_2$ であるから，2 直線は **平行** である。 答

(4) 直線 $3x+4y=2$ の傾きを m_1 とすると

$$y=-\frac{3}{4}x+\frac{1}{2} \text{ から} \qquad m_1=-\frac{3}{4}$$

直線 $4x-3y=1$ の傾きを m_2 とすると

$$y=\frac{4}{3}x-\frac{1}{3} \text{ から} \qquad m_2=\frac{4}{3}$$

$m_1m_2=\left(-\frac{3}{4}\right)\cdot\frac{4}{3}=-1$ であるから，2 直線は **垂直** である。 答

教 p.80

練習 15 点 A(3, −1) を通り，直線 $3x+2y+1=0$ に垂直な直線，平行な直線の方程式をそれぞれ求めよ。

指針 **平行な直線，垂直な直線** 求める直線の方程式を $y-(-1)=m(x-3)$ とおく。直線 $3x+2y+1=0$ の傾きを求め，垂直 (傾きの積が -1)，平行 (傾きが等しい) という条件から，それぞれの場合の m の値を求める。一般に，求める直線の方程式は出題の直線の式の形にあわせる。よって，ここでは $ax+by+c=0$ の形で答える。

解答 $3x+2y+1=0$ …… ①

直線 ① の傾きは $\quad -\frac{3}{2}$

点 A を通り，直線 ① に垂直な直線 ② の傾きを m とすると

$$-\frac{3}{2}m=-1 \text{ から} \qquad m=\frac{2}{3}$$

← $m_1m_2=-1$

直線 ② の方程式は $\quad y-(-1)=\frac{2}{3}(x-3)$

よって $\quad 2(x-3)-3(y+1)=0 \quad$ すなわち $\quad 2x-3y-9=0$

次に，点 A を通り，直線 ① に平行な直線の方程式は

$$y-(-1)=-\frac{3}{2}(x-3)$$

よって $\quad 3(x-3)+2(y+1)=0 \quad$ すなわち $\quad 3x+2y-7=0$

答 **垂直な直線 $2x-3y-9=0$，平行な直線 $3x+2y-7=0$**

参考 一般に，点 (x_1, y_1) を通り，直線 $ax+by+c=0$ に平行な直線，垂直な直線は，それぞれ次の方程式で表される。

平行 $a(x-x_1)+b(y-y_1)=0$ **垂直** $b(x-x_1)-a(y-y_1)=0$

B 直線に関して対称な点

教 p.81

練習 16 直線 $3x-2y-6=0$ を ℓ とする。直線 ℓ に関して点 A$(-1,\ 2)$ と対称な点 B の座標を求めよ。

指針 **直線に関して対称な点**　2 点 A，B が直線 ℓ に関して対称であるのは，次の [1]，[2] が成り立つときである。

[1]　直線 AB は ℓ に垂直である　(傾きの積が -1)

[2]　線分 AB の中点は ℓ 上にある　(中点の座標は ℓ の式を満たす)

点 B の座標を $(p,\ q)$ として，上の [1]，[2] が成り立つように $p,\ q$ についての方程式を作る。

解答 点 B の座標を $(p,\ q)$ とする。

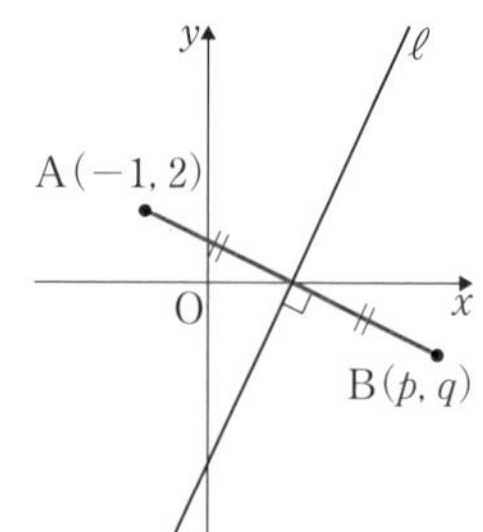

[1]　直線 ℓ の傾きは $\frac{3}{2}$，直線 AB の傾きは

$\frac{q-2}{p-(-1)}=\frac{q-2}{p+1}$ である。

AB⊥ℓ であるから　　$\frac{3}{2}\cdot\frac{q-2}{p+1}=-1$

すなわち　　$2p+3q-4=0$　…… ①

[2]　線分 AB の中点 $\left(\frac{p-1}{2},\ \frac{q+2}{2}\right)$ は直線 ℓ 上にあるから

$$3\cdot\frac{p-1}{2}-2\cdot\frac{q+2}{2}-6=0$$

すなわち　　$3p-2q-19=0$　…… ②

①，② を連立させた方程式を解くと　　$p=5,\ q=-2$

したがって，点 B の座標は　　**(5,　−2)**　答

C 点と直線の距離

教 p.83

練習 17 次の点と直線の距離を求めよ。

(1)　点 $(2,\ -3)$，直線 $2x+y-3=0$

(2)　原点，直線 $3x-2y+9=0$

(3)　点 $(-1,\ 5)$，直線 $y=3x-2$

指針 **点と直線の距離**　点 $(x_1,\ y_1)$ と直線 $ax+by+c=0$ の距離 d は

$$d=\frac{|ax_1+by_1+c|}{\sqrt{a^2+b^2}}$$

とくに，原点と直線 $ax+by+c=0$ の距離 d は　　$d=\frac{|c|}{\sqrt{a^2+b^2}}$

(3) 直線の方程式を $ax+by+c=0$ の形に変形する。

解答 (1) $d=\dfrac{|2\cdot 2+(-3)-3|}{\sqrt{2^2+1^2}}=\dfrac{|-2|}{\sqrt{5}}=\dfrac{2}{\sqrt{5}}=\dfrac{2\sqrt{5}}{5}$ 答

(2) $d=\dfrac{|9|}{\sqrt{3^2+(-2)^2}}=\dfrac{9}{\sqrt{13}}=\dfrac{9\sqrt{13}}{13}$ 答

(3) $y=3x-2$ から　$3x-y-2=0$

よって　$d=\dfrac{|3\cdot(-1)-5-2|}{\sqrt{3^2+(-1)^2}}=\dfrac{|-10|}{\sqrt{10}}=\dfrac{10}{\sqrt{10}}=\sqrt{10}$ 答

研究 2直線の交点を通る直線の方程式

まとめ

2直線の交点を通る直線

2直線 $ax+by+c=0$ …… Ⓐ,　$a'x+b'y+c'=0$ …… Ⓑ

の交点を通る直線の方程式は，k を定数として，次のように表される。

$$k(ax+by+c)+(a'x+b'y+c')=0 \quad \cdots\cdots \text{Ⓒ}$$

補足 ただし，Ⓒは直線Ⓐは表さない。

教 p.84

練習 1

2直線 $2x-y+1=0$，$x+y-4=0$ の交点と，点 $(-2,\ 1)$ を通る直線の方程式を求めよ。

指針 **2直線の交点を通る直線**　直線 $k(2x-y+1)+(x+y-4)=0$ が点 $(-2,\ 1)$ を通ると考えて，$x=-2$，$y=1$ を代入して，k の値を決定する。

解答 k を定数として

$$k(2x-y+1)+(x+y-4)=0 \quad \cdots\cdots ①$$

とすると，① は2直線の交点を通る直線を表す。

直線 ① が点 $(-2,\ 1)$ を通るから，① に $x=-2$，$y=1$ を代入して

$$-4k-5=0 \qquad よって \qquad k=-\frac{5}{4}$$

これを ① に代入して整理すると

$$\boldsymbol{2x-3y+7=0}$$ 答

第3章 第1節　補充問題

教 p.85

1　点 P(2, 1) から $\sqrt{10}$ の距離にある x 軸上の点 Q の座標を求めよ。

指針　**2点間の距離**　点 Q は x 軸上の点であるから，座標は $(x,\ 0)$ と表される。
$\mathrm{PQ}=\sqrt{10}$，すなわち，$\mathrm{PQ}^2=10$ から方程式を作り，x の値を求める。

解答　点 Q は x 軸上の点であるから，Q$(x,\ 0)$ と表される。
$\mathrm{PQ}=\sqrt{10}$　すなわち　$\mathrm{PQ}^2=10$ より　$(x-2)^2+(0-1)^2=10$
$(x-2)^2=9$ であるから　$x-2=\pm 3$
よって　$x=5,\ -1$
したがって　**(5, 0)　または　(−1, 0)**　答

教 p.85

2　原点 O と点 A(6, 2), B(2, 4) の 3 点を頂点とする△OAB について，次の問いに答えよ。
(1)　3 辺の長さを求めよ。
(2)　△OAB は直角二等辺三角形であることを示せ。

指針　**三角形の形状**　(1)　2 点間の距離の公式を使う。
(2)　辺の長さの関係を調べ，さらに三平方の定理の逆を使う。

解答　(1)　$\mathrm{AO}^2=6^2+2^2=40$
よって　$\mathbf{OA=2\sqrt{10}}$　答
$\mathrm{OB}^2=2^2+4^2=20$
よって　$\mathbf{OB=2\sqrt{5}}$　答
$\mathrm{AB}^2=(2-6)^2+(4-2)^2=20$
よって　$\mathbf{AB=2\sqrt{5}}$　答

(2)　(1) から　$\mathrm{OB}=\mathrm{AB}$　…… ①
また　$\mathrm{OA}^2=\mathrm{OB}^2+\mathrm{AB}^2$
三平方の定理の逆により　$\angle\mathrm{OBA}=90^\circ$　…… ②

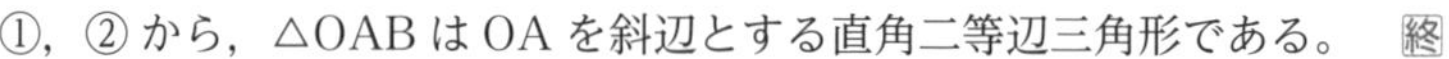

①, ② から，△OAB は OA を斜辺とする直角二等辺三角形である。　終

教 p.85

3　点 A(2, 1) に関して，点 B(−2, 3) と対称な点 C の座標を求めよ。

指針　**点に関して対称な点**　2 点 B，C が点 A に関して対称であるとき，線分 BC の中点が点 A となる。

解答　点Cの座標を $(x,\ y)$ とすると，
線分BCの中点が点Aであるから

$$\frac{-2+x}{2}=2,\quad \frac{3+y}{2}=1$$

これを解くと　$x=6,\ y=-1$

よって，点Cの座標は　$(6,\ -1)$　答

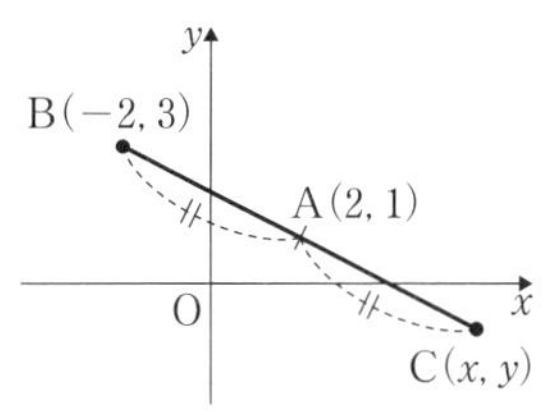

教 p.85

4　2点 A(4,　0)，B(0,　2) について，次の直線の方程式を求めよ。

(1)　直線 AB　　　(2)　線分 AB の垂直二等分線

指針　**垂直二等分線の方程式**

(1)　$x_1 \neq x_2$ のとき，2点 $(x_1,\ y_1)$，$(x_2,\ y_2)$ を通る直線の方程式は

$$y-y_1=\frac{y_2-y_1}{x_2-x_1}(x-x_1)$$

(2)　線分 AB の垂直二等分線は，AB の中点を通る AB に垂直な直線である。
2直線の垂直条件 $m_1m_2=-1$ を使う。

解答　(1)　2点 A(4,　0)，B(0,　2) を通る直線の方程式は

$$y-0=\frac{2-0}{0-4}(x-4)$$

すなわち　$y=-\frac{1}{2}(x-4)$

よって　$\boldsymbol{x+2y-4=0}$　答

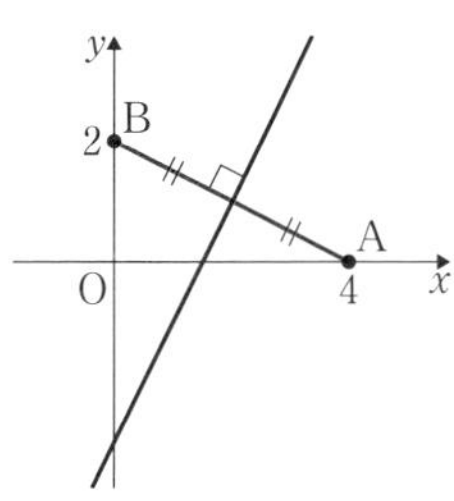

(2)　線分 AB の中点の座標は

$$\left(\frac{4+0}{2},\ \frac{0+2}{2}\right)$$　すなわち　$(2,\ 1)$

直線 AB の傾きは $-\frac{1}{2}$ であるから，線分 AB の垂直二等分線は，点 $(2,\ 1)$ を通る傾き2の直線である。

← $-\frac{1}{2}\cdot m=-1$ から $m=2$

よって，求める方程式は

$$y-1=2(x-2)$$

すなわち　$\boldsymbol{2x-y-3=0}$　答

教科書 $p.85$

コラム 三角形の垂心

教 p.85

三角形の 3 つの頂点から，それぞれの向かい合う辺に下ろした 3 本の垂線は 1 点で交わることが知られています。この交点を，その三角形の **垂心**（すいしん） といいます。

3 点 O(0, 0)，A(2, 3)，B(5, 0) を頂点とする△OAB の各頂点から，それぞれ向かい合う辺に下ろした 3 本の垂線について，それぞれの直線を表す方程式を求め，1 点で交わることを確かめてみましょう。

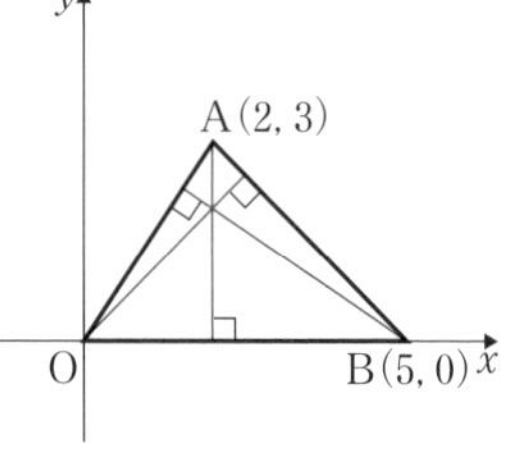

指針 **1 点で交わる 3 直線**　点 O，A，B から向かい合う辺に下ろした垂線をそれぞれ ℓ，m，n とし，まず，これらの式を求める。ℓ や n の方程式を求めるときは，2 直線の垂直条件を利用する。また，3 直線が 1 点で交わることを示すには，ℓ，m の交点が n 上にあることを示すとよい。

解答 点 O，A，B から向かい合う辺に下ろした垂線をそれぞれ ℓ，m，n とし，ℓ と m の交点を H とする。

直線 AB の傾きが，$\dfrac{0-3}{5-2}=-1$ であるから，ℓ の方程式は　$y=x$ …… ①

m の方程式は　$x=2$ …… ②

直線 OA の傾きが $\dfrac{3}{2}$ であるから，n の方程式は　$y-0=-\dfrac{2}{3}(x-5)$

すなわち　$y=-\dfrac{2}{3}x+\dfrac{10}{3}$ …… ③

①，② より，ℓ，m の交点 H の座標は (2, 2) であり，$x=2$，$y=2$ は ③ を満たすから，点 H は n 上の点でもある。

以上により，△OAB の各頂点から向かい合う辺に下ろした 3 本の垂線は，点 H で交わる。 終

第2節　円

5　円の方程式

まとめ

1　円の方程式

点 C$(a,\ b)$ を中心とする半径 r の円の方程式は

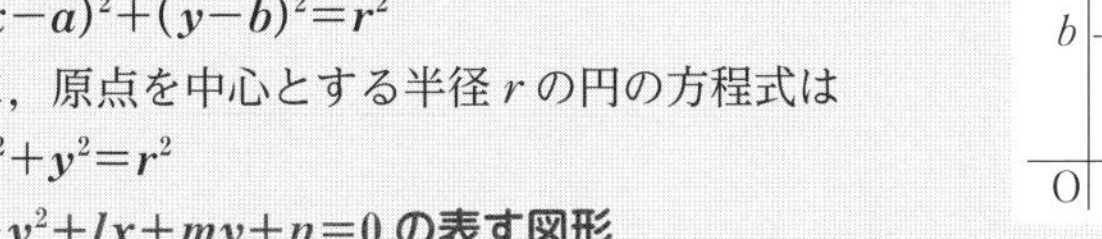

$$(x-a)^2+(y-b)^2=r^2$$

とくに，原点を中心とする半径 r の円の方程式は

$$x^2+y^2=r^2$$

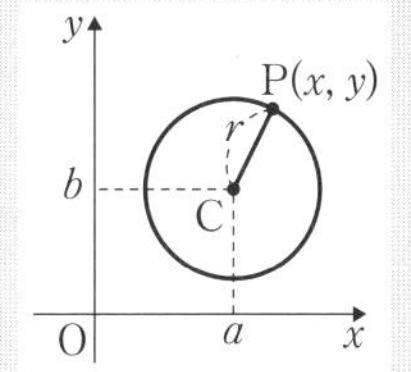

2　$x^2+y^2+lx+my+n=0$ の表す図形

円の方程式は，l，m，n を定数として

$$x^2+y^2+lx+my+n=0$$

の形にも表される。

←x，y の 2 次方程式で，x^2 と y^2 の係数が等しく，xy の項がない。

3　外接円

△ABC の 3 つの頂点を通る円を△ABC の **外接円** といい，外接円の中心を△ABC の **外心** という。

A　円の方程式

教 p.86

練習 18

次のような円の方程式を求めよ。

(1)　中心が点 $(2,\ 3)$，半径が 4　　(2)　中心が原点，半径が 2

(3)　中心が点 $(-2,\ 1)$，半径が $\sqrt{10}$

指針　**円の方程式**　点 $(a,\ b)$ を中心とする半径 r の円の方程式は $(x-a)^2+(y-b)^2=r^2$，原点を中心とする半径 r の円の方程式は　$x^2+y^2=r^2$

解答　(1)　$(x-2)^2+(y-3)^2=4^2$

すなわち　$\boldsymbol{(x-2)^2+(y-3)^2=16}$　答

(2)　$x^2+y^2=2^2$

すなわち　$\boldsymbol{x^2+y^2=4}$　答

(3)　$\{x-(-2)\}^2+(y-1)^2=(\sqrt{10})^2$

すなわち　$\boldsymbol{(x+2)^2+(y-1)^2=10}$　答

教 p.86

練習 19

円 $(x+3)^2+y^2=8$ の中心の座標と半径を求めよ。

指針　**円の中心と半径**　$(x-a)^2+(y-b)^2=r^2$ は中心 $(a,\ b)$，半径 r の円を表す。与えられた方程式を上の形に変形して調べる。y^2 は $(y-0)^2$ と考える。

解答　$(x+3)^2+y^2=8$ より　$\{x-(-3)\}^2+(y-0)^2=(2\sqrt{2})^2$
よって，中心の座標は　**(−3, 0)**，半径は　$\mathbf{2\sqrt{2}}$　答

教 p.87

練習 20
2 点 A(4, 0)，B(0, 2) を直径の両端とする円について，中心の座標と半径を求めよ。また，その円の方程式を求めよ。

指針　**2 点を直径の両端とする円の方程式**　円の中心を $C(a,\ b)$，半径を r とし，C の座標と r を求めて，$(x-a)^2+(y-b)^2=r^2$ に代入する。中心 C は線分 AB の中点であり，半径 r は線分 CA の長さである。

解答　求める円の中心を C，半径を r とする。

C は線分 AB の中点で，その座標は　$\left(\dfrac{4+0}{2},\ \dfrac{0+2}{2}\right)$

すなわち　**(2, 1)**　答

また　$r=\mathrm{CA}=\sqrt{(4-2)^2+(0-1)^2}$
$=\mathbf{\sqrt{5}}$　答

この円の方程式は
$(x-2)^2+(y-1)^2=(\sqrt{5})^2$
すなわち　$\boldsymbol{(x-2)^2+(y-1)^2=5}$　答

B　$x^2+y^2+lx+my+n=0$ の表す図形

教 p.87

練習 21
次の方程式はどのような図形を表すか。
(1)　$x^2+y^2+4x-2y-4=0$　　(2)　$x^2+y^2+6x+8y+9=0$

指針　**$x^2+y^2+lx+my+n=0$ の表す図形**　与えられた方程式を，
$(x-a)^2+(y-b)^2=r^2$ の形に変形して，中心の座標と半径を求める。

解答　(1)　方程式を変形すると　$(x^2+4x)+(y^2-2y)=4$
すなわち　$(x+2)^2-2^2+(y-1)^2-1^2=4$
よって　$(x+2)^2+(y-1)^2=3^2$
これは，**点 (−2, 1) を中心とする半径 3 の円** を表す。　答

(2)　方程式を変形すると　$(x^2+6x)+(y^2+8y)=-9$
すなわち　$(x+3)^2-3^2+(y+4)^2-4^2=-9$
よって　$(x+3)^2+(y+4)^2=4^2$
これは，**点 (−3, −4) を中心とする半径 4 の円** を表す。　答

注意　方程式 $x^2+y^2+lx+my+n=0$　……①が，常に円を表すとは限らない。

①を変形すると　$\left(x+\dfrac{l}{2}\right)^2+\left(y+\dfrac{m}{2}\right)^2=\dfrac{l^2+m^2-4n}{4}$

$l^2+m^2-4n>0$ のとき，①は円を表し，半径は　$\dfrac{\sqrt{l^2+m^2-4n}}{2}$

$l^2+m^2-4n=0$ のとき，① は1つの点 $\left(-\dfrac{l}{2},\ -\dfrac{m}{2}\right)$ を表す。

$l^2+m^2-4n<0$ のとき，① が表す図形はない。

C 3点を通る円の方程式

教 p.88

練習 22 次の3点A，B，Cを通る円の方程式を求めよ。

(1) A$(-2,\ 0)$，B$(-2,\ 8)$，C$(1,\ -1)$

(2) A$(1,\ 3)$，B$(5,\ -5)$，C$(4,\ 2)$

指針 **3点を通る円の方程式** 円の方程式を $x^2+y^2+lx+my+n=0$ とし，3点の座標を代入して，l，m，n についての連立方程式を作り，l，m，n の値を求める。

解答 (1) 求める円の方程式を $x^2+y^2+lx+my+n=0$ とする。

点Aを通るから　$(-2)^2-2l+n=0$

点Bを通るから　$(-2)^2+8^2-2l+8m+n=0$

点Cを通るから　$1^2+(-1)^2+l-m+n=0$

整理すると　$-2l+n=-4$ …… ①

$-2l+8m+n=-68$ …… ②

$l-m+n=-2$ …… ③

②−① から　$8m=-64$　よって　$m=-8$

このとき，③ から　$l-(-8)+n=-2$　$l+n=-10$ …… ④

④−① から　$3l=-6$　$l=-2$

さらに，④ から　$-2+n=-10$　$n=-8$

よって，求める円の方程式は　$\boldsymbol{x^2+y^2-2x-8y-8=0}$ 答

(2) 求める円の方程式を $x^2+y^2+lx+my+n=0$ とする。

点Aを通るから　$1^2+3^2+l+3m+n=0$

点Bを通るから　$5^2+(-5)^2+5l-5m+n=0$

点Cを通るから　$4^2+2^2+4l+2m+n=0$

整理すると　$l+3m+n=-10$ …… ①

$5l-5m+n=-50$ …… ②

$4l+2m+n=-20$ …… ③

②−① から　$4l-8m=-40$

すなわち　$l-2m=-10$ …… ④

③−① から　$3l-m=-10$ …… ⑤

⑤×2−④ から　$5l=-10$　よって　$l=-2$

このとき，④ から　$-2-2m=-10$　$m=4$

さらに，① から　$-2+3\cdot4+n=-10$　$n=-20$

したがって，求める円の方程式は　$\boldsymbol{x^2+y^2-2x+4y-20=0}$ 答

注意 (1), (2) で求めた方程式は，△ABC の外接円の方程式である。たとえば，(1) で，求めた円の方程式を変形すると $(x-1)^2+(y-4)^2=25$ であるから，△ABC の外心の座標が (1, 4) であることがわかる。

6 円と直線

まとめ

1　円と直線の共有点の座標

円と直線の共有点の座標は，それらの方程式を連立させた連立方程式を解くことによって，求めることができる。

2　円と直線の位置関係（判別式の値による分類）

円の方程式と直線の方程式から y を消去して得られる x の 2 次方程式を $ax^2+bx+c=0$ とする。この 2 次方程式の判別式を D とすると，円と直線の位置関係は，次のようになる。

$D=b^2-4ac$	$D>0$	$D=0$	$D<0$
$ax^2+bx+c=0$ の実数解	異なる 2 つの実数解	重解 (ただ 1 つ)	実数解をもたない
円と直線の位置関係	異なる 2 点で交わる	接する（接線／接点）	共有点をもたない
共有点の個数	2 個	1 個	0 個

3　円と直線の位置関係（中心との距離による分類）

点 C を中心とする半径 r の円と直線 ℓ の位置関係は，円の中心 C と直線 ℓ の距離を d とするとき，次のようになる。

d と r の大小	$d<r$	$d=r$	$d>r$
円と直線の位置関係	異なる 2 点で交わる	接する	共有点をもたない

4　円上の点における接線の方程式

円 $x^2+y^2=r^2$ 上の点 $\mathrm{P}(p,\ q)$ における接線の方程式は

$$px+qy=r^2$$

A 円と直線の共有点の座標

教 p.89

練習 23　次の円と直線の共有点の座標を求めよ。

(1)　$x^2+y^2=25,\ y=x+1$　　(2)　$x^2+y^2=8,\ x+y=4$

指針　**円と直線の共有点の座標**　2 直線の共有点の座標と同様に，円の方程式と直線の方程式を連立させた連立方程式を解く。

解答　(1)　$\begin{cases} x^2+y^2=25 & \cdots\cdots ① \\ y=x+1 & \cdots\cdots ② \end{cases}$

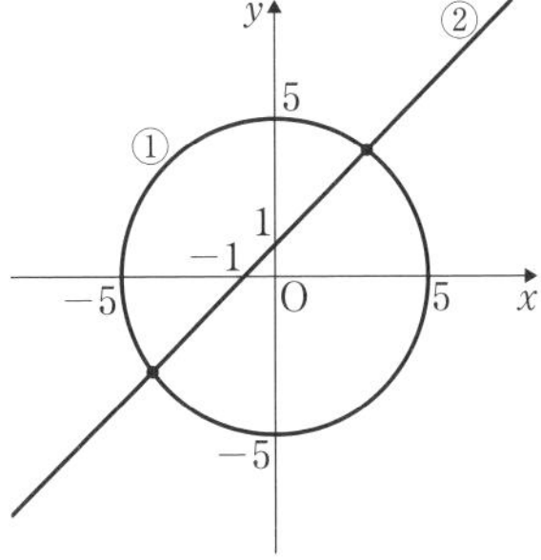

②を①に代入して

$x^2+(x+1)^2=25$

整理すると　$x^2+x-12=0$

これを解くと　$x=-4,\ 3$

②に代入して

$x=-4$ のとき　$y=-3$

$x=3$ のとき　$y=4$

よって，共有点の座標は

$(-4,\ -3),\ (3,\ 4)$ 答

(2)　$\begin{cases} x^2+y^2=8 & \cdots\cdots ① \\ x+y=4 & \cdots\cdots ② \end{cases}$

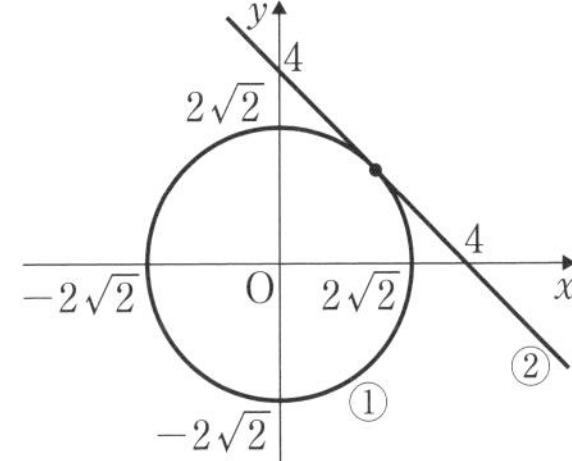

②から　$y=4-x$　$\cdots\cdots$ ③

③を①に代入して

$x^2+(4-x)^2=8$

整理すると　$x^2-4x+4=0$

これを解くと　$x=2$

③に代入して　$y=2$

よって，共有点の座標は　$(2,\ 2)$ 答

教科書 $p.91$

B 円と直線の位置関係

教 p.91

練習 24

円 $x^2+y^2=5$ と直線 $y=2x+m$ について，次の問いに答えよ。

(1) 円と直線が共有点をもつとき，定数 m の値の範囲を求めよ。

(2) 円と直線が接するとき，定数 m の値を求めよ。

指針 **円と直線の位置関係**　円の方程式と直線の方程式から y を消去した x についての 2 次方程式の判別式を D とする。

(1) 共有点をもつ ⟶ 共有点は 2 個または 1 個　$\Longleftrightarrow$　$D \geqq 0$

(2) 接する ⟶ 共有点は 1 個　$\Longleftrightarrow$　$D=0$

解答 $x^2+y^2=5$ と $y=2x+m$ から y を消去すると

$$x^2+(2x+m)^2=5$$

整理すると　$5x^2+4mx+(m^2-5)=0$

判別式を D とすると　$\dfrac{D}{4}=(2m)^2-5(m^2-5)=-(m^2-25)$

(1) この円と直線が共有点をもつのは，$D \geqq 0$ のときである。
よって，$m^2-25 \leqq 0$ から　$\boldsymbol{-5 \leqq m \leqq 5}$ 答

(2) この円と直線が接するのは，$D=0$ のときである。
よって，$m^2-25=0$ から
$\boldsymbol{m=\pm 5}$ 答

教 p.91

練習 25

半径 r の円 $x^2+y^2=r^2$ と直線 $4x-3y+25=0$ が接するとき，r の値を求めよ。

指針 **円と直線が接する条件**　円の中心と直線との距離を d とすると，円と直線は $d=r$ のときに接する。すなわち，円の中心 (本問では原点) と直線の距離が，円の半径と等しければよい。次の点と直線の距離の公式を用いる。

原点と直線 $ax+by+c=0$ の距離 d は　$d=\dfrac{|c|}{\sqrt{a^2+b^2}}$

解答 円の中心は原点であり，原点と直線 $4x-3y+25=0$ の距離 d は

$$d=\frac{|25|}{\sqrt{4^2+(-3)^2}}=\frac{25}{5}=5$$

円と直線が接するのは $d=r$ のときである。

よって　$\boldsymbol{r=5}$ 答

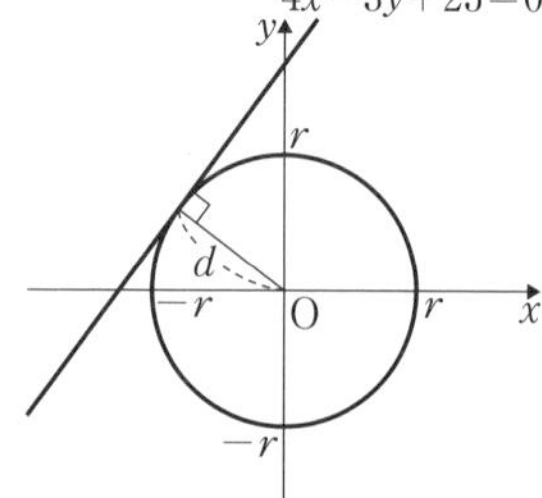

C 円の接線の方程式

教 p.92

練習 26

次の円上の点 P における接線の方程式を求めよ。

(1) $x^2+y^2=10$, P(3, 1)

(2) $x^2+y^2=13$, P(2, -3)

(3) $x^2+y^2=16$, P(4, 0)

指針 **円上の点における接線の方程式** 次の公式を用いる。
円 $x^2+y^2=r^2$ 上の点 P(p, q) における接線の方程式は $px+qy=r^2$

解答 (1) $3x+1\cdot y=10$ すなわち $\boldsymbol{3x+y=10}$ 答

(2) $2x+(-3)y=13$ すなわち $\boldsymbol{2x-3y=13}$ 答

(3) $4x+0\cdot y=16$ すなわち $\boldsymbol{x=4}$ 答

教 p.93

練習 27

点 A(2, 1) から円 $x^2+y^2=1$ に引いた接線の方程式と接点の座標を求めよ。

指針 **円外の点から引いた円の接線** 円 $x^2+y^2=1$ 上の点 (p, q) における接線 $px+qy=1$ が点 A(2, 1) を通るように, p, q の値を定める。
円外の 1 点を通る円の接線は 2 本あることに注意する。

解答 接点を P(p, q) とすると, P は円上にあるから

$p^2+q^2=1$ …… ①

また, P における円の接線の方程式は

$px+qy=1$ …… ②

で, この直線が点 A(2, 1) を通るから

$2p+q=1$ …… ③

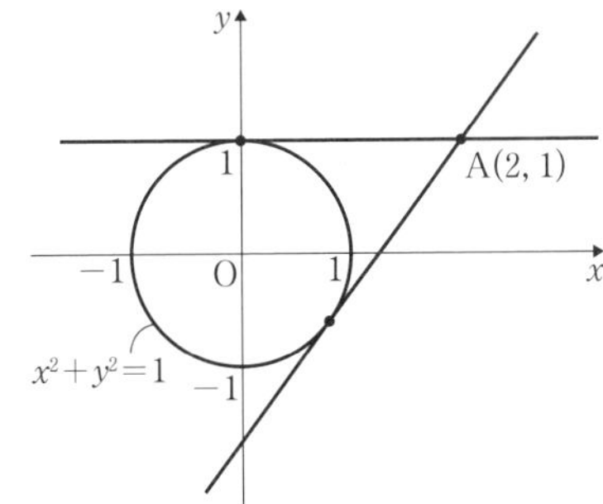

①, ③ から q を消去すると

$p^2+(1-2p)^2=1$

整理して $5p^2-4p=0$ これを解くと $p=0, \dfrac{4}{5}$

③ に代入して $p=0$ のとき $q=1$, $p=\dfrac{4}{5}$ のとき $q=-\dfrac{3}{5}$

よって, 接線の方程式 ② と接点 P の座標は, 次のようになる。

$0\cdot x+1\cdot y=1$ から **接線 $y=1$, 接点 (0, 1)**

$\dfrac{4}{5}x-\dfrac{3}{5}y=1$ から **接線 $4x-3y=5$, 接点 $\left(\dfrac{4}{5}, -\dfrac{3}{5}\right)$** 答

教 p.93

深める

教科書の応用例題 2 を次の考え方を用いて解いてみよう。
点 A(1, 3) を通り傾き m の直線が，円 $x^2+y^2=5$ に接する。

指針 **接線と判別式** 次の手順で考える。

(i) 求める接線を $y-3=m(x-1)$，すなわち，$y=mx-m+3$ …… ① とおく。

(ii) $x^2+y^2=5$ と ① から y を消去して，x の 2 次方程式をつくる。

(iii) (ii) の 2 次方程式の判別式を D とし，$D=0$ から m の値を求める。

(iv) m の値を ① に代入し，直線 ① と $x^2+y^2=5$ を連立方程式として解き，接点の座標を求める。

解答 点 (1, 3) を通り傾き m の直線の方程式は

$$y-3=m(x-1) \quad \text{すなわち} \quad y=mx-m+3 \quad \cdots\cdots ①$$

① と $x^2+y^2=5$ から y を消去して整理すると

$$(m^2+1)x^2-2m(m-3)x+m^2-6m+4=0$$

この 2 次方程式の判別式を D とすると

$$\frac{D}{4}=\{-m(m-3)\}^2-(m^2+1)(m^2-6m+4)$$
$$=(m^4-6m^3+9m^2)-(m^4-6m^3+5m^2-6m+4)$$
$$=4m^2+6m-4$$

円と直線が接するのは，$D=0$ のときである。

よって，$4m^2+6m-4=0$ より　$m=-2, \ \frac{1}{2}$

[1] $m=-2$ のとき

直線 ① の方程式は　$y=-2x+5$ …… ②

② を $x^2+y^2=5$ に代入して　$x^2+(-2x+5)^2=5$

整理すると　$x^2-4x+4=0$

これを解いて　$x=2$

② に代入して　$y=1$

よって，接点の座標は　(2, 1) …… ②′

[2] $m=\frac{1}{2}$ のとき

直線 ① の方程式は　$y=\frac{1}{2}x+\frac{5}{2}$ …… ③

③ を $x^2+y^2=5$ に代入して　$x^2+\left(\frac{1}{2}x+\frac{5}{2}\right)^2=5$

整理すると　$x^2+2x+1=0$

これを解いて　$x=-1$

③ に代入して　$y=2$

よって，接点の座標は　(−1, 2) …… ③′

②，②′，③，③′ から

接線 $2x+y-5=0$，接点 $(2,\ 1)$

接線 $x-2y+5=0$，接点 $(-1,\ 2)$ 答

7 2つの円

まとめ

2つの円の位置関係

半径がそれぞれ r，r' である2つの円の中心 C，C′ 間の距離を d とする。このとき，$r>r'$ とすると，2つの円の位置関係は次のようになる。

[1] 互いに外部にある

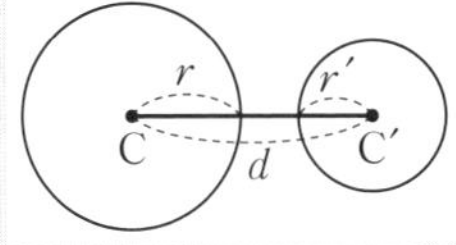

$d>r+r'$

[2] 外接する（1点を共有する）

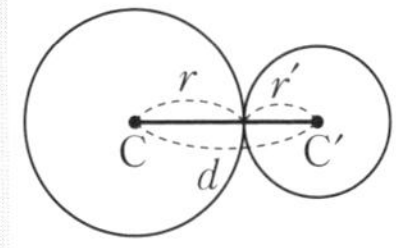

$d=r+r'$

[3] 2点で交わる

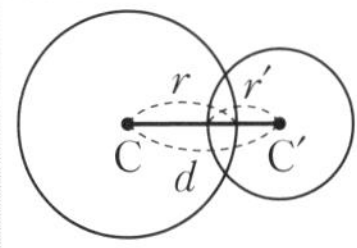

$r-r'<d<r+r'$

[4] 内接する（1点を共有する）

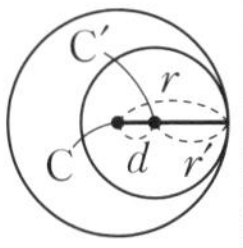

$d=r-r'$

[5] 一方が他方の内部にある

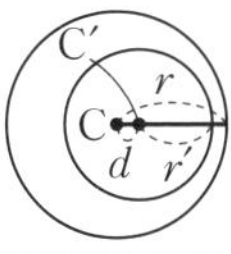

$d<r-r'$

[2]，[4] のように2つの円がただ1つの共有点をもつとき，2つの円は **接する** といい，この共有点を **接点** という。[2] のように接する場合，2つの円は **外接する** という。[4] のように接する場合，2つの円は **内接する** という。

注意 $r=r'$ の場合も，[1]〜[3] の位置関係と関係式は成り立つ。

A 2つの円の位置関係

教 p.95

練習 28

円 $x^2+y^2=4$ と次の円について，その位置関係を調べよ。

(1) $(x+3)^2+(y-4)^2=9$　　(2) $(x-3)^2+(y-3)^2=8$

指針 **2つの円の位置関係**　まとめの [1]〜[5] をもとに考える。2つの円の中心間の距離 d を求め，$r+r'$（半径の和）や $r-r'$（半径の差）の値との大小を比較する。

解答 円 $x^2+y^2=4$ …… ① は中心が原点，半径が 2 の円である。

(1) $(x+3)^2+(y-4)^2=9$ …… ② とおく。

円 ② は中心が点 $(-3,\ 4)$，半径が 3 の円である。

また，2 つの円 ①，② の中心間の距離を d とすると

$$d=\sqrt{(-3)^2+4^2}$$
$$=\sqrt{25}$$
$$=5$$

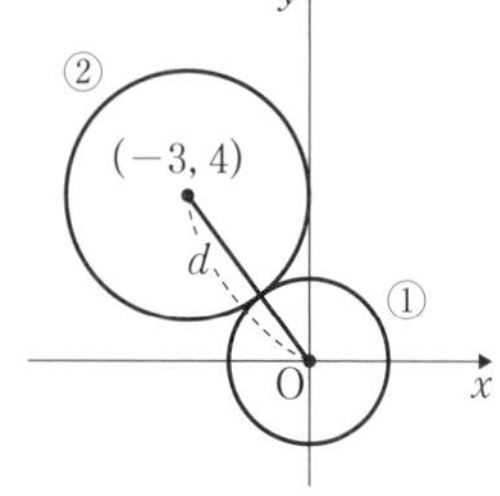

d＝半径の和＝5 であるから，2 つの円 ①，② は **外接する。** 答

(2) $(x-3)^2+(y-3)^2=8$ …… ③ とおく。

円 ③ は中心が点 $(3,\ 3)$，半径が $2\sqrt{2}$ の円である。

また，2 つの円 ①，③ の中心間の距離を d とすると

$$d=\sqrt{3^2+3^2}$$
$$=\sqrt{18}$$
$$=3\sqrt{2}$$

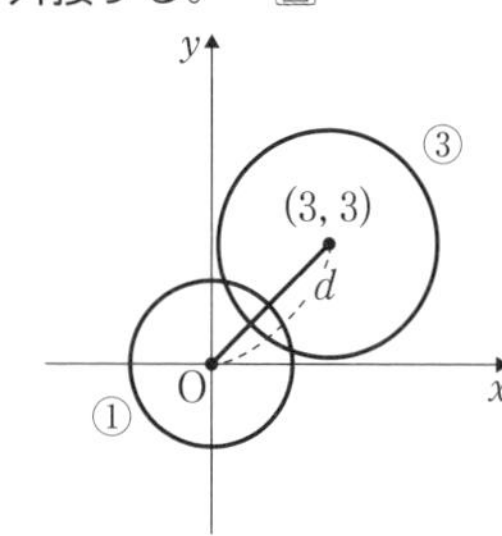

ここで，半径の差＝$2\sqrt{2}-2$，半径の和＝$2\sqrt{2}+2$ であり

$$2\sqrt{2}-2<3\sqrt{2}<2\sqrt{2}+2$$

半径の差＜d＜半径の和 であるから，2 つの円 ①，③ は **2 点で交わる。** 答

補足 $2\sqrt{2}-2<3\sqrt{2}$ は明らかである。また，$\sqrt{2}<2$ の両辺に $2\sqrt{2}$ を足すと，$3\sqrt{2}<2\sqrt{2}+2$ になる。よって，$2\sqrt{2}-2<3\sqrt{2}<2\sqrt{2}+2$ である。

練習 29 教 p.95

中心が点 $(-3,\ 4)$ である円 C と，円 $x^2+y^2=1$ が内接するとき，円 C の方程式を求めよ。

指針 **2 つの円の位置関係と方程式**　2 つの円の半径を r，r' $(r>r')$，中心間の距離を d とするとき，小さい方の円が大きい方の円に内接するのは，$d=r-r'$ のときである。

解答 円 $x^2+y^2=1$ は中心が原点，半径が 1 の円である。

よって，2 つの円の中心間の距離 d は　$d=\sqrt{(-3)^2+4^2}=5$

円 $x^2+y^2=1$ が円 C に内接するとき，円 C の半径を r とすると

$$5=r-1$$

よって　$r=5+1=6$

したがって，求める円 C の方程式は　$\boldsymbol{(x+3)^2+(y-4)^2=36}$ 答

研究 2つの円の交点を通る図形

まとめ

2つの円の交点を通る図形

2つの円 $x^2+y^2+lx+my+n=0$ …… Ⓐ

$x^2+y^2+l'x+m'y+n'=0$ …… Ⓑ の交点をA，Bとするとき，k を定数として，方程式 $k(x^2+y^2+lx+my+n)+(x^2+y^2+l'x+m'y+n')=0$ …… Ⓒ を考えると，この方程式が表す図形は2点A，Bを通り，$k\neq-1$ のときは円，$k=-1$ のときは直線となる。

注意 Ⓒ は円 Ⓐ を表すことはできない。

教 p.96

練習 1 2つの円 $x^2+y^2-4=0$，$x^2+y^2-4x+2y-6=0$ の2つの交点と点 $(1,\ 2)$ を通る円の方程式を求めよ。

指針 **2つの円の交点を通る図形** 求める円の方程式を

$$k(x^2+y^2-4)+(x^2+y^2-4x+2y-6)=0$$

とおき，$x=1$，$y=2$ を代入して，k の値を求める。

解答 k を定数として

$$k(x^2+y^2-4)+(x^2+y^2-4x+2y-6)=0 \quad \cdots\cdots \text{①}$$

とすると，① は2つの円の交点を通る図形を表す。

① の表す図形が点 $(1,\ 2)$ を通るから，① に $x=1$，$y=2$ を代入すると

$$k(1^2+2^2-4)+(1^2+2^2-4\cdot1+2\cdot2-6)=0$$

よって　$k=1$

① に代入して整理すると

$$\boldsymbol{x^2+y^2-2x+y-5=0}$$ 答

第3章 第2節 補充問題

教 p.97

5 3点 $\mathrm{A}(-2,\ 1)$，$\mathrm{B}(1,\ 4)$，$\mathrm{C}(0,\ 5)$ を頂点とする△ABCの外接円の半径と，外心の座標を求めよ。

指針 **外接円の半径・外心** △ABCの3つの頂点を通る円を△ABCの外接円といい，その円の中心を△ABCの外心という。

外接円の方程式を $x^2+y^2+lx+my+n=0$ とおき，l，m，n についての連立方程式を解いて l，m，n の値を求めた後，$(x-a)^2+(y-b)^2=r^2$ の形に変形し，

半径と，中心 (外心) の座標を求める。

解答　外接円の方程式を $x^2+y^2+lx+my+n=0$ とする。

点 A，B，C を通るから

$(-2)^2+1^2+(-2)l+m+n=0$

$1^2+4^2+l+4m+n=0$

$5^2+5m+n=0$

整理すると

$-2l+m+n=-5$ …… ①

$l+4m+n=-17$ …… ②

$5m+n=-25$ …… ③

①+②×2 から　$9m+3n=-39$

すなわち　$3m+n=-13$ …… ④

③−④ から　$2m=-12$　よって　$m=-6$

④ に代入して　$-18+n=-13$　よって　$n=5$

$m=-6$，$n=5$ を ② に代入して

$l+4\cdot(-6)+5=-17$　よって　$l=2$

ゆえに，外接円の方程式は

$x^2+y^2+2x-6y+5=0$

すなわち　$(x+1)^2+(y-3)^2=5$

したがって，**外接円の半径は $\sqrt{5}$，外心の座標は $(-1,\ 3)$**　答

教 p.97

6　次の円と直線の共有点の個数を求めよ。

(1)　円 $x^2+y^2=20$，直線 $3x-y-10=0$

(2)　円 $x^2+y^2=4$，直線 $2x-y+5=0$

(3)　円 $(x-1)^2+y^2=2$，直線 $x+y-3=0$

指針　**円と直線の共有点の個数**　円と直線の共有点の個数は，円の方程式と直線の方程式から y を消去して得られる x の 2 次方程式の実数解の個数と一致する。判別式を用いる。

解答　(1)　$3x-y-10=0$ から　$y=3x-10$

$x^2+y^2=20$ と $y=3x-10$ から y を消去すると

$x^2+(3x-10)^2=20$

整理すると　$x^2-6x+8=0$

判別式を D とすると

$$\frac{D}{4}=(-3)^2-1\cdot 8=1>0$$

よって，共有点の個数は　**2 個**　答

(2) $2x-y+5=0$ から　　$y=2x+5$

$x^2+y^2=4$ と $y=2x+5$ から y を消去すると

$$x^2+(2x+5)^2=4$$

整理すると　　$5x^2+20x+21=0$

判別式を D とすると

$$\frac{D}{4}=10^2-5\cdot21=-5<0$$

よって，共有点の個数は　　**0個**　答

(3) $x+y-3=0$ から　　$y=-x+3$

$(x-1)^2+y^2=2$ と $y=-x+3$ から y を消去すると

$$(x-1)^2+(-x+3)^2=2$$

整理すると　　$x^2-4x+4=0$

判別式を D とすると

$$\frac{D}{4}=(-2)^2-1\cdot4=0$$

よって，共有点の個数は　　**1個**　答

別解 (1) 円の中心は原点であり，原点と直線 $3x-y-10=0$ の距離 d は

$$d=\frac{|-10|}{\sqrt{3^2+(-1)^2}}=\frac{10}{\sqrt{10}}=\sqrt{10}$$

円の半径 r は $r=\sqrt{20}=2\sqrt{5}$ であるから　　$d<r$

したがって，共有点の個数は　　**2個**　答

(2) 円の中心は原点であり，原点と直線 $2x-y+5=0$ の距離 d は

$$d=\frac{|5|}{\sqrt{2^2+(-1)^2}}=\frac{5}{\sqrt{5}}=\sqrt{5}$$

円の半径 r は $r=2$ であるから　　$d>r$

したがって，共有点の個数は　　**0個**　答

(3) 円の中心は点 $(1,\ 0)$ であり，点 $(1,\ 0)$ と直線 $x+y-3=0$ の距離 d は

$$d=\frac{|1+0-3|}{\sqrt{1^2+1^2}}=\frac{2}{\sqrt{2}}=\sqrt{2}$$

円の半径 r は $r=\sqrt{2}$ であるから　　$d=r$

したがって，共有点の個数は　　**1個**　答

教 p.97

7　次の問いに答えよ。

(1) 円 $x^2+y^2=5$ と直線 $x+3y+c=0$ が共有点をもたないとき，定数 c の値の範囲を求めよ。

(2) 円 $x^2+y^2=10$ と直線 $y=3x+m$ が接するとき，定数 m の値と接点の座標を求めよ。

3章 図形と方程式

指針 **円と直線の位置関係**

(1) 直線の式が「$x=\sim$」の形に変形できるから，x を消去して y についての2次方程式を作る方が計算しやすい。

(2) y を消去して x についての2次方程式を作り，(判別式)$=0$ からまず m の値を求める。次に，m の値を作った2次方程式に代入し，その2次方程式を解いて接点の x 座標を求める。

解答 (1) $x^2+y^2=5$ …… ①，$x+3y+c=0$ …… ② とする。

② から，$x=-3y-c$ であり，これと ① から x を消去すると

$$(-3y-c)^2+y^2=5 \qquad \text{すなわち} \qquad 10y^2+6cy+c^2-5=0 \quad \cdots\cdots ③$$

③ の判別式を D とすると　$\dfrac{D}{4}=(3c)^2-10(c^2-5)=-(c^2-50)$

①，② が共有点をもたないのは，$D<0$ のときである。

よって，$c^2-50>0$ を解いて　$\boldsymbol{c<-5\sqrt{2},\ 5\sqrt{2}<c}$ 答

(2) $x^2+y^2=10$ と $y=3x+m$ から y を消去すると

$$x^2+(3x+m)^2=10$$

整理すると　$10x^2+6mx+m^2-10=0$ …… ①

この2次方程式の判別式を D とすると

$$\frac{D}{4}=(3m)^2-10(m^2-10)=-(m^2-100)$$

円と直線が接するのは，$D=0$ のときである。

よって，$m^2-100=0$ から　$m=\pm 10$

$m=10$ のとき，① は　$x^2+6x+9=0$

これを解いて　$x=-3$

よって，接点の座標は　$(-3,\ 1)$

$m=-10$ のとき，① は　$x^2-6x+9=0$

これを解いて　$x=3$

よって，接点の座標は　$(3,\ -1)$

以上により，**$m=10$ のとき，接点 $(-3,\ 1)$**

$m=-10$ のとき，接点 $(3,\ -1)$ 答

別解 (1) 円の半径を r とし，円の中心と直線の距離を d とする。

円と直線が共有点をもたないのは $d>r$ のときであるから

$$\frac{|c|}{\sqrt{1^2+3^2}}>\sqrt{5}$$

よって　$|c|>5\sqrt{2}$

したがって　$\boldsymbol{c<-5\sqrt{2},\ 5\sqrt{2}<c}$ 答

教 p.97

8　次の 2 つの円の共有点の座標を求めよ。

$$x^2+y^2=5, \quad x^2+y^2-6x-2y+5=0$$

指針　**2 つの円の共有点の座標**　2 つの円の方程式を連立させて，連立 2 元 2 次方程式を次のように解けばよい。解は 2 組ある。

[1]　2 つの円の方程式の辺々を引くと，x，y の 1 次方程式が得られる。

[2]　その 1 次方程式を x または y について解き，円の方程式のどちらかに代入して y か x を消去すると，2 次方程式が得られる。

[3]　その 2 次方程式を解くと，2 つの実数解が求まる。それぞれを[1]の 1 次方程式に代入して，もう一方の文字の値を求める。

解答

$$\begin{cases} x^2+y^2-5=0 & \cdots\cdots ① \\ x^2+y^2-6x-2y+5=0 & \cdots\cdots ② \end{cases}$$

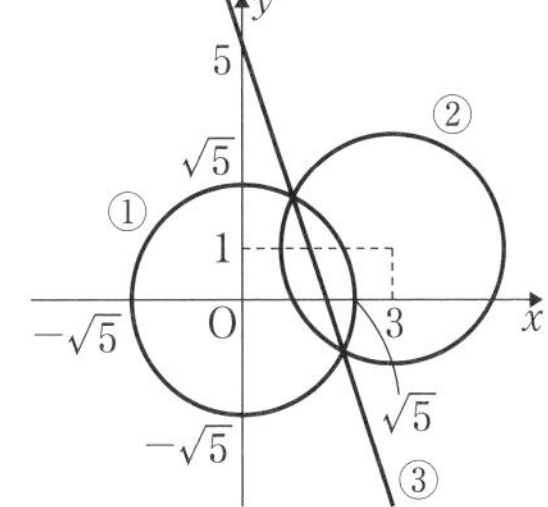

①−② から　$6x+2y-10=0$

よって　$y=-3x+5$ …… ③

③ を ① に代入すると

$x^2+(-3x+5)^2-5=0$

整理すると　$x^2-3x+2=0$

これを解いて　$x=1$，2

③ に代入して

$x=1$ のとき　$y=2$，

$x=2$ のとき　$y=-1$

よって，共有点の座標は　$(1,\ 2)$，$(2,\ -1)$　答

注意　直線 ③ $(y=-3x+5)$ は 2 つの円の共有点を通る直線となっている。

3章　図形と方程式

コラム $x^2+y^2+lx+my+n=0$ の表す図形

教 p.97

教科書 87 ページで学んだように，円の方程式は，l，m，n を定数として

$x^2+y^2+lx+my+n=0$ …… ①

という方程式で表すことができます。

しかし，方程式 ① の表す図形が，常に円になるとは限りません。

次の 2 つの方程式がどのような図形を表すかを考えてみましょう。

$x^2+y^2-6x+2y+10=0$，　$x^2+y^2-6x+2y+12=0$

指針　**$x^2+y^2+lx+my+n=0$ の表す図形**　教科書 $p.87$ の例 12 と同様に，平方完成によって，$(x-a)^2+(y-b)^2=$(定数) の形に変形してみる。

解答　$x^2+y^2-6x+2y+10=0$ …… ②

② を変形すると　$(x^2-6x)+(y^2+2x)=-10$

すなわち　$(x-3)^2-3^2+(y+1)^2-1^2=-10$

よって　$(x-3)^2+(y+1)^2=0$

x，y は実数であるから　$x-3=0$　かつ　$y+1=0$

から　$x=3$，$y=-1$

ゆえに，② が表す図形は，**点 (3，−1)** である。 答

$x^2+y^2-6x+2y+12=0$ …… ③

② のときと同様にして変形すると　$(x-3)^2+(y+1)^2=-2$ …… ③′

x，y は実数であるから，$(x-3)^2\geqq 0$ かつ $(y+1)^2\geqq 0$ であるから，③′ を満たす実数 x，y は存在しない。

したがって，③ が表す図形は，**存在しない。** 答

第3節　軌跡と領域

8 軌跡と方程式

まとめ

1　軌跡

ある条件を満たしながら動く点が描く図形を，その条件を満たす点の **軌跡** という。

2　座標を用いて点の軌跡を求める手順

1　条件を満たす点Pの座標を $(x,\ y)$ として，Pに関する条件を $x,\ y$ の式で表し，この方程式の表す図形が何かを調べる。

2　逆に，**1** で求めた図形上のすべての点Pが，与えられた条件を満たすことを確かめる。

3　ともなって動く点の軌跡

点Qがある条件を満たしながら動くとき，Qに対応して定まる点Pの軌跡を求めるには，$P(x,\ y)$，$Q(s,\ t)$ とし，Qの満たす条件を表す $s,\ t$ の式と，PとQの座標の関係式から，$x,\ y$ の方程式を導く。

A 座標平面上の点の軌跡

教 p.98

練習 30　2点 $A(-6,\ 0)$，$B(0,\ 4)$ に対して，$AP=BP$ を満たす点Pの軌跡を求めよ。

指針　**座標平面上の点の軌跡**　まとめにある軌跡を求める手順に従う。
$AP=BP \iff AP^2=BP^2$ であることから，条件 $AP^2=BP^2$ を $x,\ y$ の式で表す。

解答　点Pの座標を $(x,\ y)$ とする。
Pに関する条件は

$$AP=BP \quad すなわち \quad AP^2=BP^2$$

$$AP^2=\{x-(-6)\}^2+y^2=(x+6)^2+y^2,$$
$$BP^2=x^2+(y-4)^2$$

であるから

$$(x+6)^2+y^2=x^2+(y-4)^2$$

整理すると　$3x+2y+5=0$

したがって，点Pは直線 $3x+2y+5=0$ 上にある。
逆に，この直線上のすべての点 $P(x,\ y)$ について，

$$AP^2=BP^2 \quad すなわち \quad AP=BP$$

が成り立つ。

よって，点Pの軌跡は，**直線 $3x+2y+5=0$** である。 答

補足 教科書 p.98 の例 14 と同様に，本問の直線 $3x+2y+5=0$ は 2 点 A$(-6,\ 0)$，B$(0,\ 4)$ を結ぶ線分の垂直二等分線である。

教 p.99

練習 31 点 A$(-3,\ 0)$ からの距離と，点 B$(2,\ 0)$ からの距離の比が $3:2$ である点Pの軌跡を求めよ。

指針 **座標平面上の点の軌跡** 点Pの座標を $(x,\ y)$ とする。Pに関する条件は AP : BP$=3:2$ すなわち $2\text{AP}=3\text{BP}$ であり，$4\text{AP}^2=9\text{BP}^2$ と同値である。これをもとに，x，y の関係式を導く。

解答 点Pの座標を $(x,\ y)$ とする。

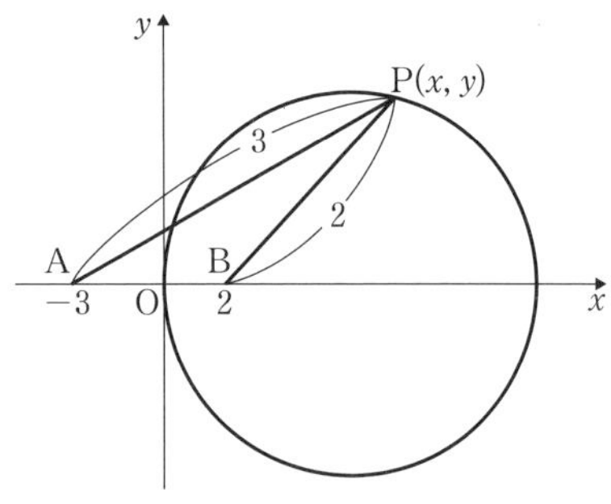

Pに関する条件は

$$\text{AP}:\text{BP}=3:2$$

これより　$2\text{AP}=3\text{BP}$

すなわち　$4\text{AP}^2=9\text{BP}^2$

$$\text{AP}^2=\{x-(-3)\}^2+y^2$$
$$=(x+3)^2+y^2$$
$$\text{BP}^2=(x-2)^2+y^2$$

を代入すると

$$4\{(x+3)^2+y^2\}=9\{(x-2)^2+y^2\}$$

各辺を展開して

$$4x^2+24x+36+4y^2=9x^2-36x+36+9y^2$$

整理すると　$x^2-12x+y^2=0$　←両辺を 5 で割る。

すなわち　$(x-6)^2+y^2=6^2$　←両辺に 6^2 を加える。

よって，点Pは円 $(x-6)^2+y^2=6^2$ 上にある。

逆に，この円上のすべての点 P$(x,\ y)$ は，条件を満たす。　←ここまでの変形を逆にたどると AP : BP$=3:2$

したがって，求める軌跡は，

点 $(6,\ 0)$ を中心とする半径 6 の円 である。 答

注意 一般に，2 点 A，B からの距離の比が $m:n$ $(m \neq n)$ である点Pの軌跡は円（**アポロニウスの円**という）になる。この円は，線分 AB を $m:n$ に内分する点と外分する点を直径の両端とする円である。

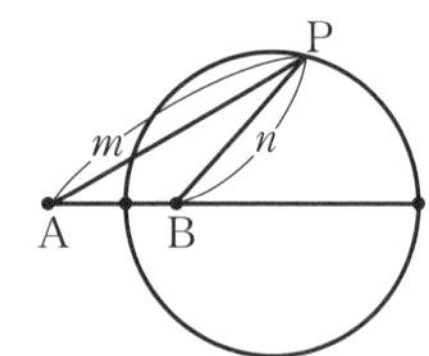

B 線分の中点の軌跡

教 p.100

練習 32 点Qが円 $x^2+y^2=16$ 上を動くとき，点A(0, 8)と点Qを結ぶ線分AQの中点Pの軌跡を求めよ。

指針 **線分の中点の軌跡** P(x, y)，Q(s, t)とする。求めるのは点Pの軌跡であるから，xとyの関係式を導くことが目的である。
円 $x^2+y^2=16$ をCとすると，QはC上の点であるから，$s^2+t^2=16$ を満たす。
また，P(x, y)は線分AQの中点であるから　　$x=\dfrac{0+s}{2}$，$y=\dfrac{8+t}{2}$
以上の3つの式からs，tを消去し，xとyだけの関係式を導く。

解答 点P，Qの座標をそれぞれ(x, y)，(s, t)とする。
Qは円 $x^2+y^2=16$ 上にあるから

$$s^2+t^2=16 \quad \cdots\cdots \text{①}$$

また，Pは線分AQの中点であるから

$$x=\frac{s}{2},\quad y=\frac{t+8}{2}$$

すなわち　　$s=2x$，$t=2y-8$
これらを①に代入すると

$$(2x)^2+(2y-8)^2=16$$

整理すると　　$x^2+(y-4)^2=2^2$
したがって，点Pは円 $x^2+(y-4)^2=2^2$ 上にある。
逆に，この円上のすべての点P(x, y)は，条件を満たす。
よって，求める軌跡は，**点(0, 4)を中心とする半径2の円** である。 答

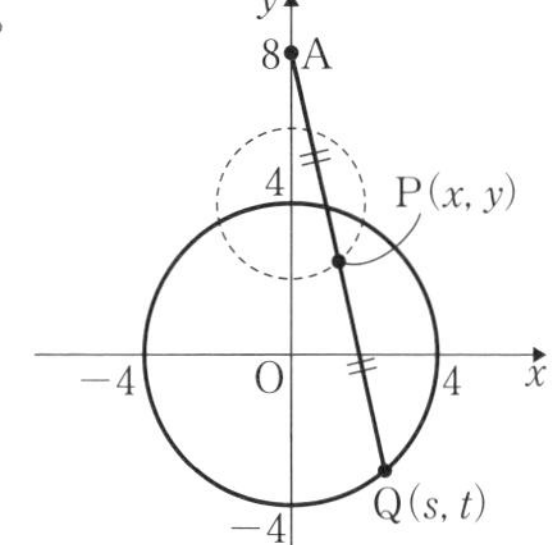

9 不等式の表す領域

まとめ

1　領域
座標平面上で，x，yの不等式を満たす点(x, y)全体の集合を，その不等式の表す **領域** という。

2　直線と領域
直線 $y=mx+n$ をℓとする。
1　不等式 $y>mx+n$ の表す領域は，
直線ℓの **上側の部分**
2　不等式 $y<mx+n$ の表す領域は，
直線ℓの **下側の部分**

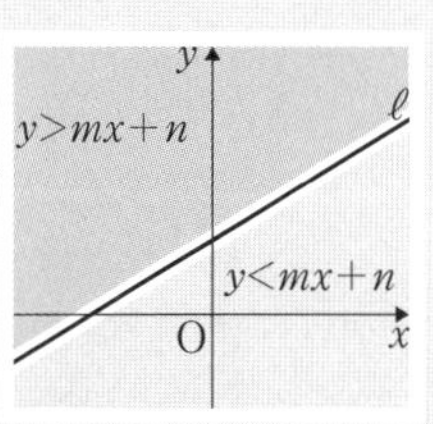

注意 $y \geqq mx+n$ や $y \leqq mx+n$ の表す領域は，直線 $y=mx+n$ を含む。

教科書 p.102

3　円と領域

1　不等式 $x^2+y^2<r^2$ の表す領域は，
円 $x^2+y^2=r^2$ の **内部**

2　不等式 $x^2+y^2>r^2$ の表す領域は，
円 $x^2+y^2=r^2$ の **外部**

注意　$x^2+y^2\leqq r^2$ や
$x^2+y^2\geqq r^2$ の表す領域は，
円 $x^2+y^2=r^2$ を含む。

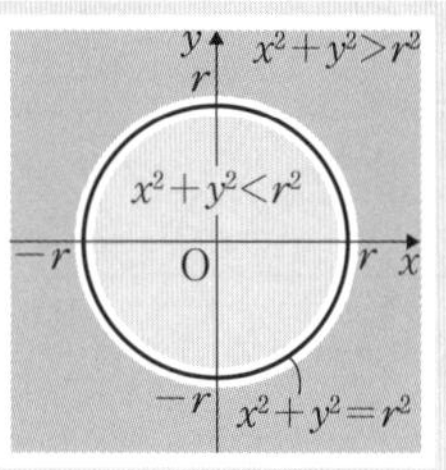

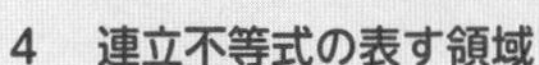

4　連立不等式の表す領域

不等式 $y>mx+n$ の表す領域を A，
不等式 $y<m'x+n'$ の表す領域を B とすると，
連立不等式 $\begin{cases} y>mx+n \\ y<m'x+n' \end{cases}$ の表す領域は，$A\cap B$
である。

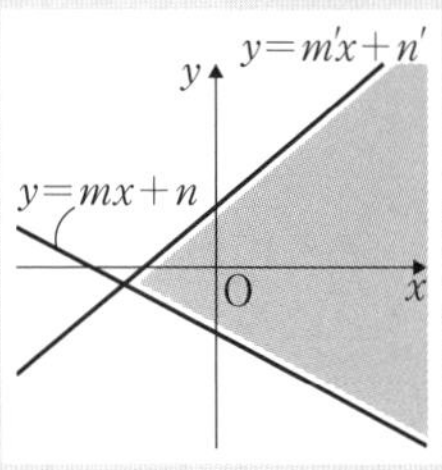

A 直線を境界線とする領域

教 p.102

練習 33　次の不等式の表す領域を図示せよ。

(1)　$y>x+1$　　(2)　$3x+y+2\leqq 0$　　(3)　$2x-3y+6\geqq 0$

指針　**直線と領域**　$ax+by+c\leqq 0$ などのような形で不等式が与えられたときは，まず y について解き，$y\leqq\sim$ などの形に変形する。
$\geqq$，$\leqq$のときは境界線を含み，$>$，$<$のときは境界線を含まない。

解答　(1)　$y>x+1$ の表す領域は，直線 $y=x+1$ の上側の部分で，図の斜線部分である。
ただし，境界線を含まない。

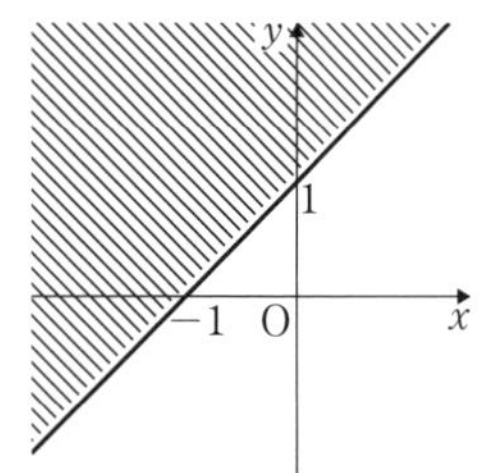

(2)　不等式を変形すると

$$y\leqq -3x-2$$

したがって，この領域は，直線 $y=-3x-2$ およびその下側の部分で，図の斜線部分である。
ただし，境界線を含む。

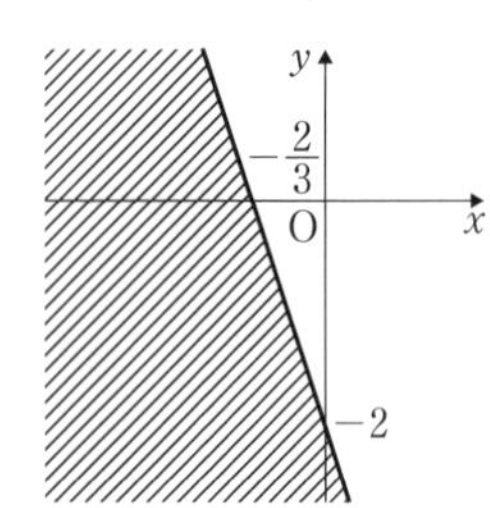

(3) 不等式を変形すると

$y \leqq \frac{2}{3}x+2$

したがって，この領域は，直線 $y=\frac{2}{3}x+2$ およびその下側の部分で，図の斜線部分である。
ただし，境界線を含む。

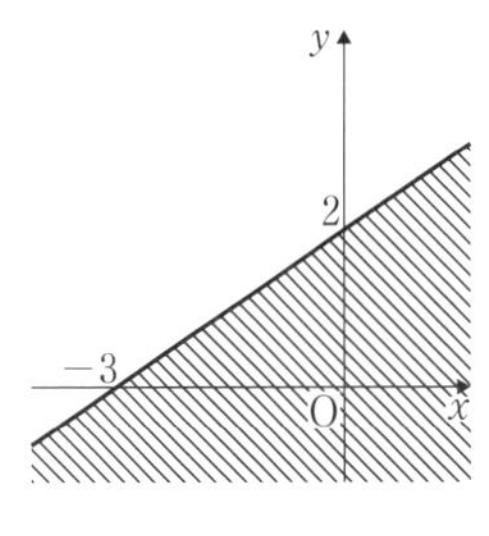

練習 34 教 p.102

次の不等式の表す領域を図示せよ。

(1) $x \leqq -1$　　(2) $x+2>0$

指針 **直線と領域**　不等式 $x>a$ の表す領域は直線 $x=a$ の右側の部分，不等式 $x<a$ の表す領域は直線 $x=a$ の左側の部分である。

解答 (1) この領域は，x 座標が -1 以下の点 $(x,\ y)$ 全体の集合である。
したがって，この領域は，直線 $x=-1$ およびその左側の部分で，図の斜線部分である。
ただし，境界線を含む。

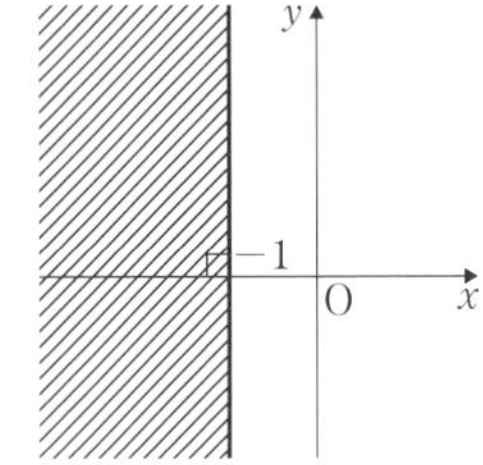

(2) 不等式を変形すると $x>-2$ であり，x 座標が -2 より大きい点 $(x,\ y)$ 全体の集合である。
したがって，この領域は，直線 $x=-2$ の右側の部分で，図の斜線部分である。
ただし，境界線を含まない。

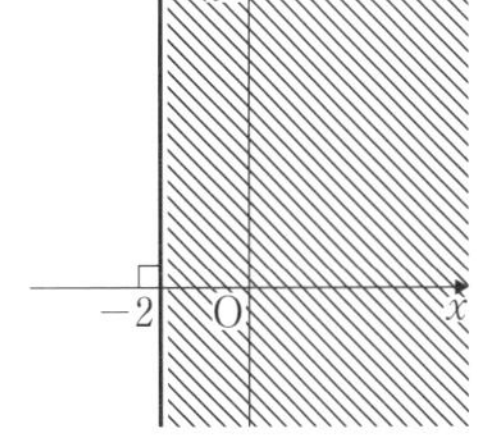

B 円を境界線とする領域

練習 35 教 p.103

次の不等式の表す領域を図示せよ。

(1) $x^2+y^2<4$　　(2) $x^2+y^2 \geqq 9$

指針 **円と領域**　円 $x^2+y^2=r^2$ を C とすれば，

(i) 不等式 $x^2+y^2<r^2$ の表す領域は，円 C の内部

(ii) 不等式 $x^2+y^2>r^2$ の表す領域は，円 C の外部

$\sim \leqq r^2$，$\sim \geqq r^2$ なら円も含めた内部，または外部である。

解答 (1) この領域は，円 $x^2+y^2=2^2$ の内部である。

すなわち，図の斜線部分である。ただし，境界線を含まない。

(2)　この領域は，円 $x^2+y^2=3^2$ およびその外部である。

すなわち，図の斜線部分である。ただし，境界線を含む。

(1)

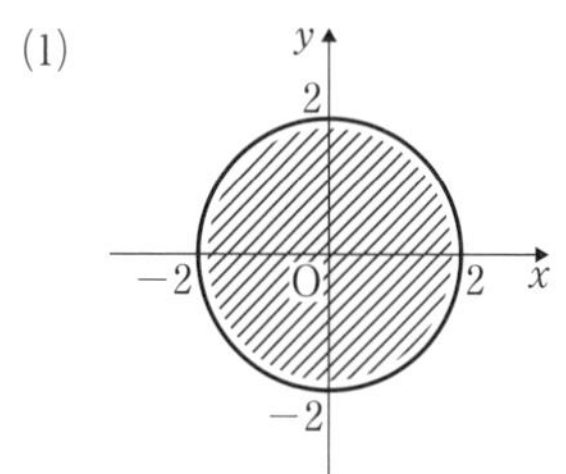

(2)

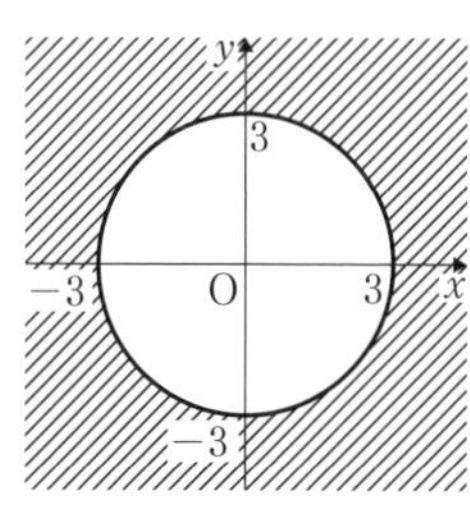

練習 36　教 p.103

次の不等式の表す領域を図示せよ。

(1)　$(x-2)^2+y^2 \leqq 4$　　　(2)　$(x-1)^2+(y-3)^2>9$

指針　**円と領域**　練習 35 と同様に，$\sim<r^2$ なら円の内部，$\sim>r^2$ なら円の外部である。

解答　(1)　この領域は，円 $(x-2)^2+y^2=2^2$ およびその内部である。

すなわち，図の斜線部分である。ただし，境界線を含む。

(2)　この領域は，円 $(x-1)^2+(y-3)^2=3^2$ の外部である。

すなわち，図の斜線部分である。ただし，境界線を含まない。

(1)

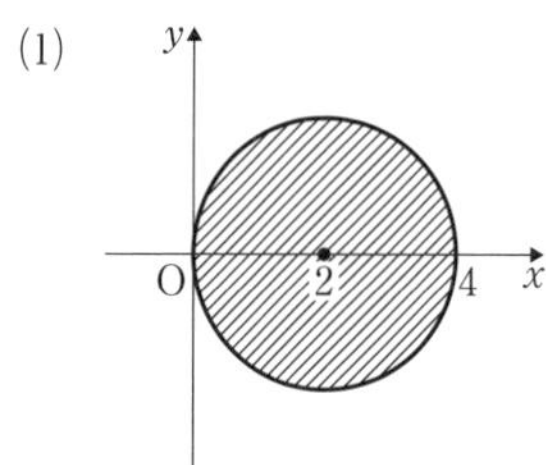

(2)

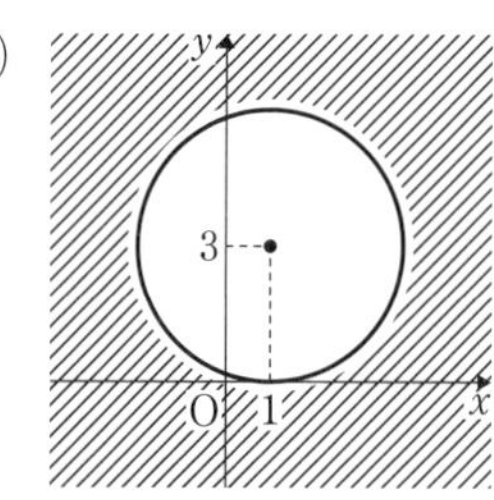

注意　円の中心の座標を代入したとき，不等式が成り立てば，その不等式の表す領域は円の内部である。成り立たなければ外部である。

教科書 p.105

C 連立不等式の表す領域

教 p.105

練習 37

次の連立不等式の表す領域を図示せよ。

(1) $\begin{cases} x-y+1>0 \\ 2x+y-1>0 \end{cases}$　(2) $\begin{cases} x+y-3\leqq 0 \\ 4x-y-2\geqq 0 \end{cases}$

(3) $\begin{cases} x^2+y^2<25 \\ 3x-y+3<0 \end{cases}$　(4) $\begin{cases} x^2+y^2\geqq 9 \\ x+2y+2\geqq 0 \end{cases}$

3章 図形と方程式

指針 **連立不等式の表す領域**　それぞれの不等式の表す領域に共通する部分を求める。たとえば(1)では，不等式は $y<x+1$，$y>-2x+1$ と変形され，それぞれの領域は図の ①，② であり，その共通する部分は ③ のようになる。

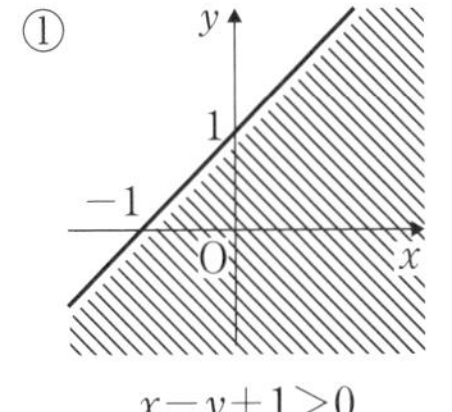

$x-y+1>0$

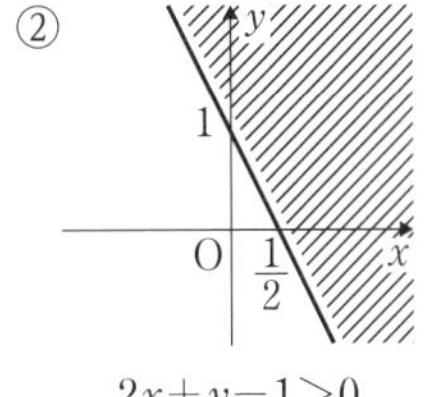

$2x+y-1>0$

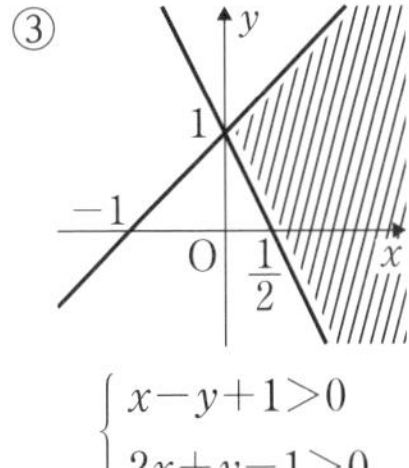

$\begin{cases} x-y+1>0 \\ 2x+y-1>0 \end{cases}$

解答 (1)　この領域は，

直線 $x-y+1=0$ の下側の部分と

直線 $2x+y-1=0$ の上側の部分

の共通部分である。

すなわち，図の斜線部分である。

ただし，境界線を含まない。

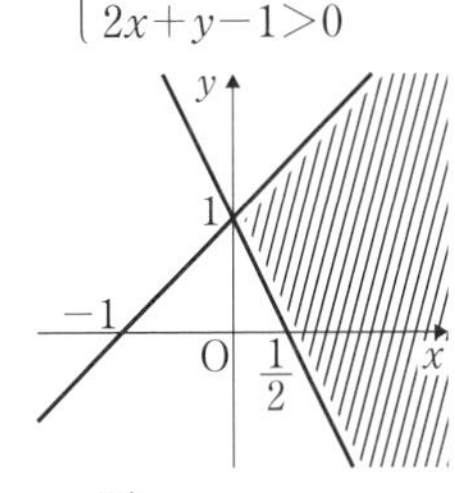

(2)　この領域は，

直線 $x+y-3=0$ およびその下側の部分と

直線 $4x-y-2=0$ およびその下側の部分

の共通部分である。

すなわち，図の斜線部分である。

ただし，境界線を含む。

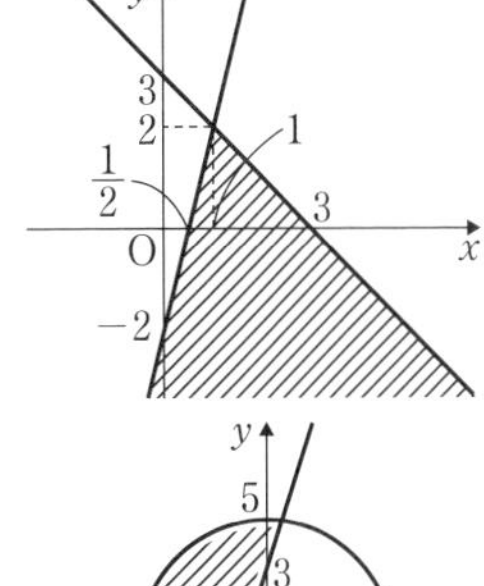

(3)　この領域は，

円 $x^2+y^2=5^2$ の内部と

直線 $3x-y+3=0$ の上側の部分

の共通部分である。

すなわち，図の斜線部分である。

ただし，境界線を含まない。

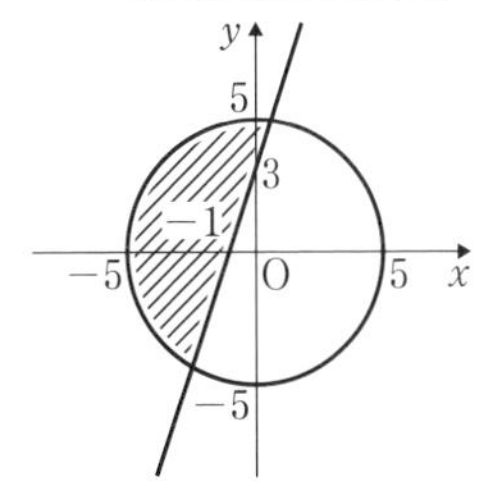

(4) この領域は,

　円 $x^2+y^2=3^2$ およびその外部と

　直線 $x+2y+2=0$ およびその上側の部分

の共通部分である。

すなわち,図の斜線部分である。

ただし,境界線を含む。

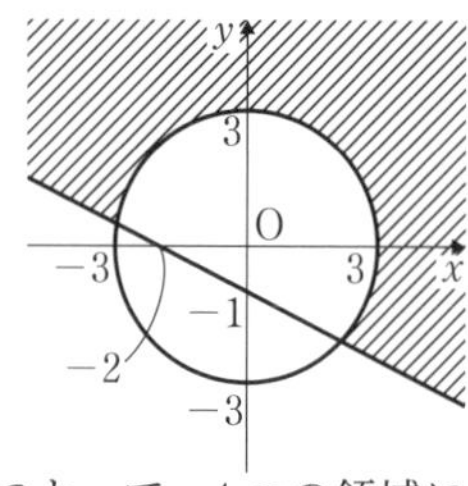

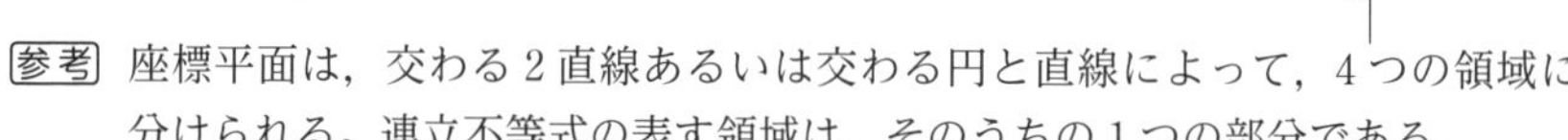

参考　座標平面は,交わる 2 直線あるいは交わる円と直線によって,4 つの領域に分けられる。連立不等式の表す領域は,そのうちの 1 つの部分である。

練習 38　教 p.105

次の不等式の表す領域を図示せよ。

(1) $(x+y)(x-y+1)>0$　　(2) $x(x+2y-2)\leqq 0$

指針　**$AB>0$ の形の不等式が表す領域**　不等式の次の性質を利用する。

(1) $AB>0 \iff \begin{cases} A>0 \\ B>0 \end{cases}$ または $\begin{cases} A<0 \\ B<0 \end{cases}$　←2 つの連立不等式

(2) $AB\leqq 0 \iff \begin{cases} A\geqq 0 \\ B\leqq 0 \end{cases}$ または $\begin{cases} A\leqq 0 \\ B\geqq 0 \end{cases}$

解答 (1) 不等式 $(x+y)(x-y+1)>0$ が成り立つことは

$\begin{cases} x+y>0 \\ x-y+1>0 \end{cases}$ …… ①　←$y>-x$　←$y<x+1$

または

$\begin{cases} x+y<0 \\ x-y+1<0 \end{cases}$ …… ②　←$y<-x$　←$y>x+1$

が成り立つことと同じである。

よって,求める領域は,① の表す領域 A と

② の表す領域 B の和集合 $A\cup B$ であり,図の斜線部分である。

ただし,境界線を含まない。

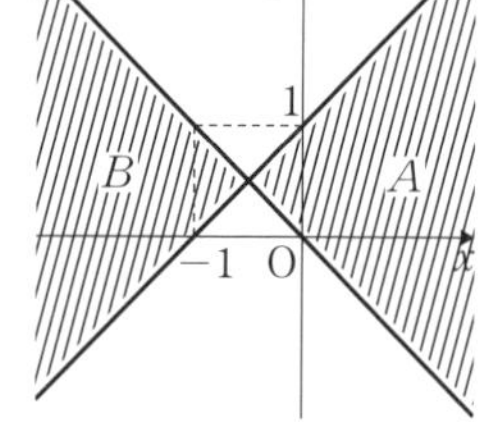

(2) 不等式 $x(x+2y-2)\leqq 0$ が成り立つことは

$\begin{cases} x\geqq 0 \\ x+2y-2\leqq 0 \end{cases}$ …… ①　←$y\leqq -\frac{1}{2}x+1$

または

$\begin{cases} x\leqq 0 \\ x+2y-2\geqq 0 \end{cases}$ …… ②　←$y\geqq -\frac{1}{2}x+1$

が成り立つことと同じである。

よって,求める領域は,① の表す領域 A と

② の表す領域 B の和集合 $A\cup B$ であり,図の斜線部分である。

ただし,境界線を含む。

参考　$xy>0 \iff \begin{cases} x>0 \\ y>0 \end{cases}$ または $\begin{cases} x<0 \\ y<0 \end{cases}$ であるから，$xy>0$ の表す領域は，第1象限および第3象限であり，隣り合わない2つの領域である。
同様にして，$xy<0$ の表す領域は，第2象限および第4象限であり，やはり隣り合わない2つの領域である。

D 領域と最大・最小

教 p.106

練習 39　x，y が4つの不等式 $x \geqq 0$，$y \geqq 0$，$x+3y \leqq 5$，$3x+2y \leqq 8$ を同時に満たすとき，$x+y$ の最大値，最小値を求めよ。

指針　**領域と最大・最小**　$x+y=k$ とおくと，これは傾きが -1，y 切片が k の直線を表す。この直線が連立不等式の表す領域と共有点をもつときの k の値の範囲を調べる。

解答　与えられた連立不等式の表す領域を A とする。

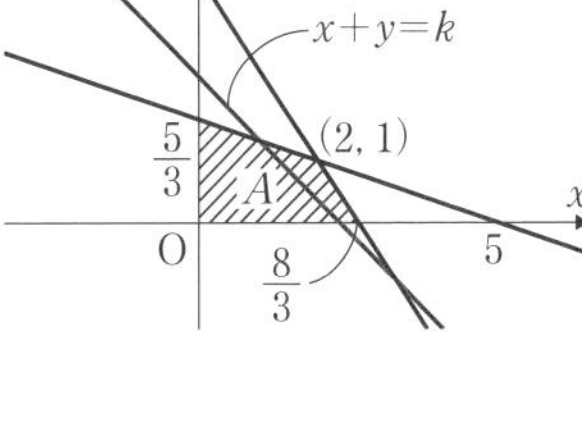

領域 A は4点

$(0,\ 0)$，$\left(\dfrac{8}{3},\ 0\right)$，$(2,\ 1)$，$\left(0,\ \dfrac{5}{3}\right)$

を頂点とする四角形の周および内部である。

$x+y=k$　…… ①

とおくと，$y=-x+k$ であり，これは傾きが -1，y 切片が k である直線を表す。
この直線①が領域 A と共有点をもつときの k の値の最大値，最小値を求めればよい。

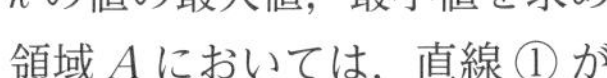

領域 A においては，直線①が

点 $(2,\ 1)$ を通るとき k は最大で，そのとき　$k=3$
点 $(0,\ 0)$ を通るとき k は最小で，そのとき　$k=0$

である。
したがって，$x+y$ は

$x=2$，$y=1$ のとき**最大値 3** をとり，
$x=0$，$y=0$ のとき**最小値 0** をとる。　答

教 p.106

深める　x，y は教科書の応用例題5の4つの不等式を同時に満たすとする。このとき，$3x+y$ が最大となる x，y の値を求めよう。

指針　**領域と最大・最小**　$3x+y=k$ とおくと，$y=-3x+k$ であり，傾きが -3，y 切片が k である直線を表す。この直線が連立不等式の表す領域と共有点をもつときのうち，k の値が最大となる場合を考える。

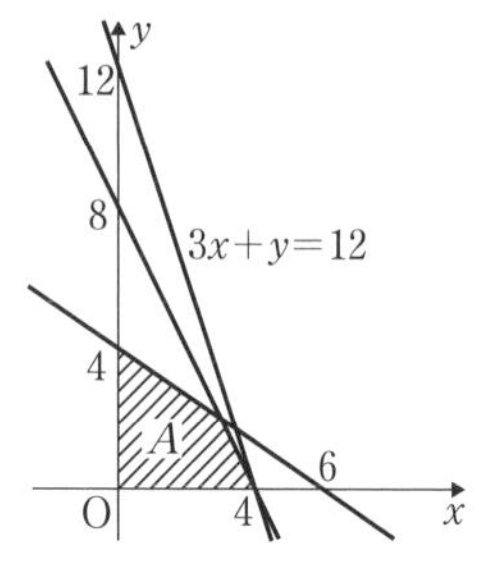

解答　与えられた連立不等式の表す領域を A とする。領域 A は 4 点 $(0,\ 0)$，$(4,\ 0)$，$(3,\ 2)$，$(0,\ 4)$ を頂点とする四角形の周および内部である。

$$3x+y=k \quad \cdots\cdots ①$$

とおくと，$y=-3x+k$ であり，これは傾きが -3，y 切片が k である直線を表す。

この直線 ① が領域 A と共有点をもつときのうち，k の値が最大となるときの x，y の値を求めればよい。

領域 A においては，図のように，直線 ① が点 $(4,\ 0)$ を通るとき k は最大となる。

したがって　　$\boldsymbol{x=4,\ y=0}$　答

補足　$3x+y$ の最大値は $3\cdot4+0=12$ である。

第3章 第3節　補充問題

教 p.107

9　直線 $3x-2y-4=0$ に対して，点 $\mathrm{P}(1,\ -2)$ と同じ側にある点を，次の中から選べ。

原点 O，$\mathrm{A}(-2,\ -6)$，$\mathrm{B}(-1,\ 3)$，$\mathrm{C}(3,\ 2)$

指針　**直線と領域**　各点が直線 $3x-2y-4=0$ に対して $3x-2y-4>0$，$3x-2y-4<0$ のどちらの領域にあるかを調べる。

解答　$3x-2y-4$ に，点 P の座標 $x=1$，$y=-2$ を代入すると

$$3\cdot1-2\cdot(-2)-4=3>0$$

であるから，点 P は不等式 $3x-2y-4>0$ の表す領域にある。

同様にして，その他の点について，$3x-2y-4$ の符号を調べると

原点 $\mathrm{O}(0,\ 0)$ について　　$3\cdot0-2\cdot0-4=-4<0$

$\mathrm{A}(-2,\ -6)$ について　　$3\cdot(-2)-2\cdot(-6)-4=2>0$

$\mathrm{B}(-1,\ 3)$ について　　$3\cdot(-1)-2\cdot3-4=-13<0$

$\mathrm{C}(3,\ 2)$ について　　$3\cdot3-2\cdot2-4=1>0$

であるから，$3x-2y-4>0$ の表す領域にある点は A，C である。

よって，直線 $3x-2y-4=0$ に対して，点 P と同じ側にある点は

A，C　答

教 p.107

10 次の不等式の表す領域を図示せよ。

(1) $1 \leqq x+y \leqq 3$　　(2) $4 \leqq x^2+y^2 \leqq 9$

指針 **不等式 $A \leqq B \leqq C$ の表す領域**　$A \leqq B \leqq C$ は $A \leqq B$ かつ $B \leqq C$ を表すから，連立不等式 $\begin{cases} A \leqq B \\ B \leqq C \end{cases}$ の表す領域と考えればよい。

解答 (1) この不等式の表す領域は
直線 $x+y=1$ およびその上側の部分と
直線 $x+y=3$ およびその下側の部分
の共通部分である。
すなわち，図の斜線部分である。
ただし，境界線を含む。

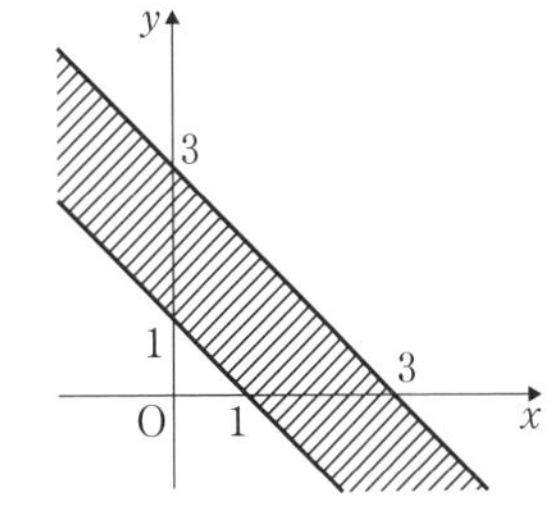

(2) この不等式の表す領域は
円 $x^2+y^2=2^2$ およびその外部と
円 $x^2+y^2=3^2$ およびその内部
の共通部分である。
すなわち，図の斜線部分である。
ただし，境界線を含む。

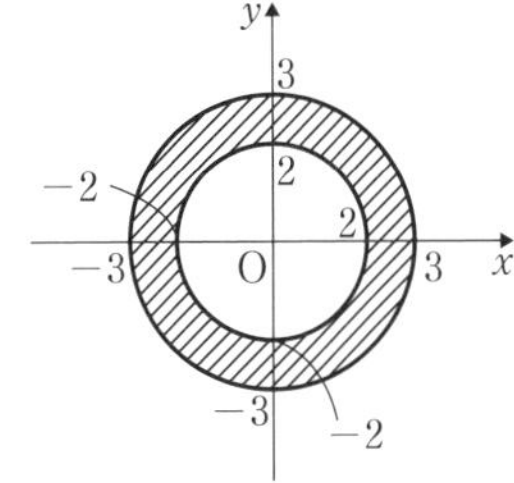

教 p.107

11 実数 x，y について「$x^2+y^2 \leqq 1$ ならば $x+y \leqq \sqrt{2}$」が成り立つ。このことを，それぞれの不等式の表す領域を図示することによって証明せよ。

指針 **領域を利用した不等式の証明**　不等式 $x^2+y^2 \leqq 1$ の表す領域を P，不等式 $x+y \leqq \sqrt{2}$ の表す領域を Q とすると，「$x^2+y^2 \leqq 1$ ならば $x+y \leqq \sqrt{2}$」 $\Longleftrightarrow$ 「$P \subset Q$」であるから，P が Q に含まれることを示せばよい。

解答 不等式 $x^2+y^2 \leqq 1$ の表す領域を P，
不等式 $x+y \leqq \sqrt{2}$ の表す領域を Q とする。
P は円 $x^2+y^2=1$ およびその内部，Q は直線
$x+y=\sqrt{2}$ およびその下側の部分である。
また，円の中心と直線 $x+y-\sqrt{2}=0$ の距離は

$$\frac{|-\sqrt{2}|}{\sqrt{1^2+1^2}}=1$$

であるから，円 $x^2+y^2=1$ と直線 $x+y=\sqrt{2}$ は接する。

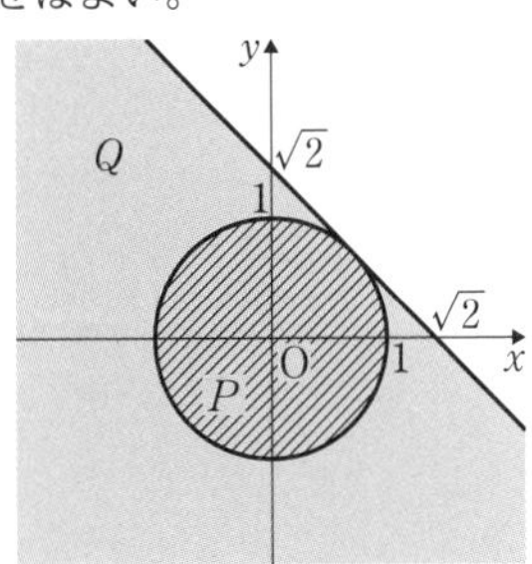

よって，P，Q の領域を図示すると図のようになり，不等式 $x^2+y^2\leqq 1$ の表す領域 P は，不等式 $x+y\leqq\sqrt{2}$ の表す領域 Q に含まれる。

したがって，実数 x，y について，$x^2+y^2\leqq 1$ ならば $x+y\leqq\sqrt{2}$ が成り立つ。

終

コラム 不等式の表す領域の確認

教 p.107

不等式の表す領域は，次の方法で確認することができます。

> 境界線で分けられた各部分から 1 点とり，その点が不等式を満たしているかどうかを調べる。不等式を満たしていれば，その点が含まれる部分は不等式の表す領域の一部となる。

たとえば，不等式 $3x-4y-12<0$ の表す領域を考えてみましょう。

境界線となる直線 $3x-4y-12=0$ の上側の部分，下側の部分から，それぞれ原点 $(0,\ 0)$，点 $(0,\ -4)$ をとると，点 $(0,\ 0)$ は不等式を満たし，点 $(0,\ -4)$ は不等式を満たしません。

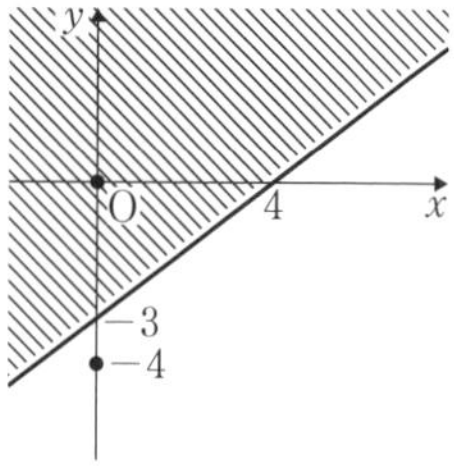

したがって，不等式 $3x-4y-12<0$ の表す領域は直線 $3x-4y-12=0$ の上側の部分であることがわかります。このことを利用して，次の不等式が表す領域について調べてみましょう。

$$(x-y)(x+y-1)<0$$

指針 **不等式の表す領域の確認**　境界線は $(x-y)(x+y-1)=0$，すなわち，直線 $x-y=0$ と $x+y-1=0$ であり，この 2 直線により，座標平面は 4 つの部分に分けられる。各部分に属する点を 1 つずつとり，不等式 $(x-y)(x+y-1)<0$ を満たすかどうかを確認する。

解答 (例)　$(x-y)(x+y-1)<0$ ……①とする。

境界線は直線 $x-y=0$，および $x+y-1=0$ であり，この 2 直線によって，座標平面は 4 つの部分に分けられる。

各部分に属する点として，右図のように，A$(2,\ 0)$，B$(0,\ 2)$，C$(-1,\ 0)$，D$(0,\ -1)$ をとり，これらの点について，$(x-y)(x+y-1)$ の符号を調べると

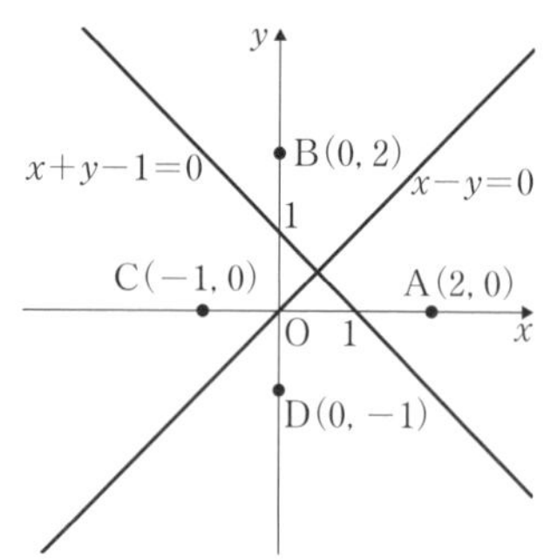

A$(2,\ 0)$ について　　$(2-0)(2+0-1)=2>0$
B$(0,\ 2)$ について　　$(0-2)(0+2-1)=-2<0$
C$(-1,\ 0)$ について　　$(-1-0)(-1+0-1)=2>0$
D$(0,\ -1)$ について　　$\{0-(-1)\}(0-1-1)=-2<0$

よって，不等式 ① を満たす点は B，D であり，これらのそれぞれを含む 2 つの部分，すなわち，右図の斜線部分 (境界線を含まない) が不等式 ① の表す領域である。 終

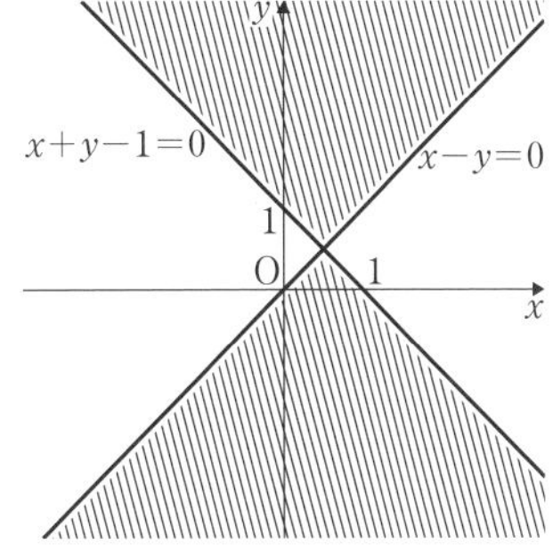

第3章　章末問題A

教 p.108

1. x 軸上の点Pが，2点 A$(-1,\ 2)$，B$(4,\ 3)$ から等距離にあるとき，点Pの座標を求めよ。

指針　**2点間の距離**　点Pは x 軸上の点であるから，P$(x,\ 0)$ とおくことができる。AP=BP，すなわち $\mathrm{AP}^2=\mathrm{BP}^2$ から x の値を求める。

解答　点Pの座標を $(x,\ 0)$ とする。

AP=BP　すなわち　$\mathrm{AP}^2=\mathrm{BP}^2$ から

$$\{x-(-1)\}^2+(0-2)^2=(x-4)^2+(0-3)^2$$

整理すると　$10x=20$　よって　$x=2$

したがって，点Pの座標は　**(2, 0)**　答

教 p.108

2. 2直線 $3x-4y+5=0$，$2x+y-4=0$ の交点を通り，次の条件を満たす直線の方程式を，それぞれ求めよ。

(1) 直線 $2x+3y=0$ に平行　　(2) 直線 $2x+3y=0$ に垂直

指針　**平行な直線，垂直な直線**　点 $(x_1,\ y_1)$ を通り，傾き m の直線の方程式は $y-y_1=m(x-x_1)$ であることを用いる。まず，2直線の交点の座標を求める。次に，傾き m を，(1)では，「平行 $\Longleftrightarrow$ 傾きが等しい」，(2)では，「垂直 $\Longleftrightarrow$ 傾きの積が -1」の関係を用いてそれぞれ求める。

解答　$3x-4y+5=0$　…… ①

$2x+y-4=0$　…… ②

①，② を連立方程式として解くと　$x=1,\ y=2$

よって，2直線①，②の交点の座標は　$(1,\ 2)$

この交点を通り傾き m の直線の方程式は　$y-2=m(x-1)$　…… ③

また，直線 $2x+3y=0$ …… ④ の傾きは　$-\dfrac{2}{3}$

(1) ④と平行な直線の傾きは $-\dfrac{2}{3}$ であるから，③で $m=-\dfrac{2}{3}$ として

$y-2=-\dfrac{2}{3}(x-1)$　すなわち　$\boldsymbol{2x+3y-8=0}$　答

(2) ④と垂直な直線の傾きを m とすると $-\dfrac{2}{3}m=-1$ より　$m=\dfrac{3}{2}$

よって，③で $m=\dfrac{3}{2}$ として

$y-2=\dfrac{3}{2}(x-1)$　すなわち　$\boldsymbol{3x-2y+1=0}$　答

教 p.108

3. 3つの直線 $x-y+1=0$, $2x+y-7=0$, $x+2y-5=0$ について，次の問いに答えよ。

(1) 2直線 $x-y+1=0$, $2x+y-7=0$ の交点Aの座標を求めよ。

(2) (1)の点Aと直線 $x+2y-5=0$ の距離を求めよ。

(3) 3つの直線で囲まれた三角形の面積を求めよ。

指針 **3直線で囲まれた三角形の面積**　まず，3つの直線をかき，三角形を視覚的にとらえてから解くとよい。

(2) 点と直線の距離の公式を用いる。

(3) 頂点Aの対辺を底辺とみると，(2)で求めた距離が高さとなる。

解答 $x-y+1=0$ …… ①　$2x+y-7=0$ …… ②

$x+2y-5=0$ …… ③

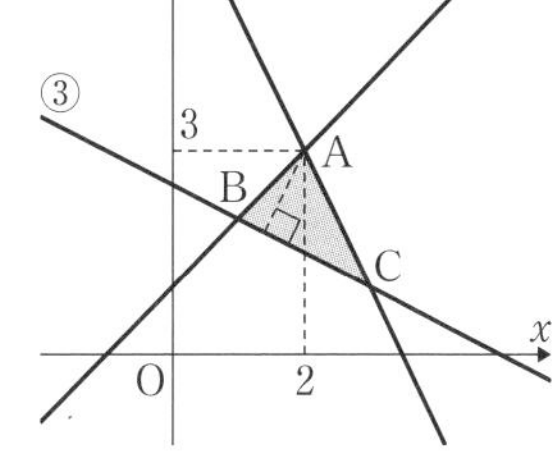

2直線①，③の交点をB，2直線②，③の交点をCとする。

(1) ①，②を解いて　$x=2$, $y=3$

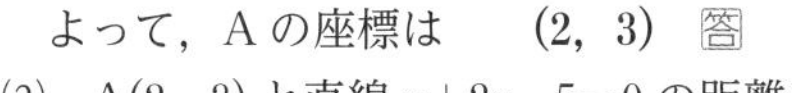

よって，Aの座標は　**(2, 3)** 答

(2) A(2, 3)と直線 $x+2y-5=0$ の距離は

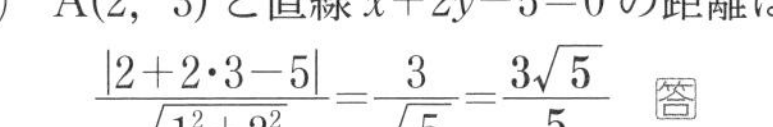

$$\frac{|2+2\cdot3-5|}{\sqrt{1^2+2^2}}=\frac{3}{\sqrt{5}}=\frac{3\sqrt{5}}{5}$$ 答

(3) ①，③を解いて　$x=1$, $y=2$

よって，2直線①，③の交点Bの座標は　(1, 2)

②，③を解いて　$x=3$, $y=1$

よって，2直線②，③の交点Cの座標は　(3, 1)

ゆえに，辺BCの長さは　$\sqrt{(3-1)^2+(1-2)^2}=\sqrt{5}$

したがって，求める面積は

$$\frac{1}{2}\times\sqrt{5}\times\frac{3\sqrt{5}}{5}=\frac{3}{2}$$ 答

教 p.108

4. 円 $x^2+(y-a)^2=25$ と x 軸が異なる2点で交わるとき，定数 a の値の範囲を求めよ。また，$a=1$ のとき，円が x 軸から切り取る線分の長さを求めよ。

指針 **円と x 軸の位置関係**　x 軸は方程式 $y=0$ で表される直線であるから，円と x 軸の共有点の個数は，円の方程式に $y=0$ を代入して得られる x の2次方程式の実数解の個数と一致する。また，その解は円と x 軸の共有点の x 座標である。

解答 $x^2+(y-a)^2=25$ に $y=0$ を代入すると

$x^2+a^2=25$　すなわち　$x^2=25-a^2$ …… ①

この円と x 軸が異なる 2 点で交わるのは，方程式 ① が異なる 2 つの実数解をもつときである。

よって，$25-a^2>0$ を解いて　　$\boldsymbol{-5<a<5}$ 答

また，$a=1$ のとき，① は　　$x^2=24$

これを解くと　　$x=\pm 2\sqrt{6}$

よって，この円と x 軸の交点は　　$(-2\sqrt{6},\ 0)$，$(2\sqrt{6},\ 0)$

したがって，この円が x 軸から切り取る線分の長さは

$$2\sqrt{6}-(-2\sqrt{6})=\boldsymbol{4\sqrt{6}}$$ 答

別解　円の中心の座標は $(0,\ a)$ であるから，中心と x 軸の距離は $|a|$

また，円の半径は 5 であるから，この円と x 軸が異なる 2 点で交わるのは，$|a|<5$ のときである。よって　　$\boldsymbol{-5<a<5}$ 答

教 p.108

5. 点 $\mathrm{C}(2,\ 1)$ を中心として，直線 $x+2y+1=0$ に接する円の方程式を求めよ。

指針　**直線に接する円**　求める円の半径は $\mathrm{C}(2,\ 1)$ と直線 $x+2y+1=0$ の距離に等しい。

解答　求める円の半径を r とする。

この円は直線 $x+2y+1=0$ に接するから，r は中心 $\mathrm{C}(2,\ 1)$ と直線の距離に等しい。

よって　　$r=\dfrac{|1\cdot 2+2\cdot 1+1|}{\sqrt{1^2+2^2}}=\dfrac{5}{\sqrt{5}}=\sqrt{5}$　　$\leftarrow d=\dfrac{|ax_1+by_1+c|}{\sqrt{a^2+b^2}}$

したがって，求める円の方程式は

$$(x-2)^2+(y-1)^2=(\sqrt{5})^2$$

すなわち　　$\boldsymbol{(x-2)^2+(y-1)^2=5}$ 答

教 p.108

6. 点 $\mathrm{A}(2,\ 1)$ に関して点 $\mathrm{Q}(a,\ b)$ と対称な点を P とする。

(1) P の座標を a，b を用いて表せ。

(2) Q が直線 $2x+y+1=0$ 上を動くとき，P の軌跡を求めよ。

指針　**線分の中点と軌跡**

(1) $\mathrm{P}(x,\ y)$ とし，点 A が線分 PQ の中点であることを式に表す。

(2) まず，Q が直線上にあることから a，b の関係式を導く。次に，a，b を x，y を用いて表し，求めた関係式に代入する。

解答　(1) P の座標を $(x,\ y)$ とする。

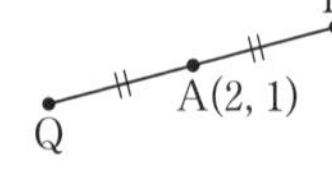

点 $\mathrm{A}(2,\ 1)$ は線分 PQ の中点であるから

$$2=\frac{x+a}{2},\ 1=\frac{y+b}{2}$$

すなわち　$x=4-a$ …… ①，$y=2-b$ …… ②

よって，Pの座標は　$(\boldsymbol{4-a,\ 2-b})$ 答

(2)　$Q(a,\ b)$ は直線 $2x+y+1=0$ 上にあるから

$2a+b+1=0$ …… ③

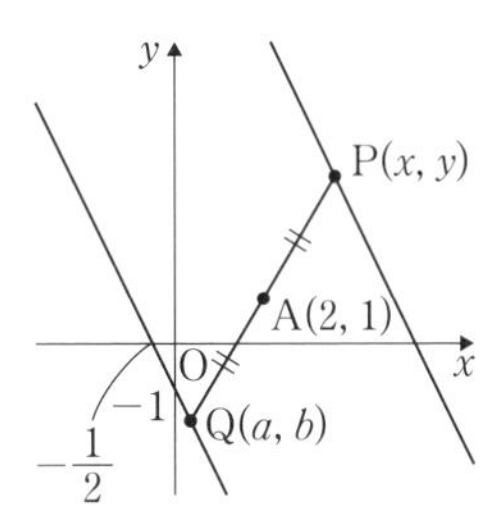

①，② から　$a=4-x,\ b=2-y$

これらを ③ に代入すると

$2(4-x)+(2-y)+1=0$

整理すると　$2x+y-11=0$

よって，点Pは直線 $2x+y-11=0$ 上にある。

逆に，この直線上のすべての点Pは，条件を満たす。

したがって，求める軌跡は　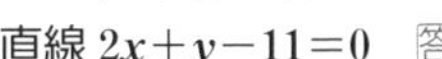**直線 $\boldsymbol{2x+y-11=0}$** 答

教 p.108

7. 右の図の斜線部分はどのような不等式で表されるか。ただし，境界線を含むものとする。

(1)

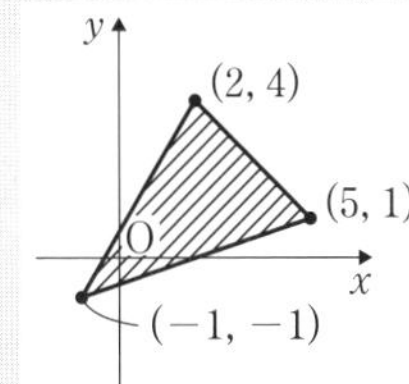

(2)

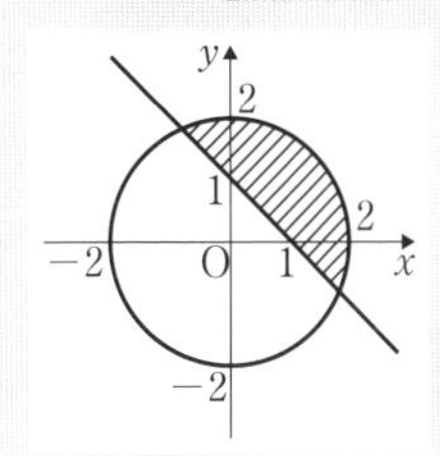

指針　領域を表す不等式

(1)　3つの直線の方程式を求め，斜線部分がそれぞれの直線の上側にあるか下側にあるかによって，3つの不等式を作る。

(2)　円の内部であり，かつ直線の上側である。

解答　(1)　$A(2,\ 4)$，$B(-1,\ -1)$，$C(5,\ 1)$ とする。

3直線 AB，AC，BC の方程式はそれぞれ

AB　$y-4=\dfrac{-1-4}{-1-2}(x-2)$　すなわち　$y=\dfrac{5}{3}x+\dfrac{2}{3}$

AC　$y-4=\dfrac{1-4}{5-2}(x-2)$　すなわち　$y=-x+6$

BC　$y-(-1)=\dfrac{1-(-1)}{5-(-1)}\{x-(-1)\}$　すなわち　$y=\dfrac{1}{3}x-\dfrac{2}{3}$

斜線部分は，直線ABおよびその下側の部分，直線ACおよびその下側の部分，直線BCおよびその上側の部分に共通する領域である。

よって　$\boldsymbol{y \leqq \dfrac{5}{3}x+\dfrac{2}{3},\ y \leqq -x+6,\ y \geqq \dfrac{1}{3}x-\dfrac{2}{3}}$ 答

(2)　斜線部分は，円 $x^2+y^2=2^2$ およびその内部，直線 $y=-x+1$ およびその上側の部分に共通する領域である。

よって　$\boldsymbol{x^2+y^2 \leqq 4,\ y \geqq -x+1}$ 答

3章 図形と方程式

第3章　章末問題B

教 p.109

8．次の3点が一直線上にあるとき，a の値を求めよ。

$$A(1,\ -2),\ B(3,\ a),\ C(a,\ 0)$$

指針　**一直線上にある3点**　直線 AB 上に点 C があると考える。まず，直線 AB の方程式を求める。

解答　直線 AB の方程式は

$$y-(-2)=\frac{a-(-2)}{3-1}(x-1)$$

すなわち　$y+2=\dfrac{a+2}{2}(x-1)$

3点が一直線上にあるから，点 C$(a,\ 0)$ は直線 AB 上にある。

よって　$0+2=\dfrac{a+2}{2}(a-1)$

整理すると　$a^2+a-6=0$

これを解くと　$\boldsymbol{a=-3,\ 2}$　答

別解　直線 AB の傾きと直線 AC の傾きは等しいから

$$\frac{a-(-2)}{3-1}=\frac{0-(-2)}{a-1}$$

整理すると　$a^2+a-6=0$

これを解くと　$\boldsymbol{a=-3,\ 2}$　答

教 p.109

9．円 $x^2+y^2-4x+ay=0$ 上の点 A$(4,\ 2)$ における接線を ℓ とする。

(1)　a の値を求めよ。　　(2)　円の中心 C の座標を求めよ。

(3)　ℓ の傾きを求めよ。　　(4)　ℓ の方程式を求めよ。

指針　**円の接線の方程式**　原点が中心の円の接線には公式が利用できるが，本問は，原点以外の点を中心とする円の接線を求めることが目的である。(3) は，直線 CA と接線 ℓ が垂直であることを使う。

解答　(1)　点 A$(4,\ 2)$ は円 $x^2+y^2-4x+ay=0$ 上の点であるから

$$4^2+2^2-4\cdot4+2a=0$$

これを解くと　$\boldsymbol{a=-2}$　答

(2)　円の方程式は　$x^2+y^2-4x-2y=0$

変形すると　$(x-2)^2+(y-1)^2=5$

よって，円の中心 C の座標は　$\boldsymbol{(2,\ 1)}$　答

(3)　接線 ℓ の傾きを m とする。

直線 CA と接線 ℓ は垂直であるから

$$\frac{2-1}{4-2}\cdot m=-1 \qquad \text{よって} \qquad m=-2$$ 答

(4) 接線 ℓ は，点 A(4, 2) を通る傾き -2 の直線であるから

$$y-2=-2(x-4)$$

よって，求める方程式は　$\boldsymbol{y=-2x+10}$ 答

参考 一般に，円 $(x-a)^2+(y-b)^2=r^2$ 上の点 $(x_1,\ y_1)$ における接線の方程式は

$$(x_1-a)(x-a)+(y_1-b)(y-b)=r^2$$

教 p.109

10. 円 $x^2+y^2=25$ …… ① と直線 $x-y+1=0$ …… ② について，次の問いに答えよ。

(1) 方程式 $k(x-y+1)+(x^2+y^2-25)=0$ (ただし，k は定数) の表す図形は，円 ① と直線 ② の 2 つの交点を通ることを示せ。

(2) 円 ① と直線 ② の 2 つの交点と原点を通る円の方程式を求めよ。

指針 **円と直線の交点を通る円**　$k(x-y+1)+(x^2+y^2-25)=0$ …… ③ とする。

(1) ① と ② の交点を $(x,\ y)$ とすると，$(x,\ y)$ は $x^2+y^2-25=0$，$x-y+1=0$ をともに満たすから，等式 ③ が成り立つ。

(2) ③ の表す図形が原点を通る場合と考える。③ に $x=0$，$y=0$ を代入して，k の値を求める。

解答 (1) 円 ① の中心は原点であり，原点と直線 ② の距離は，

$\dfrac{|0-0+1|}{\sqrt{1^2+(-1)^2}}=\dfrac{1}{\sqrt{2}}<5$ であるから，円 ① と直線 ② は異なる 2 点で交わる。

このときの交点の座標を $(x,\ y)$ とすると，$(x,\ y)$ は $x^2+y^2-25=0$，

$x-y+1=0$ をともに満たすから，$(x,\ y)$ は，

$k(x-y+1)+(x^2+y^2-25)=0$ …… ③ も満たす。

よって，方程式 ③ の表す図形は，円 ① と直線 ② の 2 つの交点を通る。終

(2) ③ が表す図形が原点を通るとき，③ に $x=0$，$y=0$ を代入して

$$k-25=0 \qquad \text{よって} \qquad k=25$$

このとき，③ は　$25(x-y+1)+(x^2+y^2-25)=0$

すなわち　$x^2+y^2+25x-25y=0$

この方程式は円を表す。

よって，求める円の方程式は　$\boldsymbol{x^2+y^2+25x-25y=0}$ 答

教 p.109

11. 放物線 $y=x^2-2ax+a^2+a+3$ について，次の問いに答えよ。

(1) 頂点Pの座標を $(x,\ y)$ とするとき，x，y をそれぞれ a で表せ。

(2) a がすべての実数値をとって変化するとき，点Pの軌跡を求めよ。

指針 **放物線の頂点の軌跡** (1) 右辺を x の2次式とみて平方完成する。

(2) (1)の2つの式から a を消去する。

解答 (1) $y=x^2-2ax+a^2+a+3$ を変形すると

$y=(x-a)^2+a+3$

よって，放物線の頂点Pの座標は　$(a,\ a+3)$

したがって　$\boldsymbol{x=a,\ y=a+3}$ 答

(2) $x=a$，$y=a+3$ から a を消去すると

$y=x+3$

よって，点Pは直線 $y=x+3$ 上にある。

逆に，この直線上のすべての点 $\mathrm{P}(x,\ y)$ は，条件を満たす。

したがって，求める軌跡は　**直線 $\boldsymbol{y=x+3}$** 答

教 p.109

12. ある工場の製品A，Bを1トン生産するのに必要な原料P，Qの量と製品A，Bの価格は，それぞれ右の表の通りとする。

	原料P	原料Q	価格
A	3トン	1トン	2万円
B	1トン	2トン	1万円

この工場へ1日に供給できる原料Pが最大9トン，原料Qが最大8トンであるとき，工場で1日に生産される製品AとBの合計の価格を最大にするには，A，Bをそれぞれ，1日に何トンずつ生産すればよいか。

指針 **領域と最大・最小の応用**　1日のA，Bの生産量を，それぞれ x トン，y トンとすると，$x\geqq 0$，$y\geqq 0$ である。次に，使える原料P，Qがそれぞれ9トン，8トン以下であることから，x，y についての不等式を作る。これらの条件を領域として図示する。製品A,Bの合計の価格は $2x+y$ (万円) と表されるから，$2x+y=k$ とおき，その最大値を求める。

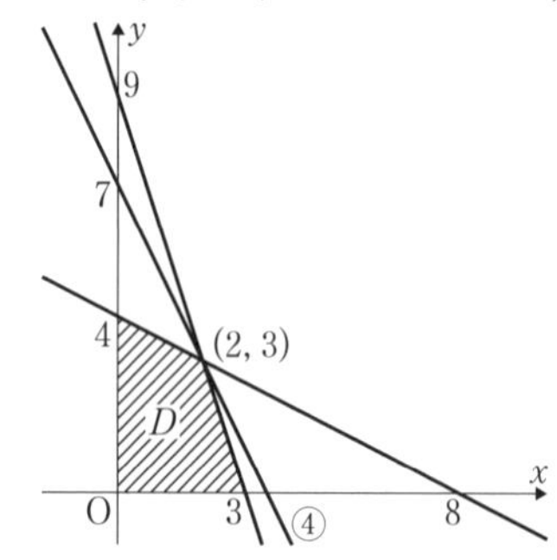

解答 1日のA，Bの生産量を，それぞれ x トン，y トンとすると

$x\geqq 0,\ y\geqq 0$ …… ①

原料Pは9トン以下であるから

$3x+y\leqq 9$ …… ②

原料Qは8トン以下であるから

$x+2y\leqq 8$ …… ③

①，②，③ の表す領域を D とする。
D は図のように，4 点

$(0,\ 0)$，$(3,\ 0)$，$(2,\ 3)$，$(0,\ 4)$

を頂点とする四角形の周および内部である。
次に，1 日の A，B の合計の価格は $2x+y$（万円）と表されるから

$2x+y=k$ …… ④

とおくと，$y=-2x+k$ であり，これは傾きが -2，y 切片が k である直線を表す。
この直線 ④ が領域 D と共有点をもつときのうち，k の値が最大となるときの x，y の値を求めればよい。
領域 D においては，図のように，直線 ④ が点 $(2,\ 3)$ を通るとき k は最大で，そのとき $k=7$ である。
よって，$2x+y$ は $x=2$，$y=3$ のとき最大値 7 をとる。
したがって，1 日に生産する量は **A は 2 トン，B は 3 トン** 答

教科書 p.112

第4章 | 三角関数

第1節 三角関数

1 角の拡張

1　動径，始線

平面上で，点Oを中心として半直線OPを回転させるとき，この半直線OPを **動径** といい，動径の最初の位置を示す半直線OXを **始線** という。

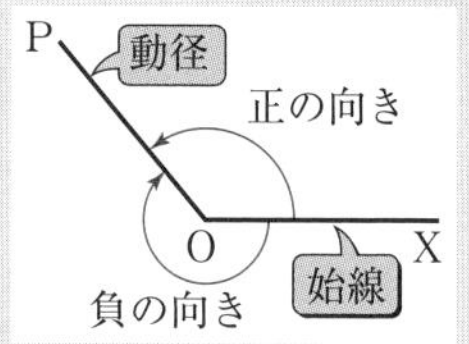

2　正の角，負の角

回転の向きについて，時計の針の回転と逆の向きを **正の向き** といい，始線OXから正の向きに測った回転の角を **正の角** という。

また，時計の針の回転と同じ向きを **負の向き** といい，始線OXから負の向きに測った回転の角を **負の角** という。

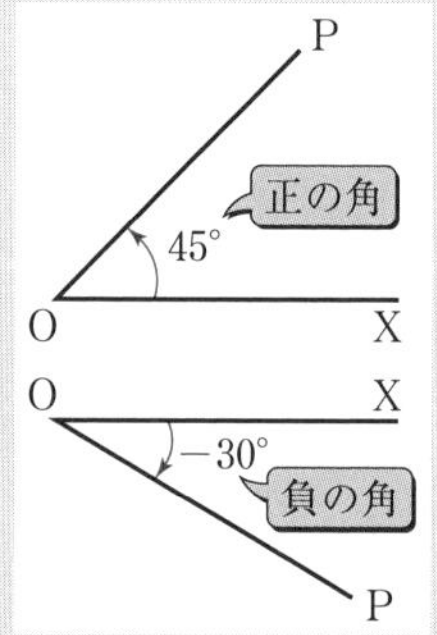

3　一般角

$+45°$，$-30°$，$+405°$ のように，回転の向きと大きさをもつ角を **一般角** という。

θを一般角とする。始線OXからθだけ回転した位置にある動径OPを，**θの動径** という。

4　動径の表す角

動径OPと始線OXのなす角の1つをαとすると，動径OPの表す角は

$\boldsymbol{\alpha+360°\times n}$ である。ただし，nは整数である。

5　弧度法

$30°$，$180°$ などのように，これまで使ってきた度 (°) を単位とする角の表し方を **度数法** という。これに対して，

円において，半径と同じ長さの弧に対する中心角の大きさを **1ラジアン** または **1弧度** という。半径1の円では，長さ1の弧に対する中心角の大きさが1ラジアンであり，長さaの弧に対する中心角の大きさは，aラジアンである。ラジアンを単位とする角の表し方を **弧度法** という。

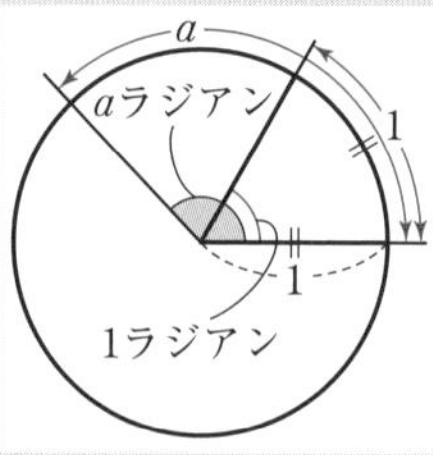

6　ラジアンと度の換算 (0° から 180° まで)

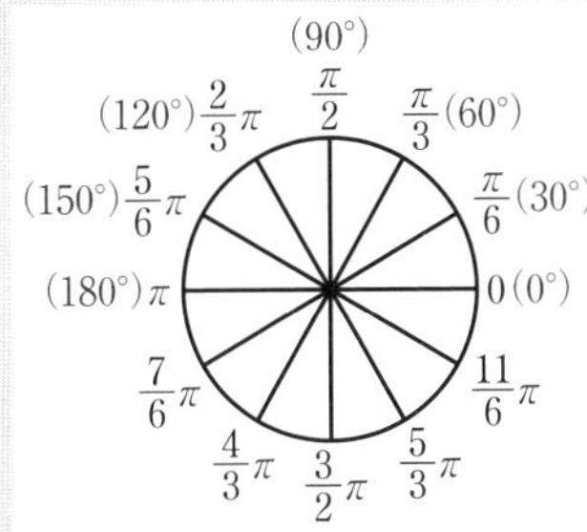

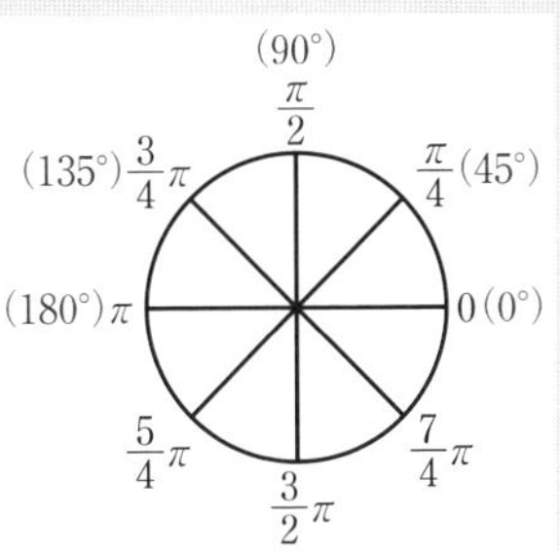

注意　弧度法では，単位のラジアンを省略するのがふつうである。

7　動径の表す角 (弧度法)

動径 OP と始線 OX のなす角の 1 つを α とすると，動径 OP の表す角は $\boldsymbol{\alpha+2n\pi}$ である。ただし，n は整数である。

8　扇形の弧の長さと面積

半径 r，中心角 θ (ラジアン) の扇形の弧の長さ l，面積 S は

$$l=r\theta$$

$$S=\frac{1}{2}r^2\theta \quad \text{または} \quad S=\frac{1}{2}lr$$

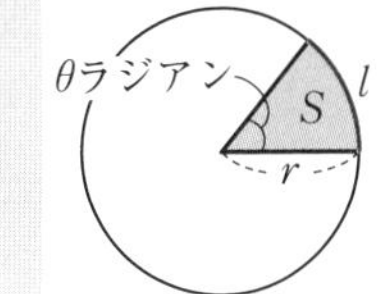

A　一般角

練習 1　教 p.113

次の角の動径を図示せよ。

(1)　260°　　(2)　−45°　　(3)　420°　　(4)　750°　　(5)　−240°

指針　**一般角の動径**　始線は点 O から水平方向に右へと延びる半直線を始線 OX とする。次に動径 OP をかく。一般角では，回転の向きも考える。

- 正の角……始線から正の向きに測る (時計の針の回転と逆の向き)
- 負の角……始線から負の向きに測る (時計の針の回転と同じ向き)

解答　(1)

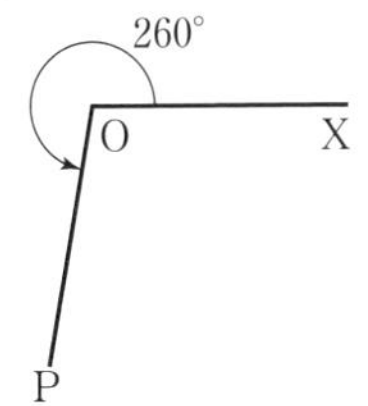

(2)

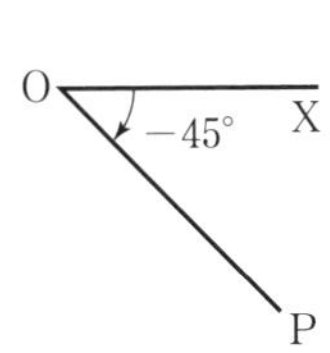

(3)

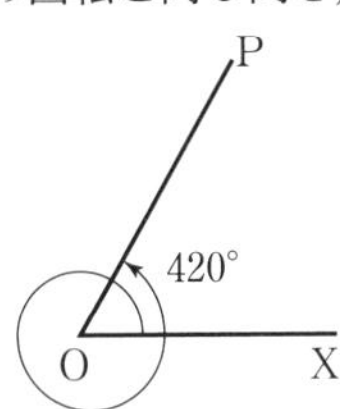

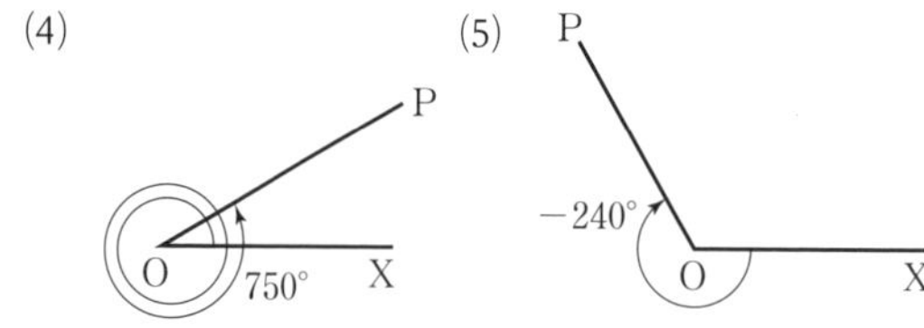

B 動径の表す角

教 p.113

練習 2 次の角のうち，その動径が 60° の動径と同じ位置にある角はどれか。

300°，420°，1040°，-60°，-300°，-780°

指針 **動径の表す角** 動径は1回転 360° でもとの位置にもどるから，角 α の動径と角 $\alpha+360^\circ\times n$ の動径は同じ位置にある。6つの角の中から $60^\circ+360^\circ\times n$ と表されるものを選ぶ。ただし，n は整数である。

解答 $300^\circ=60^\circ+360^\circ\times n$ を満たす整数 n はない。

$420^\circ=60^\circ+360^\circ\times 1$

$1040^\circ=60^\circ+360^\circ\times n$ を満たす整数 n はない。

$-60^\circ=60^\circ+360^\circ\times n$ を満たす整数 n はない。

$-300^\circ=60^\circ+360^\circ\times(-1)$

$-780^\circ=60^\circ+360^\circ\times n$ を満たす整数 n はない。

よって，その動径が 60° の動径と同じ位置にある角は

420°，-300° 答

注意 $300^\circ=-60^\circ+360^\circ\times 1$，$-780^\circ=-60^\circ+360^\circ\times(-2)$

であるから，-60°，300°，-780° の動径は同じ位置にある。

C 弧度法

教 p.114

練習 3 次のことを確かめよ。

(1) 180° は π ラジアン　　(2) 1ラジアンは $\left(\dfrac{180}{\pi}\right)^\circ$

指針 **度数法と弧度法** 弧度法は，弧の長さに着目した角の測り方である。

(1) 円において，半径と同じ長さの弧に対する中心角の大きさが1ラジアンである。半径1の円では，長さ1の弧に対する中心角の大きさが1ラジアンである。弧の長さと中心角の大きさが比例することを使う。

(2) (1)の結果を利用する。

解答 (1) 半径1の円において，中心角 180° に対する弧の長さは

$$2\pi\times\frac{180}{360}=\pi$$

したがって，180° は π ラジアンである。 終

(2) (1) より，π ラジアンは 180° であるから，1 ラジアンは $\left(\frac{180}{\pi}\right)^{\circ}$ である。終

練習 4 教 p.114

次の (1)〜(3) の角を弧度法で表せ。また，(4)，(5) の角を度数法で表せ。

(1) 210°　(2) 240°　(3) 330°　(4) $\frac{5}{4}\pi$　(5) $\frac{3}{2}\pi$

指針 **度数法と弧度法** 1° は $\frac{\pi}{180}$ ラジアンであるから，x° は

$$x\times 1^{\circ}=x\times\frac{\pi}{180}\ (\text{ラジアン})$$

解答 (1) $210\times\frac{\pi}{180}=\boldsymbol{\frac{7}{6}\pi}$ 答

(2) $240\times\frac{\pi}{180}=\boldsymbol{\frac{4}{3}\pi}$ 答

(3) $330\times\frac{\pi}{180}=\boldsymbol{\frac{11}{6}\pi}$ 答

(4) $\frac{5}{4}\pi\times\frac{180}{\pi}=225$　よって　**225°** 答

(5) $\frac{3}{2}\pi\times\frac{180}{\pi}=270$　よって　**270°** 答

D 弧度法と扇形

練習 5 教 p.115

次のような扇形の弧の長さ l と面積 S を求めよ。

(1) 半径 4，中心角 $\frac{\pi}{3}$　(2) 半径 6，中心角 $\frac{7}{6}\pi$

指針 **扇形の弧の長さと面積** p.135 のまとめの公式を用いる。

解答 (1) $\boldsymbol{l}=4\cdot\frac{\pi}{3}=\boldsymbol{\frac{4}{3}\pi}$，　$S=\frac{1}{2}\cdot\frac{4}{3}\pi\cdot 4=\boldsymbol{\frac{8}{3}\pi}$ 答

別解 $S=\frac{1}{2}\cdot 4^2\cdot\frac{\pi}{3}=\boldsymbol{\frac{8}{3}\pi}$ 答

(2) $\boldsymbol{l}=6\cdot\frac{7}{6}\pi=\boldsymbol{7\pi}$，　$S=\frac{1}{2}\cdot 7\pi\cdot 6=\boldsymbol{21\pi}$ 答

別解 $S=\frac{1}{2}\cdot 6^2\cdot\frac{7}{6}\pi=\boldsymbol{21\pi}$ 答

2 三角関数

まとめ

1 三角関数

座標平面上で，図のように x 軸の正の部分を始線として，一般角 θ の動径と，原点を中心とする半径 r の円との交点 P の座標を $(x,\ y)$ とする。このとき，三角比と同様に，$\sin\theta$，$\cos\theta$，$\tan\theta$ を

$$\sin\theta=\frac{y}{r},\quad \cos\theta=\frac{x}{r},\quad \tan\theta=\frac{y}{x}$$

と定め，それぞれ一般角 θ の **正弦，余弦，正接** という。

これらはいずれも θ の関数であり，まとめて θ の **三角関数** という。

注意 点 P が y 軸上にくるような角 $\theta=\dfrac{\pi}{2}+n\pi$ (n は整数) に対しては，$\tan\theta$ は定義されない。

2 単位円

原点を中心とする半径 1 の円を **単位円** という。

3 単位円上の点の座標と三角関数の値

一般角 θ の動径と単位円の交点を $\mathrm{P}(x,\ y)$ とすると

$y=\sin\theta,\ x=\cos\theta$

直線 OP と直線 $x=1$ の交点を $\mathrm{T}(1,\ m)$ とすると

$m=\tan\theta$

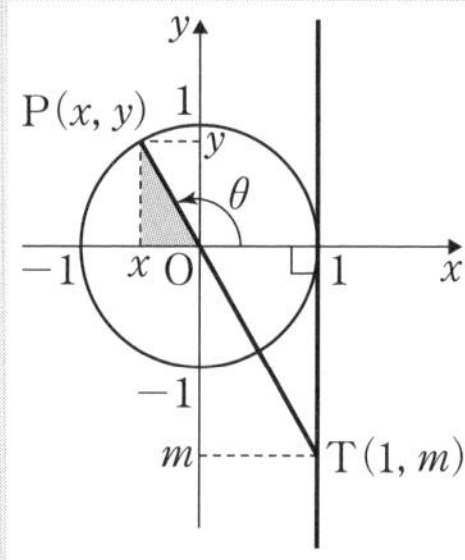

4 三角関数のとる値の範囲

$-1\leqq\sin\theta\leqq1$，$-1\leqq\cos\theta\leqq1$，$\tan\theta$ の値の範囲は実数全体

5 θ の動径のある象限と三角関数の値の符号

三角関数 $\sin\theta$，$\cos\theta$，$\tan\theta$ の値の符号は，θ の動径がどの象限にあるかで決まる。これを図で示すと，次のようになる。

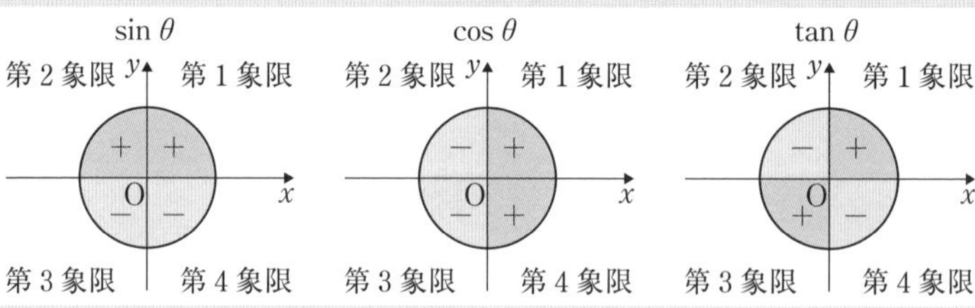

教科書 p.117

6　三角関数の相互関係

三角比と同様に，次の相互関係が成り立つ。

1　$\tan\theta=\dfrac{\sin\theta}{\cos\theta}$　　**2**　$\sin^2\theta+\cos^2\theta=1$

3　$1+\tan^2\theta=\dfrac{1}{\cos^2\theta}$

A 三角関数

教 p.117

練習 6

次の θ について，$\sin\theta$，$\cos\theta$，$\tan\theta$ の値を，それぞれ求めよ。

(1)　$\theta=\dfrac{5}{4}\pi$　　(2)　$\theta=\dfrac{11}{6}\pi$　　(3)　$\theta=-\dfrac{\pi}{3}$

指針　正弦，余弦，正接の値

原点を中心とする半径 r の円，角 θ の動径をそれぞれかき，交点をPとする。Pの座標は特別な直角三角形の辺の比 $(1:\sqrt{3}:2,\ 1:1:\sqrt{2})$ を利用して求める。ここで $r=2$ か $r=\sqrt{2}$ に決めればよい。あとは三角関数の定義に従う。

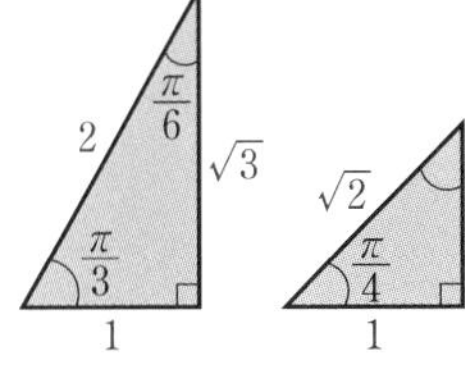

解答 (1)　図で，円の半径が $r=\sqrt{2}$ のとき，点Pの座標は $(-1,\ -1)$ である。

そこで，$x=-1$，$y=-1$ として

$$\sin\frac{5}{4}\pi=\frac{y}{r}=\frac{-1}{\sqrt{2}}=-\frac{1}{\sqrt{2}}$$ 答

$$\cos\frac{5}{4}\pi=\frac{x}{r}=\frac{-1}{\sqrt{2}}=-\frac{1}{\sqrt{2}}$$ 答

$$\tan\frac{5}{4}\pi=\frac{y}{x}=\frac{-1}{-1}=1$$ 答

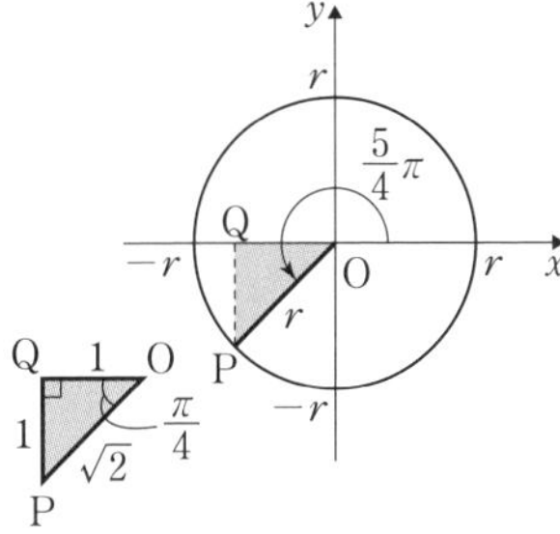

(2)　図で，円の半径が $r=2$ のとき，点Pの座標は $(\sqrt{3},\ -1)$ である。

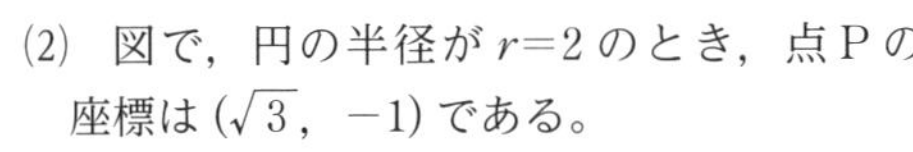

そこで，$x=\sqrt{3}$，$y=-1$ として

$$\sin\frac{11}{6}\pi=\frac{y}{r}=\frac{-1}{2}=-\frac{1}{2}$$ 答

$$\cos\frac{11}{6}\pi=\frac{x}{r}=\frac{\sqrt{3}}{2}$$ 答

$$\tan\frac{11}{6}\pi=\frac{y}{x}=\frac{-1}{\sqrt{3}}=-\frac{1}{\sqrt{3}}$$ 答

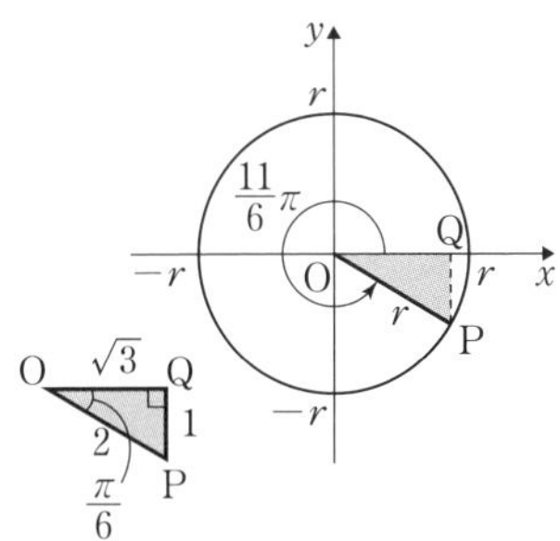

(3) 図で，円の半径が $r=2$ のとき，点Pの座標は $(1,\ -\sqrt{3})$ である。
そこで，$x=1$，$y=-\sqrt{3}$ として

$$\sin\left(-\frac{\pi}{3}\right)=\frac{y}{r}=\frac{-\sqrt{3}}{2}=-\frac{\sqrt{3}}{2}$$ 答

$$\cos\left(-\frac{\pi}{3}\right)=\frac{x}{r}=\frac{1}{2}$$ 答

$$\tan\left(-\frac{\pi}{3}\right)=\frac{y}{x}=\frac{-\sqrt{3}}{1}=-\sqrt{3}$$ 答

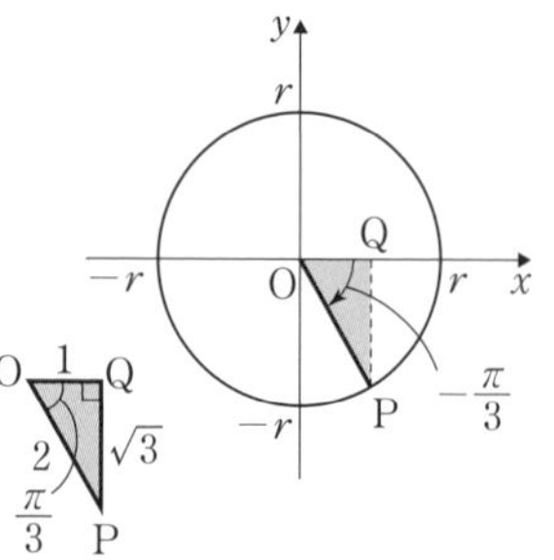

練習 7 教 p.117

次の条件を満たすような θ の動径は，第何象限にあるか。
(1) $\sin\theta<0$ かつ $\cos\theta>0$　　(2) $\cos\theta<0$ かつ $\tan\theta>0$

指針 **三角関数の値の符号**　$\sin\theta$，$\cos\theta$ の値の符号は，θ の動径がある象限のそれぞれ y 座標，x 座標の符号と一致する。

解答 (1) $\sin\theta<0$ となるのは　第3象限，第4象限
$\cos\theta>0$ となるのは　第1象限，第4象限
よって　**第4象限** 答

(2) $\cos\theta<0$ となるのは　第2象限，第3象限
$\tan\theta>0$ となるのは　第1象限，第3象限
よって　**第3象限** 答

B 三角関数の相互関係

練習 8 教 p.118

θ の動径が第4象限にあり，$\sin\theta=-\dfrac{1}{3}$ のとき，$\cos\theta$，$\tan\theta$ の値を，それぞれ求めよ。

指針 **三角関数の相互関係**　数学Ⅰで学習した三角比の相互関係と同じ手順で解くことができる。ただし，三角関数の場合，角 θ の大きさについては動径のある象限で示されることが多い。

解答 $\sin^2\theta+\cos^2\theta=1$ から

$$\cos^2\theta=1-\sin^2\theta=1-\left(-\frac{1}{3}\right)^2=\frac{8}{9}$$

θ の動径が第4象限にあるとき，$\cos\theta>0$ であるから

$$\cos\theta=\sqrt{\frac{8}{9}}=\frac{2\sqrt{2}}{3}$$ 答

また　$$\tan\theta=\frac{\sin\theta}{\cos\theta}=\left(-\frac{1}{3}\right)\div\frac{2\sqrt{2}}{3}$$

$$=\left(-\frac{1}{3}\right)\times\frac{3}{2\sqrt{2}}=-\frac{1}{2\sqrt{2}}$$ 答

教 p.118

深める 教科書の例題1を，$\sin\theta$ の値からではなく，$\tan\theta$ の値から先に求めて解いてみよう。

指針 **三角関数の相互関係** $1+\tan^2\theta=\dfrac{1}{\cos^2\theta}$ を用いて，$\tan\theta$ の値をまず求める。

解答 $1+\tan^2\theta=\dfrac{1}{\cos^2\theta}$ から

$$\tan^2\theta=\frac{1}{\cos^2\theta}-1=\frac{1}{\left(-\frac{3}{5}\right)^2}-1=\frac{16}{9}$$

θ の動径が第3象限にあるとき，$\tan\theta>0$ であるから

$$\tan\theta=\frac{4}{3}$$ 答

また　$\sin\theta=\tan\theta\times\cos\theta=\dfrac{4}{3}\times\left(-\dfrac{3}{5}\right)=-\dfrac{4}{5}$ 答

教 p.119

練習 9 θ の動径が第3象限にあり，$\tan\theta=3$ のとき，$\sin\theta$，$\cos\theta$ の値を，それぞれ求めよ。

指針 **三角関数の相互関係** $1+\tan^2\theta=\dfrac{1}{\cos^2\theta}$ を使う。この相互関係は忘れがちだが，$\sin^2\theta+\cos^2\theta=1$ の両辺を $\cos^2\theta$ で割って得られる等式であるから，すぐに導けるようにしておく。

解答 $1+\tan^2\theta=\dfrac{1}{\cos^2\theta}$ から

$$\cos^2\theta=\frac{1}{1+\tan^2\theta}=\frac{1}{1+3^2}=\frac{1}{10}$$

θ の動径が第3象限にあるとき，$\cos\theta<0$ であるから

$$\cos\theta=-\sqrt{\frac{1}{10}}=-\frac{1}{\sqrt{10}}$$ 答

また　$\sin\theta=\tan\theta\cos\theta=3\cdot\left(-\dfrac{1}{\sqrt{10}}\right)=-\dfrac{3}{\sqrt{10}}$ 答

C 三角関数を含む等式

教 p.119

練習 10 $\sin\theta+\cos\theta=\sqrt{2}$ のとき，$\sin\theta\cos\theta$ の値を求めよ。

指針 **式の値**　相互関係 $\sin^2\theta+\cos^2\theta=1$ を使う。
$\sin\theta\cos\theta$ は $(\sin\theta+\cos\theta)^2$ の展開式に現れる。

解答 $\sin\theta+\cos\theta=\sqrt{2}$ の両辺を 2 乗すると

$$\sin^2\theta+2\sin\theta\cos\theta+\cos^2\theta=2$$

よって　$1+2\sin\theta\cos\theta=2$

したがって　$\sin\theta\cos\theta=\boldsymbol{\frac{1}{2}}$　答

教 p.120

練習 11 $\sin\theta+\cos\theta=a$ のとき，$\sin^3\theta+\cos^3\theta$ の値を a を用いて表せ。

指針 **式の値（因数分解）**　$p^3+q^3=(p+q)(p^2-pq+q^2)$ または
$p^3+q^3=(p+q)^3-3pq(p+q)$ を利用する。

解答 $\sin\theta+\cos\theta=a$ の両辺を 2 乗すると

$$\sin^2\theta+2\sin\theta\cos\theta+\cos^2\theta=a^2$$

すなわち　$1+2\sin\theta\cos\theta=a^2$

よって　$\sin\theta\cos\theta=\frac{a^2-1}{2}$

したがって

$$\begin{aligned}\sin^3\theta+\cos^3\theta&=(\sin\theta+\cos\theta)(\sin^2\theta-\sin\theta\cos\theta+\cos^2\theta)\\&=(\sin\theta+\cos\theta)(1-\sin\theta\cos\theta)\\&=a\left(1-\frac{a^2-1}{2}\right)=\boldsymbol{\frac{3a-a^3}{2}}\end{aligned}$$　答

別解
$$\begin{aligned}\sin^3\theta+\cos^3\theta&=(\sin\theta+\cos\theta)^3-3\sin\theta\cos\theta(\sin\theta+\cos\theta)\\&=a^3-3\cdot\frac{a^2-1}{2}\cdot a\\&=\boldsymbol{\frac{3a-a^3}{2}}\end{aligned}$$　答

教 p.120

練習 12 次の等式を証明せよ。

(1) $(\sin\theta+\cos\theta)^2+(\sin\theta-\cos\theta)^2=2$

(2) $\tan^2\theta-\sin^2\theta=\tan^2\theta\sin^2\theta$

指針 **等式の証明** 三角関数を含む等式の証明では，相互関係

$\tan\theta=\dfrac{\sin\theta}{\cos\theta}$，$\sin^2\theta+\cos^2\theta=1$，$1+\tan^2\theta=\dfrac{1}{\cos^2\theta}$ を利用する。

左辺を変形して右辺を導く。

解答 (1) 左辺$=(\sin^2\theta+2\sin\theta\cos\theta+\cos^2\theta)+(\sin^2\theta-2\sin\theta\cos\theta+\cos^2\theta)$

$=2(\sin^2\theta+\cos^2\theta)=2\times1=2$

よって　$(\sin\theta+\cos\theta)^2+(\sin\theta-\cos\theta)^2=2$ 終

(2) 左辺$=\dfrac{\sin^2\theta}{\cos^2\theta}-\sin^2\theta=\left(\dfrac{1}{\cos^2\theta}-1\right)\sin^2\theta$

$=\tan^2\theta\sin^2\theta=$右辺

よって　$\tan^2\theta-\sin^2\theta=\tan^2\theta\sin^2\theta$ 終

3 三角関数のグラフ

まとめ

1 単位円と $\sin\theta$，$\cos\theta$ の値

一般角 θ の動径と単位円の交点を P とすると

[1] $\sin\theta$ の値は，P の y 座標に等しい。

[2] $\cos\theta$ の値は，P の x 座標に等しい。

2 関数 $y=\sin\theta$，$y=\cos\theta$ のグラフ

$y=\sin\theta$ のグラフは，原点に関して対称である。

$y=\cos\theta$ のグラフは，y 軸に関して対称である。

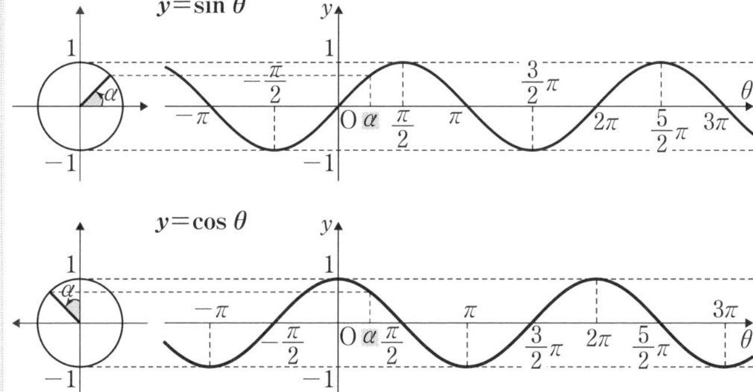

3　正弦曲線

$y=\sin\theta$ のグラフの形の曲線を **正弦曲線** または **サインカーブ** という。
$y=\cos\theta$ のグラフも正弦曲線である。

4　周期

動径は1回転するともとの位置にもどるから，次が成り立つ。

$$\sin(\theta+2\pi)=\sin\theta,\quad \cos(\theta+2\pi)=\cos\theta$$

この性質により，関数 $\sin\theta$，$\cos\theta$ はいずれも 2π の **周期** をもつという。

注意　$y=\sin\theta$，$y=\cos\theta$ のグラフは，いずれも 2π ごとに同じ形を繰り返す。一般に，関数 $f(x)$ が0でない定数 p に対して，常に $f(x+p)=f(x)$ を満たすとき，関数 $f(x)$ は p を周期とする **周期関数** であるという。このとき，$2p$，$3p$ や $-p$ なども周期であるが，周期関数の周期といえば，ふつう正の周期のうち最小のものをさす。

5　単位円と $\tan\theta$ の値

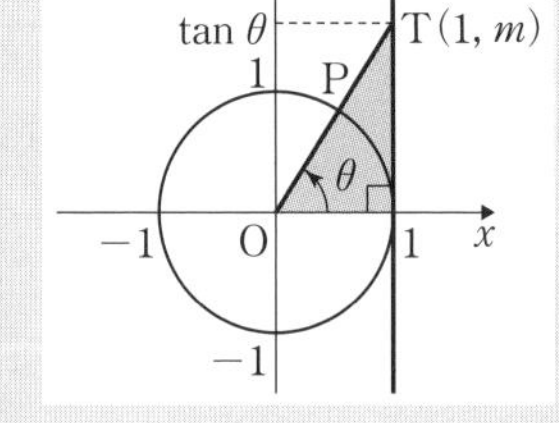

一般角 θ の動径と単位円の交点をP，直線OPと直線 $x=1$ の交点を $T(1,\ m)$ とすると

$$\tan\theta=m$$

である。よって，次のことがいえる。

[3]　$\tan\theta$ の値は，Tの y 座標に等しい。

6　関数 $y=\tan\theta$ のグラフ

関数 $y=\tan\theta$ のグラフをかくと，次のようになる。

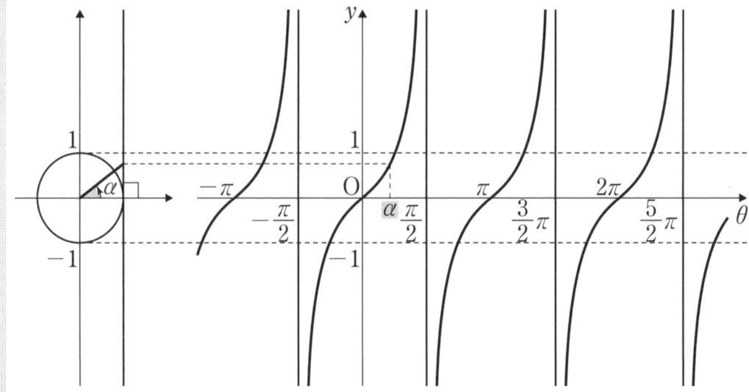

7　漸近線（ぜんきんせん）

グラフが限りなく近づく直線を，そのグラフの **漸近線** という。

注意　$\tan\theta$ は $\theta=\dfrac{\pi}{2}$ では定義されないが，$y=\tan\theta$ のグラフは θ が $\dfrac{\pi}{2}$ に近づくにしたがって，直線 $\theta=\dfrac{\pi}{2}$ に限りなく近づく。

8　関数 $y=\tan\theta$ の性質

1　$\tan(\theta+\pi)=\tan\theta$ が成り立つ。すなわち，$\tan\theta$ は π の周期をもつ。

2　グラフは原点に関して対称である。

また，直線 $\theta=\dfrac{\pi}{2}+n\pi$ (n は整数) を漸近線にもつ。

9　三角関数の周期，値域，グラフの対称性

	$y=\sin\theta$	$y=\cos\theta$	$y=\tan\theta$
周期	2π	2π	π
値域	$-1\leqq y\leqq 1$	$-1\leqq y\leqq 1$	実数全体
グラフの対称性	原点に関して対称	y 軸に関して対称	原点に関して対称

10　$y=a\sin\theta$ のグラフ

$y=\sin\theta$ のグラフを，θ 軸をもとにして y 軸方向に a 倍に拡大したものとなる。

11　$y=\sin k\theta$ のグラフ (k は正の定数)

$y=\sin\theta$ のグラフを，y 軸をもとにして θ 軸方向に $\dfrac{1}{k}$ 倍に縮小したものとなる。

注意　余弦，正接のグラフについても同様に考えられる。

12　$y=\sin(\theta-p)$ のグラフ

$y=\sin\theta$ のグラフを，θ 軸方向に p だけ平行移動したものとなる。

13　$\sin k\theta$ などの周期

k を正の定数とするとき

$\sin k\theta$，$\cos k\theta$ の周期はいずれも $\dfrac{2\pi}{k}$ である。

←$\sin(k\theta+2\pi)=\sin k\theta$ から
$\sin k\left(\theta+\dfrac{2\pi}{k}\right)=\sin k\theta$

$\tan k\theta$ の周期は $\dfrac{\pi}{k}$ である。

4章　三角関数

教科書 p.124

A 三角関数のグラフ

B いろいろな三角関数のグラフ

教 p.124

練習 13

関数 $y=\frac{1}{2}\sin\theta$ のグラフをかけ。また，その周期を求めよ。

指針 **$y=a\sin\theta$ のグラフ**　もとになるグラフを，θ 軸をもとにして y 軸方向に a 倍に拡大する。

解答 このグラフは，$y=\sin\theta$ のグラフを，θ 軸をもとにして y 軸方向に $\frac{1}{2}$ 倍に縮小したもので，図のようになる。

周期は　　2π　答

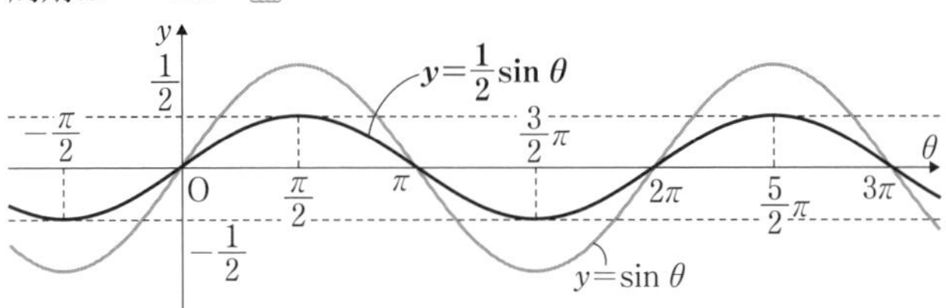

教 p.124

練習 14

次の関数のグラフをかけ。また，その周期を求めよ。

(1)　$y=2\cos\theta$　　(2)　$y=\frac{1}{2}\tan\theta$

指針 **$y=a\sin\theta$ などのグラフ**　もとになるグラフを，θ 軸をもとにして y 軸方向に a 倍に拡大する。(2) は，$\frac{1}{2}$ 倍ということであるから，θ 軸をもとにして y 軸方向に $\frac{1}{2}$ 倍に縮小する。

解答 (1)　このグラフは，$y=\cos\theta$ のグラフを，θ 軸をもとにして y 軸方向に 2 倍に拡大したもので，図のようになる。

周期は　　2π　答

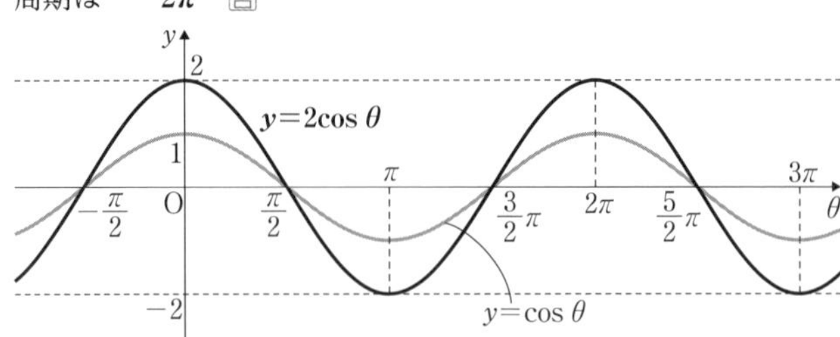

(2) このグラフは，$y=\tan\theta$ のグラフを，θ 軸をもとにして y 軸方向に $\frac{1}{2}$ 倍に縮小したもので，図のようになる。

周期は　$\boldsymbol{\pi}$ 答

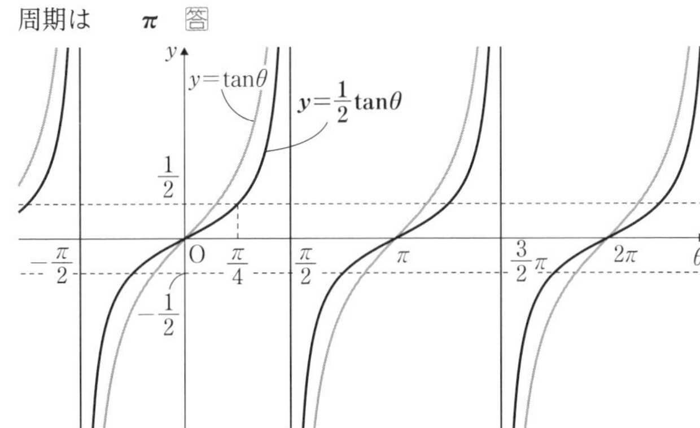

教 p.125

練習 15　次の関数のグラフをかけ。また，その周期を求めよ。

(1) $y=\cos 2\theta$　　(2) $y=\sin\frac{\theta}{2}$　　(3) $y=\tan 2\theta$

指針　**$y=\sin k\theta$ などのグラフ**　もとになるグラフを，y 軸をもとにして θ 軸方向に $\frac{1}{k}$ 倍に縮小する。(2) は実際には左右に拡大される。

一般に，$\sin k\theta$，$\cos k\theta$ の周期は $\frac{2\pi}{k}$，$\tan k\theta$ の周期は $\frac{\pi}{k}$ である。

解答　(1) このグラフは，$y=\cos\theta$ のグラフを，y 軸をもとにして θ 軸方向に $\frac{1}{2}$ 倍に縮小したもので，図のようになる。

周期は　$\boldsymbol{\pi}$ 答

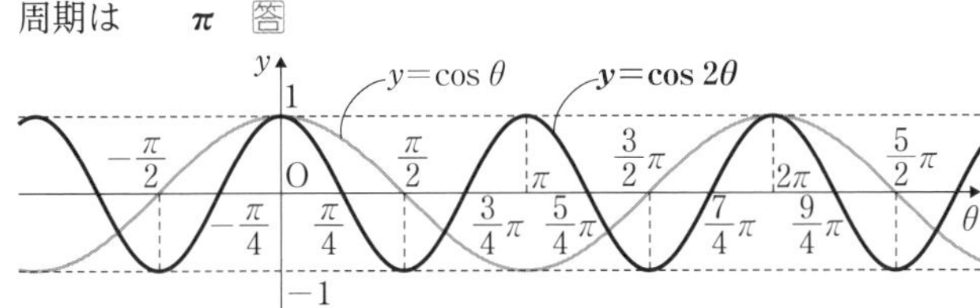

(2)　このグラフは，$y=\sin\theta$ のグラフを，y 軸をもとにして θ 軸方向に 2 倍に拡大したもので，図のようになる。

周期は　　$\boldsymbol{4\pi}$　答

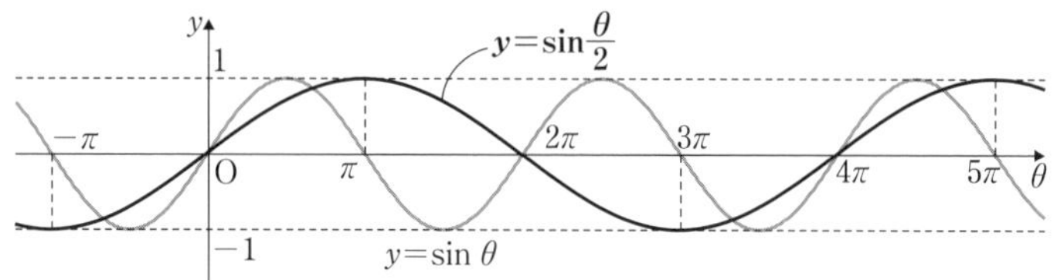

(3)　このグラフは，$y=\tan\theta$ のグラフを，y 軸をもとにして θ 軸方向に $\dfrac{1}{2}$ 倍に縮小したもので，図のようになる。

周期は　　$\boldsymbol{\dfrac{\pi}{2}}$　答

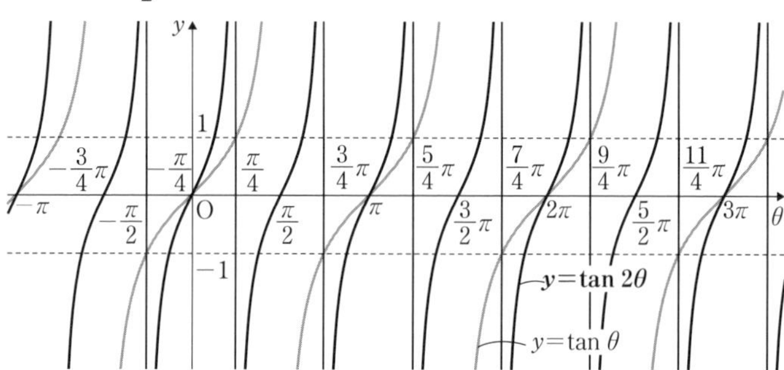

深める　教 p.125

k は正の定数とする。関数 $f(\theta)=\sin k\theta$ の周期が $\dfrac{2\pi}{k}$ であることを，$f\left(\theta+\dfrac{2\pi}{k}\right)=f(\theta)$ が成り立つことを示して確かめよう。

解答

$$f\left(\theta+\frac{2\pi}{k}\right)=\sin k\left(\theta+\frac{2\pi}{k}\right)=\sin(k\theta+2\pi)$$
$$=\sin k\theta=f(\theta)$$

よって，常に $f\left(\theta+\dfrac{2\pi}{k}\right)=f(\theta)$ が成り立つから，$f(\theta)=\sin k\theta$ の周期は $\dfrac{2\pi}{k}$ である。　終

教 p.126

練習 16 次の関数のグラフをかけ。また，その周期を求めよ。

(1) $y=\cos\left(\theta-\frac{\pi}{3}\right)$ (2) $y=\sin\left(\theta+\frac{\pi}{6}\right)$

(3) $y=\tan\left(\theta-\frac{\pi}{4}\right)$

指針 **$y=\sin(\theta-p)$ などのグラフ** θ から引いている角の大きさだけ，もとになるグラフを θ 軸方向に平行移動する。

解答 (1) このグラフは，$y=\cos\theta$ のグラフを θ 軸方向に $\frac{\pi}{3}$ だけ平行移動したもので，図のようになる。

周期は **2π** 答

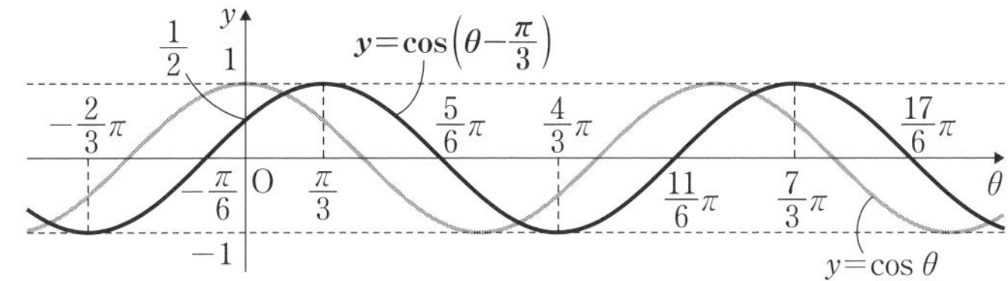

(2) このグラフは，$y=\sin\theta$ のグラフを θ 軸方向に $-\frac{\pi}{6}$ だけ平行移動したもので，図のようになる。

周期は **2π** 答

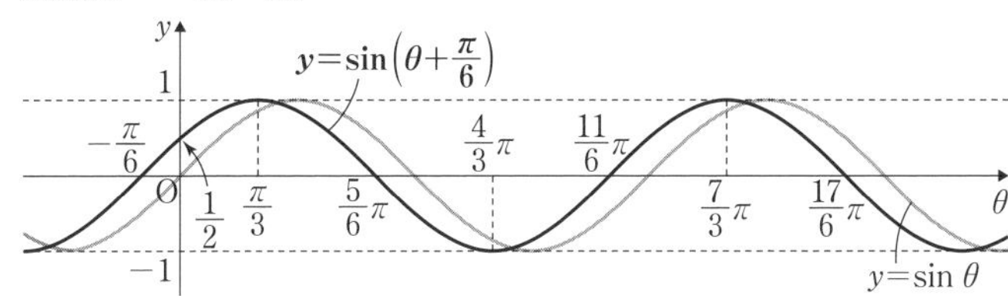

代表的な点を平行移動させよう。

(3) このグラフは，$y=\tan\theta$ のグラフを θ 軸方向に $\dfrac{\pi}{4}$ だけ平行移動したもので，図のようになる。

周期は　$\boldsymbol{\pi}$ 答

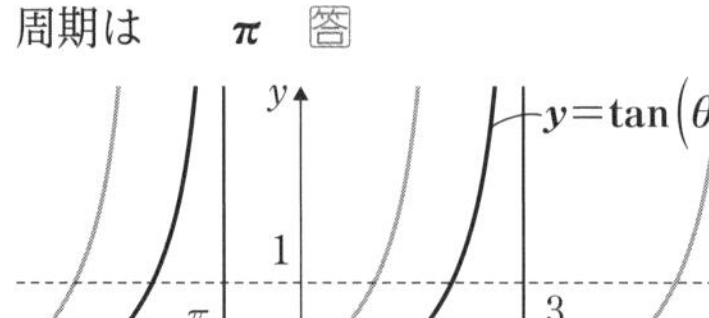
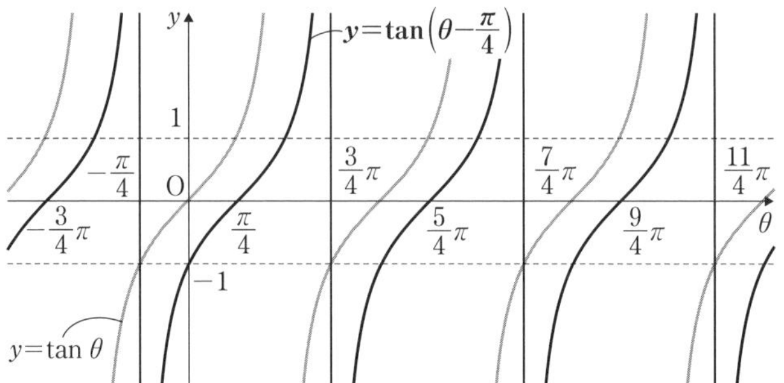

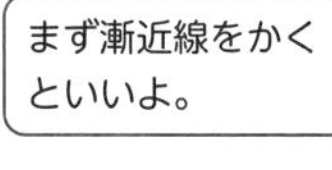

4 三角関数の性質

まとめ

1　三角関数の周期性

$$\textbf{1}\quad \begin{cases} \sin(\theta+2n\pi)=\sin\theta \\ \cos(\theta+2n\pi)=\cos\theta \\ \tan(\theta+n\pi)=\tan\theta \end{cases}$$

ただし，n は整数

←$\tan(\theta+2n\pi)=\tan\theta$ も成り立つ。

注意 $\sin\theta$，$\cos\theta$ は 2π の周期をもち，$\tan\theta$ は π の周期をもつ。

2　三角関数のグラフの対称性

$$\textbf{2}\quad \begin{cases} \sin(-\theta)=-\sin\theta \\ \cos(-\theta)=\cos\theta \\ \tan(-\theta)=-\tan\theta \end{cases}$$

←$y=\sin\theta$ のグラフは原点に関して対称
$y=\cos\theta$ のグラフは y 軸に関して対称
$y=\tan\theta$ のグラフは原点に関して対称

注意 関数 $y=f(x)$ について，次のことが成り立つ。

[1]　常に $f(-x)=-f(x)$ である

$\Longleftrightarrow$　グラフは原点に関して対称

[2]　常に $f(-x)=f(x)$ である

$\Longleftrightarrow$　グラフは y 軸に関して対称

3　$\theta+\pi$，$\theta+\dfrac{\pi}{2}$ の三角関数

図 [1]，[2] から，次の等式が成り立つことがわかる。

3 $\begin{cases}\sin(\theta+\pi)=-\sin\theta \\ \cos(\theta+\pi)=-\cos\theta \\ \tan(\theta+\pi)=\tan\theta\end{cases}$　　**4** $\begin{cases}\sin\left(\theta+\dfrac{\pi}{2}\right)=\cos\theta \\ \cos\left(\theta+\dfrac{\pi}{2}\right)=-\sin\theta \\ \tan\left(\theta+\dfrac{\pi}{2}\right)=-\dfrac{1}{\tan\theta}\end{cases}$

[1]

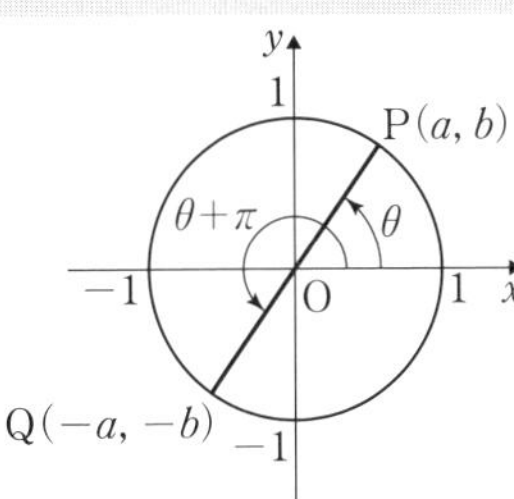

[2]

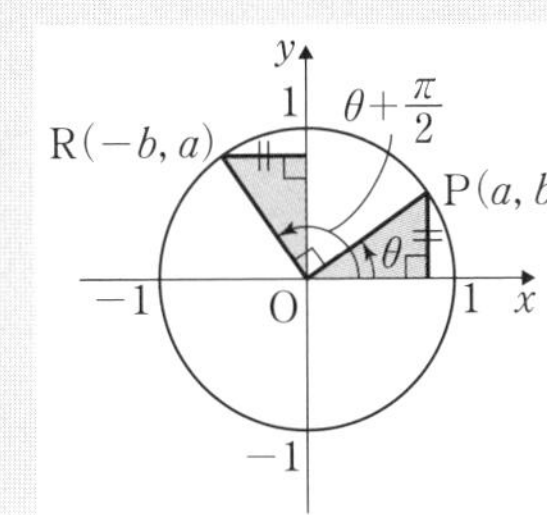

A 三角関数で成り立つ等式

教 p.128

練習 17

次の値を求めよ。

(1) $\sin\left(-\dfrac{\pi}{6}\right)$　　(2) $\cos\left(-\dfrac{13}{6}\pi\right)$

(3) $\tan\left(-\dfrac{9}{4}\pi\right)$

指針　**負の角の三角関数の値**　まず，$p.150$ のまとめのグラフの対称性を表す等式**2**を使って，正の角の三角関数に直す。
次に，周期性を表す等式**1**を使って角を簡単にし，三角関数の値を求める。

解答 (1) $\sin\left(-\dfrac{\pi}{6}\right)=-\sin\dfrac{\pi}{6}=-\dfrac{1}{2}$ 答　　← $\sin(-\theta)=-\sin\theta$

(2) $\cos\left(-\dfrac{13}{6}\pi\right)=\cos\dfrac{13}{6}\pi$　　← $\cos(-\theta)=\cos\theta$

$=\cos\left(\dfrac{\pi}{6}+2\pi\right)$　　← $\cos(\theta+2n\pi)=\cos\theta$

$=\cos\dfrac{\pi}{6}=\dfrac{\sqrt{3}}{2}$ 答

(3) $\tan\left(-\dfrac{9}{4}\pi\right)=-\tan\dfrac{9}{4}\pi$　　← $\tan(-\theta)=-\tan\theta$

$=-\tan\left(\dfrac{\pi}{4}+2\pi\right)$　　← $\tan(\theta+n\pi)=\tan\theta$

$=-\tan\dfrac{\pi}{4}=-1$ 答

5 三角関数を含む方程式，不等式

まとめ

1　sin θ を含む方程式

$0 \leqq \theta < 2\pi$ とする。

① $\sin\theta = k$ の形に変形する。

② 直線 $y=k$ と単位円の交点を P，Q とする。

③ 動径 OP，OQ のそれぞれが表す角 α，β を求める。$(\alpha < \beta)$

④ 解は　　$\theta = \alpha,\ \beta$

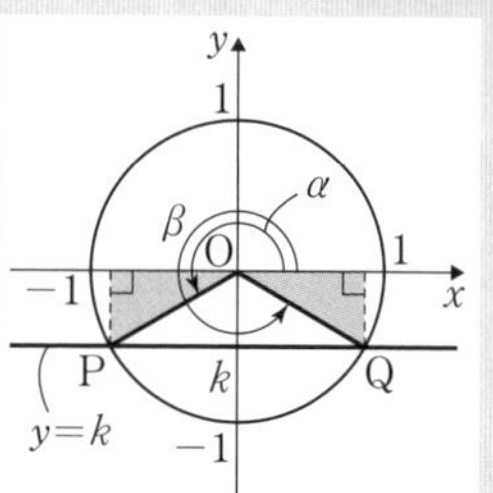

2　cos θ を含む方程式

$0 \leqq \theta < 2\pi$ とする。

① $\cos\theta = k$ の形に変形する。

② 直線 $x=k$ と単位円の交点を P，Q とする。

③，④ は，**1** と同じ。

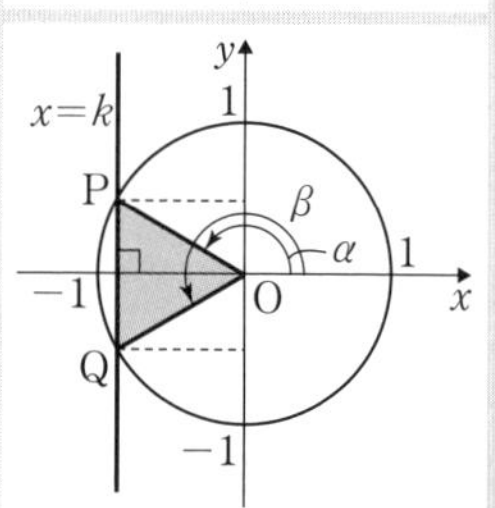

注意 (1) $k < -1$，$1 < k$ のとき，解はない。
$k = -1$ や $k = 1$ のとき，解は 1 つ。

(2) α，β を求めるには，特別な直角三角形$\left(\text{内角が } \dfrac{\pi}{6},\ \dfrac{\pi}{4},\ \dfrac{\pi}{3} \text{ など}\right)$の辺の比を使う。

(3) θ の範囲を制限しなければ，解は次のようになる。

$$\theta = \alpha + 2n\pi,\ \beta + 2n\pi \quad (n \text{ は整数})$$

3　tan θ を含む方程式

方程式 $\tan\theta = k$ を解くには

① 直線 $x=1$ 上で，y 座標が k となる点を T とする。

② $0 \leqq \alpha < \pi$ の範囲で，動径 OT，または，TO の延長上にある動径の表す角 α を求める。

③ 解は　　$\theta = \alpha + n\pi$　$(n$ は整数$)$

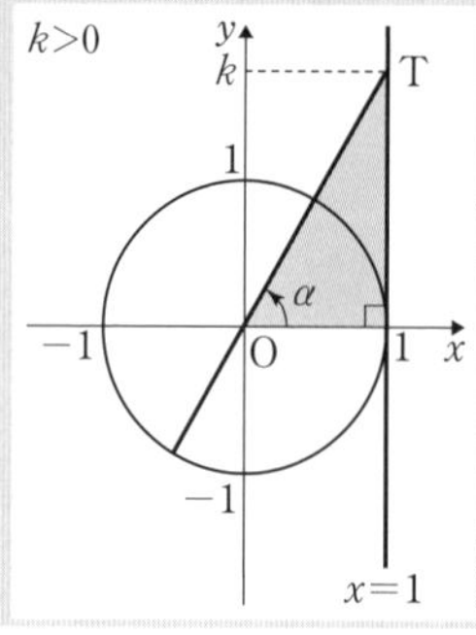

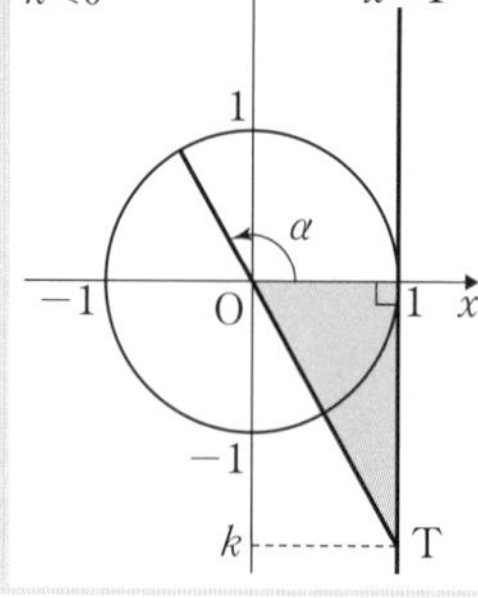

4　不等式 $\cos\theta \leqq k$ の解

$0 \leqq \theta < 2\pi$ とする。

① 方程式 $\cos\theta = k$ を解いて　　$\theta = \alpha,\ \beta\ \ (\alpha < \beta)$

② 単位円または $y=\cos\theta$ のグラフから　　$\alpha \leqq \theta \leqq \beta$

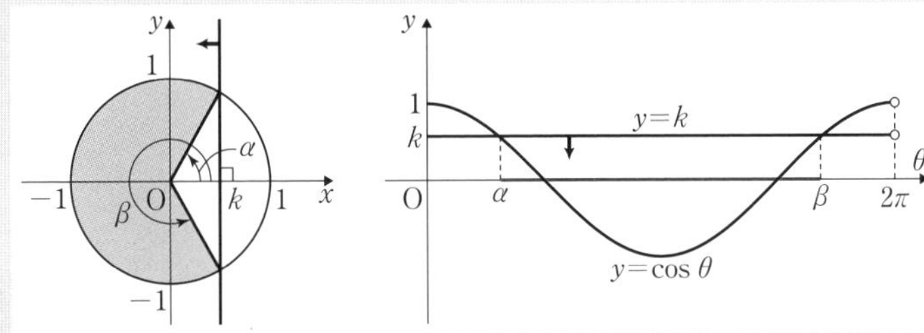

注意　$\cos\theta > k$ の解は　　$0 \leqq \theta < \alpha,\ \beta < \theta < 2\pi$

$\sin\theta$ や $\tan\theta$ についての不等式も同様に解く。

A 三角関数を含む方程式

練習 18　教 p.129

$0 \leqq \theta < 2\pi$ のとき，次の方程式を解け。

(1)　$\sin\theta = \dfrac{\sqrt{3}}{2}$　　(2)　$2\cos\theta + 1 = 0$　　(3)　$\sin\theta + 1 = 0$

指針　**$\sin\theta$ や $\cos\theta$ を含む方程式**　p.152 のまとめの手順で解く。ただし，(3) は単位円周上で条件を満たす点は 1 つであり，解も 1 つとなる。

解答　(1)　直線 $y=\dfrac{\sqrt{3}}{2}$ と単位円の交点を P, Q とすると，

求める θ は，動径 OP，OQ の表す角である。

$0 \leqq \theta < 2\pi$ であるから

$$\theta = \frac{\pi}{3},\ \frac{2}{3}\pi \quad \text{答}$$

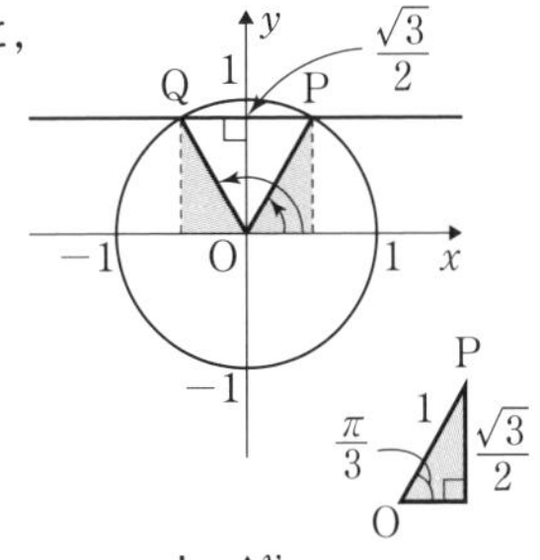

(2)　$2\cos\theta + 1 = 0$ から

$$\cos\theta = -\frac{1}{2}$$

直線 $x=-\dfrac{1}{2}$ と単位円の交点を P，Q とすると，

求める θ は，動径 OP，OQ の表す角である。

$0 \leqq \theta < 2\pi$ であるから

$$\theta = \frac{2}{3}\pi,\ \frac{4}{3}\pi \quad \text{答}$$

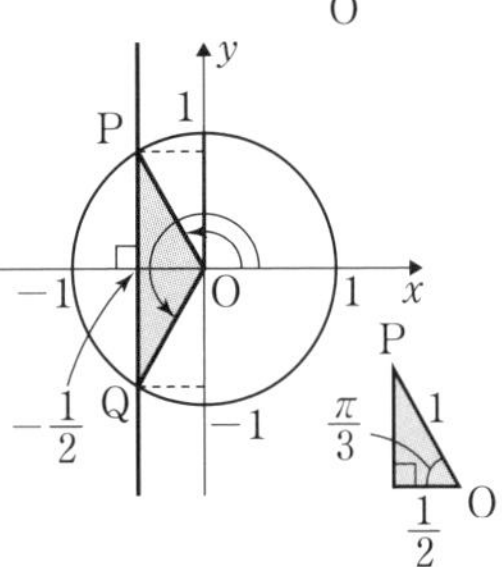

4章 三角関数

教科書 p.129

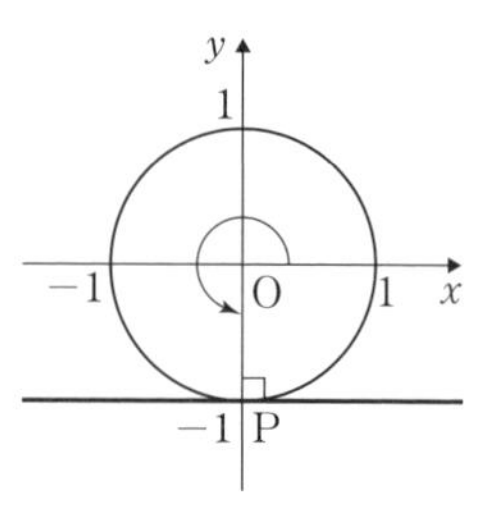

(3) $\sin\theta+1=0$ から

$\sin\theta=-1$

直線 $y=-1$ と単位円の共有点を P とすると，求める θ は，動径 OP の表す角である。

$0\leqq\theta<2\pi$ であるから

$$\theta=\frac{3}{2}\pi$$ 答

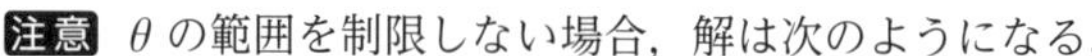

注意 θ の範囲を制限しない場合，解は次のようになる。

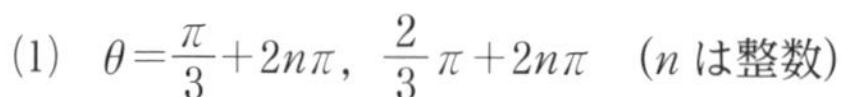

(1) $\theta=\frac{\pi}{3}+2n\pi,\ \frac{2}{3}\pi+2n\pi$ （n は整数）

(2) $\theta=\frac{2}{3}\pi+2n\pi,\ \frac{4}{3}\pi+2n\pi$ （n は整数）

(3) $\theta=\frac{3}{2}\pi+2n\pi$ （n は整数）

練習 19 教 p.129

次の方程式を解け。

(1) $2\sin\theta=-\sqrt{3}$　　(2) $\sqrt{2}\cos\theta=-1$

指針 **三角関数についての方程式**　θ の範囲に制限がない。$0\leqq\theta<2\pi$ の範囲で方程式を満たす θ を求め，周期性を用いて解を表す。

解答 (1) 方程式を変形すると

$$\sin\theta=-\frac{\sqrt{3}}{2}$$

求める角 θ の動径と単位円の交点の y 座標は $-\frac{\sqrt{3}}{2}$ である。

よって，$0\leqq\theta<2\pi$ の範囲では

$$\theta=\frac{4}{3}\pi,\ \frac{5}{3}\pi$$

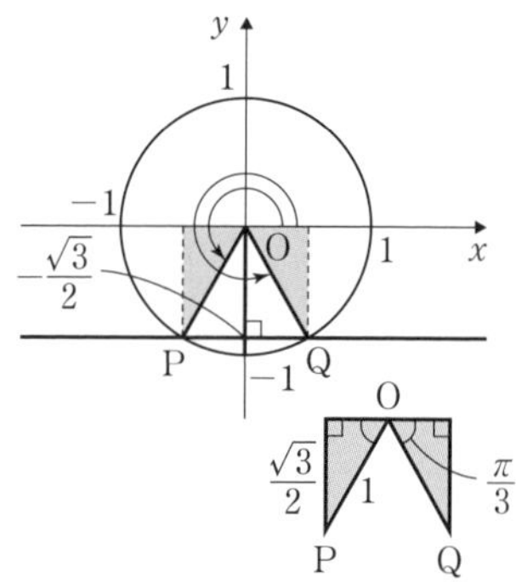

したがって，方程式の解は

$$\theta=\frac{4}{3}\pi+2n\pi,\ \frac{5}{3}\pi+2n\pi\quad(n \text{ は整数})$$ 答

(2) 方程式を変形すると

$$\cos\theta=-\frac{1}{\sqrt{2}}$$

求める角 θ の動径と単位円の交点の x 座標は $-\frac{1}{\sqrt{2}}$ である。

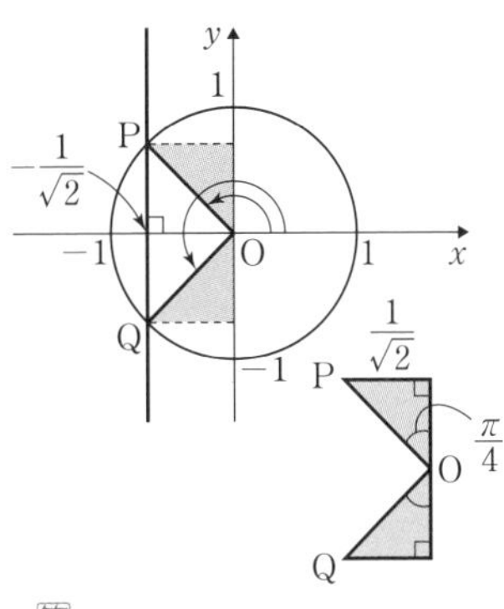

よって，$0\leqq\theta<2\pi$ の範囲では

$$\theta=\frac{3}{4}\pi,\ \frac{5}{4}\pi$$

したがって，方程式の解は

$$\boldsymbol{\theta=\frac{3}{4}\pi+2n\pi,\ \frac{5}{4}\pi+2n\pi}\quad (n \text{ は整数})$$ 答

教 p.130

練習 20

$0\leqq\theta<2\pi$ のとき，次の方程式を解け。また，θ の範囲に制限がないときの解を求めよ。

(1) $\tan\theta=\frac{1}{\sqrt{3}}$　　(2) $\tan\theta=-\sqrt{3}$

指針 **$\tan\theta$ を含む方程式**　$p.152$ のまとめの手順で解く。
まとめの図で，(1) は $k>0$，(2) は $k<0$ の場合となる。

解答 (1) 図のように，単位円と，原点と点 $\mathrm{T}\left(1,\ \frac{1}{\sqrt{3}}\right)$ を結ぶ直線の交点を P，Q とすると，動径 OP，OQ が角 θ の動径である。

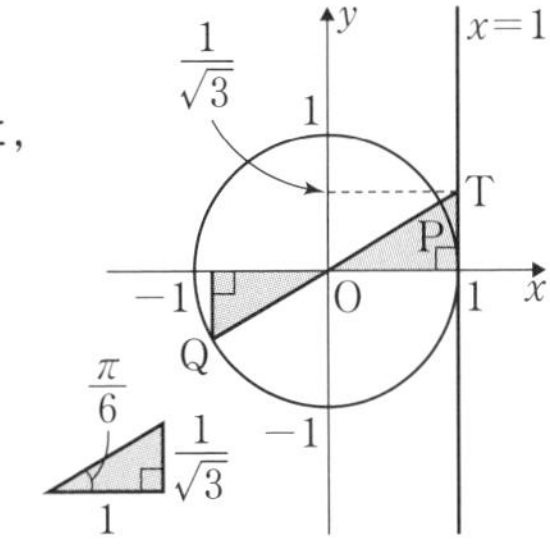

$0\leqq\theta<2\pi$ の範囲で，求める θ は

$$\boldsymbol{\theta=\frac{\pi}{6},\ \frac{7}{6}\pi}$$ 答

また，θ の範囲に制限がないとき，方程式の解は

$$\boldsymbol{\theta=\frac{\pi}{6}+n\pi}\quad (n \text{ は整数})$$ 答

(2) 図のように，単位円と，原点と点 $\mathrm{T}(1,\ -\sqrt{3})$ を結ぶ直線の交点を P，Q とすると，動径 OP，OQ が角 θ の動径である。

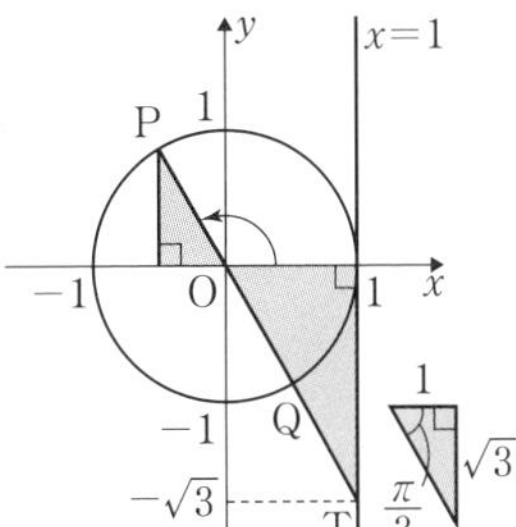

$0\leqq\theta<2\pi$ の範囲で，求める θ は

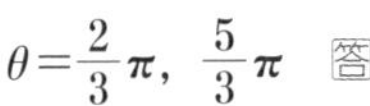

$$\boldsymbol{\theta=\frac{2}{3}\pi,\ \frac{5}{3}\pi}$$ 答

また，θ の範囲に制限がないとき，方程式の解は

$\theta=\dfrac{2}{3}\pi+n\pi$　(n は整数)　答

教 p.131

練習 21

$0\leqq\theta<2\pi$ のとき，次の方程式を解け。

(1) $2\cos^2\theta+5\sin\theta-4=0$　　(2) $2\sin^2\theta+\cos\theta-1=0$

指針　**$\sin\theta$，$\cos\theta$ を含む 2 次方程式**　方程式の $\cos^2\theta$，$\sin^2\theta$ に注目する。

(1) $\cos^2\theta=1-\sin^2\theta$ を用いると，$\sin\theta$ の 2 次方程式が得られる。

(2) $\sin^2\theta=1-\cos^2\theta$ を用いると，$\cos\theta$ の 2 次方程式が得られる。

$0\leqq\theta<2\pi$ のとき，$-1\leqq\sin\theta\leqq1$，$-1\leqq\cos\theta\leqq1$ に注意して解く。

解答 (1) 方程式を変形すると

$2(1-\sin^2\theta)+5\sin\theta-4=0$

$2\sin^2\theta-5\sin\theta+2=0$

← $\sin^2\theta+\cos^2\theta=1$ から $\cos^2\theta=1-\sin^2\theta$

因数分解すると

$(2\sin\theta-1)(\sin\theta-2)=0$

$0\leqq\theta<2\pi$ のとき，$-1\leqq\sin\theta\leqq1$ であるから

$2\sin\theta-1=0$　　すなわち　　$\sin\theta=\dfrac{1}{2}$

$0\leqq\theta<2\pi$ の範囲で解くと　　$\theta=\dfrac{\pi}{6}$，$\dfrac{5}{6}\pi$　答

(2) 方程式を変形すると　　$2(1-\cos^2\theta)+\cos\theta-1=0$

$2\cos^2\theta-\cos\theta-1=0$

因数分解すると　　$(2\cos\theta+1)(\cos\theta-1)=0$

$2\cos\theta+1=0$　または　$\cos\theta-1=0$

よって　　$\cos\theta=-\dfrac{1}{2}$　または　$\cos\theta=1$

$0\leqq\theta<2\pi$ の範囲で

$\cos\theta=-\dfrac{1}{2}$ を解くと　　$\theta=\dfrac{2}{3}\pi$，$\dfrac{4}{3}\pi$

$\cos\theta=1$ を解くと　　$\theta=0$

したがって，求める解は　　$\theta=0$，$\dfrac{2}{3}\pi$，$\dfrac{4}{3}\pi$　答

B 三角関数を含む不等式

教 p.131

練習 22

$0\leqq\theta<2\pi$ のとき，次の不等式を解け。

(1) $\cos\theta\leqq\dfrac{1}{2}$　　(2) $\sin\theta>\dfrac{1}{\sqrt{2}}$

教科書 $p.131$

指針 **$\sin\theta$ や $\cos\theta$ についての不等式**　単位円を利用する場合，(1) は円周上の x 座標が $\dfrac{1}{2}$ 以下の点の範囲，(2) は円周上の y 座標が $\dfrac{1}{\sqrt{2}}$ より大きい点の範囲を調べる。

解答 (1)　$0\leqq\theta<2\pi$ の範囲で $\cos\theta=\dfrac{1}{2}$ となる

θ は　　$\theta=\dfrac{\pi}{3},\ \dfrac{5}{3}\pi$

よって，不等式の解は，図から

$\boldsymbol{\dfrac{\pi}{3}\leqq\theta\leqq\dfrac{5}{3}\pi}$　答

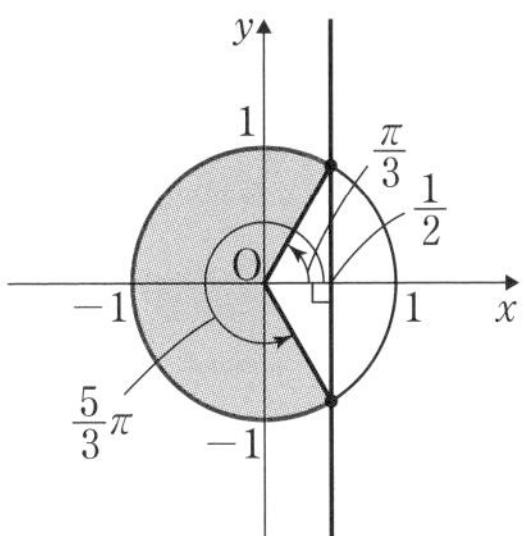

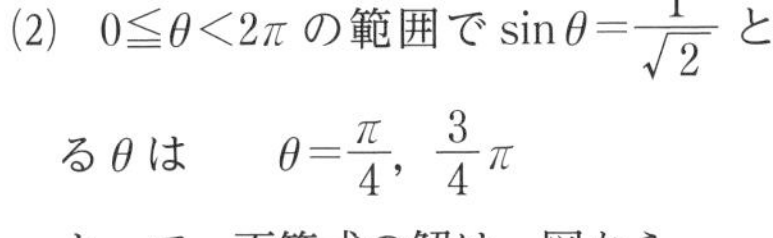

(2)　$0\leqq\theta<2\pi$ の範囲で $\sin\theta=\dfrac{1}{\sqrt{2}}$ となる θ は　　$\theta=\dfrac{\pi}{4},\ \dfrac{3}{4}\pi$

よって，不等式の解は，図から

$\boldsymbol{\dfrac{\pi}{4}<\theta<\dfrac{3}{4}\pi}$　答

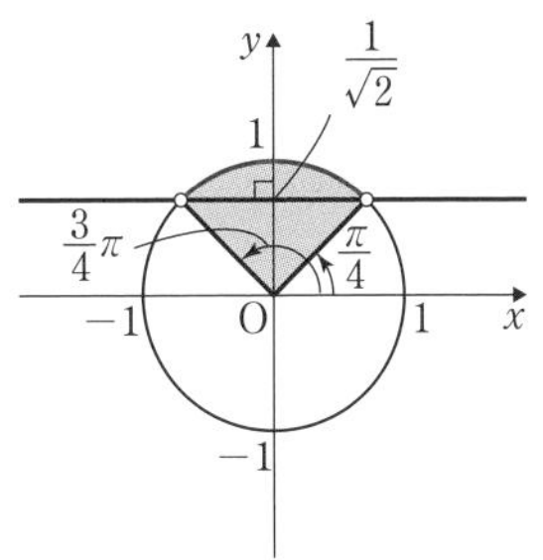

注意 不等式は，三角関数のグラフと直線の位置関係を利用して解くこともできる。

(1)　$y=\cos\theta$ のグラフで，直線 $y=\dfrac{1}{2}$ およびその下側にある部分の θ の範囲を調べる。

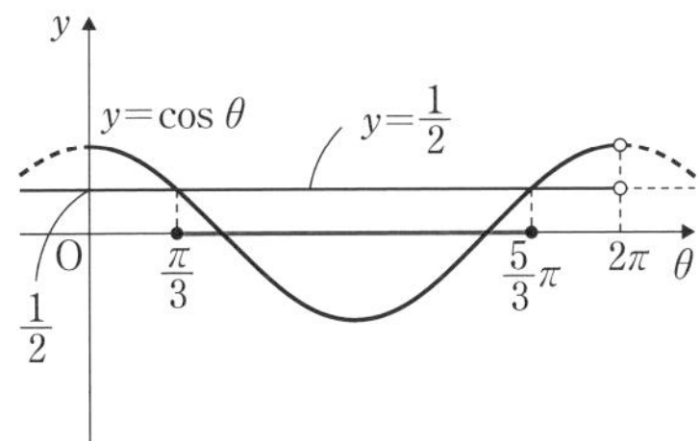

(2)　$y=\sin\theta$ のグラフで，直線 $y=\dfrac{1}{\sqrt{2}}$ の上側にある部分の θ の範囲を調べる。

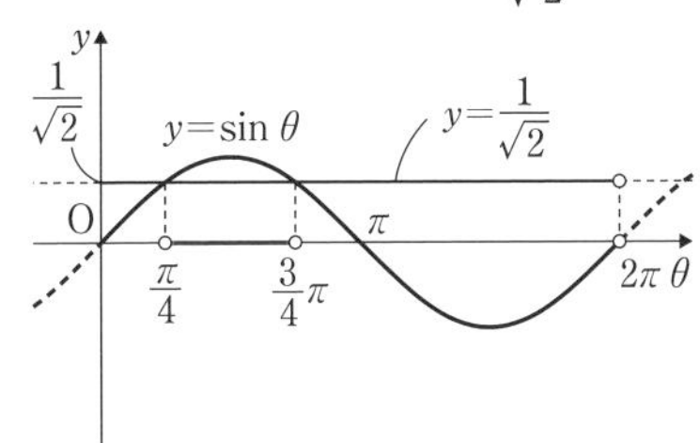

第4章 第1節 補充問題

教 p.132

1　次の関数のグラフをかけ。また，その周期を求めよ。

(1)　$y=3\cos\dfrac{\theta}{2}$　　　(2)　$y=\sin 2\left(\theta+\dfrac{\pi}{3}\right)$

指針　**三角関数のグラフと周期**

(1)　$y=\cos\theta$ のグラフを，θ 軸をもとにして y 軸方向に 3 倍に拡大し，さらに y 軸をもとにして θ 軸方向に 2 倍に拡大する。

(2)　$y=\sin 2\theta$ のグラフを，θ 軸方向に $-\dfrac{\pi}{3}$ だけ平行移動する。

解答　(1)　$y=3\cos\dfrac{\theta}{2}$ のグラフは，$y=\cos\theta$ のグラフを，θ 軸をもとにして y 軸方向に 3 倍に拡大し，さらに y 軸をもとにして θ 軸方向に 2 倍に拡大したもので図のようになる。周期は　　$2\pi\times 2=\boldsymbol{4\pi}$　答

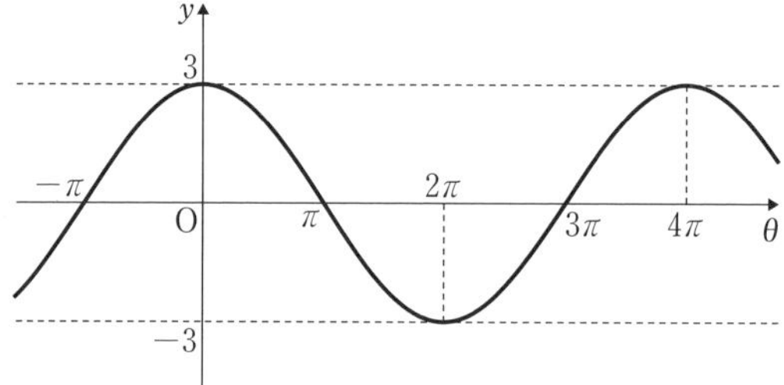

(2)　$y=\sin 2\left(\theta+\dfrac{\pi}{3}\right)$ のグラフは，$y=\sin\theta$ のグラフを，y 軸をもとにして θ 軸方向に $\dfrac{1}{2}$ 倍に縮小し，さらに θ 軸方向に $-\dfrac{\pi}{3}$ だけ平行移動したもので図のようになる。周期は　　$2\pi\times\dfrac{1}{2}=\boldsymbol{\pi}$　答

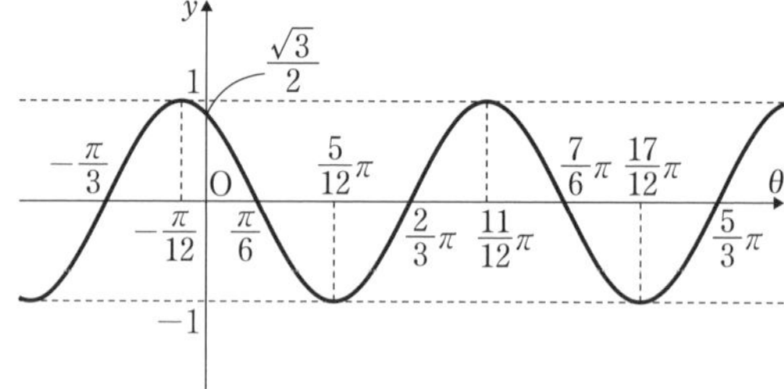

教 p.132

2　$0 \leqq \theta < 2\pi$ のとき，次の方程式を解け。

(1)　$\sin\left(\theta-\dfrac{\pi}{6}\right)=\dfrac{1}{2}$　　(2)　$\cos\left(\theta+\dfrac{\pi}{3}\right)=-\dfrac{\sqrt{3}}{2}$

(3)　$\sin\left(\theta+\dfrac{\pi}{3}\right)=\dfrac{1}{2}$

指針　**$\sin(\theta+\alpha)$ や $\cos(\theta+\beta)$ を含む方程式**　$\theta+\alpha=t$ や $\theta+\beta=t$ とおいて，$0 \leqq \theta < 2\pi$ から t の値の範囲を求め，この範囲で次の方程式を解く。

(1)　$\sin t=\dfrac{1}{2}$　　(2)　$\cos t=-\dfrac{\sqrt{3}}{2}$　　(3)　$\sin t=\dfrac{1}{2}$

解答　(1)　$\theta-\dfrac{\pi}{6}=t$ とおくと

$\sin t=\dfrac{1}{2}$　…… ①

$0 \leqq \theta < 2\pi$ のとき

$-\dfrac{\pi}{6} \leqq \theta-\dfrac{\pi}{6} < 2\pi-\dfrac{\pi}{6}$

すなわち　$-\dfrac{\pi}{6} \leqq t < \dfrac{11}{6}\pi$

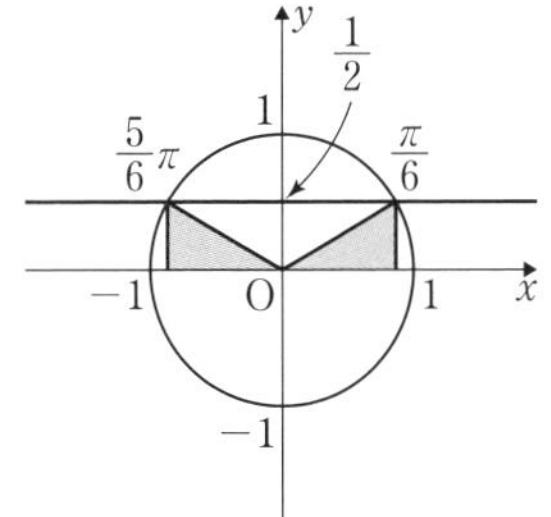

この範囲で ① を解くと

$t=\dfrac{\pi}{6},\ \dfrac{5}{6}\pi$

すなわち　$\theta-\dfrac{\pi}{6}=\dfrac{\pi}{6},\ \dfrac{5}{6}\pi$

よって　$\boldsymbol{\theta=\dfrac{\pi}{3},\ \pi}$　答

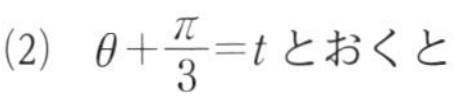

(2)　$\theta+\dfrac{\pi}{3}=t$ とおくと

$\cos t=-\dfrac{\sqrt{3}}{2}$　…… ①

$0 \leqq \theta < 2\pi$ のとき

$\dfrac{\pi}{3} \leqq \theta+\dfrac{\pi}{3} < 2\pi+\dfrac{\pi}{3}$

すなわち　$\dfrac{\pi}{3} \leqq t < \dfrac{7}{3}\pi$

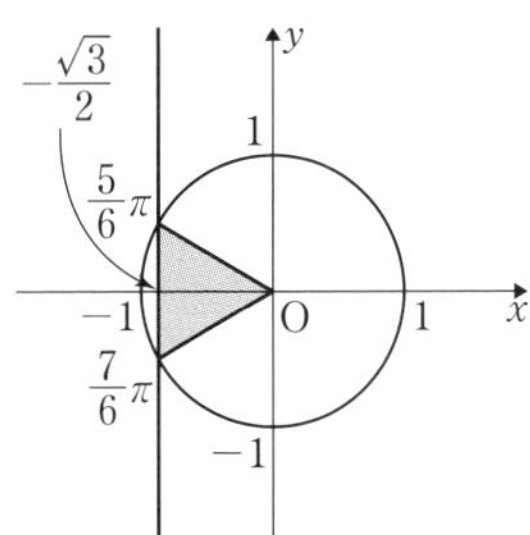

この範囲で ① を解くと

$t=\dfrac{5}{6}\pi,\ \dfrac{7}{6}\pi$

すなわち　$\theta+\dfrac{\pi}{3}=\dfrac{5}{6}\pi,\ \dfrac{7}{6}\pi$

よって　　$\theta=\boldsymbol{\frac{\pi}{2}},\ \boldsymbol{\frac{5}{6}\pi}$　答

(3)　$\theta+\frac{\pi}{3}=t$ とおくと

$\sin t=\frac{1}{2}$　…… ①

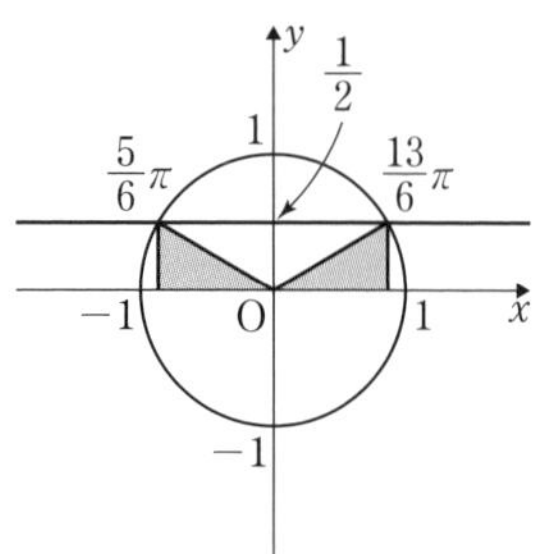

$0\leqq\theta<2\pi$ のとき

$\frac{\pi}{3}\leqq\theta+\frac{\pi}{3}<2\pi+\frac{\pi}{3}$

すなわち　　$\frac{\pi}{3}\leqq t<\frac{7}{3}\pi$

この範囲で ① を解くと

$t=\frac{5}{6}\pi,\ \frac{13}{6}\pi$

すなわち　　$\theta+\frac{\pi}{3}=\frac{5}{6}\pi,\ \frac{13}{6}\pi$

よって　　$\theta=\boldsymbol{\frac{\pi}{2}},\ \boldsymbol{\frac{11}{6}\pi}$　答

教 p.132

3　$0\leqq\theta<2\pi$ のとき，次の不等式を解け。

(1)　$2\cos\theta>-\sqrt{3}$　　(2)　$2\sin\theta+1\leqq 0$

(3)　$\tan\theta\geqq 1$　　(4)　$\tan\theta<\sqrt{3}$

指針　**三角関数を含む不等式**　(1) は，$\cos\theta>k$，(2) は，$\sin\theta\leqq k$ の形に変形し，単位円を用いる。(1) は，$x>k$，(2) は，$y\leqq k$ の範囲にある動径の角を調べる。(3)，(4) は，単位円と直線 $x=1$ を用いる。とくに (4) の解は 3 つの不等式で表されることに注意する。

解答　(1)　不等式を変形すると

$\cos\theta>-\frac{\sqrt{3}}{2}$

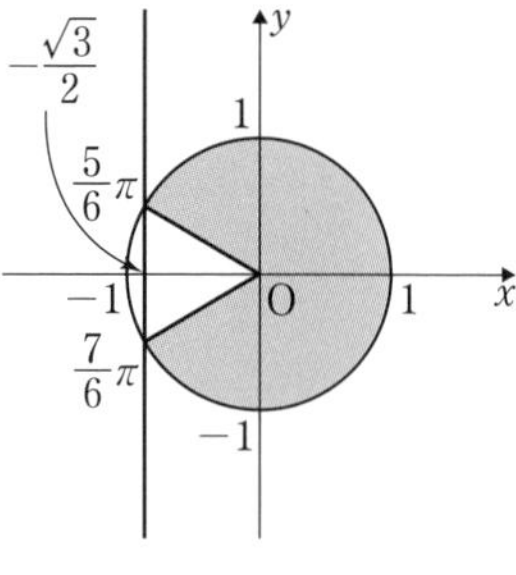

$0\leqq\theta<2\pi$ の範囲で，$\cos\theta=-\frac{\sqrt{3}}{2}$ となる θ は

$\theta=\frac{5}{6}\pi,\ \frac{7}{6}\pi$

よって，不等式の解は，図から

$0\leqq\theta<\boldsymbol{\frac{5}{6}\pi},\ \boldsymbol{\frac{7}{6}\pi}<\theta<2\boldsymbol{\pi}$　答

(2) 不等式を変形すると　$\sin\theta \leqq -\dfrac{1}{2}$

$0 \leqq \theta < 2\pi$ の範囲で，$\sin\theta = -\dfrac{1}{2}$ となる θ は

$\theta = \dfrac{7}{6}\pi,\ \dfrac{11}{6}\pi$

よって，不等式の解は，図から

$\boldsymbol{\dfrac{7}{6}\pi \leqq \theta \leqq \dfrac{11}{6}\pi}$　答

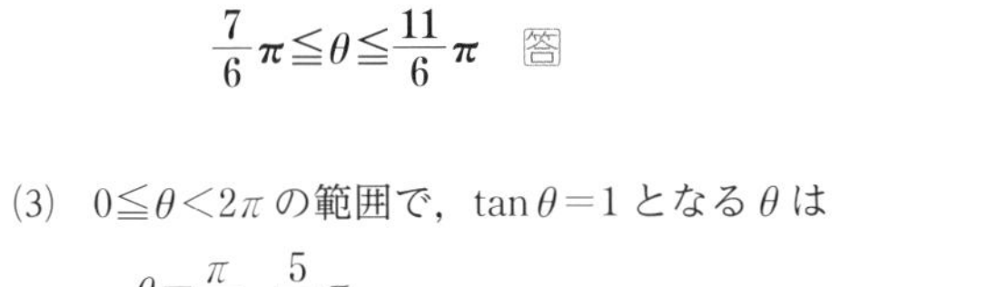

(3) $0 \leqq \theta < 2\pi$ の範囲で，$\tan\theta = 1$ となる θ は

$\theta = \dfrac{\pi}{4},\ \dfrac{5}{4}\pi$

よって，不等式の解は，図から

$\boldsymbol{\dfrac{\pi}{4} \leqq \theta < \dfrac{\pi}{2}}$，

$\boldsymbol{\dfrac{5}{4}\pi \leqq \theta < \dfrac{3}{2}\pi}$　答

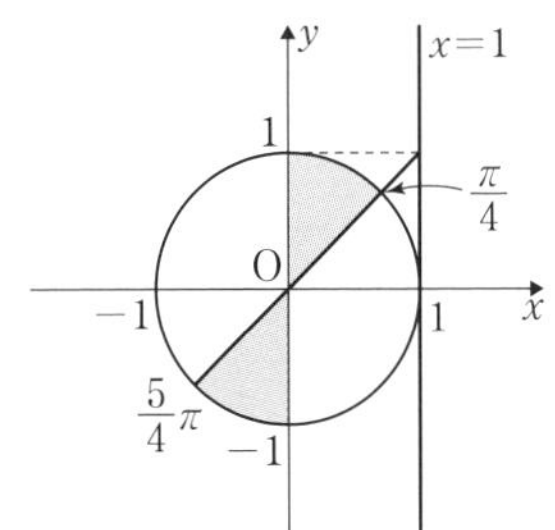

(4) $0 \leqq \theta < 2\pi$ の範囲で，$\tan\theta = \sqrt{3}$ となる θ は

$\theta = \dfrac{\pi}{3},\ \dfrac{4}{3}\pi$

よって，不等式の解は，図から

$\boldsymbol{0 \leqq \theta < \dfrac{\pi}{3},\ \dfrac{\pi}{2} < \theta < \dfrac{4}{3}\pi}$，

$\boldsymbol{\dfrac{3}{2}\pi < \theta < 2\pi}$　答

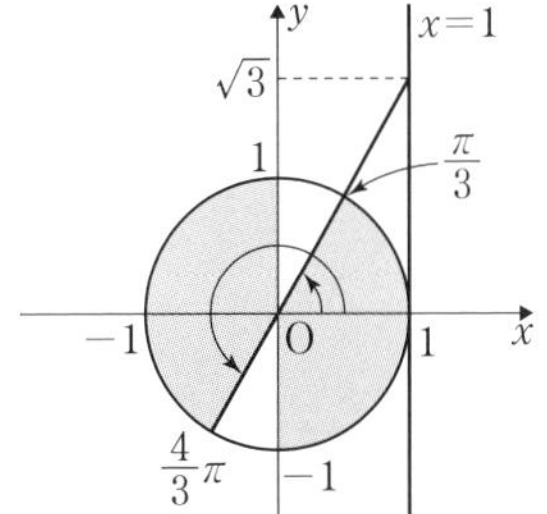

教 p.132

4　関数 $y = \sin^2\theta + 2\sin\theta$ について，次の問いに答えよ。

(1) $\sin\theta = x$ とおいて，y を $y = a(x-p)^2 + q$ の形に表せ。

(2) $0 \leqq \theta < 2\pi$ のとき，y の最大値，最小値を求めよ。また，そのときの θ の値を求めよ。

指針　**$\sin\theta$ を含む関数の最大・最小**　$\sin\theta = x$ とおくと，もとの関数は x についての 2 次関数になる。ただし，$-1 \leqq \sin\theta \leqq 1$ より，$-1 \leqq x \leqq 1$ であるから，この範囲における 2 次関数の最大値，最小値を求める。

解答　(1) $\sin\theta = x$ とおくと　$y = x^2 + 2x$

よって　$\boldsymbol{y = (x+1)^2 - 1}$　答

(2)　$-1 \leqq \sin\theta \leqq 1$ より　　$-1 \leqq x \leqq 1$

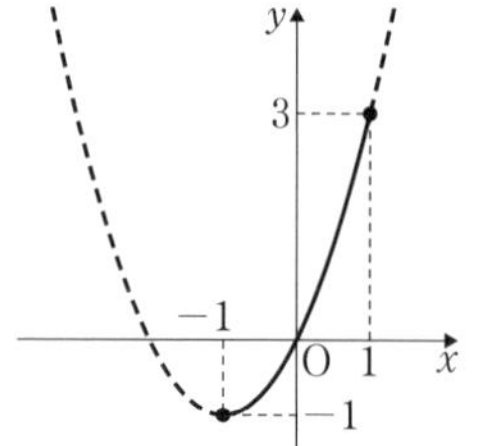

この範囲で，$y=(x+1)^2-1$ は

　$x=1$ で最大値 3 をとり，

　$x=-1$ で最小値 -1 をとる。

$0 \leqq \theta < 2\pi$ であるから，

$x=1$ のとき　　すなわち，

$\sin\theta=1$ のとき　　$\theta=\dfrac{\pi}{2}$

$x=-1$ のとき　　すなわち，

$\sin\theta=-1$ のとき　　$\theta=\dfrac{3}{2}\pi$

よって，この関数は

$\theta=\dfrac{\pi}{2}$ で最大値 3 をとり，$\theta=\dfrac{3}{2}\pi$ で最小値 -1 をとる。 答

第2節　加法定理

6　加法定理

まとめ

1　正弦・余弦の加法定理

1　$\sin(\alpha+\beta)=\sin\alpha\cos\beta+\cos\alpha\sin\beta$

2　$\sin(\alpha-\beta)=\sin\alpha\cos\beta-\cos\alpha\sin\beta$

3　$\cos(\alpha+\beta)=\cos\alpha\cos\beta-\sin\alpha\sin\beta$

4　$\cos(\alpha-\beta)=\cos\alpha\cos\beta+\sin\alpha\sin\beta$

2　正接の加法定理

5　$\tan(\alpha+\beta)=\dfrac{\tan\alpha+\tan\beta}{1-\tan\alpha\tan\beta}$

6　$\tan(\alpha-\beta)=\dfrac{\tan\alpha-\tan\beta}{1+\tan\alpha\tan\beta}$

注意　**5** で β を $-\beta$ におき換えると **6** が得られる。　←$\tan(-\beta)=-\tan\beta$

3　2直線のなす角

交わる2直線 $y=m_1x+n_1$, $y=m_2x+n_2$ が垂直でないとき，そのなす鋭角を θ とすると

$$\tan\theta=\tan(\alpha-\beta)$$
$$=\frac{\tan\alpha-\tan\beta}{1+\tan\alpha\tan\beta}$$
$$=\frac{m_1-m_2}{1+m_1m_2}$$

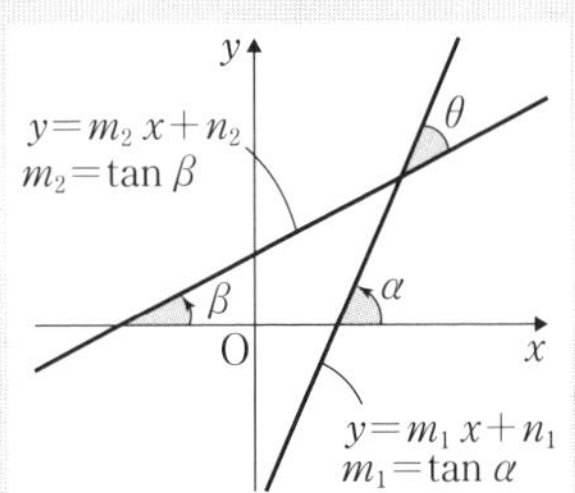

A　正弦・余弦の加法定理

教 p.133

練習 23

$\sin(\alpha+\beta)=\sin\alpha\cos\beta+\cos\alpha\sin\beta$　…… ①

$\cos(\alpha+\beta)=\cos\alpha\cos\beta-\sin\alpha\sin\beta$　…… ②

上の①，②で，β を $-\beta$ におき換えることにより，次の等式を導け。

$\sin(\alpha-\beta)=\sin\alpha\cos\beta-\cos\alpha\sin\beta$

$\cos(\alpha-\beta)=\cos\alpha\cos\beta+\sin\alpha\sin\beta$

指針　**正弦・余弦の加法定理**　β を $-\beta$ におき換え，三角関数の性質の等式 $\sin(-\theta)=-\sin\theta$, $\cos(-\theta)=\cos\theta$ を用いる。

解答　①において，β を $-\beta$ におき換えると

左辺 $=\sin\{\alpha+(-\beta)\}=\sin(\alpha-\beta)$

右辺$=\sin\alpha\cos(-\beta)+\cos\alpha\sin(-\beta)$

$=\sin\alpha\cos\beta-\cos\alpha\sin\beta$

よって　$\sin(\alpha-\beta)=\sin\alpha\cos\beta-\cos\alpha\sin\beta$　終

②において，βを $-\beta$におき換えると

左辺$=\cos\{\alpha+(-\beta)\}=\cos(\alpha-\beta)$

右辺$=\cos\alpha\cos(-\beta)-\sin\alpha\sin(-\beta)$

$=\cos\alpha\cos\beta+\sin\alpha\sin\beta$

よって　$\cos(\alpha-\beta)=\cos\alpha\cos\beta+\sin\alpha\sin\beta$　終

練習 24　教 p.134

加法定理を用いて，$\cos 75^\circ$ の値を求めよ。

指針　**加法定理と余弦の値**　$75^\circ=45^\circ+30^\circ$ であるから，$\cos(\alpha+\beta)$ についての加法定理を使う。

解答　$\cos 75^\circ=\cos(45^\circ+30^\circ)$　← $\cos(\alpha+\beta)=\cos\alpha\cos\beta-\sin\alpha\sin\beta$

$=\cos 45^\circ\cos 30^\circ-\sin 45^\circ\sin 30^\circ$

$=\dfrac{1}{\sqrt{2}}\cdot\dfrac{\sqrt{3}}{2}-\dfrac{1}{\sqrt{2}}\cdot\dfrac{1}{2}$

$=\dfrac{\sqrt{3}-1}{2\sqrt{2}}=\dfrac{(\sqrt{3}-1)\sqrt{2}}{2\sqrt{2}\sqrt{2}}$　← 分母の有理化

$=\dfrac{\sqrt{6}-\sqrt{2}}{4}$　答

練習 25　教 p.134

$\dfrac{\pi}{12}=\dfrac{\pi}{4}-\dfrac{\pi}{6}$ であることを用いて，$\cos\dfrac{\pi}{12}$ の値を求めよ。

指針　**加法定理と余弦の値**

$\cos(\alpha-\beta)=\cos\alpha\cos\beta+\sin\alpha\sin\beta$ を使う。

解答　$\cos\dfrac{\pi}{12}=\cos\left(\dfrac{\pi}{4}-\dfrac{\pi}{6}\right)$

$=\cos\dfrac{\pi}{4}\cos\dfrac{\pi}{6}+\sin\dfrac{\pi}{4}\sin\dfrac{\pi}{6}$

$=\dfrac{1}{\sqrt{2}}\cdot\dfrac{\sqrt{3}}{2}+\dfrac{1}{\sqrt{2}}\cdot\dfrac{1}{2}=\dfrac{\sqrt{3}+1}{2\sqrt{2}}$

$=\dfrac{(\sqrt{3}+1)\sqrt{2}}{2\sqrt{2}\sqrt{2}}=\dfrac{\sqrt{6}+\sqrt{2}}{4}$　答　← 分母の有理化

教 p.135

練習 26

α の動径が第 2 象限，β の動径が第 1 象限にあり，$\sin\alpha=\frac{2}{3}$，$\cos\beta=\frac{3}{5}$ のとき，次の値を求めよ。

(1) $\sin(\alpha+\beta)$ (2) $\sin(\alpha-\beta)$

(3) $\cos(\alpha+\beta)$ (4) $\cos(\alpha-\beta)$

指針 **相互関係と加法定理** $\cos\alpha$，$\sin\beta$ の値がわかれば，加法定理により値が求められる。動径のある象限から，$\cos\alpha$，$\sin\beta$ の符号を判断し，相互関係 $\sin^2\theta+\cos^2\theta=1$ を用いて，$\cos\alpha$，$\sin\beta$ の値を求める。

解答 α の動径が第 2 象限にあるから $\cos\alpha<0$

β の動径が第 1 象限にあるから $\sin\beta>0$

よって

$$\cos\alpha=-\sqrt{1-\sin^2\alpha}=-\sqrt{1-\left(\frac{2}{3}\right)^2}=-\frac{\sqrt{5}}{3}$$

$$\sin\beta=\sqrt{1-\cos^2\beta}=\sqrt{1-\left(\frac{3}{5}\right)^2}=\frac{4}{5}$$

(1) $\sin(\alpha+\beta)=\sin\alpha\cos\beta+\cos\alpha\sin\beta$

$$=\frac{2}{3}\times\frac{3}{5}+\left(-\frac{\sqrt{5}}{3}\right)\times\frac{4}{5}=\boldsymbol{\frac{6-4\sqrt{5}}{15}}$$ 答

(2) $\sin(\alpha-\beta)=\sin\alpha\cos\beta-\cos\alpha\sin\beta$

$$=\boldsymbol{\frac{6+4\sqrt{5}}{15}}$$ 答

(3) $\cos(\alpha+\beta)=\cos\alpha\cos\beta-\sin\alpha\sin\beta$

$$=\left(-\frac{\sqrt{5}}{3}\right)\times\frac{3}{5}-\frac{2}{3}\times\frac{4}{5}$$

$$=-\boldsymbol{\frac{3\sqrt{5}+8}{15}}$$ 答

(4) $\cos(\alpha-\beta)=\cos\alpha\cos\beta+\sin\alpha\sin\beta$

$$=-\boldsymbol{\frac{3\sqrt{5}-8}{15}}$$ 答

B 正接の加法定理

教 p.136

練習 27

加法定理を用いて，$\tan 105^\circ$ の値を求めよ。

指針 **加法定理と正接の値** $105^\circ=60^\circ+45^\circ$ であるから，$\tan(\alpha+\beta)$ についての加法定理を使う。

解答 $\tan 105^\circ=\tan(60^\circ+45^\circ)=\dfrac{\tan 60^\circ+\tan 45^\circ}{1-\tan 60^\circ \tan 45^\circ}$ ← $\tan(\alpha+\beta)=\dfrac{\tan\alpha+\tan\beta}{1-\tan\alpha\tan\beta}$

$=\dfrac{\sqrt{3}+1}{1-\sqrt{3}\cdot 1}=-\dfrac{\sqrt{3}+1}{\sqrt{3}-1}$

$=-\dfrac{(\sqrt{3}+1)^2}{(\sqrt{3}-1)(\sqrt{3}+1)}=-\dfrac{3+2\sqrt{3}+1}{(\sqrt{3})^2-1^2}$ ← 分母の有理化

$=-\dfrac{4+2\sqrt{3}}{2}=-2-\sqrt{3}$ 答

教 p.136

練習 28

$\dfrac{\pi}{12}=\dfrac{\pi}{4}-\dfrac{\pi}{6}$ であることを用いて，$\tan\dfrac{\pi}{12}$ の値を求めよ。

指針 **加法定理と正接の値** 公式 $\tan(\alpha-\beta)=\dfrac{\tan\alpha-\tan\beta}{1+\tan\alpha\tan\beta}$ を使う。

解答 $\tan\dfrac{\pi}{12}=\tan\left(\dfrac{\pi}{4}-\dfrac{\pi}{6}\right)$ ← $\tan\dfrac{\pi}{4}=1$，$\tan\dfrac{\pi}{6}=\dfrac{1}{\sqrt{3}}$

$=\dfrac{\tan\dfrac{\pi}{4}-\tan\dfrac{\pi}{6}}{1+\tan\dfrac{\pi}{4}\tan\dfrac{\pi}{6}}=\dfrac{1-\dfrac{1}{\sqrt{3}}}{1+1\cdot\dfrac{1}{\sqrt{3}}}$ ← 分母，分子に $\sqrt{3}$ を掛ける。

$=\dfrac{\sqrt{3}-1}{\sqrt{3}+1}=\dfrac{(\sqrt{3}-1)^2}{(\sqrt{3}+1)(\sqrt{3}-1)}=\dfrac{4-2\sqrt{3}}{2}=2-\sqrt{3}$ 答

c 2直線のなす角

教 p.137

練習 29

2直線 $y=2x$，$y=\dfrac{1}{3}x$ のなす角 θ を求めよ。ただし，$0<\theta<\dfrac{\pi}{2}$ とする。

指針 **2直線のなす角** 直線 $y=mx$ と x 軸の正の向きとのなす角を θ とすると，$\tan\theta=m$ である。このことと正接の加法定理を利用して，2直線のなす角を求める。

解答 これら2直線と x 軸の正の向きとのなす角を，それぞれ α，β とすると，図から $\theta=\alpha-\beta$ である。

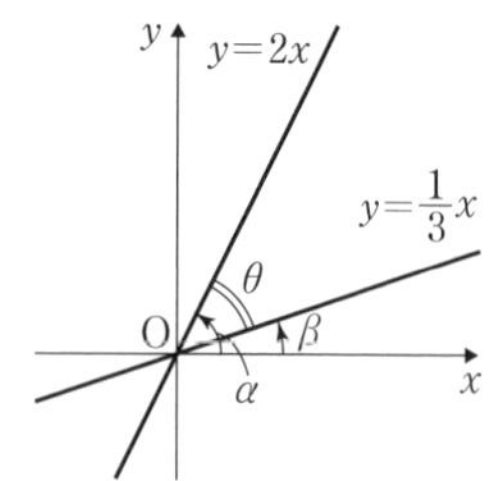

$$\tan\alpha=2,\ \tan\beta=\frac{1}{3}$$

であるから $\tan\theta=\tan(\alpha-\beta)$

$$=\frac{\tan\alpha-\tan\beta}{1+\tan\alpha\tan\beta}$$

$$=\frac{2-\frac{1}{3}}{1+2\cdot\frac{1}{3}}=\frac{\frac{5}{3}}{\frac{5}{3}}=1$$

$0<\theta<\frac{\pi}{2}$ であるから　　$\theta=\frac{\pi}{4}$ 答

7 加法定理の応用

まとめ

1　正弦，余弦の2倍角の公式

1　$\sin 2\alpha=2\sin\alpha\cos\alpha$　　$\leftarrow\sin(\alpha+\alpha)=\sin\alpha\cos\alpha+\cos\alpha\sin\alpha$

2
$$\begin{cases}\cos 2\alpha=\cos^2\alpha-\sin^2\alpha & \leftarrow\cos(\alpha+\alpha)=\cos\alpha\cos\alpha-\sin\alpha\sin\alpha\\ \cos 2\alpha=1-2\sin^2\alpha & \leftarrow\cos^2\alpha=1-\sin^2\alpha \text{ を代入}\\ \cos 2\alpha=2\cos^2\alpha-1 & \leftarrow\sin^2\alpha=1-\cos^2\alpha \text{ を代入}\end{cases}$$

2　正弦，余弦の半角の公式

2倍角の公式から

$$\sin^2\frac{\alpha}{2}=\frac{1-\cos\alpha}{2}\qquad\leftarrow\sin^2\alpha=\frac{1-\cos 2\alpha}{2}$$

$$\cos^2\frac{\alpha}{2}=\frac{1+\cos\alpha}{2}\qquad\leftarrow\cos^2\alpha=\frac{1+\cos 2\alpha}{2}$$

$\alpha\to\frac{\alpha}{2}$

3　正接の2倍角，半角の公式

$$\tan 2\alpha=\frac{2\tan\alpha}{1-\tan^2\alpha},\qquad\tan^2\frac{\alpha}{2}=\frac{1-\cos\alpha}{1+\cos\alpha}$$

4　三角関数の合成

$a\sin\theta+b\cos\theta$ を $r\sin(\theta+\alpha)$ の形に変形することを，**三角関数の合成** という。

$$a\sin\theta+b\cos\theta=\sqrt{a^2+b^2}\sin(\theta+\alpha)$$

ただし　　$\cos\alpha=\frac{a}{\sqrt{a^2+b^2}}$，$\sin\alpha=\frac{b}{\sqrt{a^2+b^2}}$

解説　右の図のように，座標平面上に点 $\mathrm{P}(a,\ b)$ をとり，線分 OP と x 軸の正の向きとのなす角を α とする。

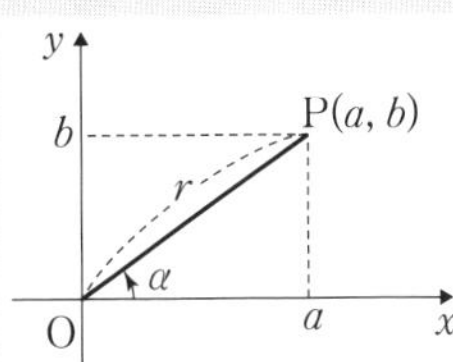

注意　α が図のみから求められないこともある。

教科書 $p.138$

A 2 倍角の公式，半角の公式

練習 30 教 p.138

$\dfrac{\pi}{2}<\alpha<\pi$ で，$\cos\alpha=-\dfrac{\sqrt{5}}{3}$ のとき，次の値を求めよ。

(1) $\sin\alpha$　　(2) $\sin 2\alpha$　　(3) $\cos 2\alpha$

指針 **2 倍角の三角関数の値**

(1) 相互関係 $\sin^2\alpha+\cos^2\alpha=1$ を利用する。

(2), (3) 正弦・余弦の 2 倍角の公式を利用する。

解答 (1) $\dfrac{\pi}{2}<\alpha<\pi$ のとき，$\sin\alpha>0$ であるから

$$\sin\alpha=\sqrt{1-\cos^2\alpha}=\sqrt{1-\left(-\frac{\sqrt{5}}{3}\right)^2}$$
$$=\sqrt{1-\frac{5}{9}}=\sqrt{\frac{4}{9}}=\mathbf{\frac{2}{3}}\ \text{答}$$

(2) $\sin 2\alpha=2\sin\alpha\cos\alpha=2\cdot\dfrac{2}{3}\cdot\left(-\dfrac{\sqrt{5}}{3}\right)=\mathbf{-\dfrac{4\sqrt{5}}{9}}$ 答

(3) $\cos 2\alpha=2\cos^2\alpha-1=2\cdot\left(-\dfrac{\sqrt{5}}{3}\right)^2-1$

$$=\frac{10}{9}-1=\mathbf{\frac{1}{9}}\ \text{答}$$

練習 31 教 p.138

$3\alpha=2\alpha+\alpha$ であることを用いて，次の等式を証明せよ。

(1) $\sin 3\alpha=3\sin\alpha-4\sin^3\alpha$　　(2) $\cos 3\alpha=-3\cos\alpha+4\cos^3\alpha$

指針 **等式の証明**　左辺を変形して右辺を導く。2 倍角の公式，$\sin^2\alpha+\cos^2\alpha=1$ を利用する。

解答 (1) $\sin 3\alpha=\sin(2\alpha+\alpha)=\sin 2\alpha\cos\alpha+\cos 2\alpha\sin\alpha$

$=2\sin\alpha\cos^2\alpha+(\cos^2\alpha-\sin^2\alpha)\sin\alpha$

$=3\sin\alpha(1-\sin^2\alpha)-\sin^3\alpha=3\sin\alpha-4\sin^3\alpha$ 終

(2) $\cos 3\alpha=\cos(2\alpha+\alpha)=\cos 2\alpha\cos\alpha-\sin 2\alpha\sin\alpha$

$=(\cos^2\alpha-\sin^2\alpha)\cos\alpha-2\sin^2\alpha\cos\alpha$

$=\cos^3\alpha-3\cos\alpha(1-\cos^2\alpha)=-3\cos\alpha+4\cos^3\alpha$ 終

ここで証明した等式を
3 倍角の公式といいます。

教 p.139

練習 32

半角の公式を用いて，次の値を求めよ。

(1) $\sin\frac{\pi}{8}$　　(2) $\sin\frac{3}{8}\pi$　　(3) $\cos\frac{3}{8}\pi$

指針 **半角の公式と正弦・余弦の値** $\frac{\pi}{8}=\frac{1}{2}\cdot\frac{\pi}{4}$，$\frac{3}{8}\pi=\frac{1}{2}\cdot\frac{3}{4}\pi$ であるから，正弦・余弦の半角の公式に $\frac{\pi}{4}$，$\frac{3}{4}\pi$ を代入し，まず $\sin^2\frac{\pi}{8}$，$\sin^2\frac{3}{8}\pi$，$\cos^2\frac{3}{8}\pi$ の値を求める。

解答 (1) $\sin^2\frac{\pi}{8}=\frac{1}{2}\left(1-\cos\frac{\pi}{4}\right)=\frac{1}{2}\left(1-\frac{1}{\sqrt{2}}\right)=\frac{\sqrt{2}-1}{2\sqrt{2}}=\frac{2-\sqrt{2}}{4}$

$\sin\frac{\pi}{8}>0$ であるから　$\sin\frac{\pi}{8}=\sqrt{\frac{2-\sqrt{2}}{4}}=\boldsymbol{\frac{\sqrt{2-\sqrt{2}}}{2}}$ 答

(2) $\sin^2\frac{3}{8}\pi=\frac{1}{2}\left(1-\cos\frac{3}{4}\pi\right)=\frac{1}{2}\left\{1-\left(-\frac{1}{\sqrt{2}}\right)\right\}$

$=\frac{\sqrt{2}+1}{2\sqrt{2}}=\frac{2+\sqrt{2}}{4}$

$\sin\frac{3}{8}\pi>0$ であるから　$\sin\frac{3}{8}\pi=\boldsymbol{\frac{\sqrt{2+\sqrt{2}}}{2}}$ 答

(3) $\cos^2\frac{3}{8}\pi=\frac{1}{2}\left(1+\cos\frac{3}{4}\pi\right)=\frac{1}{2}\left\{1+\left(-\frac{1}{\sqrt{2}}\right)\right\}$

$=\frac{\sqrt{2}-1}{2\sqrt{2}}=\frac{2-\sqrt{2}}{4}$

$\cos\frac{3}{8}\pi>0$ であるから　$\cos\frac{3}{8}\pi=\boldsymbol{\frac{\sqrt{2-\sqrt{2}}}{2}}$ 答

教 p.139

練習 33

正接の2倍角，半角の公式が成り立つことを確かめよ。また，次の値を求めよ。

(1) $\tan\alpha=3$ のとき，$\tan 2\alpha$ の値

(2) $0<\alpha<\frac{\pi}{2}$ で，$\cos\alpha=\frac{2}{3}$ のとき，$\tan\frac{\alpha}{2}$ の値

指針 **正接の2倍角，半角の公式** 2倍角の公式は正接の加法定理から，半角の公式は正弦・余弦の半角の公式から導かれる。

解答 $\tan 2\alpha=\tan(\alpha+\alpha)=\frac{\tan\alpha+\tan\alpha}{1-\tan\alpha\tan\alpha}=\frac{2\tan\alpha}{1-\tan^2\alpha}$ 終

$\tan^2\frac{\alpha}{2}=\frac{\sin^2\frac{\alpha}{2}}{\cos^2\frac{\alpha}{2}}=\frac{\frac{1-\cos\alpha}{2}}{\frac{1+\cos\alpha}{2}}=\frac{1-\cos\alpha}{1+\cos\alpha}$ 終

(1) $\tan 2\alpha=\dfrac{2\tan\alpha}{1-\tan^2\alpha}=\dfrac{2\cdot 3}{1-3^2}=-\dfrac{3}{4}$ 答

(2) $\tan^2\dfrac{\alpha}{2}=\dfrac{1-\cos\alpha}{1+\cos\alpha}=\left(1-\dfrac{2}{3}\right)\div\left(1+\dfrac{2}{3}\right)=\dfrac{1}{5}$

$0<\alpha<\dfrac{\pi}{2}$ のとき，$0<\dfrac{\alpha}{2}<\dfrac{\pi}{4}$ より $\tan\dfrac{\alpha}{2}>0$ であるから

$\tan\dfrac{\alpha}{2}=\dfrac{1}{\sqrt{5}}$ 答

練習 34 教 p.140

$0\leqq\theta<2\pi$ のとき，次の方程式を解け。

(1) $\cos 2\theta+\sin\theta=1$　　(2) $\sin 2\theta+\cos\theta=0$

指針 **$\sin 2\theta$ や $\cos 2\theta$ を含む方程式**

(1) 余弦の 2 倍角の公式には，$\cos 2\theta=\cos^2\theta-\sin^2\theta$ の他に $\cos 2\theta=1-2\sin^2\theta$，$\cos 2\theta=2\cos^2\theta-1$ があるが，方程式の他の項に合わせて 1 つを選ぶ。

(2) 正弦の 2 倍角の公式 $\sin 2\theta=2\sin\theta\cos\theta$ を利用する。

解答 (1) 左辺を変形すると　$(1-2\sin^2\theta)+\sin\theta=1$

整理すると　$2\sin^2\theta-\sin\theta=0$

左辺を因数分解して　$\sin\theta(2\sin\theta-1)=0$

よって　$\sin\theta=0$　または　$\sin\theta=\dfrac{1}{2}$

$0\leqq\theta<2\pi$ のとき

$\sin\theta=0$ から　$\theta=0,\ \pi$

$\sin\theta=\dfrac{1}{2}$ から　$\theta=\dfrac{\pi}{6},\ \dfrac{5}{6}\pi$　　答 $\boldsymbol{\theta=0,\ \dfrac{\pi}{6},\ \dfrac{5}{6}\pi,\ \pi}$

(2) 方程式を変形すると　$2\sin\theta\cos\theta+\cos\theta=0$

したがって　$\cos\theta(2\sin\theta+1)=0$

よって　$\cos\theta=0$　または　$\sin\theta=-\dfrac{1}{2}$

$0\leqq\theta<2\pi$ のとき

$\cos\theta=0$ から　$\theta=\dfrac{\pi}{2},\ \dfrac{3}{2}\pi$

$\sin\theta=-\dfrac{1}{2}$ から　$\theta=\dfrac{7}{6}\pi,\ \dfrac{11}{6}\pi$

したがって　$\boldsymbol{\theta=\dfrac{\pi}{2},\ \dfrac{7}{6}\pi,\ \dfrac{3}{2}\pi,\ \dfrac{11}{6}\pi}$ 答

1 つの三角関数の式にして解こう。

B 三角関数の合成

教 p.141

練習 35

次の式を $r\sin(\theta+\alpha)$ の形に表せ。ただし，$r>0$，$-\pi<\alpha<\pi$ とする。

(1) $\sqrt{3}\sin\theta+\cos\theta$　　　(2) $\sin\theta-\cos\theta$

指針 **三角関数の合成**　$a\sin\theta+b\cos\theta$ を $r\sin(\theta+\alpha)$ の形に変形する。(1) では $a=\sqrt{3}$，$b=1$，(2) では $a=1$，$b=-1$ である。

r の値は，$r=\sqrt{a^2+b^2}$ として求める。

角 α は，点 $\mathrm{P}(a,\ b)$ をとり，線分 OP と x 軸の正の向きとのなす角として求める。

解答 (1) $r=\sqrt{(\sqrt{3})^2+1^2}=2$

点 $\mathrm{P}(\sqrt{3},\ 1)$ をとると，図より，

$\alpha=\dfrac{\pi}{6}$ となるから

$$\sqrt{3}\sin\theta+\cos\theta=\mathbf{2\sin\left(\theta+\frac{\pi}{6}\right)}$$ 答

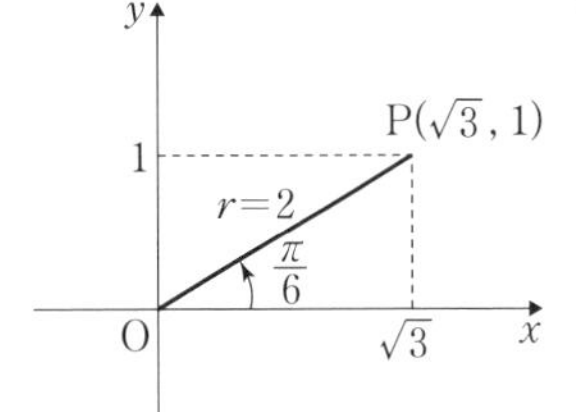

(2) $r=\sqrt{1^2+(-1)^2}=\sqrt{2}$

点 $\mathrm{P}(1,\ -1)$ をとると，図より，

$\alpha=-\dfrac{\pi}{4}$ となるから

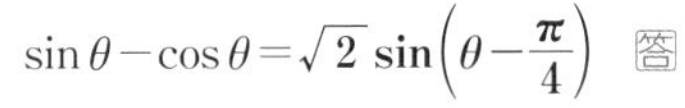

$$\sin\theta-\cos\theta=\mathbf{\sqrt{2}\sin\left(\theta-\frac{\pi}{4}\right)}$$ 答

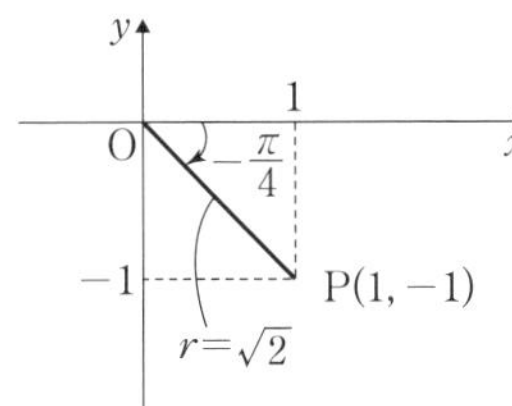

教 p.142

練習 36

次の関数の最大値，最小値を求めよ。また，そのグラフをかけ。

$$y=\sqrt{3}\sin x+\cos x$$

指針 **関数 $y=a\sin x+b\cos x$ の最大・最小，グラフ**　$y=r\sin(x+\alpha)$ の形に変形して考える。最大・最小は，$-1\leqq\sin\theta\leqq1$ を用いて調べる。

$y=r\sin(x+\alpha)$ のグラフは，$y=\sin x$ のグラフを

① x 軸をもとにして y 軸方向へ r 倍に拡大・縮小し，

② さらに，x 軸方向に $-\alpha$ だけ平行移動したもの。

解答 $\sqrt{3}\sin x+\cos x=2\sin\left(x+\dfrac{\pi}{6}\right)$ であるから　　$y=2\sin\left(x+\dfrac{\pi}{6}\right)$

$-1\leqq\sin\left(x+\dfrac{\pi}{6}\right)\leqq1$ であるから　　← $-1\leqq\sin\theta\leqq1$

$-2\leqq y\leqq2$

したがって　　y の **最大値は 2，最小値は -2** 答

また，グラフは，$y=\sin x$ のグラフを x 軸をもとにして y 軸方向に 2 倍に拡大し，さらに，x 軸方向に $-\dfrac{\pi}{6}$ だけ平行移動したもので，図のようになる。

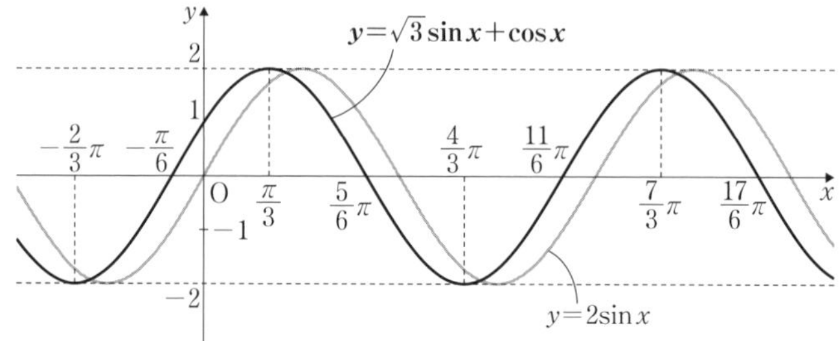

練習 37 教 p.143

$0\leqq x<2\pi$ のとき，次の方程式を解け。

$$\sin x+\sqrt{3}\cos x=1$$

指針 **方程式 $a\sin x+b\cos x=c$** 方程式の左辺の三角関数を合成して，$r\sin(x+\alpha)$ の形に変形する。次に，$x+\alpha$ の範囲に注意して，$\sin(x+\alpha)$ の値から $x+\alpha$ を求める。

解答 左辺の三角関数を合成すると

$$2\sin\left(x+\frac{\pi}{3}\right)=1$$

よって　$\sin\left(x+\dfrac{\pi}{3}\right)=\dfrac{1}{2}$ …… ①

$0\leqq x<2\pi$ のとき

$$\frac{\pi}{3}\leqq x+\frac{\pi}{3}<\frac{7}{3}\pi$$

であるから，この範囲で ① を解くと

$$x+\frac{\pi}{3}=\frac{5}{6}\pi,\ \frac{13}{6}\pi$$

したがって　$\boldsymbol{x=\dfrac{\pi}{2},\ \dfrac{11}{6}\pi}$ 答

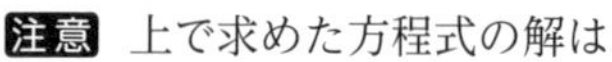

注意 上で求めた方程式の解は，
$0\leqq x<2\pi$ における 2 つの関数
$y=\sin x+\sqrt{3}\cos x$,
$y=1$
のグラフの交点の x 座標である。

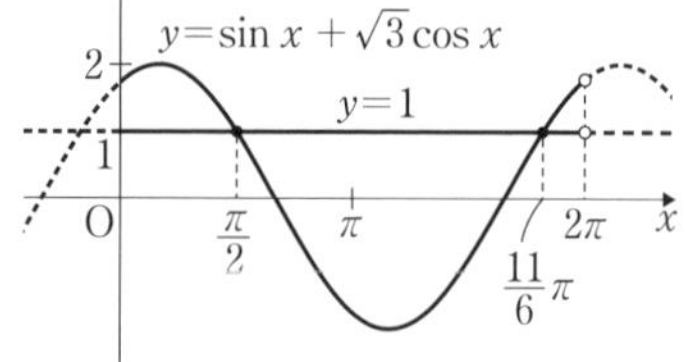

第4章 第2節　補充問題

教 p.145

5　点 P(2, 4) を，原点 O を中心として $\frac{\pi}{4}$ だけ回転した位置にある点を Q とする。

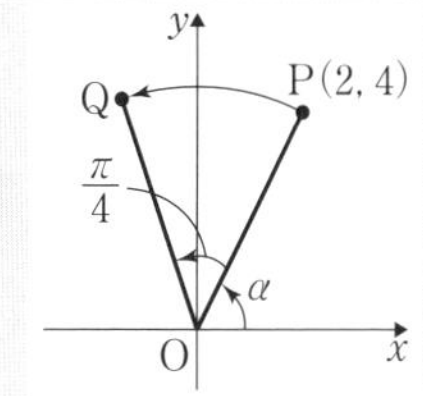

(1)　x 軸の正の部分から直線 OP まで測った角を α とする。$\mathrm{OP}\cos\alpha$，$\mathrm{OP}\sin\alpha$ の値を，それぞれ求めよ。

(2)　点 Q の座標を求めよ。

指針　**加法定理と点の回転**

(1)　点 P から x 軸に垂線 PR を下ろすと，$\mathrm{OP}\cos\alpha=\mathrm{OR}$，$\mathrm{OP}\sin\alpha=\mathrm{PR}$ となる。

(2)　点 Q の x 座標は $\mathrm{OQ}\cos\left(\alpha+\frac{\pi}{4}\right)$，$y$ 座標は $\mathrm{OQ}\sin\left(\alpha+\frac{\pi}{4}\right)$ と表される。

解答　(1)　点 P から x 軸に下ろした垂線を PR とすると

$\mathbf{OP\cos\alpha}=\mathrm{OR}=\mathbf{2}$　答

$\mathbf{OP\sin\alpha}=\mathrm{PR}=\mathbf{4}$　答

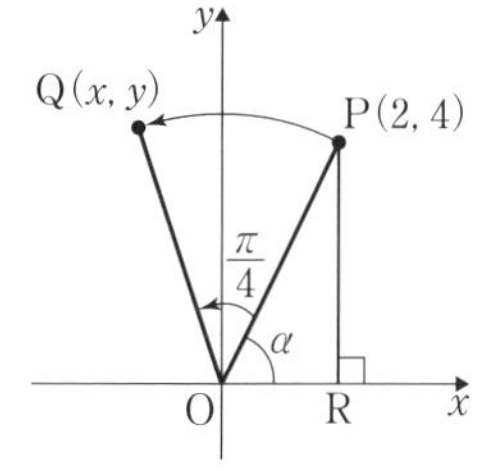

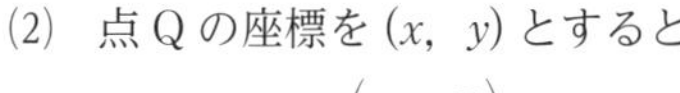

(2)　点 Q の座標を $(x,\ y)$ とすると

$$x=\mathrm{OQ}\cos\left(\alpha+\frac{\pi}{4}\right),$$

$$y=\mathrm{OQ}\sin\left(\alpha+\frac{\pi}{4}\right)$$

加法定理により

$$x=\mathrm{OQ}\left(\cos\alpha\cos\frac{\pi}{4}-\sin\alpha\sin\frac{\pi}{4}\right)=\frac{1}{\sqrt{2}}\left(\mathrm{OQ}\cos\alpha-\mathrm{OQ}\sin\alpha\right)$$

$$y=\mathrm{OQ}\left(\sin\alpha\cos\frac{\pi}{4}+\cos\alpha\sin\frac{\pi}{4}\right)=\frac{1}{\sqrt{2}}\left(\mathrm{OQ}\sin\alpha+\mathrm{OQ}\cos\alpha\right)$$

OQ＝OP であるから，(1) から

$\mathrm{OQ}\cos\alpha=2$，$\mathrm{OQ}\sin\alpha=4$

よって　$x=\frac{1}{\sqrt{2}}(2-4)=-\sqrt{2}$

$y=\frac{1}{\sqrt{2}}(4+2)=3\sqrt{2}$

したがって，点 Q の座標は　$(-\sqrt{2},\ 3\sqrt{2})$　答

教 p.145

6　2 直線 $y=3x$，$y=\frac{1}{2}x+1$ のなす角 θ を求めよ。ただし，$0<\theta<\frac{\pi}{2}$ とする。

指針　**2 直線のなす角**　一般に，2 直線のなす角は，それぞれと平行で原点を通る 2 直線のなす角に等しい。2 直線 $y=3x$，$y=\frac{1}{2}x+1$ のなす角は，2 直線 $y=3x$，$y=\frac{1}{2}x$ のなす角に等しい。

解答　求める角 θ は，2 直線 $y=3x$，$y=\frac{1}{2}x$ のなす角と等しい。

x 軸の正の部分からそれぞれの直線まで測った角を α，β とする。

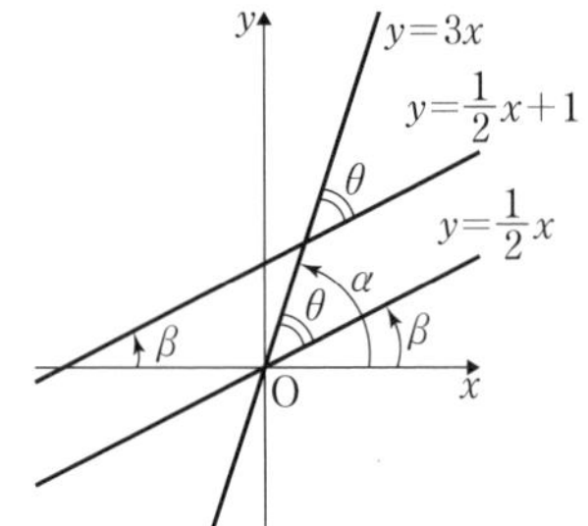

$\tan\alpha=3$，$\tan\beta=\frac{1}{2}$

$\theta=\alpha-\beta$ であるから

$$\tan\theta=\tan(\alpha-\beta)=\frac{\tan\alpha-\tan\beta}{1+\tan\alpha\tan\beta}$$

$$=\left(3-\frac{1}{2}\right)\div\left(1+3\cdot\frac{1}{2}\right)=1$$

$0<\theta<\frac{\pi}{2}$ であるから　　$\theta=\boldsymbol{\frac{\pi}{4}}$　答

教 p.145

7　$0\leqq\theta<2\pi$ のとき，次の不等式を解け。

(1)　$\sin2\theta\geqq\sin\theta$　　　(2)　$\cos2\theta<\sin\theta+1$

指針　**$\sin2\theta$ や $\cos2\theta$ を含む不等式**　2 倍角の公式を使って整理する。

(1)　$\sin\theta$ と $\cos\theta$ の不等式になるが因数分解できる。

(2)　$\sin\theta$ の 2 次不等式が得られる。

解答　(1)　左辺を変形すると　　$2\sin\theta\cos\theta\geqq\sin\theta$

整理すると　　$\sin\theta(2\cos\theta-1)\geqq0$

よって　$\begin{cases}\sin\theta\geqq0\\2\cos\theta-1\geqq0\end{cases}$　または　$\begin{cases}\sin\theta\leqq0\\2\cos\theta-1\leqq0\end{cases}$

$0\leqq\theta<2\pi$ のとき

$\sin\theta\geqq0$ かつ $\cos\theta\geqq\frac{1}{2}$ を満たす θ の範囲は，

図 1 から　　$0\leqq\theta\leqq\frac{\pi}{3}$

図 1

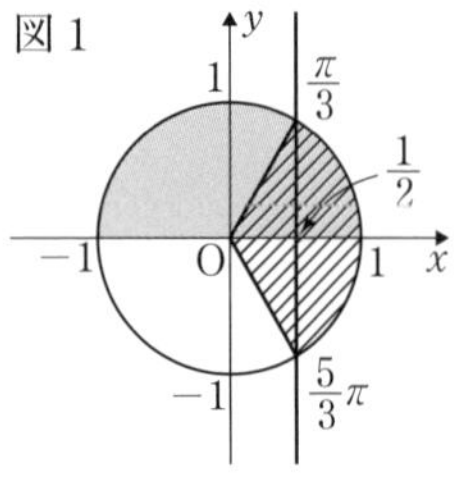

教科書 $p.145$

図 2

$\sin\theta \leqq 0$ かつ $\cos\theta \leqq \dfrac{1}{2}$ を満たす θ の範囲は，

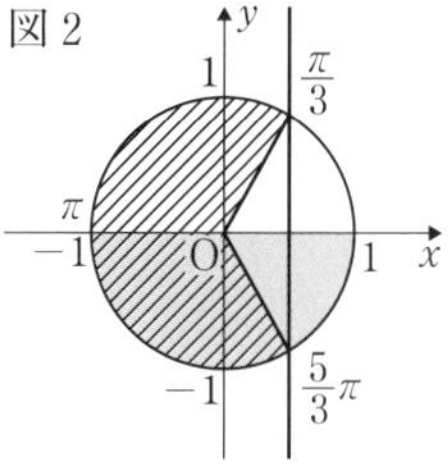

図 2 から　　$\pi \leqq \theta \leqq \dfrac{5}{3}\pi$

したがって，求める解は

$$\mathbf{0 \leqq \theta \leqq \dfrac{\pi}{3},\ \pi \leqq \theta \leqq \dfrac{5}{3}\pi}$$ 答

(2) 左辺を変形すると

$$1-2\sin^2\theta < \sin\theta + 1$$

整理すると

$$\sin\theta(2\sin\theta+1) > 0$$

よって　　$\sin\theta < -\dfrac{1}{2}$　または　$0 < \sin\theta$

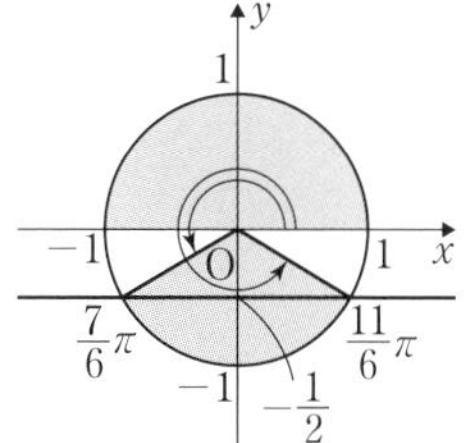

したがって，$0 \leqq \theta < 2\pi$ のとき

$$\mathbf{0 < \theta < \pi,\ \dfrac{7}{6}\pi < \theta < \dfrac{11}{6}\pi}$$ 答

参考 (1) は次のようにして，θ の値の範囲を求めてもよい。

与えられた不等式より

$$\begin{cases} \sin\theta \geqq 0 \\ 2\cos\theta - 1 \geqq 0 \end{cases} \quad \text{または} \quad \begin{cases} \sin\theta \leqq 0 \\ 2\cos\theta - 1 \leqq 0 \end{cases}$$

[1] $0 \leqq \theta < 2\pi$ の範囲で

$\sin\theta \geqq 0$ を解くと　　$0 \leqq \theta \leqq \pi$　…… ①

$\cos\theta \geqq \dfrac{1}{2}$ を解くと　　$0 \leqq \theta \leqq \dfrac{\pi}{3},\ \dfrac{5}{3}\pi \leqq \theta < 2\pi$　…… ②

① と ② の共通範囲を求めて　　$0 \leqq \theta \leqq \dfrac{\pi}{3}$

[2] $0 \leqq \theta < 2\pi$ の範囲で

$\sin\theta \leqq 0$ を解くと　　$\pi \leqq \theta < 2\pi$　…… ③

$\cos\theta \leqq \dfrac{1}{2}$ を解くと　　$\dfrac{\pi}{3} \leqq \theta \leqq \dfrac{5}{3}\pi$　…… ④

③ と ④ の共通範囲を求めて　　$\pi \leqq \theta \leqq \dfrac{5}{3}\pi$

以上から，求める不等式の解は

$$0 \leqq \theta \leqq \dfrac{\pi}{3},\ \pi \leqq \theta \leqq \dfrac{5}{3}\pi$$

教 p.145

8　関数 $y=\sin x+2\cos x$ の最大値，最小値を求めよ。

指針　**関数 $y=a\sin x+b\cos x$ の最大・最小**　三角関数の合成を使う。
$y=r\sin(x+\alpha)$ の形に変形し，$-1\leqq\sin\theta\leqq1$ を利用する。

解答　$\sin x+2\cos x=\sqrt{5}\sin(x+\alpha)$

ただし，$\cos\alpha=\dfrac{1}{\sqrt{5}}$，$\sin\alpha=\dfrac{2}{\sqrt{5}}$

と変形できるから

$y=\sqrt{5}\sin(x+\alpha)$　　ただし，$\cos\alpha=\dfrac{1}{\sqrt{5}}$，$\sin\alpha=\dfrac{2}{\sqrt{5}}$

ここで，$-1\leqq\sin(x+\alpha)\leqq1$ であるから

$-\sqrt{5}\leqq y\leqq\sqrt{5}$

よって，y の **最大値は $\sqrt{5}$，最小値は $-\sqrt{5}$**　答

第4章　章末問題A

教 p.146

1. 次の値を求めよ。

(1) $\sin\dfrac{16}{3}\pi$　　(2) $\cos\dfrac{7}{2}\pi$　　(3) $\tan\left(-\dfrac{11}{6}\pi\right)$

指針　**三角関数の値**　2π までの角に直して考える。n を整数とすると

$\sin(\theta+2n\pi)=\sin\theta$, $\cos(\theta+2n\pi)=\cos\theta$, $\tan(\theta+n\pi)=\tan\theta$

解答　(1) $\sin\dfrac{16}{3}\pi=\sin\left(\dfrac{4}{3}\pi+4\pi\right)=\sin\dfrac{4}{3}\pi=\boldsymbol{-\dfrac{\sqrt{3}}{2}}$　答

(2) $\cos\dfrac{7}{2}\pi=\cos\left(\dfrac{3}{2}\pi+2\pi\right)=\cos\dfrac{3}{2}\pi=\boldsymbol{0}$　答

(3) $\tan\left(-\dfrac{11}{6}\pi\right)=\tan\left(\dfrac{\pi}{6}-2\pi\right)=\tan\dfrac{\pi}{6}=\boldsymbol{\dfrac{1}{\sqrt{3}}}$　答

注意　考え方は1通りではない。

(1) $\sin\dfrac{16}{3}\pi=\sin\left(-\dfrac{2}{3}\pi+6\pi\right)$　(2) $\cos\dfrac{7}{2}\pi=\cos\left(-\dfrac{\pi}{2}+4\pi\right)$　など。

教 p.146

2. 次の関数のグラフをかけ。また，その周期を求めよ。

(1) $y=\sin\left(2\theta-\dfrac{\pi}{3}\right)$　　(2) $y=\cos\left(\dfrac{\theta}{2}-\dfrac{\pi}{4}\right)$

指針　**いろいろな三角関数のグラフ**　それぞれ $y=\sin\theta$, $y=\cos\theta$ のグラフをもとにしてかく。(1) は $y=\sin2\left(\theta-\dfrac{\pi}{6}\right)$, (2) は $y=\cos\dfrac{1}{2}\left(\theta-\dfrac{\pi}{2}\right)$ と変形して考える。

解答　(1) $\sin\left(2\theta-\dfrac{\pi}{3}\right)=\sin2\left(\theta-\dfrac{\pi}{6}\right)$ であるから，$y=\sin\left(2\theta-\dfrac{\pi}{3}\right)$ のグラフは，

$y=\sin\theta$ のグラフを，y 軸をもとにして θ 軸方向に $\dfrac{1}{2}$ 倍に縮小し，さらに θ 軸方向に $\dfrac{\pi}{6}$ だけ平行移動したもので，図のようになる。

周期は　$2\pi\times\dfrac{1}{2}=\boldsymbol{\pi}$　答

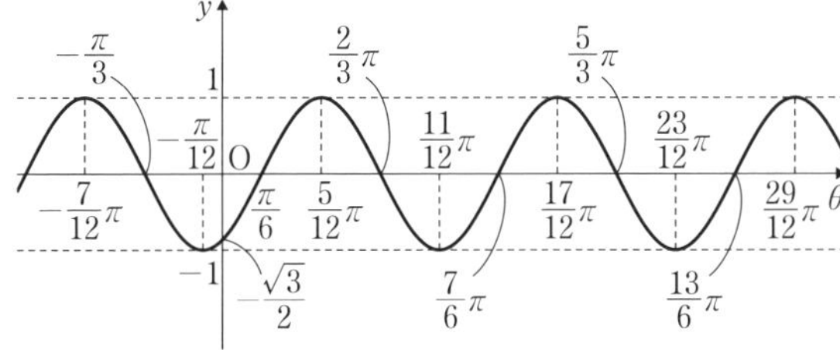

(2) $\cos\left(\frac{\theta}{2}-\frac{\pi}{4}\right)=\cos\frac{1}{2}\left(\theta-\frac{\pi}{2}\right)$ であるから，$y=\cos\left(\frac{\theta}{2}-\frac{\pi}{4}\right)$ のグラフは，$y=\cos\theta$ のグラフを，y 軸をもとにして θ 軸方向に 2 倍に拡大し，さらに θ 軸方向に $\frac{\pi}{2}$ だけ平行移動したもので，図のようになる。

周期は　　$2\pi\times2=\boldsymbol{4\pi}$　答

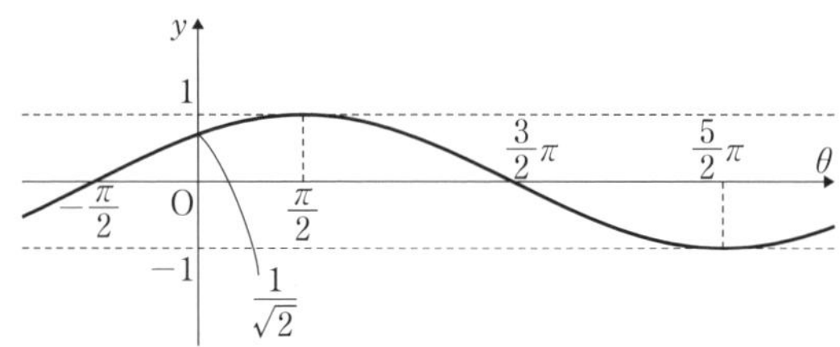

教 p.146

3. $\sin\theta\cos\theta=-\frac{1}{4}$ のとき，次の式の値を求めよ。ただし，θ は第 4 象限の角であるとする。

(1) $\sin\theta-\cos\theta$　　　　(2) $\sin^3\theta-\cos^3\theta$

指針　三角関数の式の値

(1) まず，$(\sin\theta-\cos\theta)^2$ の値を求める。θ の動径が第 4 象限にあることから，$\sin\theta-\cos\theta$ の符号を決める。

(2) 因数分解して，(1) を利用する。

解答 (1) $(\sin\theta-\cos\theta)^2=\sin^2\theta-2\sin\theta\cos\theta+\cos^2\theta$　　←$\sin^2\theta+\cos^2\theta=1$

$=1-2\sin\theta\cos\theta$

$=1-2\cdot\left(-\frac{1}{4}\right)=\frac{3}{2}$

θ の動径は第 4 象限にあるから　　$\sin\theta<0,\ \cos\theta>0$

よって　　$\sin\theta-\cos\theta<0$

したがって　　$\sin\theta-\cos\theta=-\sqrt{\frac{3}{2}}=\boldsymbol{-\frac{\sqrt{6}}{2}}$　答

(2) $\sin^3\theta-\cos^3\theta=(\sin\theta-\cos\theta)(\sin^2\theta+\sin\theta\cos\theta+\cos^2\theta)$

$=(\sin\theta-\cos\theta)(1+\sin\theta\cos\theta)$

$=\left(-\frac{\sqrt{6}}{2}\right)\left(1-\frac{1}{4}\right)=\boldsymbol{-\frac{3\sqrt{6}}{8}}$　答

別解 (2) $\sin^3\theta-\cos^3\theta=(\sin\theta-\cos\theta)^3+3\sin\theta\cos\theta(\sin\theta-\cos\theta)$

$=\left(-\frac{\sqrt{6}}{2}\right)^3+3\cdot\left(-\frac{1}{4}\right)\cdot\left(-\frac{\sqrt{6}}{2}\right)=\boldsymbol{-\frac{3\sqrt{6}}{8}}$　答

教 p.146

4. 次の等式を証明せよ。

(1) $\dfrac{1}{1+\cos\theta}+\dfrac{1}{1-\cos\theta}=\dfrac{2}{\sin^2\theta}$　　(2) $\dfrac{1}{\tan\theta}-\tan\theta=\dfrac{2\cos 2\theta}{\sin 2\theta}$

指針 **等式の証明**　左辺を変形して右辺を導いてみる。(1)は三角関数の相互関係を，(2)はさらに2倍角の公式を用いる。

解答 (1) 左辺$=\dfrac{1-\cos\theta}{(1+\cos\theta)(1-\cos\theta)}+\dfrac{1+\cos\theta}{(1-\cos\theta)(1+\cos\theta)}$

$=\dfrac{(1-\cos\theta)+(1+\cos\theta)}{(1+\cos\theta)(1-\cos\theta)}=\dfrac{2}{1-\cos^2\theta}=\dfrac{2}{\sin^2\theta}=$右辺

よって　$\dfrac{1}{1+\cos\theta}+\dfrac{1}{1-\cos\theta}=\dfrac{2}{\sin^2\theta}$　終

(2) 左辺$=\dfrac{\cos\theta}{\sin\theta}-\dfrac{\sin\theta}{\cos\theta}=\dfrac{\cos^2\theta-\sin^2\theta}{\sin\theta\cos\theta}$　　← $\tan\theta=\dfrac{\sin\theta}{\cos\theta}$

$=\dfrac{2(\cos^2\theta-\sin^2\theta)}{2\sin\theta\cos\theta}=\dfrac{2\cos 2\theta}{\sin 2\theta}=$右辺　　← 2倍角の公式

よって　$\dfrac{1}{\tan\theta}-\tan\theta=\dfrac{2\cos 2\theta}{\sin 2\theta}$　終

教 p.146

5. $0\leqq x<2\pi$ のとき，次の方程式を解け。

(1) $2\cos^2 x-\sin x-1=0$　　(2) $\cos 2x=\cos x$

指針 **2倍角の公式と三角関数についての方程式**

(1) $\cos^2 x=1-\sin^2 x$ を用いて，方程式を $\sin x$ だけの式にして解く。

(2) $\cos 2x=2\cos^2 x-1$ を用いて，$\cos x$ だけの式にして解く。

解答 (1) 左辺を変形すると　$2(1-\sin^2 x)-\sin x-1=0$

整理して　$2\sin^2 x+\sin x-1=0$

左辺を因数分解すると　$(2\sin x-1)(\sin x+1)=0$

よって　$\sin x=\dfrac{1}{2}$　または　$\sin x=-1$

$0\leqq x<2\pi$ のとき

$\sin x=\dfrac{1}{2}$ から　$x=\dfrac{\pi}{6},\ \dfrac{5}{6}\pi$

$\sin x=-1$ から　$x=\dfrac{3}{2}\pi$　　答　$\boldsymbol{x=\dfrac{\pi}{6},\ \dfrac{5}{6}\pi,\ \dfrac{3}{2}\pi}$

(2) 左辺を変形すると　$2\cos^2 x-1=\cos x$

移項して　$2\cos^2 x-\cos x-1=0$

左辺を因数分解すると　$(2\cos x+1)(\cos x-1)=0$

よって　$\cos x=-\dfrac{1}{2}$　または　$\cos x=1$

$0 \leqq x < 2\pi$ のとき

$\cos x = -\dfrac{1}{2}$ から　　$x = \dfrac{2}{3}\pi,\ \dfrac{4}{3}\pi$

$\cos x = 1$ から　　$x = 0$　　　答　$\boldsymbol{x = 0,\ \dfrac{2}{3}\pi,\ \dfrac{4}{3}\pi}$

教 p.146

6．次の等式が成り立つことを確かめよ。ただし，加法定理を用いてよい。

(1) $\begin{cases} \sin(\pi-\theta) = \sin\theta \\ \cos(\pi-\theta) = -\cos\theta \\ \tan(\pi-\theta) = -\tan\theta \end{cases}$　　(2) $\begin{cases} \sin\left(\dfrac{\pi}{2}-\theta\right) = \cos\theta \\ \cos\left(\dfrac{\pi}{2}-\theta\right) = \sin\theta \\ \tan\left(\dfrac{\pi}{2}-\theta\right) = \dfrac{1}{\tan\theta} \end{cases}$

指針　**加法定理と等式の証明**　加法定理を用いた後の式で，$\sin\pi$，$\cos\pi$，$\sin\dfrac{\pi}{2}$，$\cos\dfrac{\pi}{2}$ をそれぞれ数値でおき換える。

解答　(1)　$\sin(\pi-\theta) = \sin\pi\cos\theta - \cos\pi\sin\theta$

$= 0\cdot\cos\theta - (-1)\cdot\sin\theta = \sin\theta$

$\cos(\pi-\theta) = \cos\pi\cos\theta + \sin\pi\sin\theta$

$= (-1)\cdot\cos\theta + 0\cdot\sin\theta = -\cos\theta$

$\tan(\pi-\theta) = \dfrac{\tan\pi - \tan\theta}{1+\tan\pi\tan\theta} = \dfrac{0-\tan\theta}{1+0\cdot\tan\theta} = -\tan\theta$　　終

(2)　$\sin\left(\dfrac{\pi}{2}-\theta\right) = \sin\dfrac{\pi}{2}\cos\theta - \cos\dfrac{\pi}{2}\sin\theta$

$= 1\cdot\cos\theta - 0\cdot\sin\theta = \cos\theta$

$\cos\left(\dfrac{\pi}{2}-\theta\right) = \cos\dfrac{\pi}{2}\cos\theta + \sin\dfrac{\pi}{2}\sin\theta$

$= 0\cdot\cos\theta + 1\cdot\sin\theta = \sin\theta$

$\tan\left(\dfrac{\pi}{2}-\theta\right) = \dfrac{\sin\left(\dfrac{\pi}{2}-\theta\right)}{\cos\left(\dfrac{\pi}{2}-\theta\right)} = \dfrac{\cos\theta}{\sin\theta} = \dfrac{1}{\tan\theta}$　　終

注意　(1)　$\tan(\pi-\theta) = \dfrac{\sin(\pi-\theta)}{\cos(\pi-\theta)} = \dfrac{\sin\theta}{-\cos\theta} = -\tan\theta$ としてもよい。

(2)　$\tan\dfrac{\pi}{2}$ は定義されないから，正接の加法定理を使って証明することはできない。

第4章　章末問題B

教 p.147

7. $0 \leqq \theta < 2\pi$ のとき，関数 $y=2\sin\theta-\cos 2\theta$ の最小値を求めよ。また，そのときの θ の値を求めよ。

指針　**三角関数を含む関数の最小値**　余弦の2倍角の公式 $\cos 2\theta = 1-2\sin^2\theta$ を用いて，まず関数を $\sin\theta$ だけの式で表す。さらに $\sin\theta = x$ とすると，y は x の2次関数となり，この関数の最小値を求める。x の値の範囲に注意する。

解答　$2\sin\theta-\cos 2\theta = 2\sin\theta-(1-2\sin^2\theta)$

$= 2\sin^2\theta+2\sin\theta-1$

$\sin\theta = x$ とおくと

$0 \leqq \theta < 2\pi$ から　　$-1 \leqq x \leqq 1$　…… ①

関数は　　$y=2x^2+2x-1$

変形すると　　$y=2\left(x+\frac{1}{2}\right)^2-\frac{3}{2}$

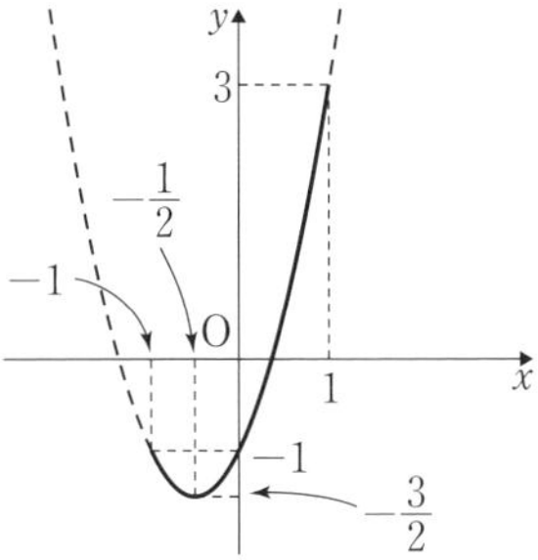

①の範囲でのグラフは，図の実線部分である。

よって，y は $x=-\frac{1}{2}$ で最小値 $-\frac{3}{2}$ をとる。

$0 \leqq \theta < 2\pi$ であるから，$x=-\frac{1}{2}$ すなわち $\sin\theta=-\frac{1}{2}$ のとき

$\theta = \frac{7}{6}\pi,\ \frac{11}{6}\pi$

したがって　　$\boldsymbol{\theta = \frac{7}{6}\pi,\ \frac{11}{6}\pi}$ **で最小値** $\boldsymbol{-\frac{3}{2}}$　答

教 p.147

8. 次の値を求めよ。

(1) $\sin\alpha+\sin\beta=\frac{1}{2}$，$\cos\alpha+\cos\beta=\frac{1}{3}$ のとき，$\cos(\alpha-\beta)$ の値

(2) $\tan\alpha=2$，$\tan\beta=4$，$\tan\gamma=13$ のとき，$\tan(\alpha+\beta+\gamma)$ の値

指針　**余弦，正接の加法定理の応用**

(1) $\cos(\alpha-\beta)=\cos\alpha\cos\beta+\sin\alpha\sin\beta$ の右辺の値を，2つの条件の式を使って計算する。それぞれの等式を2乗すると $\sin\alpha\sin\beta$，$\cos\alpha\cos\beta$ の形が現れる。

(2) $\tan\{(\alpha+\beta)+\gamma\}$ として加法定理を使う。

解答　(1) 2つの条件の式のそれぞれで，両辺を2乗すると

$\sin^2\alpha+2\sin\alpha\sin\beta+\sin^2\beta=\frac{1}{4}$

$$\cos^2\alpha+2\cos\alpha\cos\beta+\cos^2\beta=\frac{1}{9}$$

それぞれの辺を加えると

$$(\sin^2\alpha+\cos^2\alpha)+2(\sin\alpha\sin\beta+\cos\alpha\cos\beta)+(\sin^2\beta+\cos^2\beta)=\frac{1}{4}+\frac{1}{9}$$

ゆえに　$1+2(\sin\alpha\sin\beta+\cos\alpha\cos\beta)+1=\frac{13}{36}$

よって　$\sin\alpha\sin\beta+\cos\alpha\cos\beta=\frac{1}{2}\left(\frac{13}{36}-2\right)=-\frac{59}{72}$

したがって　$\cos(\alpha-\beta)=\cos\alpha\cos\beta+\sin\alpha\sin\beta=-\mathbf{\frac{59}{72}}$　答

(2)　$\tan(\alpha+\beta)=\frac{\tan\alpha+\tan\beta}{1-\tan\alpha\tan\beta}=\frac{2+4}{1-2\cdot4}=-\frac{6}{7}$ であるから

$$\tan(\alpha+\beta+\gamma)=\tan\{(\alpha+\beta)+\gamma\}=\frac{\tan(\alpha+\beta)+\tan\gamma}{1-\tan(\alpha+\beta)\tan\gamma}$$

$$=\frac{-\frac{6}{7}+13}{1-\left(-\frac{6}{7}\right)\cdot13}=\frac{-6+7\cdot13}{7+6\cdot13}=\frac{85}{85}=\mathbf{1}$$　答

教 p.147

9.　次の等式を証明せよ。

$$\frac{\sin(\alpha-\beta)}{\sin(\alpha+\beta)}=\frac{\tan\alpha-\tan\beta}{\tan\alpha+\tan\beta}$$

指針　**加法定理と等式の証明**　左辺の分母と分子に加法定理を用いる。これを変形して右辺を導く。$\frac{\sin\alpha}{\cos\alpha}=\tan\alpha$, $\frac{\sin\beta}{\cos\beta}=\tan\beta$ を利用する。

解答　$左辺=\frac{\sin\alpha\cos\beta-\cos\alpha\sin\beta}{\sin\alpha\cos\beta+\cos\alpha\sin\beta}$

分母と分子を $\cos\alpha\cos\beta$ で割って変形すると

$$左辺=\frac{\frac{\sin\alpha\cos\beta}{\cos\alpha\cos\beta}-\frac{\cos\alpha\sin\beta}{\cos\alpha\cos\beta}}{\frac{\sin\alpha\cos\beta}{\cos\alpha\cos\beta}+\frac{\cos\alpha\sin\beta}{\cos\alpha\cos\beta}}=\frac{\frac{\sin\alpha}{\cos\alpha}-\frac{\sin\beta}{\cos\beta}}{\frac{\sin\alpha}{\cos\alpha}+\frac{\sin\beta}{\cos\beta}}$$

$$=\frac{\tan\alpha-\tan\beta}{\tan\alpha+\tan\beta}=右辺$$

よって　$\frac{\sin(\alpha-\beta)}{\sin(\alpha+\beta)}=\frac{\tan\alpha-\tan\beta}{\tan\alpha+\tan\beta}$　終

教 p.147

10. 次の関数のグラフをかけ。また，その周期を求めよ。

(1) $y=\sin x\cos x$　　(2) $y=\cos^2 x$

指針　いろいろな三角関数のグラフ

(1) 2倍角の公式を用いて1つの三角関数で表す。さらに，x 軸方向，y 軸方向の拡大・縮小を考える必要がある。

(2) 半角の公式を利用して2乗の形をなくす。さらに，y 軸方向への平行移動も考える必要がある。

解答 (1) 2倍角の公式により　$\sin x\cos x=\dfrac{1}{2}\sin 2x$

よって　$y=\dfrac{1}{2}\sin 2x$

したがって，$y=\sin x\cos x$ のグラフは，$y=\sin x$ のグラフを，x 軸をもとにして y 軸方向に $\dfrac{1}{2}$ 倍に縮小し，さらに y 軸をもとにして x 軸方向に $\dfrac{1}{2}$ 倍に縮小したもので，グラフは図のようになる。

周期は　$2\pi\times\dfrac{1}{2}=\boldsymbol{\pi}$　答

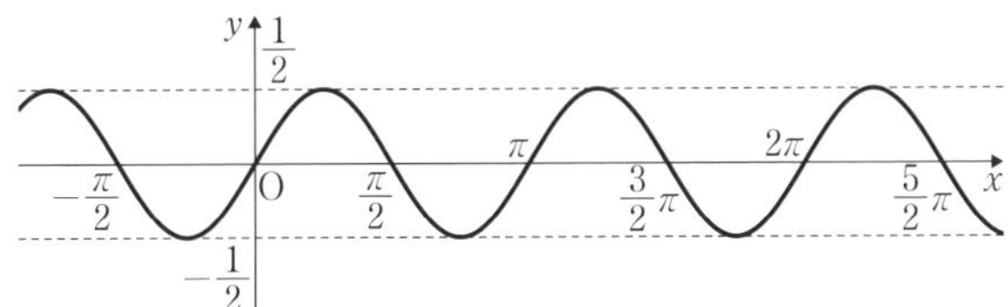

(2) 半角の公式により　$\cos^2 x=\dfrac{1+\cos 2x}{2}$　　←$\cos^2\dfrac{\alpha}{2}=\dfrac{1+\cos\alpha}{2}$

であるから　$y=\dfrac{1}{2}\cos 2x+\dfrac{1}{2}$

このグラフは，$y=\cos x$ のグラフを(1)と同様に縮小して得られる $y=\dfrac{1}{2}\cos 2x$ のグラフを y 軸方向に $\dfrac{1}{2}$ だけ平行移動したもので，図のようになる。周期は　$2\pi\times\dfrac{1}{2}=\boldsymbol{\pi}$　答

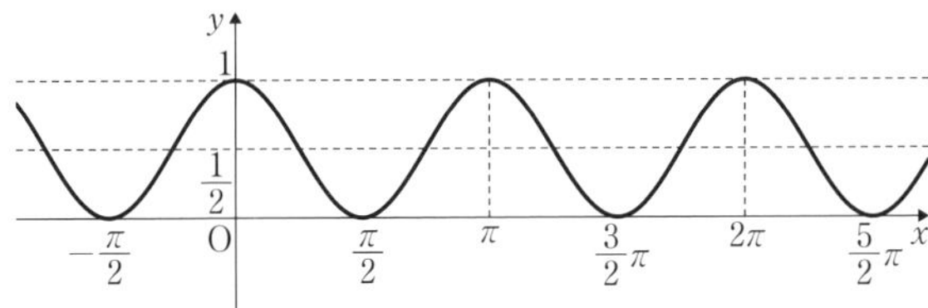

4章 三角関数

教 p.147

11. 関数 $y=\sin x-\sqrt{3}\cos x\ (0\leqq x<2\pi)$ について，次の問いに答えよ。

(1) 関数の最大値，最小値と，そのときの x の値を求めよ。

(2) $y=0$ となる x の値を求めよ。

(3) $y\leqq 0$ となる x の値の範囲を求めよ。

指針 **三角関数の合成** $y=a\sin x+b\cos x$ を $y=r\sin(x+\alpha)$ の形に変形する。
$\alpha\leqq x+\alpha<2\pi+\alpha$ に注意して，方程式や不等式を解く。

解答 $\sin x-\sqrt{3}\cos x=2\sin\left(x-\dfrac{\pi}{3}\right)$

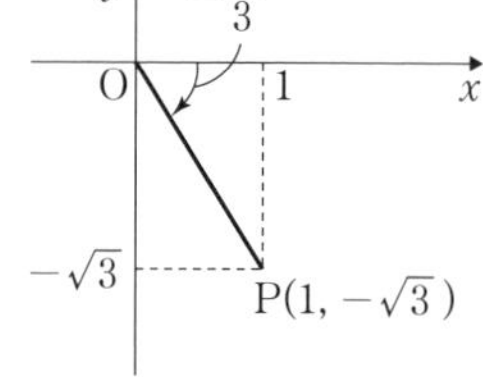

であるから　$y=2\sin\left(x-\dfrac{\pi}{3}\right)$

また，$0\leqq x<2\pi$ のとき

$$-\frac{\pi}{3}\leqq x-\frac{\pi}{3}<\frac{5}{3}\pi \quad \cdots\cdots ①$$

(1) ① の範囲のとき $-1\leqq\sin\left(x-\dfrac{\pi}{3}\right)\leqq 1$ であるから　$-2\leqq y\leqq 2$

よって，y は

$x-\dfrac{\pi}{3}=\dfrac{\pi}{2}$　すなわち　$\boldsymbol{x=\dfrac{5}{6}\pi}$ **で最大値 2 をとり，**

$x-\dfrac{\pi}{3}=\dfrac{3}{2}\pi$　すなわち　$\boldsymbol{x=\dfrac{11}{6}\pi}$ **で最小値 -2 をとる。** 答

(2) $y=0$ のとき　$\sin\left(x-\dfrac{\pi}{3}\right)=0$

この方程式を ① の範囲で解くと

$x-\dfrac{\pi}{3}=0,\ \pi$　よって　$\boldsymbol{x=\dfrac{\pi}{3},\ \dfrac{4}{3}\pi}$ 答

(3) $y\leqq 0$ のとき　$\sin\left(x-\dfrac{\pi}{3}\right)\leqq 0$

この不等式を①の範囲で解くと

$-\dfrac{\pi}{3}\leqq x-\dfrac{\pi}{3}\leqq 0$　または　$\pi\leqq x-\dfrac{\pi}{3}<\dfrac{5}{3}\pi$

よって　$\boldsymbol{0\leqq x\leqq\dfrac{\pi}{3},\ \dfrac{4}{3}\pi\leqq x<2\pi}$ 答

教 p.147

12. $0 \leqq x \leqq \frac{\pi}{4}$ であるとき，関数 $y=\sin x\cos x+2\cos^2 x$ の最大値と最小値を求めよ。

指針 **$\sin x$，$\cos x$ の関数の最大・最小**　まず，$\sin x\cos x$ に 2 倍角の公式を，$\cos^2 x$ に半角の公式を用いて，角を $2x$ にそろえる。次に，三角関数を合成して，関数の最大値と最小値を考える。

解答 $\sin x\cos x+2\cos^2 x=\frac{1}{2}\sin 2x+\cos 2x+1$

$=\frac{\sqrt{5}}{2}\sin(2x+\alpha)+1$

ただし，α は $\sin\alpha=\frac{2}{\sqrt{5}}$，$\cos\alpha=\frac{1}{\sqrt{5}}$ を満たす。

さらに，$\sin\alpha$，$\cos\alpha$ の値から $0<\alpha<\frac{\pi}{2}$ で考えると

$\frac{1}{\sqrt{2}}<\frac{2}{\sqrt{5}}<1$ から　　$\frac{\pi}{4}<\alpha<\frac{\pi}{2}$

また，$0 \leqq x \leqq \frac{\pi}{4}$ から　　$\alpha \leqq 2x+\alpha \leqq \frac{\pi}{2}+\alpha$

よって，$\sin(2x+\alpha)$ は

$2x+\alpha=\frac{\pi}{2}$ のとき最大値，$2x+\alpha=\frac{\pi}{2}+\alpha$

すなわち，$x=\frac{\pi}{4}$ のとき最小値をとる。

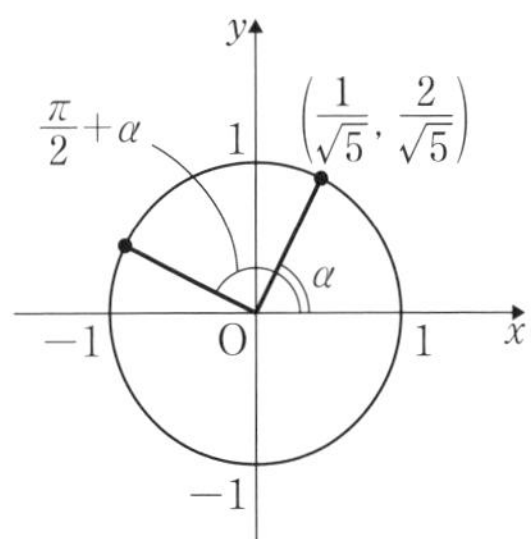

したがって

最大値は　$\frac{\sqrt{5}}{2}\cdot 1+1=\boldsymbol{\frac{\sqrt{5}}{2}+1}$

最小値は　$\frac{1}{\sqrt{2}}\cdot\frac{1}{\sqrt{2}}+2\cdot\left(\frac{1}{\sqrt{2}}\right)^2=\boldsymbol{\frac{3}{2}}$　答

第5章 指数関数と対数関数

第1節 指数関数

1 指数の拡張

まとめ

1　a^0，a^{-n} の定義（指数が 0 や負の整数）

$a \neq 0$ で，n は正の整数とする。

$$a^0=1, \quad a^{-n}=\frac{1}{a^n} \quad とくに \quad a^{-1}=\frac{1}{a}$$

2　指数法則（指数が整数）

$a \neq 0$，$b \neq 0$ で，m，n は整数とする。

1　$a^m \times a^n = a^{m+n}$　　**2**　$\dfrac{a^m}{a^n}=a^{m-n}$

3　$(a^m)^n=a^{mn}$　　**4**　$(ab)^n=a^n b^n$

注意　m，n を正の整数とするとき，上の指数法則 **1**，**3**，**4** が成り立つことは，すでに学習している。a^0，a^{-n} を定義することによって，この法則を満たしながら，指数の範囲を整数全体に拡張したものである。

3　n 乗根

n を正の整数とするとき，n 乗すると a になる数を a の **n 乗根** という。すなわち，方程式 $x^n=a$ の解が a の n 乗根である。

4　累乗根

a の 2 乗根（平方根），3 乗根，4 乗根，……をまとめて a の **累乗根** という。
正の数 a に対して，$x^n=a$ を満たす正の数 x がただ 1 つある。
この正の数 x を $\sqrt[n]{a}$ で表す。

$a>0$ のとき　$\sqrt[n]{a}>0$，　$(\sqrt[n]{a})^n=a$，　$\sqrt[n]{a^n}=a$

例　$\sqrt[3]{8}$ は $x^3=8$ を満たす正の数 x，すなわち　$\sqrt[3]{8}=2$

注意　以下では，正の数 a の n 乗根のうち，正であるものについて考える。
$\sqrt[n]{a}$ は「n 乗根 a」と読む。
また，$\sqrt[2]{a}$ は，ふつう $\sqrt{a}$ と書く。　←2 乗根すなわち平方根

5　累乗根の性質

$a>0$，$b>0$ で，m，n，p は正の整数とする。

1　$\sqrt[n]{a}\sqrt[n]{b}=\sqrt[n]{ab}$　　**2**　$\dfrac{\sqrt[n]{a}}{\sqrt[n]{b}}=\sqrt[n]{\dfrac{a}{b}}$　　**3**　$(\sqrt[n]{a})^m=\sqrt[n]{a^m}$

4　$\sqrt[m]{\sqrt[n]{a}}=\sqrt[mn]{a}$　　**5**　$\sqrt[n]{a^m}=\sqrt[np]{a^{mp}}$

教科書 p.151

6　有理数の指数

指数が有理数の場合の累乗の意味を，次のように定める。

$a>0$ で，m，n は正の整数，r は正の有理数とする。

$$a^{\frac{1}{n}}=\sqrt[n]{a},\quad a^{\frac{m}{n}}=(\sqrt[n]{a})^m=\sqrt[n]{a^m},\quad a^{-r}=\frac{1}{a^r}$$

7　指数法則（指数が有理数）

$a>0$，$b>0$ で，r，s は有理数とする。

1　$a^r\times a^s=a^{r+s}$　　**2**　$\dfrac{a^r}{a^s}=a^{r-s}$

3　$(a^r)^s=a^{rs}$　　**4**　$(ab)^r=a^rb^r$

8　実数の指数

$a>0$ のとき，a^r の指数 r は実数にまで拡張することができる。

たとえば，$\sqrt{2}=1.4142\cdots\cdots$ に対して，累乗の列

$$3^{1.4},\ 3^{1.41},\ 3^{1.414},\ 3^{1.4142},\ \cdots\cdots$$

は，次第に一定の値に近づき，その値を $3^{\sqrt{2}}$ と定めるのである。

9　指数法則（指数が実数）

指数が実数の場合にも，次の指数法則が成り立つ。

$a>0$，$b>0$ で，r，s は実数とする。

1　$a^r\times a^s=a^{r+s}$　　**2**　$\dfrac{a^r}{a^s}=a^{r-s}$

3　$(a^r)^s=a^{rs}$　　**4**　$(ab)^r=a^rb^r$

5章　指数関数と対数関数

A 整数の指数

教 p.151

練習 1

次の□に適する数を求めよ。ただし，(1)～(3)，(5) は整数，(4) は小数とする。

(1)　$5^0=\square$　　(2)　$4^{-2}=\dfrac{1}{4^{\square}}$　　(3)　$\left(\dfrac{1}{2}\right)^5=2^{\square}$

(4)　$2.31\times10^{-3}=\square$　　(5)　$0.00074=7.4\times10^{\square}$

指針　**指数が 0 や負の整数の値**　a^{-n} の定義に従って書き換える。$a\neq0$，n が正の整数のとき，$\dfrac{1}{a^n}$ は a^n の逆数である。これを a^{-n} と表す。

解答　(1)　$5^0=\mathbf{1}$　答

(2)　$4^{-2}=\dfrac{1}{4^2}$　答　**2**

(3)　$\left(\dfrac{1}{2}\right)^5=\dfrac{1}{2^5}=2^{-5}$　答　**−5**

(4)　$2.31\times10^{-3}=2.31\times0.001=\mathbf{0.00231}$　答

(5) $0.00074=7.4\times0.0001$

$=7.4\times10^{-4}$ 答 -4 ← $0.0001=\dfrac{1}{10^4}=10^{-4}$

練習 2 教 p.151

次の式を計算せよ。

(1) a^5a^{-2}　(2) $\dfrac{a^{-3}}{a^2}$　(3) $(a^{-4})^{-1}$　(4) $(a^{-2}b)^3$

指針 **指数法則（指数が整数）** 指数の範囲を，正の整数から整数全体に拡張しても，すでに学習している指数法則はそのまま適用できる。
さらに，$a^m\div a^n=a^{m-n}$ が成り立つ。$m\leqq n$ の場合でもよい。

解答 (1) $a^5a^{-2}=a^{5+(-2)}=\boldsymbol{a^3}$ 答 ← 指数法則 **1**

(2) $\dfrac{a^{-3}}{a^2}=a^{-3-2}=\boldsymbol{a^{-5}}\left(=\boldsymbol{\dfrac{1}{a^5}}\right)$ 答 ← 指数法則 **2**

(3) $(a^{-4})^{-1}=a^{(-4)\times(-1)}=\boldsymbol{a^4}$ 答 ← 指数法則 **3**

(4) $(a^{-2}b)^3=a^{(-2)\times3}b^3=\boldsymbol{a^{-6}b^3}\left(=\boldsymbol{\dfrac{b^3}{a^6}}\right)$ 答 ← 指数法則 **4**，**3**

B 累乗根

練習 3 教 p.152

次の□に適する数を求めよ。

(1) $(-2)^3=-8$ であるから，□は -8 の□乗根である。

(2) $2^4=(-2)^4=16$ であるから，2 と□は 16 の□乗根である。

指針 ***n* 乗根** n 乗すると a になる数を a の n 乗根という（n は正の整数）。
(1) は 3 乗すると -8 になる数，(2) は 4 乗すると 16 になる数である。

解答 (1) 順に **-2，3** 答

(2) 順に **-2，4** 答

練習 4 教 p.152

次の値を求めよ。

(1) $\sqrt[3]{1}$　(2) $\sqrt[3]{27}$　(3) $\sqrt[4]{\dfrac{1}{16}}$

指針 $\boldsymbol{\sqrt[n]{a}}$ (1)～(3) はそれぞれ，$x^3=1$，$x^3=27$，$x^4=\dfrac{1}{16}$ を満たす数 x のうちの正の数を表す。この意味を理解した上で，$\sqrt[n]{a^n}=a\ (a>0)$ を使う。

解答 (1) $\sqrt[3]{1}=\sqrt[3]{1^3}=\boldsymbol{1}$ 答

(2) $\sqrt[3]{27}=\sqrt[3]{3^3}=\boldsymbol{3}$ 答

(3) $\sqrt[4]{\dfrac{1}{16}}=\sqrt[4]{\left(\dfrac{1}{2}\right)^4}=\dfrac{1}{2}$ 答

注意 1の3乗根は3つあり，1，$\dfrac{-1\pm\sqrt{3}i}{2}$ である。

ただし，$\sqrt[3]{1}$ はそのうちの正の実数を表し，$\sqrt[3]{1}=1$ である。

練習 5 教 p.153

次の式を計算せよ。

(1) $\sqrt[3]{3}\sqrt[3]{9}$　(2) $\dfrac{\sqrt[4]{32}}{\sqrt[4]{2}}$　(3) $(\sqrt[3]{5})^2$　(4) $\sqrt[4]{\sqrt[3]{12}}$　(5) $\sqrt[8]{16}$

指針 **累乗根の性質**　$p.186$ のまとめの **5** 累乗根の性質のうち，**1**〜**3** については，平方根 $\sqrt{\ }$ についても同様の性質があった。**4** については十分注意して適用する。さらに，$\sqrt[n]{a^n}=a$ が使える場合もある。

解答 (1) $\sqrt[3]{3}\sqrt[3]{9}=\sqrt[3]{3\times9}=\sqrt[3]{3^3}=3$ 答　←性質 **1**，$\sqrt[n]{a^n}=a$

(2) $\dfrac{\sqrt[4]{32}}{\sqrt[4]{2}}=\sqrt[4]{\dfrac{32}{2}}=\sqrt[4]{16}=\sqrt[4]{2^4}=2$ 答　←性質 **2**，$\sqrt[n]{a^n}=a$

(3) $(\sqrt[3]{5})^2=\sqrt[3]{5^2}=\sqrt[3]{25}$ 答　←性質 **3**

(4) $\sqrt[4]{\sqrt[3]{12}}=\sqrt[4\times3]{12}=\sqrt[12]{12}$ 答　←性質 **4**

(5) $\sqrt[8]{16}=\sqrt[8]{2^4}=\sqrt[2\times4]{2^{1\times4}}=\sqrt[2]{2}=\sqrt{2}$ 答　←性質 **5**

C 有理数の指数

練習 6 教 p.154

次の□に適する数を求めよ。

(1) $4^{\frac{1}{3}}=\sqrt[\square]{4}$　(2) $3^{\frac{3}{4}}=\sqrt[\square]{3^{\square}}$　(3) $5^{-\frac{1}{3}}=\dfrac{1}{\sqrt[\square]{5}}$

(4) $\sqrt[5]{6}=\square^{\frac{1}{\square}}$　(5) $\sqrt[3]{16}=\sqrt[3]{2^{\square}}=2^{\frac{\square}{\square}}$

指針 **有理数の指数**　$a^{\frac{1}{n}}=\sqrt[n]{a}$，$a^{\frac{m}{n}}=\sqrt[n]{a^m}$ を使う。(3) のように，指数が負の有理数のときは，$a^{-r}=\dfrac{1}{a^r}$ により，まず正の有理数に直す。

解答 (1) $4^{\frac{1}{3}}=\sqrt[3]{4}$ 答　3

(2) $3^{\frac{3}{4}}=\sqrt[4]{3^3}$ 答　順に　4，3

(3) $5^{-\frac{1}{3}}=\dfrac{1}{5^{\frac{1}{3}}}=\dfrac{1}{\sqrt[3]{5}}$ 答　3

(4) $\sqrt[5]{6}=6^{\frac{1}{5}}$ 答　順に　6，5

(5) $\sqrt[3]{16}=\sqrt[3]{2^4}=2^{\frac{4}{3}}$ 答　順に　4，3，4 (分母，分子の順)

教 p.155

練習 7

次の式を計算せよ。

(1) $2^{\frac{3}{2}}\times2^{\frac{4}{3}}\div2^{\frac{5}{6}}$　　(2) $3^{\frac{1}{2}}\div3^{\frac{5}{6}}\times3^{\frac{1}{3}}$

(3) $\sqrt[4]{5}\times\sqrt[8]{5^3}\div\sqrt{5}$　　(4) $\sqrt[3]{4}\div\sqrt[12]{4}\times\sqrt[4]{4}$

指針 **指数法則（指数が有理数）** p.187 のまとめの **7** 指数法則を使う。(3), (4) は，有理数の指数を使って書き改めてから適用することになる。

解答 (1) $2^{\frac{3}{2}}\times2^{\frac{4}{3}}\div2^{\frac{5}{6}}=2^{\frac{3}{2}+\frac{4}{3}-\frac{5}{6}}$

$=2^{\frac{9}{6}+\frac{8}{6}-\frac{5}{6}}$　　← $\frac{9}{6}+\frac{8}{6}-\frac{5}{6}=\frac{12}{6}=2$

$=2^2=\mathbf{4}$ 答

(2) $3^{\frac{1}{2}}\div3^{\frac{5}{6}}\times3^{\frac{1}{3}}=3^{\frac{1}{2}-\frac{5}{6}+\frac{1}{3}}$

$=3^0=\mathbf{1}$ 答

(3) $\sqrt[4]{5}\times\sqrt[8]{5^3}\div\sqrt{5}=5^{\frac{1}{4}}\times5^{\frac{3}{8}}\div5^{\frac{1}{2}}$

$=5^{\frac{1}{4}+\frac{3}{8}-\frac{1}{2}}=5^{\frac{1}{8}}$

$=\boldsymbol{\sqrt[8]{5}}$ 答

(4) $\sqrt[3]{4}\div\sqrt[12]{4}\times\sqrt[4]{4}=4^{\frac{1}{3}}\div4^{\frac{1}{12}}\times4^{\frac{1}{4}}$

$=4^{\frac{1}{3}-\frac{1}{12}+\frac{1}{4}}$

$=4^{\frac{4}{12}-\frac{1}{12}+\frac{3}{12}}$　　← $\frac{4}{12}-\frac{1}{12}+\frac{3}{12}=\frac{6}{12}=\frac{1}{2}$

$=4^{\frac{1}{2}}$

$=(2^2)^{\frac{1}{2}}=\mathbf{2}$ 答

2 指数関数

まとめ

1　指数関数

a を 1 と異なる正の定数とするとき，$y=a^x$ は x の関数である。この関数を，a を **底** とする x の **指数関数** という。

2　指数関数 $y=a^x$ のグラフ

指数関数 $y=a^x$ のグラフは図のようになる。

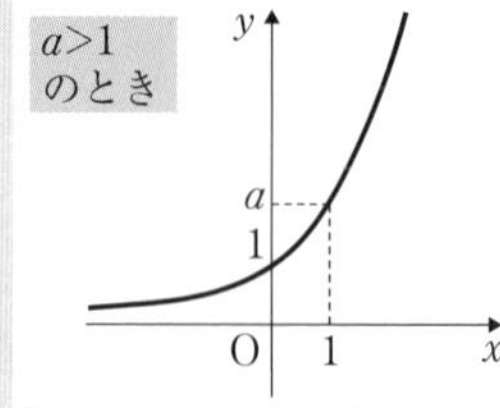

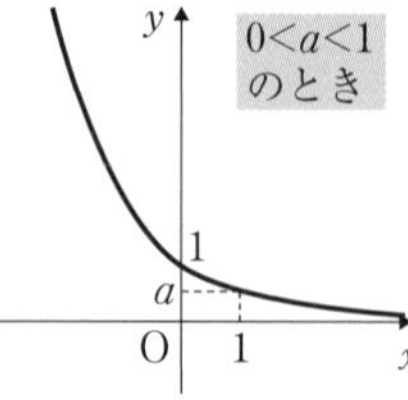

いずれの場合も，x 軸を漸近線としてもち，点 $(0,\ 1)$，$(1,\ a)$ を通る。
$a>1$ のとき右上がりの曲線，$0<a<1$ のとき右下がりの曲線である。

3　増加関数，減少関数

x の値が増加すると y の値も増加する関数を **増加関数** といい，x の値が増加すると y の値は減少する関数を **減少関数** という。

4　指数関数 $y=a^x$ の特徴

1　定義域は実数全体，値域は正の数全体である。

2　$a>1$ のとき，増加関数である。
すなわち　$p<q \iff a^p<a^q$

3　$0<a<1$ のとき，減少関数である。
すなわち　$p<q \iff a^p>a^q$

注意　$a>0$，$a\neq1$ のとき，「$p=q \iff a^p=a^q$」が成り立つ。

A 指数関数 $y=a^x$ のグラフ

教 p.156

練習 8　次の表は，指数関数 $y=2^x$ における x と y の対応表である。教科書156ページの計算にならって，表の空らんをうめよ。

x	-2	-1.5	-1	-0.5	0	0.5	1	1.5	2
y	0.25			0.71			2	2.83	4

指針　**$y=2^x$ のグラフ**　次の例にならって計算する。

$$2^{-2}=\frac{1}{2^2}=\frac{1}{4}=0.25 \qquad 2^{-0.5}=\frac{1}{2^{\frac{1}{2}}}=\frac{1}{\sqrt{2}}=\frac{\sqrt{2}}{2}\fallingdotseq0.71$$

$$2^{1.5}=2^{\frac{3}{2}}=2^1\times2^{\frac{1}{2}}=2\sqrt{2}\fallingdotseq2.83$$

なお，$a^0=1$ であるから，指数関数 $y=a^x$ のグラフは必ず点 $(0,\ 1)$ を通る。

解答　$$2^{-1.5}=2^{-\frac{3}{2}}=\frac{1}{2^{\frac{3}{2}}}=\frac{1}{2\sqrt{2}}=\frac{\sqrt{2}}{4}\fallingdotseq0.35$$　← $\sqrt{2}=1.4142\cdots\cdots$

$$2^{-1}=\frac{1}{2}=0.5,\quad 2^0=1,\quad 2^{0.5}=2^{\frac{1}{2}}=\sqrt{2}\fallingdotseq1.41$$

よって，空らんの左から順に

0.35，0.5，1，1.41　答

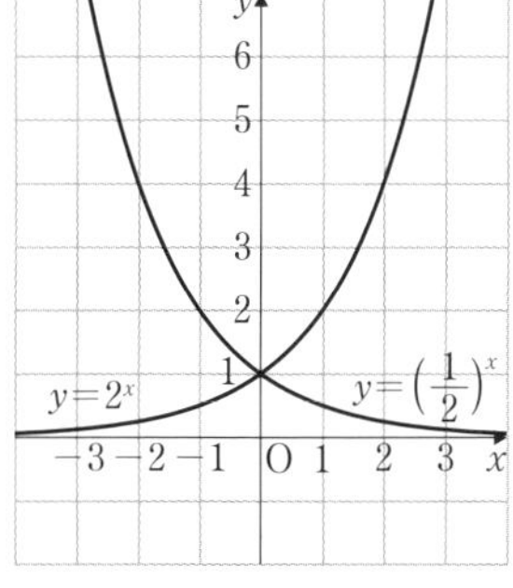

注意　この表をもとにすると，図のように，指数関数 $y=2^x$ のグラフをかくことができる。

また，指数関数 $y=\left(\frac{1}{2}\right)^x$ は $y=2^{-x}$ とも表されるから，そのグラフは，$y=2^x$ のグラフと y 軸に関して対称である。

教 p.157

練習 9

次の関数のグラフをかけ。

(1) $y=3^x$　　(2) $y=\left(\frac{1}{3}\right)^x$

指針 **$y=3^x$, $y=\left(\frac{1}{3}\right)^x$ のグラフ** $\left(\frac{1}{3}\right)^x=(3^{-1})^x=3^{-x}$ であるから，2つのグラフは y 軸に関して対称である。

練習8にならって，$y=3^x$ の表を作ると，次のようになる。

x	-2	-1.5	-1	-0.5	0	0.5	1	1.5	2
y	0.11	0.19	0.33	0.58	1	1.73	3	5.20	9

解答 (1) このグラフは，x 軸が漸近線で，点 $(0,\ 1)$, $(1,\ 3)$ を通る右上がりの曲線で，図のようになる。

(2) このグラフは，x 軸が漸近線で，点 $(0,\ 1)$, $\left(1,\ \frac{1}{3}\right)$ を通る右下がりの曲線である。

また，(1) の曲線と y 軸に関して対称で，図のようになる。

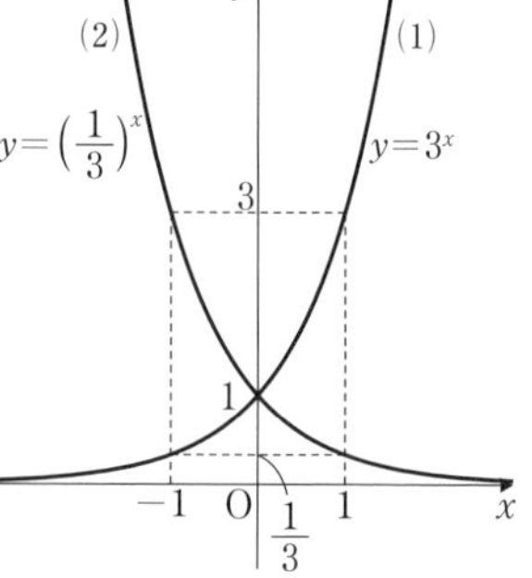

B 指数関数の特徴

教 p.158

練習 10

次の3つの数の大小を不等号を用いて表せ。

(1) $\sqrt[3]{4}$, $\sqrt[4]{8}$, $\sqrt[5]{8}$　　(2) 1, 0.2^3, 0.2^{-1}

指針 **指数関数の特徴と数の大小** 指数関数 $y=a^x$ は，底 a が1より大きいとき増加関数であり，底 a が1より小さいとき減少関数である。

この特徴を使うと，指数の大小によって数の大小を判断することができる。すなわち，$a>1$ ならば，指数が大きいほど大きく，$0<a<1$ ならば，指数が大きいほど小さい。

(1) は指数関数 $y=2^x$，(2) は指数関数 $y=0.2^x$ で考える。

解答 (1) $\sqrt[3]{4}=\sqrt[3]{2^2}=2^{\frac{2}{3}}$, $\sqrt[4]{8}=\sqrt[4]{2^3}=2^{\frac{3}{4}}$, $\sqrt[5]{8}=2^{\frac{3}{5}}$　←底を2にそろえる。

$y=2^x$ は増加関数であるから　←底は1より大きい。

$$2^{\frac{3}{5}}<2^{\frac{2}{3}}<2^{\frac{3}{4}}$$　←$\frac{3}{5}<\frac{2}{3}<\frac{3}{4}$

すなわち　$\mathbf{\sqrt[5]{8}<\sqrt[3]{4}<\sqrt[4]{8}}$ 答

(2) $y=0.2^x$ は減少関数であるから　←底0.2は1より小さい。

$$0.2^3<0.2^0<0.2^{-1}$$　←$1=0.2^0$　$3>0>-1$

すなわち　$\mathbf{0.2^3<1<0.2^{-1}}$ 答

注意 (2) $0.2^3=0.008$, $0.2^{-1}=\left(\frac{1}{5}\right)^{-1}=5$

底をそろえて
大小を比較す
るといいよ。

C 指数関数を含む方程式，不等式

教 p.159

練習 11 次の方程式を解け。

(1) $4^x=8$　　(2) $8^x=\frac{1}{16}$　　(3) $27^x=3^{2-x}$

指針 **指数関数を含む方程式** 指数関数の特徴を利用して解く。

$a>0$, $a\neq1$ のとき　$a^r=a^s \iff r=s$

それぞれ底をそろえて考える。

解答 (1) 方程式を変形すると　$2^{2x}=2^3$　　←$4^x=(2^2)^x=2^{2x}$

よって，$2x=3$ であるから　$\boldsymbol{x=\frac{3}{2}}$ 答

(2) 方程式を変形すると　$2^{3x}=2^{-4}$　　←$\frac{1}{16}=\frac{1}{2^4}=2^{-4}$

よって，$3x=-4$ であるから　$\boldsymbol{x=-\frac{4}{3}}$ 答

(3) 方程式を変形すると　$3^{3x}=3^{2-x}$　　←$27^x=(3^3)^x=3^{3x}$

よって，$3x=2-x$ であるから　$\boldsymbol{x=\frac{1}{2}}$ 答

教 p.159

練習 12 次の不等式を解け。

(1) $3^x<81$　　(2) $\left(\frac{1}{2}\right)^x\geqq\frac{1}{32}$　　(3) $2^{3x-4}>\left(\frac{1}{4}\right)^x$

指針 **指数関数を含む不等式** 指数関数の特徴を利用して解く。

$a>1$ のとき　$a^r<a^s \iff r<s$　　←不等号の向きは同じ

$0<a<1$ のとき　$a^r<a^s \iff r>s$　　←不等号の向きは逆転

それぞれ底をそろえて考える。

解答 (1) 不等式を変形すると　$3^x<3^4$　　←$y=3^x$ は増加関数

底 3 は 1 より大きいから　$\boldsymbol{x<4}$ 答

(2) 不等式を変形すると　$\left(\frac{1}{2}\right)^x\geqq\left(\frac{1}{2}\right)^5$　　←$y=\left(\frac{1}{2}\right)^x$ は減少関数

底 $\frac{1}{2}$ は 1 より小さいから　　$x \leqq 5$　答

(3)　不等式を変形すると　　$2^{3x-4} > 2^{-2x}$　　←$y=2^x$ は増加関数

底 2 は 1 より大きいから　　$3x-4 > -2x$

これを解いて　　$x > \frac{4}{5}$　答

教 p.159

深める

教科書の例題 4 (2) を，不等式の両辺を $3^{\square}$ の形に変形して解いてみよう。

指針　**指数関数を含む不等式**　$\frac{1}{3}=3^{-1}$，$\frac{1}{9}=3^{-2}$ であることを利用する。

解答　不等式を変形すると　　$(3^{-1})^{x+1} < (3^{-2})^x$

$$3^{-(x+1)} < 3^{-2x}$$

底 3 は 1 より大きいから　　$-(x+1) < -2x$

これを解いて　　$x < 1$　答

第 5 章 第 1 節　補充問題

教 p.160

1　光の進む速さが，毎秒 3.0×10^8 m であるとすると，光は 1 km を進むのに約 $3.3 \times 10^{\square}$ 秒かかる。□に適する整数を求めよ。

指針　**指数法則（指数が整数）**「時間＝距離÷速さ」を使う。
指数法則 $a^m \div a^n = a^{m-n}$ によって計算する。

解答　1 km＝10^3 m であるから，1 km を進むのにかかる時間は

$$10^3 \div (3.0 \times 10^8) = 10^3 \times \frac{1}{3} \times \frac{1}{10^8} \fallingdotseq 0.33 \times 10^3 \times 10^{-8}$$

$$= 3.3 \times 10^{-1} \times 10^3 \times 10^{-8} = 3.3 \times 10^{-6}\ (\text{秒})$$　答　-6

教 p.160

2　次の式を計算せよ。

(1)　$\sqrt[3]{6}\sqrt[3]{9}$　　(2)　$\sqrt[4]{48}-\sqrt[4]{3}$

(3)　$(\sqrt[4]{3}+\sqrt[4]{2})(\sqrt[4]{3}-\sqrt[4]{2})$　　(4)　$\left(2^{\frac{1}{3}}-2^{-\frac{1}{3}}\right)\left(2^{\frac{2}{3}}+1+2^{-\frac{2}{3}}\right)$

指針　**指数法則（指数が有理数）**　式の形に注目すると，(3) は $(a+b)(a-b)$，(4) は

$(a-b)(a^2+ab+b^2)$ の展開の公式が利用できる。

解答 (1) $\sqrt[3]{6}\sqrt[3]{9}=\sqrt[3]{6\times 9}=\sqrt[3]{2\times 3^3}$

$=\sqrt[3]{2}\times\sqrt[3]{3^3}=\sqrt[3]{2}\times 3=\mathbf{3\sqrt[3]{2}}$ 答

(2) $\sqrt[4]{48}-\sqrt[4]{3}=\sqrt[4]{3\times 2^4}-\sqrt[4]{3}$

$=\sqrt[4]{3}\times\sqrt[4]{2^4}-\sqrt[4]{3}$

$=2\sqrt[4]{3}-\sqrt[4]{3}=\mathbf{\sqrt[4]{3}}$ 答

(3) $(\sqrt[4]{3}+\sqrt[4]{2})(\sqrt[4]{3}-\sqrt[4]{2})=\left(3^{\frac{1}{4}}+2^{\frac{1}{4}}\right)\left(3^{\frac{1}{4}}-2^{\frac{1}{4}}\right)$ ←$\sqrt[n]{a}=a^{\frac{1}{n}}$

$=\left(3^{\frac{1}{4}}\right)^2-\left(2^{\frac{1}{4}}\right)^2$ ←$(a+b)(a-b)=a^2-b^2$

$=3^{\frac{1}{2}}-2^{\frac{1}{2}}$ ←$(a^r)^s=a^{rs}$

$=\mathbf{\sqrt{3}-\sqrt{2}}$ 答

(4) $\left(2^{\frac{1}{3}}-2^{-\frac{1}{3}}\right)\left(2^{\frac{2}{3}}+1+2^{-\frac{2}{3}}\right)$

$=\left(2^{\frac{1}{3}}-2^{-\frac{1}{3}}\right)\left\{\left(2^{\frac{1}{3}}\right)^2+2^{\frac{1}{3}}\cdot 2^{-\frac{1}{3}}+\left(2^{-\frac{1}{3}}\right)^2\right\}$ ←$2^{\frac{1}{3}}\cdot 2^{-\frac{1}{3}}=2^0=1$

$=\left(2^{\frac{1}{3}}\right)^3-\left(2^{-\frac{1}{3}}\right)^3=2-2^{-1}$ ←$(a-b)(a^2+ab+b^2)=a^3-b^3$

$=2-\frac{1}{2}=\mathbf{\frac{3}{2}}$ 答

教 p.160

3 次の関数のグラフをかけ。

(1) $y=2^{x-1}$ (2) $y=2^x+1$

指針 **指数関数のグラフ** $f(x)=2^x$ とおくと，(1)の関数は $y=f(x-1)$，(2)の関数は $y=f(x)+1$ すなわち $y-1=f(x)$ と表される。

一般に，$y-q=f(x-p)$ のグラフは，$y=f(x)$ のグラフを x 軸方向に p，y 軸方向に q だけ平行移動したものである。

解答 (1) このグラフは，$y=2^x$ のグラフを x 軸方向に1だけ平行移動したもので，図のようになる。

(2) このグラフは，$y=2^x$ のグラフを y 軸方向に1だけ平行移動したものである。

また，漸近線は直線 $y=1$ であり，図のようになる。

(1)

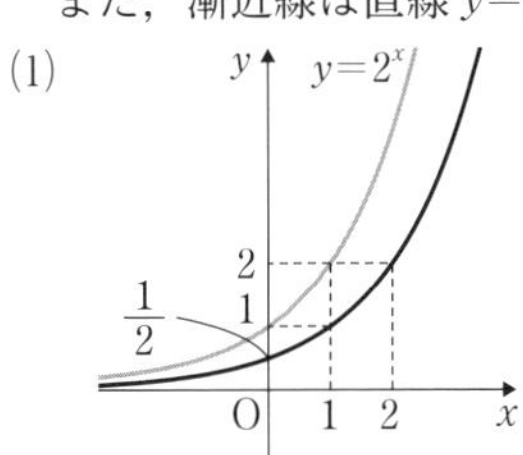

(2)

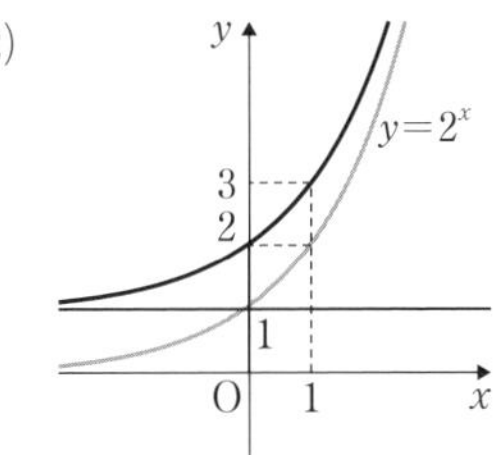

5章 指数関数と対数関数

教 p.160

4 x の方程式 $4^x-3\cdot2^x-4=0$ について，次の問いに答えよ。

(1) $2^x=t$ とおいて得られる t の方程式を作れ。

(2) 与えられた x の方程式を解け。

指針 **指数関数を含む方程式**

(1) $4^x=(2^2)^x=(2^x)^2$　　$2^x=t$ とおき，t の 2 次方程式にする。

(2) $2^x>0$ から，$t>0$ であることに注意して解く。

解答 (1) 方程式を変形すると　　$(2^x)^2-3\cdot2^x-4=0$

$2^x=t$ とおくと，方程式は　　$\boldsymbol{t^2-3t-4=0}$ 答

(2) $t^2-3t-4=0$ から　　$(t+1)(t-4)=0$

$2^x>0$ より，$t>0$ であるから　　$t=4$　　よって　　$2^x=4$

すなわち　　$2^x=2^2$　　したがって　　$\boldsymbol{x=2}$ 答

教 p.160

5 x の不等式 $4^x-7\cdot2^x-8>0$ を解け。

指針 **指数関数を含む不等式**　$2^x=t$ とおき，t の 2 次不等式にする。

$2^x>0$ から，$t>0$ であることに注意する。

解答 不等式を変形すると　　$(2^x)^2-7\cdot2^x-8>0$

$2^x=t$ とおくと，$t>0$ であり，不等式は

$$t^2-7t-8>0$$

$$(t+1)(t-8)>0$$

$t+1>0$ であるから

$t-8>0$　　すなわち　　$t>8$

よって　　$2^x>8$　　すなわち　　$2^x>2^3$

底 2 は 1 より大きいから　　$\boldsymbol{x>3}$ 答

教科書 p.161

第2節　対数関数

3 対数とその性質

まとめ

1　$\log_2 M$

指数関数 $y=2^x$ は増加関数で，値域は正の数全体であるから，どんな正の数 M に対しても，$M=2^x$ となる実数 x がただ1つ定まる。この x を $\boldsymbol{\log_2 M}$ で表す。

2　対数，底と真数

指数関数 $y=a^x$ のグラフからわかるように，どんな正の数 M に対しても，$M=a^p$ となる実数 p がただ1つ定まる。この p を $\boldsymbol{\log_a M}$ で表し，a を **底** とする M の **対数** という。また，$\log_a M$ における正の数 M を，この対数の **真数** という。

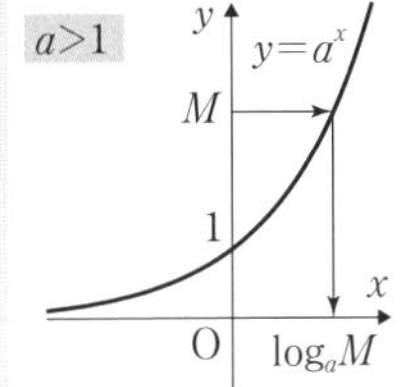

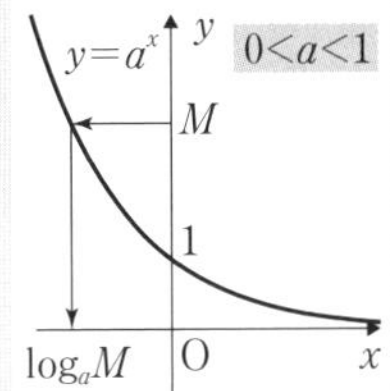

注意　log は「対数」を意味する英語 logarithm を略したものである。

3　指数と対数

$a>0$，$a\neq1$ で $M>0$ とするとき，次が成り立つ。

$$\boldsymbol{M=a^p \iff \log_a M=p}$$

注意　以下，$\log_a M$ と書くときは，$a>0$，$a\neq1$，$M>0$ であるとする。

$M=a^p$ のとき，$\log_a M=p$ であるから，次の等式が得られる。

$$\boldsymbol{\log_a a^p=p}$$

←$\log_a M=p$ の M を a^p におき換えたもの

4　対数の性質

$$\boldsymbol{\log_a 1=0,\qquad \log_a a=1}$$

$M>0$，$N>0$ で，k は実数とする。

1　$\boldsymbol{\log_a MN=\log_a M+\log_a N}$

2　$\boldsymbol{\log_a \dfrac{M}{N}=\log_a M-\log_a N}$

3　$\boldsymbol{\log_a M^k=k\log_a M}$

←これらの等式を用いると，右辺の形を左辺の形に変形することもできる。

注意　**2** において，とくに $M=1$ のときは　$\boldsymbol{\log_a \dfrac{1}{N}=-\log_a N}$

5　底の変換公式

a，b，c は正の数で，$a \neq 1$，$c \neq 1$ とするとき

$$\log_a b = \frac{\log_c b}{\log_c a}$$

A 対数

練習 13　教 p.162

次の関係を，$\log_a M = p$ の形に書け。

(1) $9 = 3^2$　　(2) $\frac{1}{25} = 5^{-2}$　　(3) $\frac{1}{8} = \left(\frac{1}{2}\right)^3$

指針　**指数と対数**　$M = a^p \iff \log_a M = p$　を利用。

解答　(1) $\log_3 9 = 2$　答

(2) $\log_5 \frac{1}{25} = -2$　答

(3) $\log_{\frac{1}{2}} \frac{1}{8} = 3$　答

練習 14　教 p.162

次の関係を，$M = a^p$ の形に書け。

(1) $\log_4 16 = 2$　　(2) $\log_{10} \frac{1}{100} = -2$　　(3) $\log_9 3 = \frac{1}{2}$

指針　**指数と対数**　$M = a^p \iff \log_a M = p$　を利用。

解答　(1) $16 = 4^2$　答

(2) $\frac{1}{100} = 10^{-2}$　答

(3) $3 = 9^{\frac{1}{2}}$　答

練習 15　教 p.162

次の値を求めよ。

(1) $\log_2 2^5$　　(2) $\log_5 25$　　(3) $\log_3 \frac{1}{27}$　　(4) $\log_{\frac{1}{2}} \frac{1}{16}$

(5) $\log_{10} 0.1$　　(6) $\log_{\frac{1}{3}} 3$　　(7) $\log_2 \sqrt[3]{2}$　　(8) $\log_{\sqrt{5}} 5$

指針　$\log_a a^p = p$　真数が底の累乗の形で表されるとき，その累乗の指数が対数の値となる。(2)～(8) は，まず真数を a^p の形にする。

解答　(1) $\log_2 2^5 = 5$　答

(2) $\log_5 25 = \log_5 5^2 = 2$　答

(3) $\log_3 \frac{1}{27} = \log_3 3^{-3} = -3$　答

(4) $\log_{\frac{1}{2}}\dfrac{1}{16}=\log_{\frac{1}{2}}\left(\dfrac{1}{2}\right)^4=4$ 答

(5) $\log_{10}0.1=\log_{10}\dfrac{1}{10}=\log_{10}10^{-1}=-1$ 答

(6) $\log_{\frac{1}{3}}3=\log_{\frac{1}{3}}\left(\dfrac{1}{3}\right)^{-1}=-1$ 答

(7) $\log_2\sqrt[3]{2}=\log_2 2^{\frac{1}{3}}=\dfrac{1}{3}$ 答

(8) $\log_{\sqrt{5}}5=\log_{\sqrt{5}}(\sqrt{5})^2=2$ 答

B 対数の性質

教 p.163

練習 16

教科書 163 ページの性質 **1** の証明にならって，性質 **2**，**3** が成り立つことを証明せよ。

指針 **対数の性質の証明**　指数法則と対数の定義を用いて示す。

解答 **【2 の証明】**

$\log_a M=p$，$\log_a N=q$ とすると

$M=a^p$，$N=a^q$

よって　$\dfrac{M}{N}=\dfrac{a^p}{a^q}=a^{p-q}$

したがって　$\log_a\dfrac{M}{N}=p-q=\log_a M-\log_a N$ 終

【3 の証明】

$\log_a M=p$ とすると，$M=a^p$ より $M^k=(a^p)^k=a^{kp}$ であるから

$\log_a M^k=kp=k\log_a M$ 終

教 p.164

練習 17

次の式を計算せよ。

(1) $\log_6 3+\log_6 12$　　(2) $\log_3 2-\log_3 18$

(3) $\log_3 4+\log_3 18-3\log_3 2$　　(4) $\log_5 12-\log_5 3-2\log_5 10$

指針 **対数の計算**　対数の性質 **1** ～ **3** を用いて計算するが，公式を「左辺→右辺」に用いる方法と「右辺→左辺」に用いる方法がある。
本問では「右辺→左辺」の方法を用いると計算が簡単である。

1　$\log_a MN=\log_a M+\log_a N$

2　$\log_a\dfrac{M}{N}=\log_a M-\log_a N$

3　$\log_a M^k=k\log_a M$

5章 指数関数と対数関数

解答 (1) $\log_6 3+\log_6 12=\log_6(3\times 12)=\log_6 36$
$=\log_6 6^2=\mathbf{2}$ 答

(2) $\log_3 2-\log_3 18=\log_3\dfrac{2}{18}=\log_3\dfrac{1}{9}$
$=\log_3 3^{-2}=\mathbf{-2}$ 答

(3) $\log_3 4+\log_3 18-3\log_3 2=\log_3 4+\log_3 18-\log_3 2^3$
$=\log_3\dfrac{4\times 18}{8}=\log_3 9=\log_3 3^2=\mathbf{2}$ 答

(4) $\log_5 12-\log_5 3-2\log_5 10=\log_5 12-\log_5 3-\log_5 10^2$
$=\log_5\dfrac{12}{3\times 10^2}=\log_5\dfrac{1}{25}=\log_5 5^{-2}=\mathbf{-2}$ 答

別解 (1) $\log_6 3+\log_6 12=\log_6 3+\log_6\dfrac{36}{3}$
$=\log_6 3+(\log_6 36-\log_6 3)$
$=\log_6 36=\log_6 6^2=2\log_6 6=\mathbf{2}$ 答

(2) $\log_3 2-\log_3 18=\log_3 2-\log_3(2\times 9)$
$=\log_3 2-(\log_3 2+\log_3 9)=-\log_3 9$
$=-\log_3 3^2=-2\log_3 3=\mathbf{-2}$ 答

(3) $\log_3 4+\log_3 18-3\log_3 2=\log_3 2^2+\log_3(2\times 9)-3\log_3 2$
$=2\log_3 2+(\log_3 2+\log_3 9)-3\log_3 2$
$=\log_3 9=\log_3 3^2=2\log_3 3=\mathbf{2}$ 答

(4) $\log_5 12-\log_5 3-2\log_5 10=\log_5(2^2\times 3)-\log_5 3-2\log_5(2\times 5)$
$=\log_5 2^2+\log_5 3-\log_5 3-2(\log_5 2+\log_5 5)$
$=2\log_5 2-2\log_5 2-2\log_5 5=-2\log_5 5$
$=\mathbf{-2}$ 答

C 底の変換公式

練習 18 教 p.164

次の式を簡単にせよ。

(1) $\log_4 8$　(2) $\log_9 3$　(3) $\log_3 2\cdot\log_2 27$

指針 **底の変換公式** a を底とする対数を，変換公式を用いて任意の数 c (ただし，$c>0$，$c\neq 1$) を底とする対数で表すことができる。底は計算のしやすいものを選べばよい。

解答 (1) $\log_4 8=\dfrac{\log_2 8}{\log_2 4}=\dfrac{\log_2 2^3}{\log_2 2^2}=\mathbf{\dfrac{3}{2}}$ 答　← $4=2^2$，$8=2^3$ に着目

(2) $\log_9 3=\dfrac{\log_3 3}{\log_3 9}=\dfrac{1}{\log_3 3^2}=\mathbf{\dfrac{1}{2}}$ 答　← $9=3^2$ に着目

(3) $\log_3 2 \cdot \log_2 27 = \log_3 2 \times \dfrac{\log_3 27}{\log_3 2}$

$= \log_3 27 = \log_3 3^3 = \mathbf{3}$ 答

別解 計算方法は1通りではない。たとえば底を10で統一しても同じ結果を得る。

(1) $\log_4 8 = \dfrac{\log_{10} 8}{\log_{10} 4} = \dfrac{\log_{10} 2^3}{\log_{10} 2^2}$

$= \dfrac{3\log_{10} 2}{2\log_{10} 2} = \mathbf{\dfrac{3}{2}}$ 答

(2) $\log_9 3 = \dfrac{\log_{10} 3}{\log_{10} 9} = \dfrac{\log_{10} 3}{\log_{10} 3^2}$

$= \dfrac{\log_{10} 3}{2\log_{10} 3} = \mathbf{\dfrac{1}{2}}$ 答

(3) $\log_3 2 \cdot \log_2 27 = \dfrac{\log_{10} 2}{\log_{10} 3} \cdot \dfrac{\log_{10} 27}{\log_{10} 2}$

$= \dfrac{\log_{10} 3^3}{\log_{10} 3}$

$= \dfrac{3\log_{10} 3}{\log_{10} 3} = \mathbf{3}$ 答

5章 指数関数と対数関数

4 対数関数

まとめ

1 対数関数

a を1と異なる正の定数とするとき，$y = \log_a x$ は x の関数である。この関数を，a を **底** とする x の **対数関数** という。

2 対数関数 $y = \log_a x$ のグラフ

指数関数 $y = a^x$ のグラフと直線 $y = x$ に関して対称であり，図のようになる。

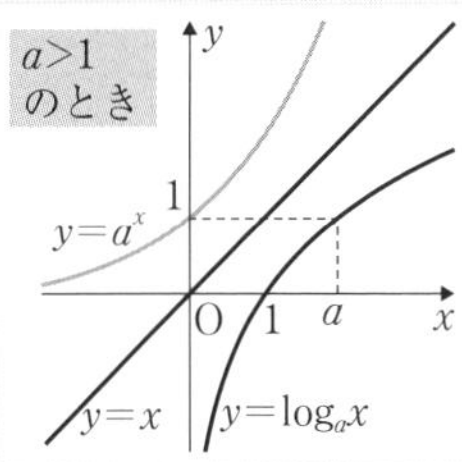

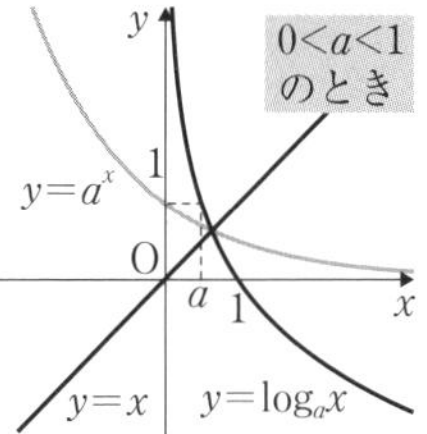

いずれの場合も，y 軸を漸近線としてもち，点 $(1,\ 0)$，$(a,\ 1)$ を通る。
$a>1$ のとき右上がりの曲線，$0<a<1$ のとき右下がりの曲線である。

3　対数関数 $y=\log_a x$ の特徴

1　定義域は正の数全体，値域は実数全体である。

2　$a>1$ のとき，増加関数である。すなわち

$$0<p<q \iff \log_a p<\log_a q$$

3　$0<a<1$ のとき，減少関数である。すなわち

$$0<p<q \iff \log_a p>\log_a q$$

注意　$p>0$，$q>0$ のとき，次が成り立つ。

$$p=q \iff \log_a p=\log_a q$$

A 対数関数とそのグラフ

教 p.166

練習 19　次の関数のグラフをかけ。

(1)　$y=\log_3 x$　　　(2)　$y=\log_{\frac{1}{2}} x$

指針　**対数関数のグラフ**　$y=\log_a x$ のグラフは，指数関数 $y=a^x$ のグラフと直線 $y=x$ に関して対称である。(1)，(2) のグラフはそれぞれ指数関数 $y=3^x$，$y=\left(\dfrac{1}{2}\right)^x$ のグラフをもとにしてかくことができる。

解答　(1)　このグラフは，y 軸が漸近線で，点 $(1,\ 0)$，$(3,\ 1)$ を通る右上がりの曲線であり，図のようになる。

(2)　このグラフは，y 軸が漸近線で，点 $(1,\ 0)$，$\left(\dfrac{1}{2},\ 1\right)$ を通る右下がりの曲線であり，図のようになる。

(1)

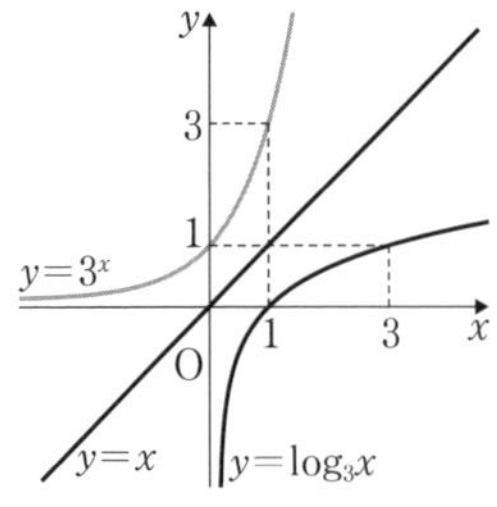

(2)

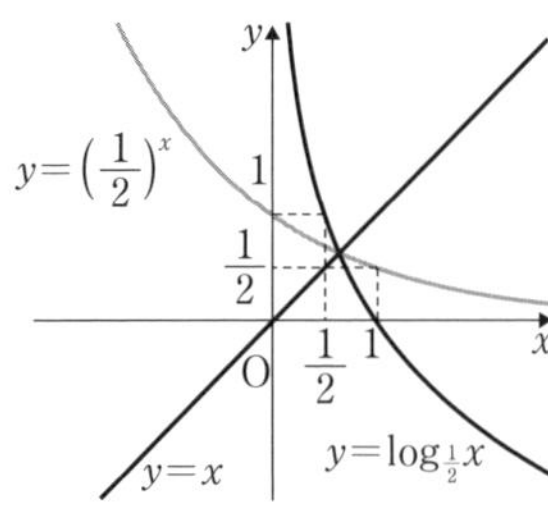

B 対数関数の特徴

教 p.167

練習 20　次の 2 つの数の大小を不等号を用いて表せ。

(1)　$3\log_4 3$，$2\log_4 5$　　　(2)　$\dfrac{1}{2}\log_{\frac{1}{4}} 8$，$\log_{\frac{1}{4}} 3$

指針　**対数関数の特徴と数の大小**　対数関数 $y=\log_a x$ は，底 a が 1 より大きいとき増加関数であり，底 a が 1 より小さいとき減少関数である。

すなわち，対数関数 $y=\log_a x$ は，$a>1$ ならば，真数が大きいほど大きく，$0<a<1$ ならば，真数が大きいほど小さい。

(1) は対数関数 $y=\log_4 x$，(2) は $y=\log_{\frac{1}{4}} x$ で考える。

解答 (1) $3\log_4 3=\log_4 3^3=\log_4 27$

$2\log_4 5=\log_4 5^2=\log_4 25$

$y=\log_4 x$ は増加関数であるから ←底 4 は 1 より大きい。

$\log_4 25<\log_4 27$

すなわち **$2\log_4 5<3\log_4 3$** 答

(2) $\frac{1}{2}\log_{\frac{1}{4}} 8=\log_{\frac{1}{4}} 8^{\frac{1}{2}}=\log_{\frac{1}{4}} 2\sqrt{2}$

$y=\log_{\frac{1}{4}} x$ は減少関数であるから ←底 $\frac{1}{4}$ は 1 より小さい。

$\log_{\frac{1}{4}} 3<\log_{\frac{1}{4}} 2\sqrt{2}$ ←$3>2\sqrt{2}$

すなわち **$\log_{\frac{1}{4}} 3<\frac{1}{2}\log_{\frac{1}{4}} 8$** 答

C 対数関数を含む方程式，不等式

教 p.167

練習 21 次の方程式，不等式を解け。

(1) $\log_2 x=4$　(2) $\log_{\frac{1}{2}} x=2$　(3) $\log_2 x\leqq 4$

(4) $\log_{\frac{1}{2}} x<2$　(5) $\log_4 x\geqq\frac{1}{2}$　(6) $\log_{\frac{1}{3}} x>-1$

指針 **対数関数を含む方程式，不等式**　$a>0$，$a\neq 1$，$p>0$，$q>0$ のとき

$\log_a p=\log_a q \iff p=q$

$a>1$ のとき　$\log_a p<\log_a q \iff 0<p<q$ ←向き同じ

$0<a<1$ のとき　$\log_a p<\log_a q \iff 0<q<p$ ←向き逆転

なお，対数においては，真数>0 であることに注意する。

解答 (1) 対数の定義から　$x=2^4$

よって　**$x=16$** 答

(2) 対数の定義から　$x=\left(\frac{1}{2}\right)^2$

よって　**$x=\frac{1}{4}$** 答

(3) 真数は正であるから　$x>0$ …… ①

不等式を変形すると　$\log_2 x\leqq\log_2 2^4$ ←$4=4\log_2 2=\log_2 2^4$

すなわち　$\log_2 x\leqq\log_2 16$

底 2 は 1 より大きいから　$x\leqq 16$ …… ②

①，② の共通範囲を求めて　**$0<x\leqq 16$** 答

5章 指数関数と対数関数

(4) 真数は正であるから　$x>0$ …… ①

不等式を変形すると　$\log_{\frac{1}{2}}x<\log_{\frac{1}{2}}\left(\frac{1}{2}\right)^2$　　←$2=2\log_{\frac{1}{2}}\frac{1}{2}=\log_{\frac{1}{2}}\left(\frac{1}{2}\right)^2$

すなわち　$\log_{\frac{1}{2}}x<\log_{\frac{1}{2}}\frac{1}{4}$

底 $\frac{1}{2}$ は 1 より小さいから　$x>\frac{1}{4}$ …… ②

①，② の共通範囲を求めて　$\boldsymbol{x>\frac{1}{4}}$ 答

(5) 真数は正であるから　$x>0$ …… ①

不等式を変形すると　$\log_4 x\geqq\log_4 4^{\frac{1}{2}}$　　←$\frac{1}{2}=\frac{1}{2}\log_4 4=\log_4 4^{\frac{1}{2}}$

すなわち　$\log_4 x\geqq\log_4 2$

底 4 は 1 より大きいから　$x\geqq2$ …… ②

①，② の共通範囲を求めて　$\boldsymbol{x\geqq2}$ 答

(6) 真数は正であるから　$x>0$ …… ①

不等式を変形すると　$\log_{\frac{1}{3}}x>\log_{\frac{1}{3}}\left(\frac{1}{3}\right)^{-1}$

すなわち　$\log_{\frac{1}{3}}x>\log_{\frac{1}{3}}3$

底 $\frac{1}{3}$ は 1 より小さいから　$x<3$ …… ②

①，② の共通範囲を求めて　$\boldsymbol{0<x<3}$ 答

練習 22　教 p.168

次の方程式を解け。

(1) $\log_4 x+\log_4(x-6)=2$

(2) $\log_2(x+5)+\log_2(x-2)=3$

指針　**対数関数を含む方程式**　(1) $\log_4 X=2$　(2) $\log_2 X=3$ の形に変形して，(1) $X=4^2$　(2) $X=2^3$ を導く。左辺を 1 つの対数にまとめるには次のことを使う。

$M>0$，$N>0$ のとき　$\log_a M+\log_a N=\log_a MN$　　←真数>0

なお，真数>0 であることを忘れないようにする。

解答　(1) 真数は正であるから　$x>0$ かつ $x-6>0$

すなわち　$x>6$ …… ①　　←共通範囲

方程式を変形すると　$\log_4 x(x-6)=2$　　←$\log_a M=p \iff M=a^p$

よって　$x(x-6)=4^2$

式を整理すると　$x^2-6x-16=0$

したがって　$(x+2)(x-8)=0$

① から　$\boldsymbol{x=8}$ 答　　←$x=-2$ は ① を満たさない。

(2) 真数は正であるから　$x+5>0$　かつ　$x-2>0$

すなわち　$x>2$　…… ①　　←共通範囲

方程式を変形すると　$\log_2(x+5)(x-2)=3$　　←$\log_a M=p \iff M=a^p$

よって　$(x+5)(x-2)=2^3$

式を整理すると　$x^2+3x-18=0$

したがって　$(x-3)(x+6)=0$

① から　$\boldsymbol{x=3}$　答　　←$x=-6$ は ① を満たさない。

教 p.168

練習 23　次の不等式を解け。

(1) $\log_2(x-3)<4$　　(2) $\log_{\frac{1}{2}}(x+2)\geqq 3$

指針　対数関数を含む不等式

(1) $a>1$ のとき　$\log_a p<\log_a q \iff 0<p<q$

(2) $0<a<1$ のとき　$\log_a p\geqq\log_a q \iff q\geqq p>0$

対数の真数は常に正である。

解答 (1) 真数は正であるから　$x-3>0$

すなわち　$x>3$　…… ①

不等式を変形すると　$\log_2(x-3)<\log_2 2^4$

底 2 は 1 より大きいから　$x-3<16$

すなわち　$x<19$　…… ②

①, ② の共通範囲を求めて　$\boldsymbol{3<x<19}$　答

(2) 真数は正であるから　$x+2>0$

すなわち　$x>-2$　…… ①

不等式を変形すると　$\log_{\frac{1}{2}}(x+2)\geqq\log_{\frac{1}{2}}\left(\frac{1}{2}\right)^3$

底 $\frac{1}{2}$ は 1 より小さいから　$x+2\leqq\frac{1}{8}$

すなわち　$x\leqq-\frac{15}{8}$　…… ②

①, ② の共通範囲を求めて　$\boldsymbol{-2<x\leqq-\frac{15}{8}}$　答

5 常用対数

まとめ

1　常用対数

10 を底とする対数を **常用対数** という。教科書の常用対数表に，a が 1.00, 1.01, 1.02, ……, 9.99 のときの $\log_{10}a$ の値について，小数第 5 位を四捨五入して小数第 4 位まで載せてある。

2　自然数 N の桁(けた)数

自然数 N, k について，次のことがいえる。

$$N \text{が} k \text{桁の数} \iff k-1 \leqq \log_{10}N < k \qquad \leftarrow 10^{k-1} \leqq N < 10^k$$

3　小数首位の問題

$0<M<1$ である小数 M と自然数 k について，次のことがいえる。

$$\left[\begin{array}{l} M \text{の小数第} k \text{位に初めて} \\ 0 \text{でない数字が現れる} \end{array}\right] \iff -k \leqq \log_{10}M < -k+1$$

A 常用対数

教 p.169

練習 24

常用対数表を用いて，次の値を小数第 4 位まで求めよ。

(1)　$\log_{10}3450$　　(2)　$\log_{10}92000$　　(3)　$\log_{10}0.000618$

指針　**常用対数の値 (対数表の利用)**　正の数 M は次の形に表すことができる。

$M=a\times10^n$　　ただし，n は整数で $1\leqq a<10$

このとき　　$\log_{10}M=\log_{10}a+\log_{10}10^n=\log_{10}a+n$

$\log_{10}a$ の近似値は常用対数表から求める。

解答　(1)　$\log_{10}3450=\log_{10}(3.45\times10^3)=\log_{10}3.45+\log_{10}10^3$

$=0.5378+3=\mathbf{3.5378}$　答

(2)　$\log_{10}92000=\log_{10}(9.20\times10^4)=\log_{10}9.20+\log_{10}10^4$

$=0.9638+4=\mathbf{4.9638}$　答

(3)　$\log_{10}0.000618=\log_{10}(6.18\times10^{-4})=\log_{10}6.18+\log_{10}10^{-4}$

$=0.7910-4=\mathbf{-3.2090}$　答

B 常用対数の応用

教 p.170

練習 25

次の数は何桁の数か。ただし，$\log_{10}2=0.3010$ とする。

(1)　2^{20}　　(2)　2^{30}

指針　**自然数 N の桁数**　$\log_{10}N$ の値の範囲から自然数 N の桁数を求める。まず,

$\log_{10}2$ の値を使って，$\log_{10}2^{20}$，$\log_{10}2^{30}$ の近似値を求め，それぞれがどんな 2 つの自然数の間にあるかを調べる。

$k-1 \leqq \log_{10}N < k$ のとき，自然数 N は k 桁の数である。

解答 (1) $\log_{10}2^{20} = 20\log_{10}2 = 20 \times 0.3010 = 6.020$

$6 < \log_{10}2^{20} < 7$ であるから

$$\log_{10}10^6 < \log_{10}2^{20} < \log_{10}10^7$$ ←$p = \log_a a^p$

よって　$10^6 < 2^{20} < 10^7$

したがって，2^{20} は **7 桁** の数である。 答

(2) $\log_{10}2^{30} = 30\log_{10}2 = 30 \times 0.3010 = 9.030$

$9 < \log_{10}2^{30} < 10$ であるから

$$\log_{10}10^9 < \log_{10}2^{30} < \log_{10}10^{10}$$

よって　$10^9 < 2^{30} < 10^{10}$

したがって，2^{30} は **10 桁** の数である。 答

深める　教 p.170

自然数 N が k 桁の数であるとき，$\log_{10}N$ が満たす不等式を教科書の例 13 のように求めてみよう。

指針 **自然数 N の桁数**　自然数 N が k 桁の数であるとき，次の不等式が成り立つ。

$$10^{k-1} \leqq N < 10^k$$

解答 自然数 N が k 桁の数であるとき

$$10^{k-1} \leqq N < 10^k$$

常用対数をとると　$\log_{10}10^{k-1} \leqq \log_{10}N < \log_{10}10^k$

よって　$\boldsymbol{k-1 \leqq \log_{10}N < k}$ 答

練習 26　教 p.171

3^n が 8 桁の数となるような自然数 n をすべて求めよ。ただし，$\log_{10}3 = 0.4771$ とする。

指針 **桁数と指数 n の値**　3^n が 8 桁の数のとき，$10^7 \leqq 3^n < 10^8$ が成り立つ。常用対数をとり，n の不等式を導く。

解答 3^n が 8 桁の数となるのは，$10^7 \leqq 3^n < 10^8$ のときである。

常用対数をとると　$7 \leqq n\log_{10}3 < 8$

$\log_{10}3 = 0.4771 > 0$ であるから

$$\frac{7}{\log_{10}3} \leqq n < \frac{8}{\log_{10}3} \quad \cdots\cdots ①$$

ここで　$\dfrac{7}{\log_{10}3} = \dfrac{7}{0.4771} = 14.6\cdots\cdots$，

$$\frac{8}{\log_{10}3} = \frac{8}{0.4771} = 16.7\cdots\cdots$$

よって，① を満たす自然数 n は

$$n=15,\ 16$$ 答

教 p.172

練習 27

$\left(\dfrac{1}{2}\right)^{20}$ を小数で表したとき，小数第何位に初めて 0 でない数字が現れるか。ただし，$\log_{10}2=0.3010$ とする。

指針 **小数と常用対数**　$0<M<1$ のとき

M の小数第 k 位に初めて 0 でない数字が現れる

$$\iff \quad -k\leqq\log_{10}M<-k+1$$

解答 $\log_{10}\left(\dfrac{1}{2}\right)^{20}=20\log_{10}\dfrac{1}{2}=-20\log_{10}2=-6.020$

$-7<\log_{10}\left(\dfrac{1}{2}\right)^{20}<-6$ であるから

$$10^{-7}<\left(\frac{1}{2}\right)^{20}<10^{-6}$$

よって，$\left(\dfrac{1}{2}\right)^{20}$ は **小数第 7 位** に初めて 0 でない数字が現れる。 答

教 p.172

深める

$0<M<1$ である小数 M について，M の小数第 k 位に初めて 0 でない数字が現れるとき，$\log_{10}M$ が満たす不等式を求めてみよう。

指針 **小数と常用対数**　$0<M<1$ である小数 M について，たとえば M の小数第 3 位に初めて 0 でない数字が現れるとき，M は $0.001\leqq M<0.01$　すなわち $10^{-3}\leqq M<10^{-2}$ を満たす。一般に，M の小数第 k 位に初めて 0 でない数字が現れるとき，$10^{-k}\leqq M<10^{-k+1}$ を満たす。

解答 M の小数第 k 位に初めて 0 でない数字が現れるとき，M は

$$10^{-k}\leqq M<10^{-k+1}$$

常用対数をとると　　$\boldsymbol{-k\leqq\log_{10}M<-k+1}$ 答

第5章 第2節 補充問題

教 p.173

6 次の式を計算せよ。

(1) $\frac{1}{2}\log_4 8+\log_4\sqrt{2}$　　(2) $\log_2\sqrt[3]{12}-\frac{1}{3}\log_2 3$

指針 **対数の計算**　対数の性質を用いる。

$$\log_a MN=\log_a M+\log_a N$$

$$\log_a \frac{M}{N}=\log_a M-\log_a N$$

$$\log_a M^k=k\log_a M$$

計算方法は 1 通りではない。

解答 (1) $\frac{1}{2}\log_4 8+\log_4\sqrt{2}=\log_4\sqrt{8}+\log_4\sqrt{2}$

$=\log_4(\sqrt{8}\times\sqrt{2})=\log_4\sqrt{16}=\log_4 4=\mathbf{1}$ 答

(2) $\log_2\sqrt[3]{12}-\frac{1}{3}\log_2 3=\log_2 12^{\frac{1}{3}}-\log_2 3^{\frac{1}{3}}$

$=\log_2\frac{12^{\frac{1}{3}}}{3^{\frac{1}{3}}}=\log_2\left(\frac{12}{3}\right)^{\frac{1}{3}}=\log_2 4^{\frac{1}{3}}$

$=\log_2 2^{\frac{2}{3}}=\mathbf{\frac{2}{3}}$ 答

別解 (1) $\frac{1}{2}\log_4 8+\log_4\sqrt{2}=\frac{1}{2}\log_4 8+\frac{1}{2}\log_4 2$

$=\frac{1}{2}\log_4(8\times 2)=\frac{1}{2}\log_4 4^2=\frac{1}{2}\times 2=\mathbf{1}$ 答

(2) $\log_2\sqrt[3]{12}-\frac{1}{3}\log_2 3=\frac{1}{3}\log_2 12-\frac{1}{3}\log_2 3$

$=\frac{1}{3}\log_2\frac{12}{3}=\frac{1}{3}\log_2 4$

$=\frac{1}{3}\log_2 2^2=\frac{1}{3}\times 2=\mathbf{\frac{2}{3}}$ 答

教 p.173

7　関数 $y=\log_2(x-1)$ のグラフをかけ。

指針　**対数関数のグラフ**

関数 $y=f(x-p)$ のグラフは，$y=f(x)$ のグラフを x 軸方向に p だけ平行移動したものである。

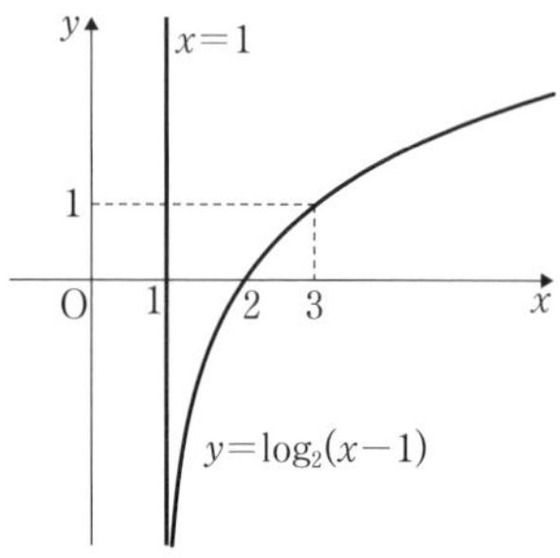

解答　このグラフは，$y=\log_2 x$ のグラフを x 軸方向に 1 だけ平行移動したものである。

また，直線 $x=1$ が漸近線で，点 $(2,\ 0)$，$(3,\ 1)$ を通る右上がりの曲線であり，図のようになる。

教 p.173

8　次の方程式，不等式を解け。

(1)　$\log_3(x+1)^2=2$　　　(2)　$\log_2(2-x)\geqq\log_2 x$

指針　**対数関数を含む方程式，不等式**　まず，真数が正である x の値の範囲を求める。

(1) は $x+1\neq 0$　(2) は $2-x>0$ かつ $x>0$

(1)「$\log_a X=p \iff X=a^p$」を用いると，x の 2 次方程式が得られる。

(2)　不等式では，$\log_a M>\log_a N$ などの形を導き，次の性質を利用して，x の不等式を導く。

$0<a<1$ のとき　　$\log_a M>\log_a N \iff 0<M<N$

$1<a$ のとき　　$\log_a M>\log_a N \iff M>N>0$

解答　(1)　対数の定義から　　$(x+1)^2=3^2$

よって　　$x+1=\pm 3$　　したがって　　$\boldsymbol{x=2,\ -4}$　答

(2)　真数は正であるから　　$2-x>0$　かつ　$x>0$

すなわち　　$0<x<2$　…… ①

底 2 は 1 より大きいから，不等式より

$2-x\geqq x$　　すなわち　　$x\leqq 1$　…… ②

①，② の共通範囲を求めて　　$\boldsymbol{0<x\leqq 1}$　答

注意　(1)　真数条件は $x\neq -1$ であるが，これは $(x+1)^2=3^2>0$ より明らかであり，とくに答案に示す必要はない。

教 p.173

9 方程式 $2(\log_2 x)^2+\log_2 x^3-2=0$ について，次の問いに答えよ。

(1) $\log_2 x=t$ とおいて得られる t の方程式を作れ。

(2) 与えられた方程式を解け。

指針 **対数関数を含む方程式** $\log_2 x=t$ とおくと，与えられた方程式は t の 2 次方程式になる。

解答 (1) 方程式を変形すると $2(\log_2 x)^2+3\log_2 x-2=0$

$\log_2 x=t$ とおくと，方程式は $\boldsymbol{2t^2+3t-2=0}$ 答

(2) $2t^2+3t-2=0$ から $(t+2)(2t-1)=0$

よって $t=-2,\ \dfrac{1}{2}$

このとき $\log_2 x=-2,\ \dfrac{1}{2}$

すなわち $x=2^{-2},\ 2^{\frac{1}{2}}$

したがって $\boldsymbol{x=\dfrac{1}{4},\ \sqrt{2}}$ 答

教 p.173

10 $\log_{10}2=0.3010$ とする。$\left(\dfrac{1}{2}\right)^n<\dfrac{1}{10^4}$ を満たす最小の自然数 n を求めよ。

指針 **常用対数と不等式** 両辺の常用対数をとり，n についての不等式を導く。

解答 両辺の常用対数をとると

$$\log_{10}\left(\frac{1}{2}\right)^n<\log_{10}\frac{1}{10^4} \quad \text{すなわち} \quad n\log_{10}\frac{1}{2}<-4$$

ここで

$$\log_{10}\frac{1}{2}=-\log_{10}2=-0.3010$$

← $\log_a\dfrac{1}{N}=-\log_a N$

であるから $n\times(-0.3010)<-4$

よって $n>\dfrac{4}{0.3010}=13.2\cdots\cdots$

これを満たす最小の自然数 n は $\boldsymbol{n=14}$ 答

5章 指数関数と対数関数

第5章　章末問題A

教 p.174

1. 次の式を計算せよ。

(1) $64^{\frac{2}{3}}\times16^{-\frac{1}{4}}$　　(2) $\sqrt[3]{9}\times\sqrt[6]{9}\div\sqrt[4]{27}$

指針　**指数法則と計算**

(1) まず，64 や 16 を素因数分解して，同じ数の累乗の形で表してから指数法則を適用する。

(2) 有理数の指数を使って書き改めてから指数法則を適用する。

解答 (1) $64^{\frac{2}{3}}\times16^{-\frac{1}{4}}=(2^6)^{\frac{2}{3}}\times(2^4)^{-\frac{1}{4}}$

$=2^4\times2^{-1}=2^{4+(-1)}=2^3=8$　答

(2) $\sqrt[3]{9}\times\sqrt[6]{9}\div\sqrt[4]{27}=\sqrt[3]{3^2}\times\sqrt[6]{3^2}\div\sqrt[4]{3^3}$

$=3^{\frac{2}{3}}\times3^{\frac{1}{3}}\div3^{\frac{3}{4}}$

$=3^{\frac{2}{3}+\frac{1}{3}-\frac{3}{4}}=3^{\frac{1}{4}}=\boldsymbol{\sqrt[4]{3}}$　答

教 p.174

2. 次の不等式を満たす x の値の範囲を求めよ。

(1) $\dfrac{1}{2}\leqq2^x\leqq8$　　(2) $1\leqq0.5^x\leqq4$

指針　**指数関数の特徴**　それぞれ，指数関数 $y=2^x$，$y=0.5^x$ で考える。

$2^{\square}\leqq2^x\leqq2^{\square}$，$0.5^{\square}\leqq0.5^x\leqq0.5^{\square}$ の形に変形し，増加関数であるか減少関数であるかによって，x の値の範囲を求める。

解答 (1) 不等式を変形すると　$2^{-1}\leqq2^x\leqq2^3$

底 2 は 1 より大きいから　$\boldsymbol{-1\leqq x\leqq3}$　答

(2) $1=0.5^0$,　$4=2^2=\left\{\left(\dfrac{1}{2}\right)^{-1}\right\}^2=0.5^{-2}$

不等式を変形すると　$0.5^0\leqq0.5^x\leqq0.5^{-2}$

底 0.5 は 1 より小さいから　$0\geqq x\geqq-2$

すなわち　$\boldsymbol{-2\leqq x\leqq0}$　答

教 p.174

3. 次の方程式，不等式を解け。

(1) $3^{x+1}=\sqrt[3]{9}$　　(2) $8^x\leqq4^{x+1}$　　(3) $\left(\dfrac{1}{2}\right)^{x-1}\geqq(\sqrt{2})^x$

指針　**指数関数を含む方程式，不等式**　両辺の底をそろえて，指数を比べる。不等式は底が 1 より大きいか，1 より小さい正の数かにより，不等号の向きに注意することが必要となる。

解答 (1) 方程式を変形すると　$3^{x+1}=3^{\frac{2}{3}}$　← $\sqrt[3]{9}=9^{\frac{1}{3}}=(3^2)^{\frac{1}{3}}$

$x+1=\frac{2}{3}$ から　$\boldsymbol{x=-\frac{1}{3}}$ 答

(2) 不等式を変形すると　$2^{3x}\leqq 2^{2(x+1)}$　← 関数 $y=2^x$ は増加関数

$3x\leqq 2(x+1)$ から　$\boldsymbol{x\leqq 2}$ 答

(3) 不等式を変形すると　$2^{-(x-1)}\geqq 2^{\frac{1}{2}x}$

$-(x-1)\geqq\frac{1}{2}x$ から　$\boldsymbol{x\leqq\frac{2}{3}}$ 答

注意 (3) 底を $\frac{1}{2}$ にそろえると，$\sqrt{2}=2^{\frac{1}{2}}=\left(\frac{1}{2}\right)^{-\frac{1}{2}}$ から　$\left(\frac{1}{2}\right)^{x-1}\geqq\left(\frac{1}{2}\right)^{-\frac{1}{2}x}$

関数 $y=\left(\frac{1}{2}\right)^x$ は減少関数であるから $x-1\leqq-\frac{1}{2}x$ となる。

4. 次の式を計算せよ。

(1) $\frac{1}{2}\log_5 3+3\log_5\sqrt{2}-\log_5\sqrt{24}$　(2) $\log_2 12-\log_4 9$

(3) $(\log_2 3+\log_4 9)(\log_3 4+\log_9 2)$

指針 **対数の性質，底の変換公式**

(1) 対数の性質を使う。$k\log_a M$ の項はすべて $\log_a M^k$ の形にし，教科書 $p.163$ の性質 **1**，**2** を使って 1 つの対数にまとめる。

(2)，(3) 底の変換公式で，たとえばすべての対数の底を 2 にそろえる。

解答 (1) $\frac{1}{2}\log_5 3+3\log_5\sqrt{2}-\log_5\sqrt{24}$

$=\log_5 3^{\frac{1}{2}}+\log_5(\sqrt{2})^3-\log_5\sqrt{24}=\log_5\frac{\sqrt{3}\times 2\sqrt{2}}{\sqrt{24}}$

$=\log_5 1=\boldsymbol{0}$ 答

(2) $\log_4 9=\frac{\log_2 9}{\log_2 4}=\frac{\log_2 3^2}{\log_2 2^2}=\frac{2\log_2 3}{2}=\log_2 3$

よって　$\log_2 12-\log_4 9=\log_2 12-\log_2 3$

$=\log_2\frac{12}{3}=\log_2 4=\log_2 2^2=\boldsymbol{2}$ 答

(3) $(\log_2 3+\log_4 9)(\log_3 4+\log_9 2)$

$=\left(\log_2 3+\frac{\log_2 9}{\log_2 4}\right)\left(\frac{\log_2 4}{\log_2 3}+\frac{\log_2 2}{\log_2 9}\right)$

$=\left(\log_2 3+\frac{2\log_2 3}{2}\right)\left(\frac{2}{\log_2 3}+\frac{1}{2\log_2 3}\right)=2\log_2 3\times\frac{5}{2\log_2 3}=\boldsymbol{5}$ 答

別解 (1) $\frac{1}{2}\log_5 3+3\log_5\sqrt{2}-\log_5\sqrt{24}$　← $24=3\times 2^3$

$=\frac{1}{2}\log_5 3+\frac{3}{2}\log_5 2-\frac{1}{2}(\log_5 3+3\log_5 2)=\boldsymbol{0}$ 答

5 章 指数関数と対数関数

教 p.174

5. $\log_{10}2=a$, $\log_{10}3=b$ とするとき，次の式を a, b で表せ。

(1) $\log_{10}\dfrac{3}{8}$　(2) $\log_{10}\sqrt[3]{6}$　(3) $\log_2 3$　(4) $\log_{10}5$

指針 **対数の値** (3)以外は真数を 2 と 3 の積や商で表す工夫をする。さらに $\log_{10}10=1$ であるから 10 も利用できる。(3)は底の変換公式を使う。

解答 (1) $\log_{10}\dfrac{3}{8}=\log_{10}\dfrac{3}{2^3}=\log_{10}3-3\log_{10}2$

$=\boldsymbol{b-3a}$ 答

(2) $\log_{10}\sqrt[3]{6}=\log_{10}(2\times3)^{\frac{1}{3}}=\dfrac{1}{3}(\log_{10}2+\log_{10}3)$

$=\boldsymbol{\dfrac{1}{3}(a+b)}$ 答

(3) $\log_2 3=\dfrac{\log_{10}3}{\log_{10}2}=\boldsymbol{\dfrac{b}{a}}$ 答

(4) $\log_{10}5=\log_{10}\dfrac{10}{2}=\log_{10}10-\log_{10}2$

$=\boldsymbol{1-a}$ 答

教 p.174

6. a, b, c を 1 と異なる正の数とするとき，次の等式を証明せよ。

$$\log_a b\cdot\log_b c\cdot\log_c a=1$$

指針 **等式の証明** 底の変換公式を用いて，底を a にそろえる。

解答 左辺$=\log_a b\cdot\dfrac{\log_a c}{\log_a b}\cdot\dfrac{\log_a a}{\log_a c}=\log_a a=1$

よって　$\log_a b\cdot\log_b c\cdot\log_c a=1$ 終

教 p.174

7. 次の方程式を解け。

(1) $\log_{0.5}(x+1)(x+2)=-1$　(2) $\log_3(x-2)+\log_3(2x-7)=2$

指針 **対数関数を含む方程式** $\log_a X=p$ の形から x の方程式 $X=a^p$ を導く。

(2) 方程式を変形する前に真数条件を確かめておく。

解答 (1) 方程式を変形すると　$(x+1)(x+2)=0.5^{-1}$　← $0.5^{-1}=\left(\dfrac{1}{2}\right)^{-1}=2$

よって　$x^2+3x=0$　すなわち　$x(x+3)=0$

したがって　$\boldsymbol{x=0,\ -3}$ 答

(2) 真数は正であるから

$x-2>0$ かつ $2x-7>0$

すなわち　$x>\dfrac{7}{2}$ …… ①　← 共通範囲

方程式を変形すると　$\log_3(x-2)(2x-7)=2$

よって　$(x-2)(2x-7)=3^2$

整理すると　$2x^2-11x+5=0$

したがって　$(x-5)(2x-1)=0$

$$\begin{array}{ccc} 1 & -5 & \longrightarrow -10 \\ 2 & -1 & \longrightarrow -1 \\ \hline 2 & 5 & -11 \end{array}$$

① より $x>\dfrac{7}{2}$ であるから　**$x=5$**　答

注意　(1)　$(x+1)(x+2)=0.5^{-1}>0$ であるから真数条件に触れなくてよい。

教 p.174

8．ある菌は，30 分ごとにその個数が 2 倍に増えるという。菌の個数がある時点の 10 万倍を超えるのは，その時点から何時間後か。ただし，$\log_{10}2=0.3010$ とし，答えは整数で求めよ。

指針　**常用対数の応用**　x を正の実数として，x 時間後の菌の量を x を使って表す。不等式を作り，常用対数をとって解く。10 万倍のように桁数の大きい量を扱うには常用対数を利用するとよい。

解答　ある時点から x 時間後に，菌はもとの 2^{2x} 倍に増えている。

x 時間後に 10 万倍を超えるとすると

$$2^{2x}>100000$$

常用対数をとると

$$\log_{10}2^{2x}>\log_{10}10^5$$

$$2x\times\log_{10}2>5$$

よって　$x>\dfrac{5}{2\log_{10}2}=\dfrac{5}{2\times0.3010}=8.3\cdots\cdots$

したがって，10 万倍を超えるのは　**9 時間後**　答

第5章　章末問題B

教 p.175

9．次の関数の値域を求めよ。

(1)　$y=2^{x+1}$ $(-3\leqq x\leqq 3)$　　　(2)　$y=\log_{\frac{1}{2}}(x+\sqrt{2})$ $(0\leqq x\leqq\sqrt{2})$

指針　**指数関数，対数関数の値域**　底の値から増加関数か減少関数かを判断する。増加関数であれば x の値が大きいほど y の値も大きく，減少関数であれば x の値が大きいほど y の値は小さくなる。

解答　(1)　$y=2^{x+1}$ は増加関数であるから　←底2は1より大きい

$-3\leqq x\leqq 3$ のとき

$$2^{-3+1}\leqq y\leqq 2^{3+1}$$

すなわち　$2^{-2}\leqq y\leqq 2^{4}$

よって　$\boldsymbol{\dfrac{1}{4}\leqq y\leqq 16}$　答

(2)　$y=\log_{\frac{1}{2}}(x+\sqrt{2})$ は減少関数であるから

$0\leqq x\leqq\sqrt{2}$ のとき

$$\log_{\frac{1}{2}}(\sqrt{2}+\sqrt{2})\leqq y\leqq\log_{\frac{1}{2}}(0+\sqrt{2})$$

すなわち　$\log_{\frac{1}{2}}2\sqrt{2}\leqq y\leqq\log_{\frac{1}{2}}\sqrt{2}$

$$\log_{\frac{1}{2}}\sqrt{2}=\log_{\frac{1}{2}}2^{\frac{1}{2}}=\log_{\frac{1}{2}}\left(\frac{1}{2}\right)^{-\frac{1}{2}}=-\frac{1}{2}$$

$$\log_{\frac{1}{2}}2\sqrt{2}=\log_{\frac{1}{2}}(\sqrt{2})^{3}=3\log_{\frac{1}{2}}\sqrt{2}=-\frac{3}{2}$$

であるから，求める値域は

$\boldsymbol{-\dfrac{3}{2}\leqq y\leqq -\dfrac{1}{2}}$　答

教 p.175

10．次の方程式，不等式を解け。

(1)　$\left(\frac{1}{9}\right)^{x}+\left(\frac{1}{3}\right)^{x}-12=0$　　　(2)　$\left(\frac{1}{9}\right)^{x}-4\cdot\left(\frac{1}{3}\right)^{x}+3>0$

指針　**指数関数を含む方程式，不等式**　$\left(\frac{1}{9}\right)^{x}=\left\{\left(\frac{1}{3}\right)^{2}\right\}^{x}=\left\{\left(\frac{1}{3}\right)^{x}\right\}^{2}$ であるから，

$\left(\frac{1}{3}\right)^{x}=t$ とおくと，t についての2次方程式，2次不等式に変形できる。

$t>0$ に注意して解く。

解答 (1) 方程式を変形すると $\left\{\left(\frac{1}{3}\right)^x\right\}^2+\left(\frac{1}{3}\right)^x-12=0$

$\left(\frac{1}{3}\right)^x=t$ とおくと，方程式は $t^2+t-12=0$

$(t+4)(t-3)=0$，$t>0$ であるから $t=3$

よって $\left(\frac{1}{3}\right)^x=3$

したがって **$x=-1$** 答

(2) 不等式を変形すると $\left\{\left(\frac{1}{3}\right)^x\right\}^2-4\cdot\left(\frac{1}{3}\right)^x+3>0$

$\left(\frac{1}{3}\right)^x=t$ とおくと，不等式は $t^2-4t+3>0$

$(t-1)(t-3)>0$，$t>0$ であるから $0<t<1$，$3<t$

よって $\left(\frac{1}{3}\right)^x<\left(\frac{1}{3}\right)^0$，$\left(\frac{1}{3}\right)^{-1}<\left(\frac{1}{3}\right)^x$

底 $\frac{1}{3}$ は 1 より小さいから $x>0$，$-1>x$

すなわち **$x<-1$，$0<x$** 答

教 p.175

11. 次の関数の最小値を求めよ。

(1) $y=4^x-2^x$　　(2) $y=(\log_3 x)^2-\log_3 x^2$

指針 **指数関数，対数関数を含む関数の最小値** (1) で $2^x=t$，(2) で $\log_3 x=t$ とおくと，y は t の 2 次式で表される。

解答 (1) $2^x=t$ とおくと $y=(2^x)^2-2^x=t^2-t$

また，$2^x>0$ から $t>0$

関数を変形すると $y=t^2-t=\left(t-\frac{1}{2}\right)^2-\frac{1}{4}$ $(t>0)$

よって，y は $t=\frac{1}{2}$ で最小値 $-\frac{1}{4}$ をとる。 ←$2^x=\frac{1}{2}$

したがって，**y は $x=-1$ で最小値 $-\frac{1}{4}$ をとる。** 答

(2) $\log_3 x=t$ とおくと $y=(\log_3 x)^2-2\log_3 x=t^2-2t$

また，t はすべての実数値をとる。

関数を変形すると $y=t^2-2t=(t-1)^2-1$

よって，y は $t=1$ で最小値 -1 をとる。 ←$\log_3 x=1$

したがって，**y は $x=3$ で最小値 -1 をとる。** 答

教 p.175

12. 次の式の値を求めよ。

(1) $2^{\log_2 6}$　　(2) $9^{\log_3 4}$

指針 **指数に対数を含む式**　対数の定義は，$a>0$，$a \neq 1$，$M>0$ とするとき

$$M=a^p \iff \log_a M=p$$

であるから，$M=a^p$ に $p=\log_a M$ を代入すると

$$M=a^{\log_a M}$$

解答 (1) 対数の定義から　$2^{\log_2 6}=\mathbf{6}$ 答

(2) $9^{\log_3 4}=(3^2)^{\log_3 4}=3^{2\log_3 4}$

$=3^{\log_3 4^2}=3^{\log_3 16}=\mathbf{16}$ 答

教 p.175

13. 次の不等式を解け。

(1) $\log_{0.5}(3-x) \geqq \log_{0.5} 2x$　　(2) $\log_2(x+1)+\log_2(x-2)<2$

指針 **対数関数を含む不等式**　まず，真数が正である x の範囲を求める。次に，不等式を $\log_a p<\log_a q$ などの形に変形し，底 a の値に注目し，次のことを使う。

$a>1$ のとき　$\log_a p<\log_a q \iff 0<p<q$

$0<a<1$ のとき　$\log_a p<\log_a q \iff 0<q<p$

解答 (1) 真数が正であるから　$3-x>0$　かつ　$2x>0$

すなわち　$0<x<3$ …… ①

底 0.5 は 1 より小さいから　$3-x \leqq 2x$

これを解くと　$x \geqq 1$ …… ②

①，② の共通範囲を求めて　$\mathbf{1 \leqq x<3}$ 答

(2) 真数は正であるから　$x+1>0$　かつ　$x-2>0$

すなわち　$x>2$ …… ①

不等式を変形すると　$\log_2(x+1)(x-2)<\log_2 2^2$

底 2 は 1 より大きいから　$(x+1)(x-2)<2^2$

整理すると　$x^2-x-6<0$

よって　$(x+2)(x-3)<0$

これを解くと　$-2<x<3$ …… ②

①，② の共通範囲を求めて　$\mathbf{2<x<3}$ 答

注意 (2) $\log_2(x+1)(x-2)<\log_2 2^2$ から

$$0<(x+1)(x-2)<2^2$$

であるが，その前に真数条件を確かめて ① を得ているから，「0<」の部分は不要となる。

教 p.175

14. $M=\sqrt[3]{5}$ とする。教科書の常用対数表を用いて，次の問いに答えよ。
 (1) $\log_{10}M$ の値を求めよ。
 (2) M の近似値を小数第 2 位まで求めよ。

指針 **常用対数表の利用**
 (2) (1) で求めた $\log_{10}M$ の値が常用対数になる数を表からみつける。

解答 (1) 常用対数表より，$\log_{10}5=0.6990$ であるから

$$\log_{10}M=\log_{10}\sqrt[3]{5}=\frac{1}{3}\log_{10}5=\frac{1}{3}\times0.6990=\mathbf{0.2330}$$ 答

 (2) $\log_{10}M=0.2330$ となる M の値は，常用対数表から **1.71** 答

教 p.175

15. $\log_{10}2=0.3010$，$\log_{10}3=0.4771$ とする。$2^n<3^{20}<2^{n+1}$ を満たす自然数 n を求めよ。

指針 **指数関数を含む不等式（常用対数の利用）** 底が異なる指数についての不等式であるから，このままでは解決できない。
$3^{20}=2^x$ を満たす x の値を調べ，不等式 $2^n<2^x<2^{n+1}$ を考える。

解答 $3^{20}=2^x$ とおくと $2^n<2^x<2^{n+1}$ …… ①
$3^{20}=2^x$ の両辺の常用対数をとると

$$\log_{10}3^{20}=\log_{10}2^x \quad すなわち \quad 20\log_{10}3=x\log_{10}2$$

よって $$x=\frac{20\log_{10}3}{\log_{10}2}=\frac{20\times0.4771}{0.3010}=31.7\cdots\cdots$$

したがって，① から $2^n<2^{31.7\cdots\cdots}<2^{n+1}$
底 2 は 1 より大きいから $n<31.7\cdots\cdots<n+1$
これを満たす自然数 n は $\boldsymbol{n=31}$ 答

別解 $2^n<3^{20}<2^{n+1}$ の各辺の常用対数をとると

$$\log_{10}2^n<\log_{10}3^{20}<\log_{10}2^{n+1}$$

すなわち

$$n\log_{10}2<20\log_{10}3<(n+1)\log_{10}2$$

$n\log_{10}2<20\log_{10}3$ から

$$n<\frac{20\log_{10}3}{\log_{10}2}=\frac{20\times0.4771}{0.3010}\fallingdotseq31.7$$

$20\log_{10}3<(n+1)\log_{10}2$ から

$$n>\frac{20\log_{10}3}{\log_{10}2}-1\fallingdotseq30.7$$

よって，求める自然数 n は $\boldsymbol{n=31}$ 答

5章 指数関数と対数関数

教科書 $p.178$

第6章 微分法と積分法

第1節 微分係数と導関数

1 微分係数

まとめ

1 平均変化率

関数 $y=f(x)$ において，x の値が a から b まで変化するとき，

$$\frac{y\text{の変化量}}{x\text{の変化量}}=\frac{f(b)-f(a)}{b-a}$$

を，$x=a$ から $x=b$ までの，関数 $f(x)$ の **平均変化率** という。

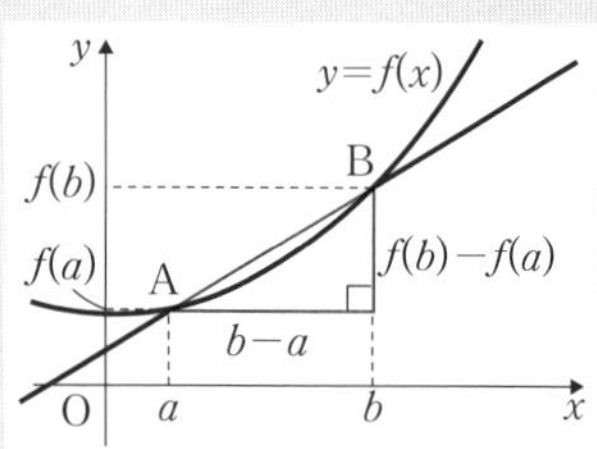

この平均変化率は，関数 $y=f(x)$ のグラフ上の2点 $\mathrm{A}(a,\ f(a))$，$\mathrm{B}(b,\ f(b))$ を通る直線 AB の傾きを表している。

2 極限値

2次関数 $y=x^2$ において，$x=1$ から $x=1+h$ までの平均変化率 $2+h$ の値について，x の変化量 h を 0.1，0.01，0.001，0.0001，……または -0.1，-0.01，-0.001，-0.0001，……のように，0の両側から0に限りなく近づけると，$2+h$ は2に限りなく近づく。このことを h が0に限りなく近づくとき，$2+h$ の **極限値** は2であるといい，記号 **lim** を用いて $\displaystyle\lim_{h\to0}(2+h)=2$ と書く。

注意 h が0に限りなく近づく場合，h は0と異なる値をとりながら0に近づくと約束する。lim は「極限」を意味する英語 limit を略したものである。

3 微分係数，$f'(a)$

関数 $f(x)$ の，$x=a$ から $x=a+h$ までの平均変化率 $\dfrac{f(a+h)-f(a)}{h}$ において，h が0に限りなく近づくとき，この平均変化率が一定の値に限りなく近づくならば，その極限値を関数 $f(x)$ の $x=a$ における **微分係数** または変化率といい，$f'(a)$ で表す。

4 関数 $f(x)$ の $x=a$ における微分係数

$$f'(a)=\lim_{h\to0}\frac{f(a+h)-f(a)}{h}$$

5 接線

関数 $f(x)$ が微分係数 $f'(a)$ をもつとする。

関数 $y=f(x)$ のグラフ上に 2 点 $\mathrm{A}(a,\ f(a))$, $\mathrm{P}(a+h,\ f(a+h))$ をとると，h が 0 に限りなく近づくとき，点 P は点 A に限りなく近づく。このとき

$$\lim_{h\to 0}\frac{f(a+h)-f(a)}{h}=f'(a)$$

であるから，直線 AP は図のような直線 ℓ に限りなく近づく。

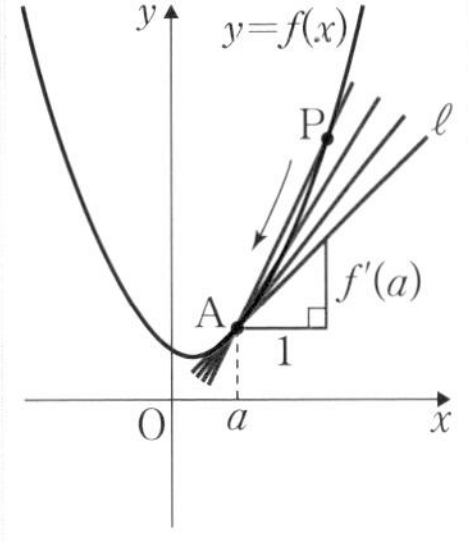

この直線 ℓ を，関数 $y=f(x)$ のグラフ上の点 A における **接線** といい，A を **接点** という。このとき，直線 ℓ はこの曲線に点 A で **接する** という。

6 接線の傾きと微分係数

関数 $y=f(x)$ のグラフ上の点 $\mathrm{A}(a,\ f(a))$ における接線の傾きは，関数 $f(x)$ の $x=a$ における微分係数 $f'(a)$ に等しい。

6章 微分法と積分法

A 平均変化率

練習 1 教 p.179

次の平均変化率を求めよ。

(1) 1 次関数 $y=2x$ の，$x=a$ から $x=b$ までの平均変化率

(2) 2 次関数 $y=-x^2$ の，$x=2$ から $x=2+h$ までの平均変化率

指針 **平均変化率** 関数 $y=f(x)$ において，x の値が a から b まで変化するとき

$$\text{平均変化率}=\frac{f(b)-f(a)}{b-a}\quad \begin{matrix}\cdots\cdots\ y\text{の変化量}\\ \cdots\cdots\ x\text{の変化量}\end{matrix}$$

解答 (1) $\dfrac{2b-2a}{b-a}=\dfrac{2(b-a)}{b-a}=\mathbf{2}$ 答

(2) $\dfrac{-(2+h)^2-(-2^2)}{(2+h)-2}=\dfrac{-4-4h-h^2+4}{h}$

$=\dfrac{-4h-h^2}{h}=\dfrac{h(-4-h)}{h}$

$=\boldsymbol{-4-h}$ 答

注意 (1) 一般に，1 次関数 $y=mx+n$ の平均変化率は一定で，x の係数 m に等しい。x の値の変化の仕方には関係しない。

B 極限値

教 p.179

練習 2

次の極限値を求めよ。

(1) $\lim_{h\to 0}(6+h)$　　(2) $\lim_{h\to 0}(12-6h+h^2)$

指針 **極限値**

(1) $\lim_{h\to 0}(6+h)$ は，h が 0 に限りなく近づくとき，$6+h$ が限りなく近づく値を表している。

(2) $-6h$ と h^2 はどちらも 0 に限りなく近づく。

解答 (1) $\lim_{h\to 0}(6+h)=\mathbf{6}$ 答

(2) $\lim_{h\to 0}(12-6h+h^2)=\mathbf{12}$ 答

C 微分係数

教 p.180

練習 3

次の微分係数を求めよ。

(1) 関数 $f(x)=x^2$ の $x=1$ における微分係数

(2) 関数 $f(x)=3x^2$ の $x=-2$ における微分係数

指針 **微分係数**　関数 $f(x)$ の $x=a$ における微分係数 $f'(a)$ とは $f(x)$ の $x=a$ から $x=a+h$ までの平均変化率において，h が 0 に限りなく近づくときの極限値のことであり　$f'(a)=\lim_{h\to 0}\frac{f(a+h)-f(a)}{h}$

解答 (1) $f'(1)=\lim_{h\to 0}\frac{f(1+h)-f(1)}{h}=\lim_{h\to 0}\frac{(1+h)^2-1^2}{h}$

$=\lim_{h\to 0}\frac{2h+h^2}{h}=\lim_{h\to 0}\frac{h(2+h)}{h}=\lim_{h\to 0}(2+h)=\mathbf{2}$ 答

(2) $f'(-2)=\lim_{h\to 0}\frac{f(-2+h)-f(-2)}{h}=\lim_{h\to 0}\frac{3(-2+h)^2-3\cdot(-2)^2}{h}$

$=\lim_{h\to 0}\frac{-12h+3h^2}{h}=\lim_{h\to 0}\frac{h(-12+3h)}{h}$

$=\lim_{h\to 0}(-12+3h)=\mathbf{-12}$ 答

D 微分係数の図形的な意味

教 p.181

練習 4 関数 $y=x^2$ のグラフ上の次の点における接線の傾きを求めよ。

(1) 点 $(1,\ 1)$　　　(2) 点 $(-2,\ 4)$

指針 **接線の傾き**　接点の x 座標に注目する。$x=a$ のとき接線の傾きは $f'(a)$ に等しい。$f(x)=x^2$ として，$f'(1)$，$f'(-2)$ を求める。

解答 $f(x)=x^2$ とする。

(1) 点 $(1,\ 1)$ における接線の傾きを m とすると

$$m=f'(1)=\lim_{h\to 0}\frac{f(1+h)-f(1)}{h}=\lim_{h\to 0}\frac{(1+h)^2-1^2}{h}$$

$$=\lim_{h\to 0}\frac{2h+h^2}{h}=\lim_{h\to 0}(2+h)=\mathbf{2}$$ 答

(2) 点 $(-2,\ 4)$ における接線の傾きを m とすると

$$m=f'(-2)=\lim_{h\to 0}\frac{f(-2+h)-f(-2)}{h}$$

$$=\lim_{h\to 0}\frac{(-2+h)^2-(-2)^2}{h}=\lim_{h\to 0}\frac{-4h+h^2}{h}$$

$$=\lim_{h\to 0}\frac{h(-4+h)}{h}=\lim_{h\to 0}(-4+h)=\mathbf{-4}$$ 答

微分係数は
接線の傾き
なんだね。

2 導関数とその計算

まとめ

1　導関数，$f'(x)$

関数 $f(x)$ において，x のとる各値 a に対して微分係数 $f'(a)$ を対応させると，x の関数が得られる。このようにして得られる新しい関数を，もとの関数 $f(x)$ の **導関数** といい，$\boldsymbol{f'(x)}$ で表す。

2　導関数 $f'(x)$

関数 $f(x)$ の導関数 $f'(x)$ は，次の式で定義される。

$$f'(x)=\lim_{h\to 0}\frac{f(x+h)-f(x)}{h}$$

3　y'，$\dfrac{dy}{dx}$，$\dfrac{d}{dx}f(x)$

関数 $y=f(x)$ の導関数を，$\boldsymbol{y'}$，$\boldsymbol{\dfrac{dy}{dx}}$，$\boldsymbol{\dfrac{d}{dx}f(x)}$ などで表すこともある。

たとえば，x の関数 $y=x^3$ を，「関数 x^3」のように，単に x の式だけで表記することもある。このときは，関数 x^3 の導関数を $(x^3)'$ で表す。

4　関数 x^n と定数関数の導関数

関数 x^n の導関数は　　$\boldsymbol{(x^n)'=nx^{n-1}}$　　n は正の整数

定数関数 c の導関数は　　$\boldsymbol{(c)'=0}$

5　微分する

関数 $f(x)$ から導関数 $f'(x)$ を求めることを，$f(x)$ を **x で微分する** または単に **微分する** という。

注意　今後，関数 $f(x)$，$g(x)$ は x の多項式で表される関数とする。

6　関数の定数倍および和，差の導関数

k は定数とする。

1　$y=kf(x)$ を微分すると　　$\boldsymbol{y'=kf'(x)}$

2　$y=f(x)+g(x)$ を微分すると　　$\boldsymbol{y'=f'(x)+g'(x)}$

3　$y=f(x)-g(x)$ を微分すると　　$\boldsymbol{y'=f'(x)-g'(x)}$

7　変数が s，t の関数の導関数

たとえば，t の関数 $s=f(t)$ の導関数は $\boldsymbol{s'}$，$\boldsymbol{f'(t)}$，$\boldsymbol{\dfrac{ds}{dt}}$，$\boldsymbol{\dfrac{d}{dt}f(t)}$ などで表す。

注意　変数が x，y 以外の文字で表される関数についても，x と y の関数のときと同様に導関数を考える。$\dfrac{ds}{dt}$ は t の関数 s を t で微分した導関数を表している。

A 導関数

教 p.182

練習 5

関数 $f(x)=x^2$ について，$f'(a)=2a$ を利用して，次の微分係数を求めよ。

(1) $f'(4)$　　(2) $f'(0)$　　(3) $f'(-2)$

指針 **微分係数の計算**　$x=a$ における微分係数は $f'(a)=2a$ であるから，a に具体的な値を代入して求める。

解答 (1) $f'(4)=2\cdot4=\mathbf{8}$ 答

(2) $f'(0)=2\cdot0=\mathbf{0}$ 答

(3) $f'(-2)=2\cdot(-2)=\mathbf{-4}$ 答

教 p.183

練習 6

導関数の定義にしたがって，次の関数の導関数を求めよ。

(1) $f(x)=3x$　　(2) $f(x)=-x^2$　　(3) $f(x)=4$

指針 **導関数 $f'(x)$**　関数 $f(x)$ の，x から $x+h$ までの平均変化率において，h が 0 に限りなく近づくときの極限値である。

解答 (1) $f'(x)=\lim_{h\to0}\dfrac{f(x+h)-f(x)}{h}=\lim_{h\to0}\dfrac{3(x+h)-3x}{h}$

$=\lim_{h\to0}\dfrac{3h}{h}=\lim_{h\to0}3=\mathbf{3}$ 答

(2) $f'(x)=\lim_{h\to0}\dfrac{f(x+h)-f(x)}{h}=\lim_{h\to0}\dfrac{-(x+h)^2-(-x^2)}{h}$

$=\lim_{h\to0}\dfrac{-2xh-h^2}{h}$

$=\lim_{h\to0}(-2x-h)=\mathbf{-2x}$ 答

(3) $f'(x)=\lim_{h\to0}\dfrac{4-4}{h}=\lim_{h\to0}0=\mathbf{0}$ 答

教 p.183

練習 7

教科書 183 ページの公式を用いて，次の関数の導関数を求めよ。

(1) $y=x^4$　　(2) $y=x^5$

指針 **関数 x^n の導関数**　関数 x^n の導関数を求める公式 $(x^n)'=nx^{n-1}$ にあてはめて計算する。

解答 (1) $\boldsymbol{y'}=(x^4)'=4x^{4-1}=\mathbf{4x^3}$ 答

(2) $\boldsymbol{y'}=(x^5)'=5x^{5-1}=\mathbf{5x^4}$ 答

B 関数の微分

練習 8 教 p.185

次の関数を微分せよ。

(1) $y=4x^2+3x-4$　　(2) $y=2x^2-5x+1$

(3) $y=-3x^2+x-2$　　(4) $y=-x^2-x+3$

(5) $y=x^3+2x^2-3x$　　(6) $y=-2x^3-x^2+6x-2$

(7) $y=\dfrac{4}{3}x^3+\dfrac{3}{4}x^2-\dfrac{1}{2}x$　　(8) $y=-\dfrac{1}{3}x^3-\dfrac{3}{2}x-\dfrac{1}{2}$

指針　**関数の定数倍および和，差の導関数**　教科書 p.185 の **2**，**3** によれば，各項ごとに微分すればよいことがわかる。また，**1** によれば係数はそのままでよい。あとは，$(x^n)'=nx^{n-1}$，$(c)'=0$ を使う。

解答 (1) $\boldsymbol{y'}=(4x^2)'+(3x)'-(4)'$　　←和・差の微分 (**2**，**3**)

$=4(x^2)'+3(x)'-(4)'$　　←定数倍の微分 (**1**)

$=4\cdot 2x+3\cdot 1-0=\boldsymbol{8x+3}$ 答　　←$(x^n)'=nx^{n-1}$，$(c)'=0$，$(x)'=1\cdot x^0=1$

(2) $\boldsymbol{y'}=2\cdot 2x-5\cdot 1+0=\boldsymbol{4x-5}$ 答

(3) $\boldsymbol{y'}=-3\cdot 2x+1-0=\boldsymbol{-6x+1}$ 答

(4) $\boldsymbol{y'}=-2x-1+0=\boldsymbol{-2x-1}$ 答

(5) $\boldsymbol{y'}=3x^2+2\cdot 2x-3\cdot 1=\boldsymbol{3x^2+4x-3}$ 答

(6) $\boldsymbol{y'}=-2\cdot 3x^2-2x+6\cdot 1-0=\boldsymbol{-6x^2-2x+6}$ 答

(7) $\boldsymbol{y'}=\dfrac{4}{3}\cdot 3x^2+\dfrac{3}{4}\cdot 2x-\dfrac{1}{2}\cdot 1=\boldsymbol{4x^2+\dfrac{3}{2}x-\dfrac{1}{2}}$ 答

(8) $\boldsymbol{y'}=-\dfrac{1}{3}\cdot 3x^2-\dfrac{3}{2}\cdot 1-0=\boldsymbol{-x^2-\dfrac{3}{2}}$ 答

練習 9 教 p.186

次の関数を微分せよ。

(1) $y=(x+2)(x+3)$　　(2) $y=3(x-2)^2$

(3) $y=x(x+2)(x-2)$　　(4) $y=2x(x+1)(x-3)$

指針　**関数の微分**　右辺を展開・整理してから微分する。練習 8 と同様。

解答 (1) $(x+2)(x+3)=x^2+5x+6$

よって　$y=x^2+5x+6$

したがって　$\boldsymbol{y'=2x+5}$ 答

(2) $3(x-2)^2=3(x^2-4x+4)=3x^2-12x+12$

よって　$y=3x^2-12x+12$

したがって　$\boldsymbol{y'=6x-12}$ 答

(3) $x(x+2)(x-2)=x(x^2-4)=x^3-4x$

よって　$y=x^3-4x$

したがって　　$\boldsymbol{y'=3x^2-4}$ 答

(4)　$2x(x+1)(x-3)=2x(x^2-2x-3)=2x^3-4x^2-6x$

よって　　$y=2x^3-4x^2-6x$

したがって　　$\boldsymbol{y'=6x^2-8x-6}$ 答

教 p.186

練習 10

関数 $f(x)=x^3-3x^2+3$ について，次の x の値における微分係数を求めよ。

(1)　$x=2$　　(2)　$x=0$　　(3)　$x=-2$

指針 **微分係数（導関数の利用）** 関数 $f(x)=x^3-3x^2+3$ の導関数 $f'(x)$ を求めて，x にそれぞれの値を代入して微分係数を求める。

解答 $f(x)$ を微分すると　　$f'(x)=3x^2-6x$

(1)　$x=2$ における微分係数は $f'(2)$ であるから

$f'(2)=3\cdot2^2-6\cdot2=\boldsymbol{0}$ 答

(2)　$x=0$ における微分係数は $f'(0)$ であるから　　$f'(0)=\boldsymbol{0}$ 答

(3)　$x=-2$ における微分係数は $f'(-2)$ であるから

$f'(-2)=3\cdot(-2)^2-6\cdot(-2)=\boldsymbol{24}$ 答

C いろいろな関数の導関数

教 p.187

練習 11

次の t の関数を微分せよ。ただし，a，b は定数とする。

(1)　$s=3t^2-4t+2$　　(2)　$f(t)=at^3+bt^2$

指針 **t の関数の微分**　t を今までの x と考えて微分する。このとき，(2) の a，b は数と考えて微分する。

解答 (1)　$\boldsymbol{s'}=3(t^2)'-4(t)'+(2)'=3\cdot2t-4=\boldsymbol{6t-4}$ 答

(2)　$\boldsymbol{f'(t)}=a(t^3)'+b(t^2)'=a\cdot3t^2+b\cdot2t=\boldsymbol{3at^2+2bt}$ 答

教 p.187

練習 12

半径 r の球の体積を V，表面積を S とすると，$V=\dfrac{4}{3}\pi r^3$，$S=4\pi r^2$ である。V と S を r の関数とみて，それぞれ r で微分せよ。

指針 **いろいろな関数の導関数**　球の体積 V，表面積 S は半径 r の関数である。導関数は V'，S' で表してもよいが，$\dfrac{dV}{dr}$，$\dfrac{dS}{dr}$ と表すことによって，変数 r で微分していることを明示できる。

解答 $\dfrac{dV}{dr}=\dfrac{4}{3}\pi(r^3)'=\dfrac{4}{3}\pi\cdot 3r^2=\boldsymbol{4\pi r^2}$ 答

$\dfrac{dS}{dr}=4\pi(r^2)'=4\pi\cdot 2r=\boldsymbol{8\pi r}$ 答

変数が x 以外の文字でも同じように微分できるよ。

3 接線の方程式

まとめ

グラフ上の点における接線の方程式

関数 $y=f(x)$ のグラフ上の点 $(a,\ f(a))$ における接線の方程式は

$$\boldsymbol{y-f(a)=f'(a)(x-a)}$$

A 接線の方程式

練習 13

関数 $y=2x^2-4x+3$ のグラフ上に点 $\mathrm{A}(2,\ 3)$ をとる。

(1) 点 A における接線の傾きを求めよ。

(2) 点 A における接線の方程式を求めよ。

指針 **接線の方程式**

(1) 関数 $y=f(x)$ のグラフの，x 座標が a である点における接線の傾きは，すでに学習したように $f'(a)$ である。微分係数 $f'(a)$ は，導関数の利用で簡単に計算できる。

(2) 接線の方程式は，上のまとめの公式を利用する。

解答 (1) $f(x)=2x^2-4x+3$ とすると

$$f'(x)=4x-4$$

よって，求める傾きは

$$f'(2)=4\cdot 2-4=4$$ 答

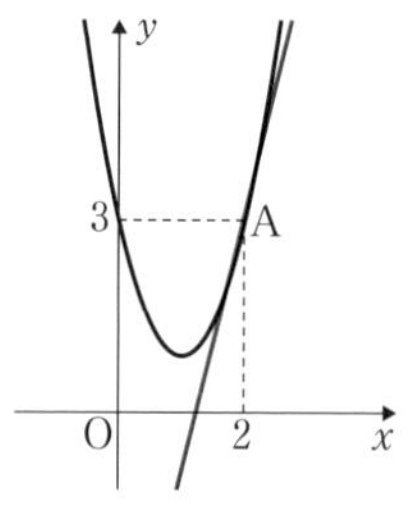

(2) 求める接線は，点 $(2,\ 3)$ を通り傾きが 4 の直線である。

よって，その方程式は

$y-3=4(x-2)$ 　すなわち　 $\boldsymbol{y=4x-5}$ 答

B グラフ上にない点から引いた接線

教 p.189

練習 14 関数 $y=x^2-2x+4$ のグラフに原点Oから引いた接線は2本ある。この2本の接線の方程式を求めよ。

指針 **グラフ上にない点から引いた接線** 接点の x 座標を a とすると，y 座標は x を a とおいた値になる。これらの座標で表された点における接線の方程式を求め，接線が原点Oを通ることから a の値を求める。

解答 $y=x^2-2x+4$ を微分すると　　$y'=2x-2$

接点の座標を $(a,\ a^2-2a+4)$ とすると，接線の傾きは $2a-2$ となるから，その方程式は

$$y-(a^2-2a+4)=(2a-2)(x-a)$$

すなわち　　$y=2(a-1)x-a^2+4$　…… ①

この直線が原点O(0, 0)を通るから

$0=-a^2+4$　　よって　　$a^2-4=0$

すなわち　　$(a+2)(a-2)=0$

これを解いて　　$a=-2,\ 2$

したがって，接線の方程式は，① から

$a=-2$ のとき　　$y=-6x$

$a=2$ のとき　　$y=2x$

よって　　$\boldsymbol{y=-6x,\ y=2x}$　答

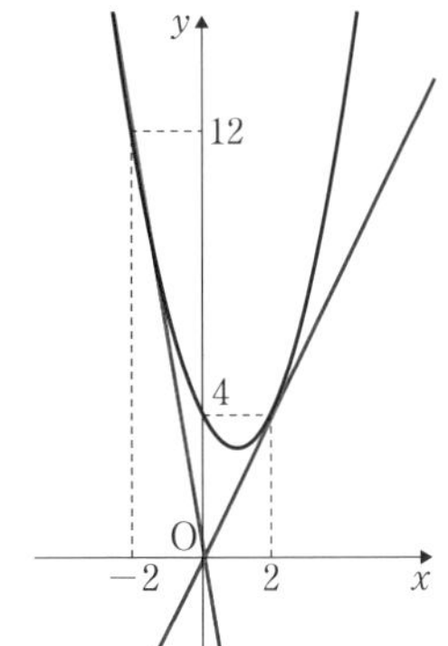

第6章 第1節　補充問題

教 p.190

1　次の極限値を求めよ。ただし，(2) における a は定数とする。

(1) $\displaystyle\lim_{h\to 0}\frac{(-1+h)^2-(-1)^2}{h}$　　(2) $\displaystyle\lim_{h\to 0}\frac{2(a+h)^2-2a^2}{h}$

指針 **極限値** 分数式を計算，約分した結果の式において，h を0に限りなく近づけたときの値を求める。

解答 (1)
$$\lim_{h\to 0}\frac{(-1+h)^2-(-1)^2}{h}=\lim_{h\to 0}\frac{1-2h+h^2-1}{h}$$
$$=\lim_{h\to 0}\frac{-2h+h^2}{h}=\lim_{h\to 0}(-2+h)=\boldsymbol{-2}$$ 答

(2)
$$\lim_{h\to 0}\frac{2(a+h)^2-2a^2}{h}=\lim_{h\to 0}\frac{2a^2+4ah+2h^2-2a^2}{h}$$
$$=\lim_{h\to 0}\frac{4ah+2h^2}{h}=\lim_{h\to 0}(4a+2h)=\boldsymbol{4a}$$ 答

6章 微分法と積分法

教 p.190

2　次の条件をすべて満たす 2 次関数 $f(x)$ を求めよ。

$$f(2)=-2,\quad f'(0)=3,\quad f'(1)=-1$$

指針　**導関数の利用と関数の決定**　条件から $f(x)=ax^2+bx+c$，$a \neq 0$ として，条件を定数 a，b，c の等式で表す。なお，微分係数 $f'(0)$，$f'(1)$ の計算は，$f(x)$ を微分して導関数を求め，これを利用すればよい。

解答　$f(x)=ax^2+bx+c$，$a \neq 0$ とすると　　$f'(x)=2ax+b$

$f(2)=-2$ から　　$4a+2b+c=-2$

$f'(0)=3$　から　　$b=3$

$f'(1)=-1$ から　　$2a+b=-1$

これを解くと　　$a=-2$，$b=3$，$c=0$　($a \neq 0$ を満たす)

よって　　$\boldsymbol{f(x)=-2x^2+3x}$　答

教 p.190

3　関数 $y=x^3+2$ のグラフに，点 C(1，2) から引いた接線の方程式を求めよ。

指針　**グラフ上にない点から引いた接線**　接点の x 座標を a とすると，y 座標は a^3+2 である。点 $(a,\ a^3+2)$ における接線の方程式を求め，接線が点 C を通ることを式で表すと，a の値が求められる。

解答　$y=x^3+2$ を微分すると　　$y'=3x^2$

接点の座標を $(a,\ a^3+2)$ とすると，接線の傾きは $3a^2$ となるから，その接線の方程式は　　$y-(a^3+2)=3a^2(x-a)$

すなわち　　$y=3a^2x-2a^3+2$　…… ①

この直線が点 C(1，2) を通るから　　$2=3a^2-2a^3+2$

よって　　$2a^3-3a^2=0$　　これを解くと　　$a=0,\ \dfrac{3}{2}$

したがって，接線の方程式は，① から

$a=0$ のとき　　$\boldsymbol{y=2}$，　$a=\dfrac{3}{2}$ のとき　　$\boldsymbol{y=\dfrac{27}{4}x-\dfrac{19}{4}}$　答

第2節　関数の値の変化

4 関数の増減と極大・極小

まとめ

1　関数 $f(x)$ の増減と $f'(x)$ の符号

関数 $f(x)$ の増減は，次のようになる。

$f'(x)>0$ となる x の値の範囲では **増加** し，

$f'(x)<0$ となる x の値の範囲では **減少** する。

注意　$f'(x)=0$ となる x の値の範囲では，$f(x)$ は一定の値をとる。

2　増減表

関数 $f(x)$ について，x の値の変化とそのときの $f'(x)$ の符号と $f(x)$ の増加，減少のようすを示した次のような表を **増減表** という。

x	……	1	……	2	……
$f'(x)$	$+$	0	$-$	0	$+$
$f(x)$	↗	3	↘	-2	↗

3　極大・極小

関数 $f(x)$ が $x=a$ を境目として増加から減少に移るとき，$f(x)$ は $x=a$ で **極大** であるといい，$f(a)$ を **極大値** という。

また，$x=b$ を境目として減少から増加に移るとき，$f(x)$ は $x=b$ で **極小** であるといい，$f(b)$ を **極小値** という。

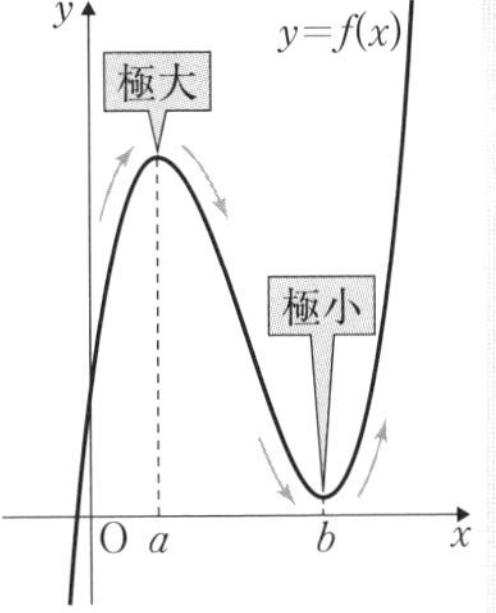

4　極値

極大値と極小値をまとめて **極値** という。

5　極値と微分係数

関数 $f(x)$ が $x=a$ で極値をとるならば，$f'(a)=0$ である。

注意　逆は成り立たない。$f'(a)=0$ であっても，$f(x)$ は $x=a$ で極値をとるとは限らない。

A 関数の増減と導関数

教 p.192

練習 15　次の関数の増減を調べよ。

(1)　$f(x)=x^3-6x^2+5$　　(2)　$f(x)=-2x^3-3x^2+12x+1$

指針　**関数の増減**　まず $f'(x)=0$ となる x の値を求め，その x の値の前後における

$f'(x)$ の符号を調べ，増減表を作る。
なお，関数が増加または減少する x の値の範囲には，$f'(x)=0$ となる x の値も含まれる。

解答 (1)　$f'(x)=3x^2-12x=3x(x-4)$

$f'(x)=0$ とすると　$x=0,\ 4$

$f'(x)>0$ となる x の値の範囲は

$x<0,\ 4<x$

$f'(x)<0$ となる x の値の範囲は

$0<x<4$

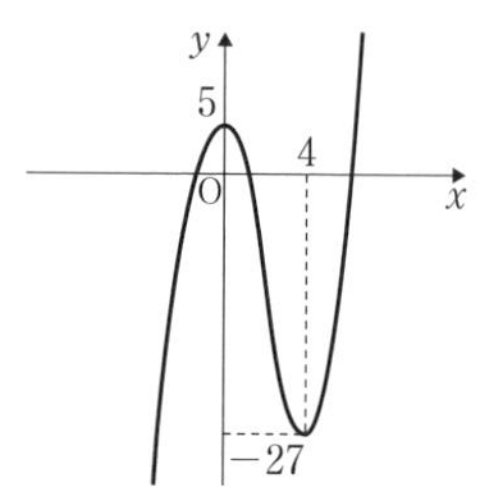

よって，$f(x)$ の増減表は次のようになる。

x	……	0	……	4	……
$f'(x)$	+	0	−	0	+
$f(x)$	↗	5	↘	−27	↗

したがって，$f(x)$ は

$x\leqq 0$，$4\leqq x$ で増加し，$0\leqq x\leqq 4$ で減少する。 答

(2)　$f'(x)=-6x^2-6x+12$

$=-6(x+2)(x-1)$

$f'(x)=0$ とすると

$x=-2,\ 1$

$f'(x)>0$ となる x の値の範囲は

$-2<x<1$

$f'(x)<0$ となる x の値の範囲は

$x<-2,\ 1<x$

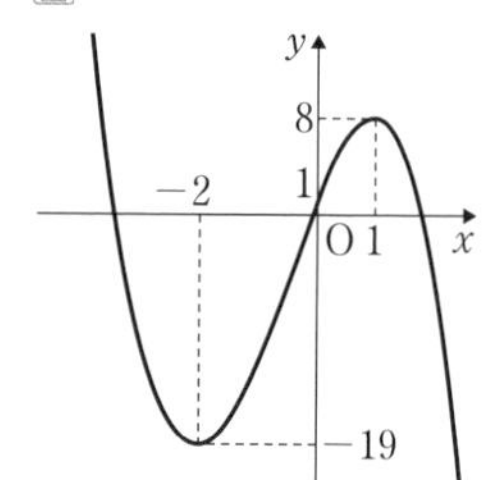

よって，$f(x)$ の増減表は次のようになる。

x	……	−2	……	1	……
$f'(x)$	−	0	+	0	−
$f(x)$	↘	−19	↗	8	↘

したがって，$f(x)$ は

$-2\leqq x\leqq 1$ で増加し，$x\leqq -2$，$1\leqq x$ で減少する。 答

教科書 p.194

B 関数の極大・極小

教 p.194

練習 16　次の関数の増減を調べ，極値を求めよ。また，そのグラフをかけ。

(1)　$y=x^3-6x^2+9x$　　(2)　$y=-x^3+3x^2+1$

(3)　$y=2x^3+6x^2$　　(4)　$y=-x^3+x^2$

指針　**3 次関数の極値とグラフ**　関数の極値を求めたり，グラフをかいたりするためには，増減表を作って関数の増減を調べればよい。ただし，常に増加または減少する関数は，増減が入れかわらないから，極値をもたない。

なお，$y=f(x)$ が 3 次関数の場合，一般に $f'(x)$ は 2 次式になるから，$f'(x)=0$ となる x の値は 2 個以下である。つまり，極値が 3 つ以上になることはない。

解答　(1)　$y'=3x^2-12x+9=3(x-1)(x-3)$

$y'=0$ とすると　　$x=1,\ 3$

y の増減表は次のようになる。

x	……	1	……	3	……
y'	+	0	−	0	+
y	↗	極大 4	↘	極小 0	↗

よって，この関数は

$x=1$ で極大値 4,

$x=3$ で極小値 0

をとる。 答

また，グラフは図のようになる。

(2)　$y'=-3x^2+6x=-3x(x-2)$

$y'=0$ とすると　　$x=0,\ 2$

y の増減表は次のようになる。

x	……	0	……	2	……
y'	−	0	+	0	−
y	↘	極小 1	↗	極大 5	↘

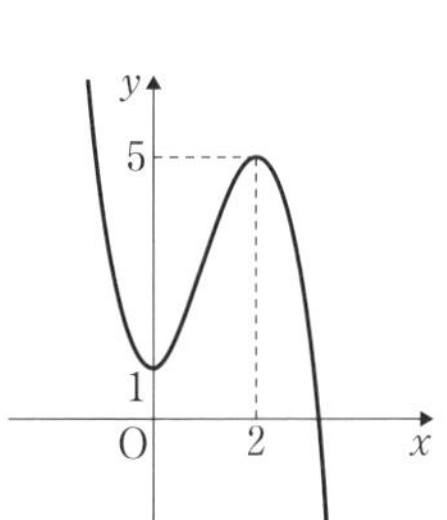

よって，この関数は

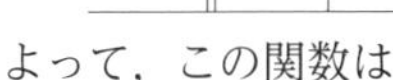

$x=2$ で極大値 5,

$x=0$ で極小値 1

をとる。 答

また，グラフは図のようになる。

(3)　$y'=6x^2+12x=6x(x+2)$

$y'=0$ とすると　　$x=0,\ -2$

y の増減表は次のようになる。

x	……	-2	……	0	……
y'	+	0	−	0	+
y	↗	極大 8	↘	極小 0	↗

よって，この関数は

$x=-2$ で極大値 8,

$x=0$ で極小値 0

をとる。 答

また，グラフは図のようになる。

(4) $y'=-3x^2+2x=-x(3x-2)$

$y'=0$ とすると　　$x=0,\ \dfrac{2}{3}$

y の増減表は次のようになる。

x	……	0	……	$\dfrac{2}{3}$	……
y'	−	0	+	0	−
y	↘	極小 0	↗	極大 $\dfrac{4}{27}$	↘

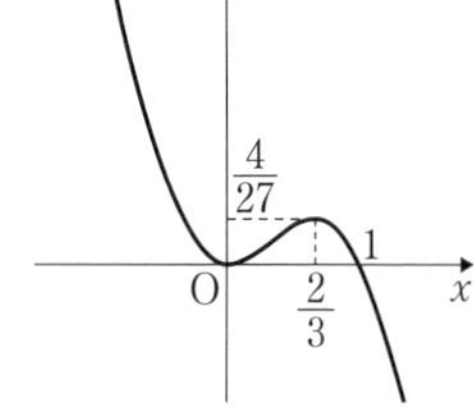

よって，この関数は

$x=\dfrac{2}{3}$ で極大値 $\dfrac{4}{27}$,

$x=0$ で極小値 0

をとる。 答

また，グラフは図のようになる。

教 p.194

練習 17　次の関数の増減を調べ，極値をもたないことを確かめよ。

(1) $f(x)=-x^3$　　　(2) $f(x)=x^3+2x$

指針　**極値をもたない 3 次関数**　関数が常に増加または常に減少するとき，増減が入れかわることはないから，関数は極値をもたない。

解答 (1) $f'(x)=-3x^2$　　$f'(x)=0$ とすると　　$x=0$

$f(x)$ の増減表は次のようになる。

x	……	0	……
$f'(x)$	−	0	−
$f(x)$	↘	0	↘

よって，$f(x)$ は常に減少し，極値をもたない。 終

(2) $f'(x)=3x^2+2>0$

よって，$f(x)$ は常に増加し，極値をもたない。 終

注意 $f'(a)=0$ であっても $f(a)$ が極値とは限らない。すなわち，$f'(a)=0$ は，関数 $f(x)$ が $x=a$ で極値をとるための必要条件でしかない。

教 p.195

練習 18 関数 $f(x)=x^3+ax^2-9x+b$ が $x=-1$ で極大値 8 をとるように，定数 a，b の値を定めよ。また，極小値を求めよ。

指針 **極大値から関数の決定** 「$f(x)$ が $x=a$ で極値をとる $\Longrightarrow$ $f'(a)=0$」を使う。$f(x)$ が $x=-1$ で極大値 8 をとるとき，$f'(-1)=0$ かつ $f(-1)=8$ が成り立つ。これを a，b の等式で表して解く。
なお，求めた a，b の値が条件に適していることを確かめるために，実際に関数の値の変化を調べることが必要である。

解答 $f(x)=x^3+ax^2-9x+b$ を微分すると　$f'(x)=3x^2+2ax-9$

$f(x)$ が $x=-1$ で極大値 8 をとるとき

$$f'(-1)=0,\quad f(-1)=8$$

よって　$3-2a-9=0,\quad -1+a+9+b=8$　　$\leftarrow \begin{cases} -2a-6=0 \\ a+b=0 \end{cases}$

これを解くと　$\boldsymbol{a=-3,\ b=3}$ 答

このとき　$f(x)=x^3-3x^2-9x+3$

$$f'(x)=3x^2-6x-9=3(x+1)(x-3)$$

$f'(x)=0$ とすると　$x=-1,\ 3$

$f(x)$ の増減表は次のようになる。

x	……	-1	……	3	……
$f'(x)$	$+$	0	$-$	0	$+$
$f(x)$	↗	極大	↘	極小	↗

よって　$f(-1)=(-1)^3-3(-1)^2-9(-1)+3=8$

$$f(3)=3^3-3\cdot3^2-9\cdot3+3=-24$$

となり，$x=-1$ で極大値 8，**$x=3$ で極小値 -24 をとる。** 答

研究 4次関数のグラフ

教 p.196

練習 1 次の関数を微分せよ。

(1) $y=x^4-x+3$　　(2) $y=-2x^4-x^3+3x-2$

指針 **4次関数の微分** 4次関数の場合も，3次までの関数の場合と同様，各項ごとに，

$(x^n)'=nx^{n-1}$ を用いて微分する。

解答 (1) $\boldsymbol{y'}=(x^4)'-(x)'+(3)'=\boldsymbol{4x^3-1}$ 答

(2) $\boldsymbol{y'}=-(2x^4)'-(x^3)'+(3x)'-(2)'$

$=\boldsymbol{-8x^3-3x^2+3}$ 答

練習 2 教 p.196

次の関数の増減を調べ，極値を求めよ。また，そのグラフをかけ。

(1) $y=3x^4+4x^3-12x^2+5$　　(2) $y=x^4-8x^2+2$

指針 **4 次関数の極値とグラフ** 関数の極値を求めたり，グラフをかいたりするためには，増減表を作って関数の増減を調べればよい。

なお，$y=f(x)$ が 4 次関数の場合，一般に $f'(x)$ は 3 次式になるから，$f'(x)=0$ となる x の値は 3 個以下である。つまり，極値が 4 つ以上になることはない。

解答 (1) $y'=12x^3+12x^2-24x=12x(x^2+x-2)=12x(x-1)(x+2)$

$y'=0$ とすると　$x=-2,\ 0,\ 1$

y の増減表は次のようになる。

x	……	-2	……	0	……	1	……
y'	$-$	0	$+$	0	$-$	0	$+$
y	↘	極小 -27	↗	極大 5	↘	極小 0	↗

よって，この関数は

$x=-2$ で極小値 -27,

$x=0$ で極大値 5,

$x=1$ で極小値 0

をとる。 答

また，グラフは図のようになる。

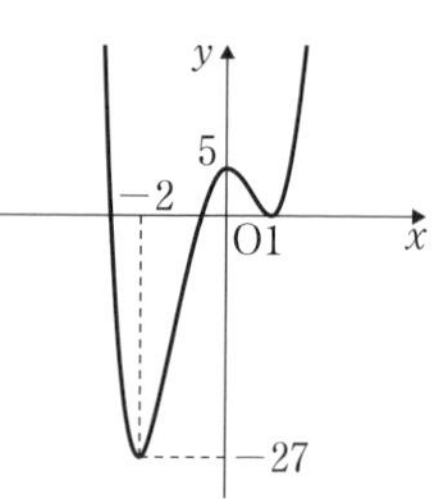

(2) $y'=4x^3-16x=4x(x^2-4)=4x(x+2)(x-2)$

$y'=0$ とすると　$x=-2,\ 0,\ 2$

y の増減表は次のようになる。

x	……	-2	……	0	……	2	……
y'	$-$	0	$+$	0	$-$	0	$+$
y	↘	極小 -14	↗	極大 2	↘	極小 -14	↗

よって，この関数は

$x=0$ で極大値 2,

$x=\pm 2$ で極小値 -14

をとる。 答

また，グラフは図のようになる。

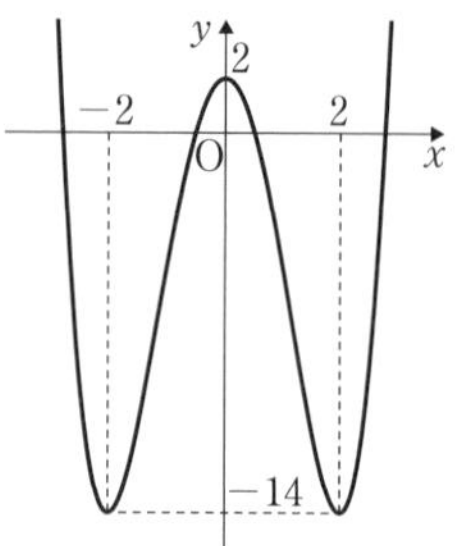

5 関数の増減・グラフの応用

まとめ

1 関数の最大・最小

関数の最大値，最小値を求めるには，関数の増減やグラフを利用する。極値と定義域の端における関数の値との大小も調べる必要がある。

2 方程式 $f(x)=0$ の実数解の個数

関数 $y=f(x)$ のグラフと x 軸の共有点の個数に等しい。

3 不等式の証明

関数 $f(x)$ の最小値が 0 であるとき，不等式 $f(x) \geqq 0$ が成り立つ。このことを利用して，不等式を証明する。

A 関数の最大・最小

教 p.197

練習 19

次の関数の最大値と最小値を求めよ。

(1) $y=x^3+3x^2 \quad (-3 \leqq x \leqq 2)$

(2) $y=-x^3+3x+1 \quad (-2 \leqq x \leqq 2)$

(3) $y=x^3-6x^2-15x \quad (-2 \leqq x \leqq 2)$

指針 **関数の最大・最小** 増減表を作るとき，極値を与える x の値だけでなく，定義域の両端の x の値についても関数 y の値を調べ，それぞれの y の値の大小を比べる。増減表は定義域の分だけ作ればよい。

解答 (1) $y'=3x^2+6x=3x(x+2)$

$y'=0$ とすると　$x=-2,\ 0$

$-3 \leqq x \leqq 2$ において，y の増減表は次のようになる。

x	-3	……	-2	……	0	……	2
y'		$+$	0	$-$	0	$+$	
y	0	↗	極大 4	↘	極小 0	↗	20

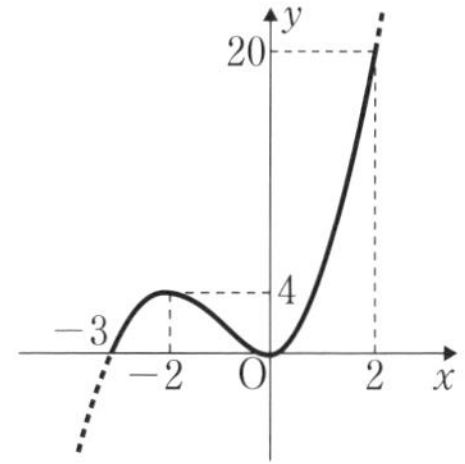

よって，この関数は

$x=2$ で最大値 20 をとり，

$x=-3,\ 0$ で最小値 0 をとる。　答

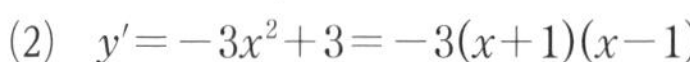

(2) $y'=-3x^2+3=-3(x+1)(x-1)$

$y'=0$ とすると　$x=-1,\ 1$

$-2 \leqq x \leqq 2$ において，y の増減表は次のようになる。

x	-2	……	-1	……	1	……	2
y'		$-$	0	$+$	0	$-$	
y	3	↘	極小 -1	↗	極大 3	↘	-1

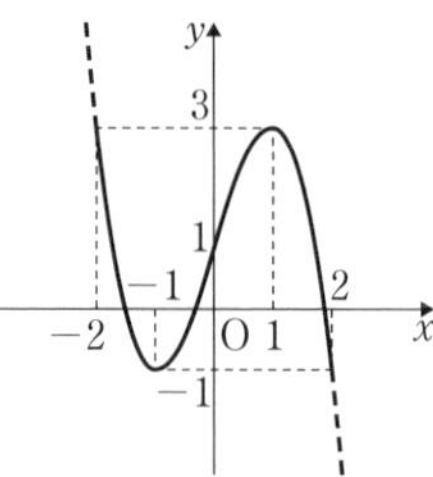

よって，この関数は

$x=-2$，1 で最大値 3 をとり，

$x=-1$，2 で最小値 -1 をとる。 答

(3) $y'=3x^2-12x-15=3(x+1)(x-5)$

$-2 \leqq x \leqq 2$ において，$y'=0$ とすると　$x=-1$

y の増減表は次のようになる。

x	-2	……	-1	……	2
y'		$+$	0	$-$	
y	-2	↗	極大 8	↘	-46

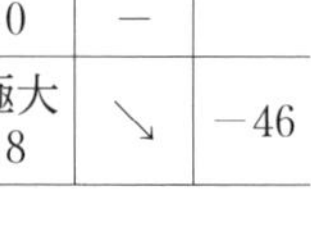

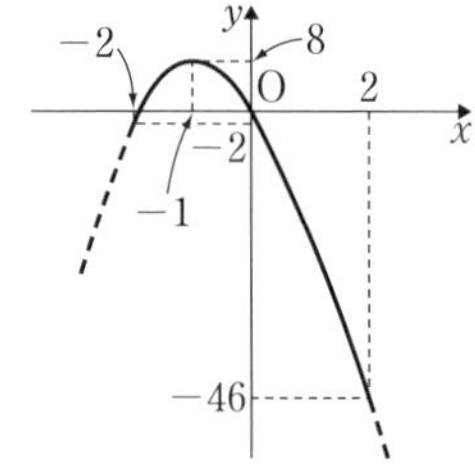

よって，この関数は

$x=-1$ で最大値 8 をとり，

$x=2$ で最小値 -46 をとる。 答

深める　教 p.197

関数 $y=x^2-4x+2$ の最小値について，平方完成を利用する方法と微分をして増減を調べる方法の 2 通りで求め，値が一致することを確認してみよう。

指針　**2 次関数の最小値**　2 次関数の最小値は，平方完成を利用して求めるのが一般的であるが，微分法を利用して求めることもできる。

解答　① 平方完成を利用する方法

関数の式を変形すると　$y=(x-2)^2-2$

よって，この関数は **$x=2$ で最小値 -2** をとる。 答

② 微分をして増減を調べる方法

$y'=2x-4$

$y'=0$ とすると　$x=2$

y の増減表は右のようになる。

x	……	2	……
y'	$-$	0	$+$
y	↘	極小 -2	↗

よって，この関数は **$x=2$ で最小値 -2** をとる。 答

教 p.198

練習 20

縦 10 cm，横 16 cm の長方形の厚紙の四隅から，合同な正方形を切り取り，ふたのない直方体の箱を作る。箱の容積を最大にするには，切り取る正方形の 1 辺の長さを何 cm にすればよいか。

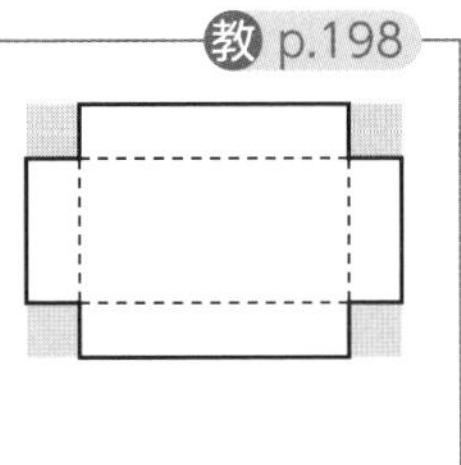

指針 **最大・最小の応用**　求める長さを x cm，箱の容積を y cm^3 として，x の関数 y の増減を調べる。x のとる値の範囲にも注意する。

解答 切り取る正方形の 1 辺の長さを x cm，
このときの箱の容積を y cm^3 とする。

16 cm
x cm
10 cm
$(10-2x)$ cm
$(16-2x)$ cm
x cm

$x>0$，$10-2x>0$ であるから

$0<x<5$　…… ①

このとき

$y=x(10-2x)(16-2x)$
$=4(x^3-13x^2+40x)$
$y'=4(3x^2-26x+40)$
$=4(x-2)(3x-20)$

① の範囲において，y の増減表は次のようになる。

x	0	……	2	……	5
y'		$+$	0	$-$	
y		↗	極大	↘	

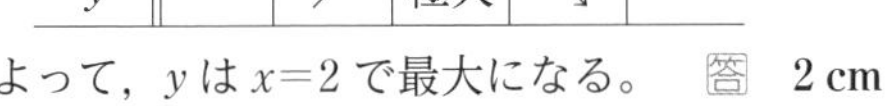

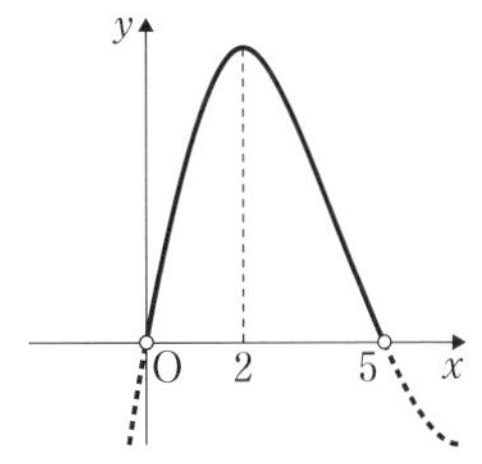

よって，y は $x=2$ で最大になる。　答　**2 cm**

注意 $16-2x>10-2x$ から，$10-2x>0$ であれば，$16-2x>0$ は明らかである。

B 方程式への応用

教 p.199

練習 21

次の方程式の異なる実数解の個数を求めよ。

(1)　$2x^3-6x+5=0$　　(2)　$x^3-3x^2-9x+7=0$

(3)　$x^3-3x^2+4=0$

指針 **方程式 $f(x)=0$ の実数解の個数**　関数 $y=f(x)$ のグラフをかき，x 軸との共有点の個数を調べるとよい。

解答 (1)　関数 $y=2x^3-6x+5$ について

$y'=6x^2-6=6(x+1)(x-1)$

$y'=0$ とすると　　$x=-1$，1

y の増減表は次のようになる。

x	……	-1	……	1	……
y'	$+$	0	$-$	0	$+$
y	↗	極大 9	↘	極小 1	↗

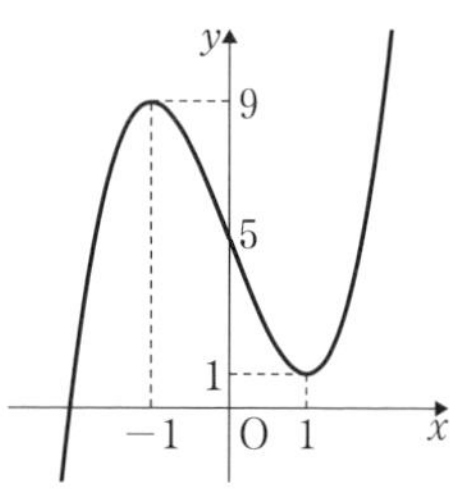

よって，関数 $y=2x^3-6x+5$ のグラフは図のようになり，グラフと x 軸は1点で交わる。
したがって，与えられた方程式の異なる実数解の個数は　**1個**　答

(2)　関数 $y=x^3-3x^2-9x+7$ について

$$y'=3x^2-6x-9=3(x^2-2x-3)=3(x+1)(x-3)$$

$y'=0$ とすると　　$x=-1,\ 3$

y の増減表は次のようになる。

x	……	-1	……	3	……
y'	$+$	0	$-$	0	$+$
y	↗	極大 12	↘	極小 -20	↗

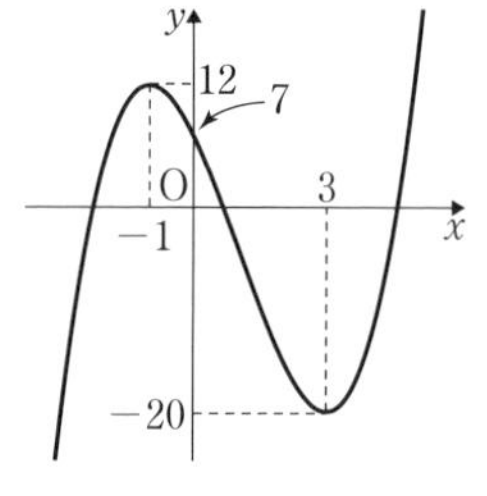

よって，関数 $y=x^3-3x^2-9x+7$ のグラフは，図のようになり，グラフと x 軸は異なる3点で交わる。
したがって，与えられた方程式の異なる実数解の個数は　**3個**　答

(3)　関数 $y=x^3-3x^2+4$ について　　$y'=3x^2-6x=3x(x-2)$

$y'=0$ とすると　　$x=0,\ 2$

y の増減表は次のようになる。

x	……	0	……	2	……
y'	$+$	0	$-$	0	$+$
y	↗	極大 4	↘	極小 0	↗

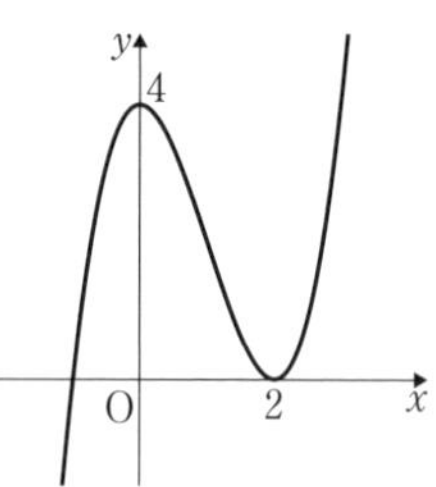

よって，関数 $y=x^3-3x^2+4$ のグラフは図のようになり，グラフと x 軸は1点で交わり1点で接する。
したがって，与えられた方程式の異なる実数解の個数は　**2個**　答

C 不等式への応用

教 p.200

練習 22 $x \geqq 0$ のとき，次の不等式が成り立つことを証明せよ。

$$x^3+3x^2+5 \geqq 9x$$

指針 **不等式の証明** $x \geqq 0$ のとき，関数 $f(x)=(x^3+3x^2+5)-9x$ の最小値が 0 であることを示せばよい。

解答 $f(x)=(x^3+3x^2+5)-9x$ とすると

$$f'(x)=3x^2+6x-9$$
$$=3(x-1)(x+3)$$

$x \geqq 0$ において，$f(x)$ の増減表は次のようになる。

x	0	……	1	……
$f'(x)$		$-$	0	$+$
$f(x)$	5	↘	極小 0	↗

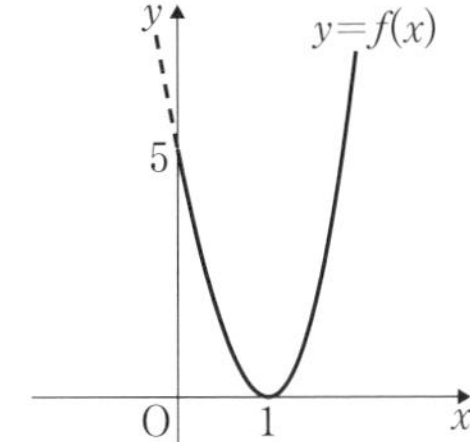

よって，$x \geqq 0$ において，$f(x)$ は $x=1$ で最小値 0 をとる。

したがって，$x \geqq 0$ のとき，$f(x) \geqq 0$ であるから

$$(x^3+3x^2+5)-9x \geqq 0$$

すなわち　$x^3+3x^2+5 \geqq 9x$

等号が成り立つのは，$x=1$ のときである。 終

第6章 第2節 補充問題

教 p.201

4 次の関数の増減を調べ，極値があればその極値を求めよ。

(1) $y=x^3-6x+2$　　(2) $y=(1-x)^3$

指針 **関数の増減と極値**　$y'=0$ となる x の値をもとにして増減表を作る。

(1) はその値が無理数であるが，考え方はこれまでと変わりはない。

(2) では，$y'=0$ であってもそこで極値をとるとは限らないことに注意する。

解答 (1) $y'=3x^2-6$

$y'=0$ とすると　$x=-\sqrt{2}$，$\sqrt{2}$

y の増減表は次のようになる。

x	……	$-\sqrt{2}$	……	$\sqrt{2}$	……
y'	$+$	0	$-$	0	$+$
y	↗	極大 $2+4\sqrt{2}$	↘	極小 $2-4\sqrt{2}$	↗

$x=-\sqrt{2}$ のとき　$y=(-\sqrt{2})^3-6\cdot(-\sqrt{2})+2=2+4\sqrt{2}$

$x=\sqrt{2}$ のとき　$y=(\sqrt{2})^3-6\sqrt{2}+2=2-4\sqrt{2}$

であるから，y は

$x=-\sqrt{2}$ で極大値 $2+4\sqrt{2}$，

$x=\sqrt{2}$ で極小値 $2-4\sqrt{2}$ をとる。 答

(2) $(1-x)^3=1-3x+3x^2-x^3$

よって　$y=1-3x+3x^2-x^3$

したがって　$y'=-3+6x-3x^2$

$=-3(x-1)^2\leqq 0$

y の増減表は次のようになる。

x	……	1	……
y'	$-$	0	$-$
y	↘	0	↘

答 **極値なし**

教 p.201

5 関数 $f(x)=x^3+ax^2+bx+1$ が，$x=-1$ で極大値を，$x=3$ で極小値をとるように，定数 a，b の値を定めよ。また，極値を求めよ。

指針 **極値から関数の決定**　関数 $f(x)$ が $x=a$ で極値をとる $\Longrightarrow$ $f'(a)=0$ を使う。

$f(x)$ が $x=-1$ で極大値をとるとき　$f'(-1)=0$

また，$x=3$ で極小値をとるとき　$f'(3)=0$

これらを a，b の等式で表す。

解答 $f(x)=x^3+ax^2+bx+1$ を微分すると　　$f'(x)=3x^2+2ax+b$

$f(x)$ が $x=-1$ で極大値をとるとき　　$f'(-1)=0$

$f(x)$ が $x=3$ で極小値をとるとき　　$f'(3)=0$

よって　　$3-2a+b=0$，$27+6a+b=0$

これを解くと　　$a=-3$，$b=-9$

このとき　　$f(x)=x^3-3x^2-9x+1$

$f'(x)=3x^2-6x-9=3(x+1)(x-3)$

$f(x)$ の増減表は次のようになる。

x	……	-1	……	3	……
$f'(x)$	$+$	0	$-$	0	$+$
$f(x)$	↗	極大 6	↘	極小 -26	↗

したがって　　$\boldsymbol{a=-3}$，$\boldsymbol{b=-9}$

$\boldsymbol{x=-1}$ **で極大値 6，** $\boldsymbol{x=3}$ **で極小値** $\boldsymbol{-26}$ **をとる。**　答

注意 $f'(-1)=0$，$f'(3)=0$ は $f(x)$ が極値をとるための必要条件である。したがって，これらをもとにして得た a，b の値については，問題に適していることを確かめておく。

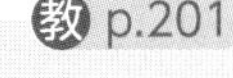
教 p.201

6　底面の直径と高さの和が 18cm である直円柱の体積を Vcm^3 とする。

(1)　底面の半径を x cm とするとき，V を x の式で表せ。

(2)　V が最大となるのは，円柱の高さが何 cm のときか。

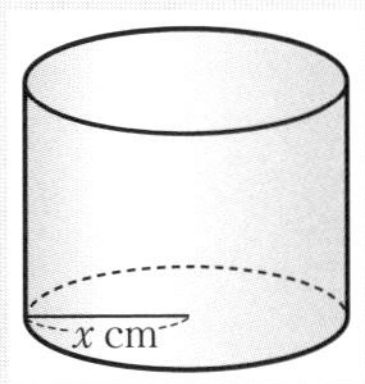

指針 **最大・最小の応用**

(1)　直径は $2x$cm であるから，高さは $(18-2x)$cm と表される。

(2)　x のとる値の範囲にも注意して増減表を作る。

解答 (1)　底面の半径を $x$cm とすると，高さは $(18-2x)$cm と表される。

$x>0$，$18-2x>0$ であるから

$0<x<9$　…… ①

体積は　　$\boldsymbol{V=\pi x^2(18-2x)}$　$\boldsymbol{(0<x<9)}$　答　　← 底面積×高さ

(2)　$\pi x^2(18-2x)=-2\pi x^3+18\pi x^2$

よって　　$V=-2\pi x^3+18\pi x^2$

$V'=-6\pi x^2+36\pi x=-6\pi x(x-6)$

6章　微分法と積分法

① の範囲において，V の増減表は次のようになる。

x	0	……	6	……	9
V'		$+$	0	$-$	
V		↗	極大	↘	

したがって，V は $x=6$ で最大となる。
このとき，円柱の高さは

$18-2\cdot 6=6$ (cm)　答　**6 cm**

教 p.201

7 方程式 $x^3+3x^2=a$ が異なる3個の実数解をもつように，定数 a の値の範囲を定めよ。

指針　**方程式 $f(x)=a$ の実数解の個数**　方程式 $f(x)=a$ の実数解の個数は，関数 $y=f(x)$ のグラフと直線 $y=a$ の共有点の個数に等しい。関数 $y=x^3+3x^2$ のグラフをかき，x 軸に平行な直線 $y=a$ と異なる3点で交わるように，a の範囲を定める。

解答　関数 $y=x^3+3x^2$ について　　$y'=3x^2+6x=3x(x+2)$
$y'=0$ とすると　　$x=-2,\ 0$
y の増減表は次のようになる。

x	……	-2	……	0	……
y'	$+$	0	$-$	0	$+$
y	↗	極大 4	↘	極小 0	↗

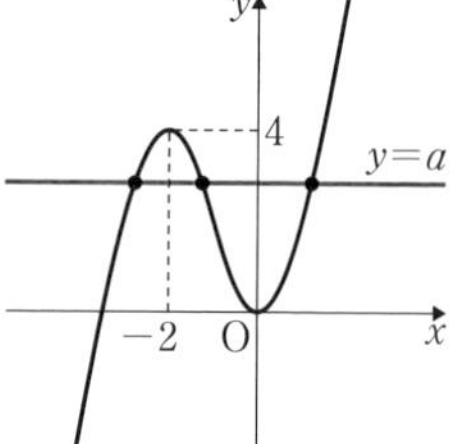

よって，$y=x^3+3x^2$ のグラフは図のようになる。
求める a の値の範囲は，このグラフと直線 $y=a$ が異なる3個の共有点をもつ範囲であるから

$0<a<4$　答

第3節　積分法

6　不定積分

まとめ

1　原始関数

x で微分すると $f(x)$ になる関数を，$f(x)$ の **原始関数** という。
すなわち，$F'(x)=f(x)$ のとき，$F(x)$ は $f(x)$ の原始関数である。

2　不定積分

関数 $f(x)$ の原始関数の1つを $F(x)$ とすると，$f(x)$ の任意の原始関数は，「$F(x)+$ 定数」の形に表される。
この定数を **積分定数** といい，記号 C で表して，$f(x)$ の任意の原始関数を $F(x)+C$ と表示する。
この表示を $f(x)$ の **不定積分** といい，$\int f(x)dx$ で表す。

注意　不定積分と原始関数を区別せずに同じ意味で用いることもある。
$\int$ は「積分」または「インテグラル」と読む。

3　関数 $f(x)$ の不定積分

$F'(x)=f(x)$ のとき

$$\int f(x)dx=F(x)+C \qquad \text{ただし，} C \text{ は積分定数}$$

注意　今後，教科書と同様に，本書でも「C は積分定数」の断りを省略する。

4　積分する

関数 $f(x)$ の不定積分を求めることを，$f(x)$ を **積分する** という。積分することと微分することとは，互いに逆の計算であるといえる。

5　関数 x^n の不定積分

$$\int x^n dx=\frac{1}{n+1}x^{n+1}+C$$

ただし，n は0または正の整数とする。

例　$\int 1\,dx=x+C$，　$\int x\,dx=\frac{1}{2}x^2+C$

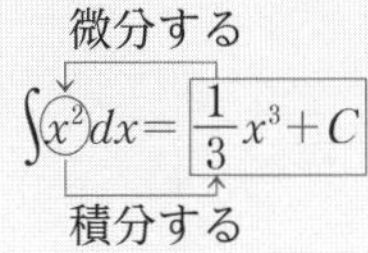

6　関数の定数倍および和，差の不定積分

$F'(x)=f(x)$，$G'(x)=g(x)$ のとき

1　$\int kf(x)dx=kF(x)+C$　　k は定数

2　$\int \{f(x)+g(x)\}dx=F(x)+G(x)+C$

3　$\int \{f(x)-g(x)\}dx=F(x)-G(x)+C$

7 いろいろな関数の不定積分

変数が x 以外の文字で表される関数についても，x の場合と同様に不定積分を考える。

例　t の関数については，次のようになる。

$$\int 1\,dt=t+C,\quad \int t\,dt=\frac{1}{2}t^2+C,\quad \int t^2\,dt=\frac{1}{3}t^3+C$$

A 導関数と不定積分

練習 23 教 p.202

次の中から，$3x^2$ の原始関数であるものを選べ。

① $6x$　② x^3　③ x^3+2x　④ x^3-4

指針　**原始関数**　微分すると $3x^2$ になる関数を選ぶ。

解答　① $(6x)'=6$　② $(x^3)'=3x^2$

③ $(x^3+2x)'=3x^2+2$　④ $(x^3-4)'=3x^2$

よって，$3x^2$ の原始関数は　②，④　答

注意　$3x^2$ の原始関数はいくつもあるが，それらの違いは，定数部分だけである。

c が定数のとき　$(x^3+c)'=3x^2$

練習 24 教 p.203

教科書 203 ページの公式が成り立つことを，右辺の関数を x で微分して確かめよ。また，この公式を用いて，不定積分 $\int x^3\,dx$ を求めよ。

指針　**x^n の不定積分**　微分と積分は互いに逆演算である。すなわち，$F(x)$ を微分すると $f(x)$ になるとき，$f(x)$ の 1 つの不定積分は $F(x)$ である。このことを利用して考える。

解答　n が 0 または正の整数のとき，$F(x)=\frac{1}{n+1}x^{n+1}$ とおくと

$$F'(x)=\frac{1}{n+1}\cdot(n+1)x^n=x^n$$

よって，x^n の不定積分の 1 つは $F(x)$ である。

したがって　$\int x^n\,dx=\frac{1}{n+1}x^{n+1}+C$ （C は積分定数）　終

また　$\int x^3\,dx=\frac{1}{3+1}x^{3+1}+C=\boldsymbol{\frac{1}{4}x^4+C}$ （C は積分定数）　答

B 不定積分の性質

教 p.204

練習 25

次の不定積分を求めよ。

(1) $\int 6x^2\,dx$　　(2) $\int (x^2+x-1)\,dx$

(3) $\int (3x^2-2x+5)\,dx$　　(4) $\int (-2x^2-x+7)\,dx$

指針 **不定積分を求める**　多項式は各項ごとに不定積分を考えればよい。また，各項は係数はそのまま残し，x^n の不定積分との積にする。
答えは，微分してもとの関数に戻るかを確かめておく。

解答 C は積分定数とする。

(1) $\int 6x^2\,dx=6\cdot\frac{1}{3}x^3+C=\boldsymbol{2x^3+C}$ 答　　$\leftarrow \int x^2\,dx=\frac{1}{3}x^3+C$

(2) $\int (x^2+x-1)\,dx=\boldsymbol{\frac{1}{3}x^3+\frac{1}{2}x^2-x+C}$ 答　　$\leftarrow \int x\,dx=\frac{1}{2}x^2+C$

$\int 1\,dx=x+C$

(3) $\int (3x^2-2x+5)\,dx=3\cdot\frac{1}{3}x^3-2\cdot\frac{1}{2}x^2+5x+C$

$=\boldsymbol{x^3-x^2+5x+C}$ 答

(4) $\int (-2x^2-x+7)\,dx=-2\cdot\frac{1}{3}x^3-\frac{1}{2}x^2+7x+C$

$=\boldsymbol{-\frac{2}{3}x^3-\frac{1}{2}x^2+7x+C}$ 答

教 p.205

練習 26

次の不定積分を求めよ。

(1) $\int (2t^2-3t-4)\,dt$　　(2) $\int (y+2)(3y-1)\,dy$

指針 **いろいろな関数の不定積分を求める**　不定積分は，変数が x 以外でも同様に考える。(1) は変数が t の関数を t で積分し，(2) は変数が y の関数を y で積分する。

解答 C は積分定数とする。

(1) $\int (2t^2-3t-4)\,dt=2\cdot\frac{1}{3}t^3-3\cdot\frac{1}{2}t^2-4t+C$

$=\boldsymbol{\frac{2}{3}t^3-\frac{3}{2}t^2-4t+C}$ 答

(2) $\int (y+2)(3y-1)\,dy=\int (3y^2+5y-2)\,dy$

$=\boldsymbol{y^3+\frac{5}{2}y^2-2y+C}$ 答

練習 27 教 p.205

次の 2 つの条件をともに満たす関数 $F(x)$ を求めよ。

[1] $F'(x)=3x^2-4$　　[2] $F(-1)=5$

指針 **原始関数を求める** [1] から $3x^2-4$ の不定積分として $F(x)$ を求める。さらに，[2] から積分定数 C の値を決める。

解答 [1] から　$F(x)=\int(3x^2-4)dx=3\cdot\frac{x^3}{3}-4x+C$

$=x^3-4x+C$ (C は積分定数)

よって　$F(-1)=(-1)^3-4\cdot(-1)+C=3+C$

[2] より $3+C=5$ であるから　$C=2$

したがって　$\boldsymbol{F(x)=x^3-4x+2}$ 答

7 定積分

まとめ

1 定積分

関数 $f(x)$ の原始関数の1つを $F(x)$ とし，a，b を $f(x)$ の定義域内の任意の値とするとき，$F(b)-F(a)$ の値は $F(x)$ の選び方とは関係なく，a，b の値だけで定まる。この $F(b)-F(a)$ を，関数 $f(x)$ の a から b までの **定積分** といい，$\int_a^b f(x)dx$ と書く。このとき，a を **下端**（かたん），b を **上端**（じょうたん） という。

また，この定積分を求めることを，関数 $f(x)$ を a から b まで **積分する** という。a と b の大小関係は，$a<b$，$a=b$，$a>b$ のいずれでもよい。

また，$F(b)-F(a)$ を $\Big[F(x)\Big]_a^b$ とも書く。

$F'(x)=f(x)$ のとき　$\int_a^b f(x)dx=\Big[F(x)\Big]_a^b=F(b)-F(a)$

2 関数の定数倍および和，差の定積分

1 $\int_a^b kf(x)dx=k\int_a^b f(x)dx$　　k は定数

2 $\int_a^b \{f(x)+g(x)\}dx=\int_a^b f(x)dx+\int_a^b g(x)dx$

3 $\int_a^b \{f(x)-g(x)\}dx=\int_a^b f(x)dx-\int_a^b g(x)dx$

3 定積分の性質

定積分の上端，下端に関する性質として，次のことが成り立つ。

1 $\int_a^a f(x)dx=0$　　**2** $\int_b^a f(x)dx=-\int_a^b f(x)dx$

3 $\int_a^b f(x)dx=\int_a^c f(x)dx+\int_c^b f(x)dx$

注意 性質 **3** は，a，b，c の大小に関係なく成り立つ。

4 定積分と導関数

a を定数とするとき

x の関数 $\int_a^x f(t)dt$ の導関数は $f(x)$ である。

すなわち　$\frac{d}{dx}\int_a^x f(t)dt=f(x)$

注意 x の関数 $\int_a^x f(t)dt$ の導関数を $\frac{d}{dx}\int_a^x f(t)dt$ で表す。

6章 微分法と積分法

A 定積分

練習 28 教 p.207

次の定積分を求めよ。

(1) $\int_1^3 x\,dx$　　(2) $\int_{-1}^2 x^2\,dx$　　(3) $\int_3^0 2\,dx$

指針 **定積分の計算**　手順は

① 与えられた関数 $f(x)$ の不定積分 $F(x)$ を求める。ただし，積分定数 C は省いてよい。

② 代入計算をする。

$$\int_a^b f(x)dx=\Big[F(x)\Big]_a^b=F(b)-F(a)$$

①　②

解答 (1) $\left(\dfrac{x^2}{2}\right)'=x$ であるから

$$\int_1^3 x\,dx=\left[\frac{x^2}{2}\right]_1^3=\frac{3^2}{2}-\frac{1^2}{2}=\frac{9}{2}-\frac{1}{2}=4$$ 答

(2) $\left(\dfrac{x^3}{3}\right)'=x^2$ であるから

$$\int_{-1}^2 x^2\,dx=\left[\frac{x^3}{3}\right]_{-1}^2=\frac{2^3}{3}-\frac{(-1)^3}{3}=3$$ 答

(3) $(2x)'=2$ であるから

$$\int_3^0 2\,dx=\Big[2x\Big]_3^0=2(0-3)=-6$$ 答

注意 次のように，積分定数 C とは無関係に定積分の値が定まる。

(1) $\int_1^3 x\,dx=\left[\dfrac{x^2}{2}+C\right]_1^3=\left(\dfrac{3^2}{2}+C\right)-\left(\dfrac{1^2}{2}+C\right)=\dfrac{3^2}{2}-\dfrac{1^2}{2}=4$

練習 29 教 p.207

次の定積分を求めよ。

(1) $\int_0^2 (x^2+4x-5)dx$　　(2) $\int_2^3 (x-2)(x-3)dx$

指針 **定積分の計算**　多項式の定積分も手順は練習 28 と同じである。つまり，

① 原始関数の 1 つ (C を省いたもの) を求め，② 代入計算する。

(2) はまず関数の式を展開する。

解答 (1) $\int_0^2 (x^2+4x-5)dx=\left[\dfrac{x^3}{3}+2x^2-5x\right]_0^2$

$$=\left(\frac{2^3}{3}+2\cdot2^2-5\cdot2\right)-0=\frac{8}{3}-2=\frac{2}{3}$$ 答

(2) $\int_2^3 (x-2)(x-3)dx=\int_2^3 (x^2-5x+6)dx=\left[\dfrac{x^3}{3}-\dfrac{5}{2}x^2+6x\right]_2^3$

$$=\left(\frac{3^3}{3}-\frac{5}{2}\cdot 3^2+6\cdot 3\right)-\left(\frac{2^3}{3}-\frac{5}{2}\cdot 2^2+6\cdot 2\right)$$

$$=\left(9-\frac{45}{2}+18\right)-\left(\frac{8}{3}-10+12\right)=\frac{9}{2}-\frac{14}{3}=-\frac{1}{6}$$ 答

教 p.208

練習 30

次の定積分を求めよ。

(1) $\displaystyle\int_{-1}^{2}(-3t^2+t+1)dt$　　(2) $\displaystyle\int_{-1}^{1}2(y+3)(y-2)dy$

指針 **定積分の計算**　練習 28，練習 29 に示した手順に従って計算する。
(2) は，まず関数の式を展開する。

解答 (1) $\displaystyle\int_{-1}^{2}(-3t^2+t+1)dt=\left[-t^3+\frac{t^2}{2}+t\right]_{-1}^{2}$

$$=\left(-2^3+\frac{2^2}{2}+2\right)-\left\{-(-1)^3+\frac{(-1)^2}{2}+(-1)\right\}=-\frac{9}{2}$$ 答

(2) $\displaystyle\int_{-1}^{1}2(y+3)(y-2)dy=\int_{-1}^{1}(2y^2+2y-12)dy=\left[\frac{2}{3}y^3+y^2-12y\right]_{-1}^{1}$

$$=\left(\frac{2}{3}\cdot 1^3+1^2-12\cdot 1\right)-\left\{\frac{2}{3}\cdot(-1)^3+(-1)^2-12\cdot(-1)\right\}$$

$$=-\frac{68}{3}$$ 答

B 定積分の性質

教 p.208

練習 31

次の定積分を求めよ。

$$\int_{-1}^{1}(x+2)^2dx-\int_{-1}^{1}(x-2)^2dx$$

指針 **関数の定数倍および和，差の定積分の応用**　教科書 $p.208$ の公式 **3** を右辺から左辺を導く形で使う。この利用法では，いくつかの定積分の上端，下端がそれぞれ等しいことが前提となる。

解答 $\displaystyle\int_{-1}^{1}(x+2)^2dx-\int_{-1}^{1}(x-2)^2dx$

$$=\int_{-1}^{1}\{(x+2)^2-(x-2)^2\}dx=\int_{-1}^{1}8x\,dx$$ ←公式 **3**

$$=\left[4x^2\right]_{-1}^{1}=4\{1^2-(-1)^2\}=0$$ 答

練習 32 教 p.209

次の定積分を求めよ。

(1) $\int_1^2 (3x^2-4x)dx+\int_2^3 (3x^2-4x)dx$

(2) $\int_0^3 (x^2+2x)dx-\int_1^3 (x^2+2x)dx$

指針 **定積分の計算** 上端，下端に注視し，教科書 p.209 の定積分の性質 **3** を利用する。

解答 (1) $\int_1^2 (3x^2-4x)dx+\int_2^3 (3x^2-4x)dx=\int_1^3 (3x^2-4x)dx$

$=\Big[x^3-2x^2\Big]_1^3=(3^3-2\cdot 3^2)-(1^3-2\cdot 1^2)=\mathbf{10}$ 答

(2) $\int_0^3 (x^2+2x)dx-\int_1^3 (x^2+2x)dx=\int_0^3 (x^2+2x)dx+\int_3^1 (x^2+2x)dx$

$=\int_0^1 (x^2+2x)dx=\left[\frac{x^3}{3}+x^2\right]_0^1=\left(\frac{1^3}{3}+1^2\right)-0=\mathbf{\frac{4}{3}}$ 答

C 定積分と微分法

練習 33 教 p.210

x の関数 $\int_0^x (3t^2-2t-1)dt$ の導関数を求めよ。

指針 **定積分で表された関数の微分** 定積分を計算しなくても，教科書 p.210 の公式により求めることができる。

解答 $\frac{d}{dx}\int_0^x (3t^2-2t-1)dt=\mathbf{3x^2-2x-1}$ 答

練習 34 教 p.210

次の等式を満たす関数 $f(x)$ と定数 a の値を求めよ。

$$\int_a^x f(t)dt=x^2-x-2$$

指針 **定積分と導関数 (関数の決定)** 等式の両辺の関数を x で微分すると，左辺は $f(x)$ となる。また，与えられた等式で $x=a$ とおくと，教科書 p.209 の定積分の性質 **1** が利用できる。

解答 等式の両辺の関数を x で微分すると　$f(x)=2x-1$

また，与えられた等式で $x=a$ とおくと，左辺は 0 になるから

$0=a^2-a-2$　これを解くと　$a=-1,\ 2$

答 $\boldsymbol{f(x)=2x-1,\ a=-1,\ 2}$

8 定積分と面積

まとめ

1 定積分と面積(1)

$a \leqq x \leqq b$ の範囲で $f(x) \geqq 0$ のとき，$y=f(x)$ のグラフと x 軸および 2 直線 $x=a$，$x=b$ で囲まれた部分の面積 S は

$$S=\int_a^b f(x)dx$$

2 定積分と面積(2)

$a \leqq x \leqq b$ の範囲で $f(x) \leqq 0$ のとき，$y=f(x)$ のグラフと x 軸および 2 直線 $x=a$，$x=b$ で囲まれた部分の面積 S は

$$S=\int_a^b \{-f(x)\}dx$$

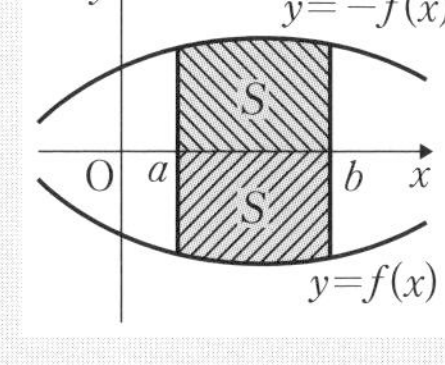

解説 x 軸に関して対称な図形を考えると，その面積は S と等しい。
$y=-f(x) \geqq 0$ であるから，「定積分と面積(1)」と同様に考えられる。

3 定積分と面積(3)

$a \leqq x \leqq b$ の範囲で $f(x) \geqq g(x)$ のとき，$y=f(x)$ と $y=g(x)$ のグラフおよび 2 直線 $x=a$，$x=b$ で囲まれた部分の面積 S は

$$S=\int_a^b \{f(x)-g(x)\}dx$$

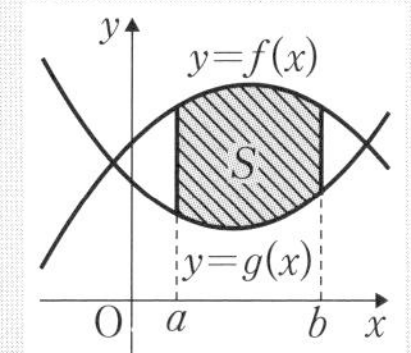

A 定積分の図形的な意味

教 p.213

練習 35 次の放物線と 2 直線および x 軸で囲まれた部分の面積 S を求めよ。

(1) 放物線 $y=x^2$，2 直線 $x=1$，$x=3$

(2) 放物線 $y=x^2+2$，2 直線 $x=-1$，$x=2$

指針 **定積分と図形の面積(1)** $y=x^2 \geqq 0$，$y=x^2+2>0$ であるから，まとめの公式を使う。面積はそれぞれ 1 から 3 までの定積分，-1 から 2 までの定積分で求めることができる。

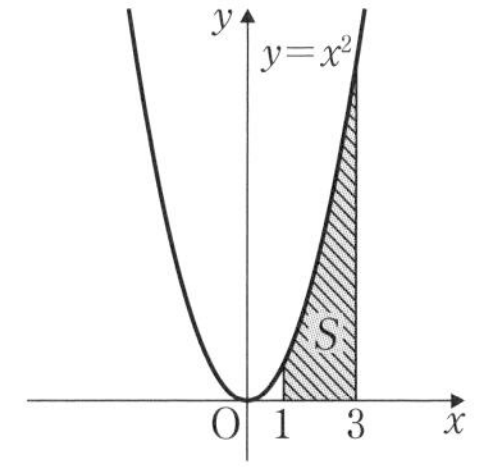

解答 (1) $S=\int_1^3 x^2 dx=\left[\frac{x^3}{3}\right]_1^3=\frac{3^3}{3}-\frac{1^3}{3}=\frac{26}{3}$ 答

6章 微分法と積分法

(2) $S=\int_{-1}^{2}(x^2+2)dx=\left[\frac{x^3}{3}+2x\right]_{-1}^{2}$

$=\left(\frac{2^3}{3}+2\cdot2\right)-\left\{\frac{(-1)^3}{3}+2\cdot(-1)\right\}$

$=\left(\frac{8}{3}+4\right)-\left(-\frac{1}{3}-2\right)=\mathbf{9}$ 答

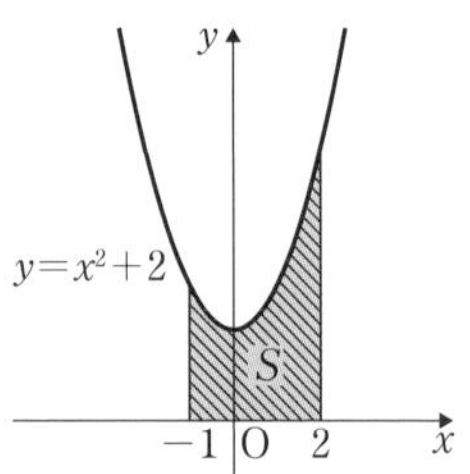

教 p.214

練習 36 次の放物線と x 軸で囲まれた部分の面積 S を求めよ。

(1) $y=x^2-1$　　(2) $y=x^2-2x$

指針 **定積分と図形の面積(2)** グラフをかいてどの部分の面積か確認してから公式を使う。

放物線と x 軸の交点の x 座標が，定積分の下端と上端となり，その範囲では $y\leqq0$ である。

解答 (1) 放物線と x 軸の交点の x 座標は，方程式 $x^2-1=0$ を解いて

$x=-1,\ 1$

$-1\leqq x\leqq1$ では $y\leqq0$ であるから，求める面積 S は

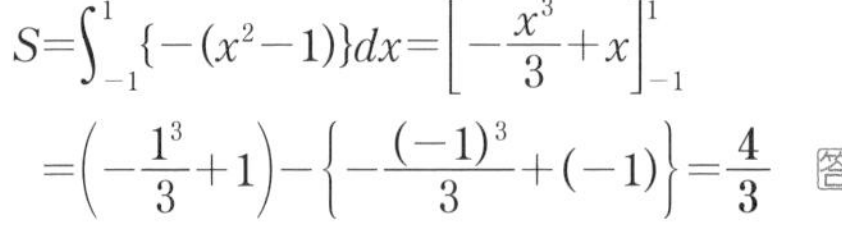

$S=\int_{-1}^{1}\{-(x^2-1)\}dx=\left[-\frac{x^3}{3}+x\right]_{-1}^{1}$

$=\left(-\frac{1^3}{3}+1\right)-\left\{-\frac{(-1)^3}{3}+(-1)\right\}=\frac{\mathbf{4}}{\mathbf{3}}$ 答

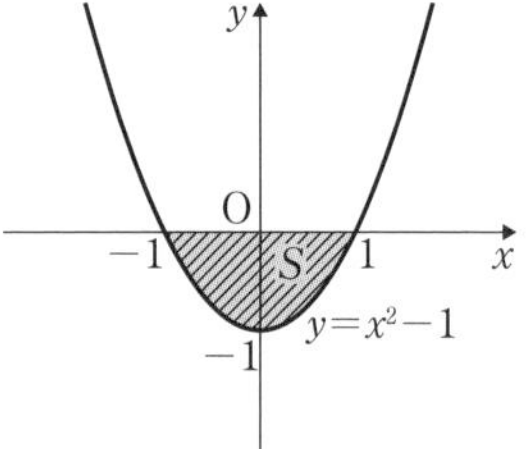

(2) 放物線と x 軸の交点の x 座標は，方程式 $x^2-2x=0$ を解いて

$x=0,\ 2$

$0\leqq x\leqq2$ では $y\leqq0$ であるから，求める面積 S は

$S=\int_{0}^{2}\{-(x^2-2x)\}dx=\left[-\frac{x^3}{3}+x^2\right]_{0}^{2}$

$=\left(-\frac{2^3}{3}+2^2\right)-0=\frac{\mathbf{4}}{\mathbf{3}}$ 答

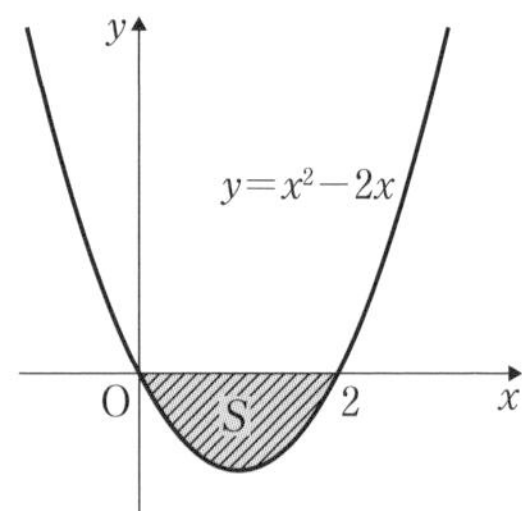

教 p.214

深める

右の三角形の面積は $\frac{1}{2}ab$ である。このことを，

関数 $y=\frac{b}{a}x$ の定積分を利用して確かめてみよう。

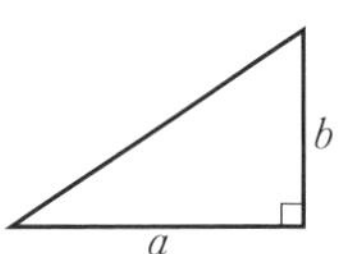

指針　**三角形の面積**　この三角形は，$0 \leqq x \leqq a$ の範囲で，$y=\frac{b}{a}x$ のグラフと x 軸および直線 $x=a$ で囲まれた部分である。

解答　右の図から，三角形の面積は

$$\int_0^a \frac{b}{a}x\,dx=\left[\frac{b}{2a}x^2\right]_0^a$$

$$=\frac{b}{2a}\cdot a^2-0$$

$$=\frac{1}{2}ab$$ 終

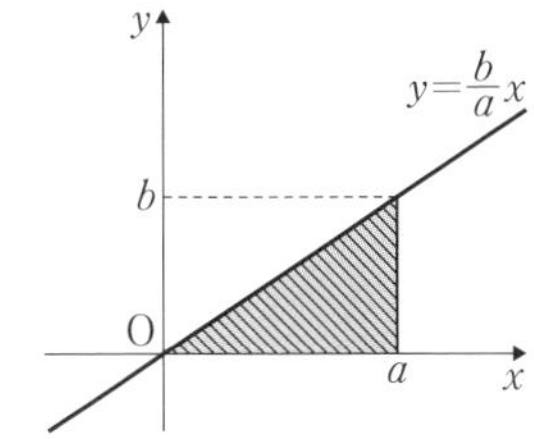

B　2つの曲線の間の面積

教 p.216

練習 37

2つの放物線 $y=\frac{1}{2}x^2$，$y=x^2+x+1$ と2直線 $x=1$，$x=2$ で囲まれた部分の面積 S を求めよ。

指針　**2つの放物線の間の面積**　2直線 $x=1$，$x=2$ の間で，どちらの放物線が上側にあるかが公式適用のポイントとなる。やはり，グラフをかいて確かめるのがよい。一般に，$y=f(x)$ のグラフが $y=g(x)$ のグラフの上側にあるならば，$\{f(x)-g(x)\}$ を積分すればよい。

解答　図のように，$1 \leqq x \leqq 2$ の範囲では

$$x^2+x+1>\frac{1}{2}x^2$$

であるから，求める部分の面積 S は

$$S=\int_1^2\left\{(x^2+x+1)-\frac{1}{2}x^2\right\}dx$$

$$=\int_1^2\left(\frac{1}{2}x^2+x+1\right)dx$$

$$=\left[\frac{1}{6}x^3+\frac{x^2}{2}+x\right]_1^2$$

$$=\left(\frac{1}{6}\cdot 2^3+\frac{2^2}{2}+2\right)-\left(\frac{1}{6}\cdot 1^3+\frac{1^2}{2}+1\right)$$

$$=\frac{11}{3}$$ 答

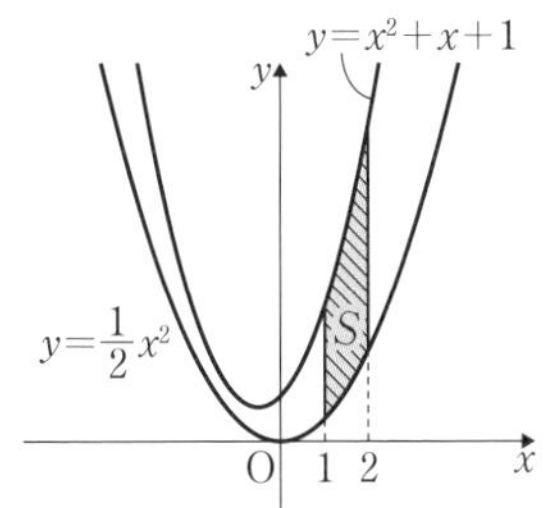

6章 微分法と積分法

教科書 p.216

練習 38 教 p.216

次の放物線と直線で囲まれた部分の面積 S を求めよ。

(1) 放物線 $y=x^2$，直線 $y=-x+2$

(2) 放物線 $y=-x^2+3$，直線 $y=2x$

指針 **放物線と直線で囲まれた部分の面積** 放物線と直線の上下関係を調べ，公式を使う。なお，その交点の x 座標は，放物線の式と直線の式から y を消去して得られる2次方程式の解であり，それが定積分の下端と上端になる。

解答 (1) 方程式 $x^2=-x+2$ を解くと，

$x^2+x-2=0$ から　　$x=-2,\ 1$

よって，求める面積 S は，図から

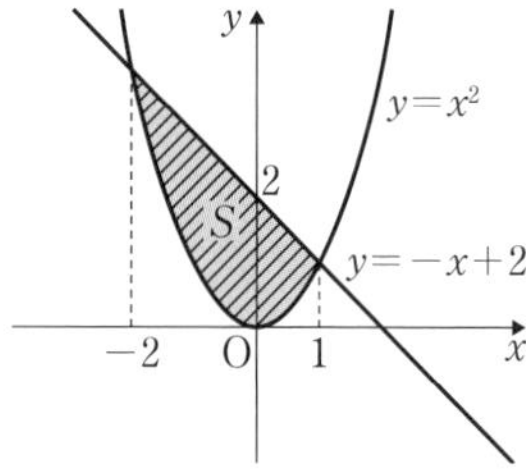

$$S=\int_{-2}^{1}\{(-x+2)-x^2\}dx$$

$$=\int_{-2}^{1}(-x^2-x+2)dx$$

$$=\left[-\frac{x^3}{3}-\frac{x^2}{2}+2x\right]_{-2}^{1}$$

$$=\left(-\frac{1}{3}-\frac{1}{2}+2\right)-\left(\frac{8}{3}-2-4\right)=\frac{9}{2}$$ 答

(2) 方程式 $-x^2+3=2x$ を解くと，

$x^2+2x-3=0$ から　　$x=-3,\ 1$

よって，求める面積 S は，図から

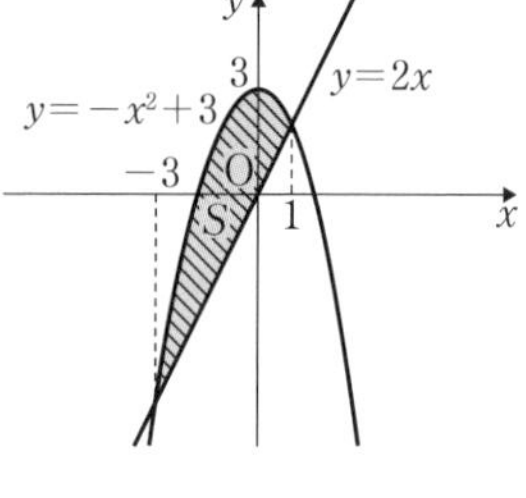

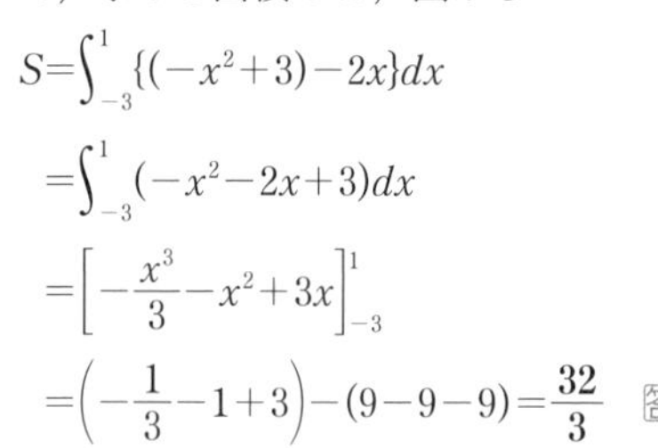

$$S=\int_{-3}^{1}\{(-x^2+3)-2x\}dx$$

$$=\int_{-3}^{1}(-x^2-2x+3)dx$$

$$=\left[-\frac{x^3}{3}-x^2+3x\right]_{-3}^{1}$$

$$=\left(-\frac{1}{3}-1+3\right)-(9-9-9)=\frac{32}{3}$$ 答

参考 面積を求める計算において，次の公式を利用することもできる。

$$\int_{\alpha}^{\beta}\{-a(x-\alpha)(x-\beta)\}dx=\frac{a(\beta-\alpha)^3}{6}$$

この公式を利用すると，計算は以下のようになる。

(1) $S=\int_{-2}^{1}\{(-x+2)-x^2\}dx=\int_{-2}^{1}(-x^2-x+2)dx$

$$=\int_{-2}^{1}\{-(x+2)(x-1)\}dx=\frac{\{1-(-2)\}^3}{6}$$

$$=\frac{9}{2}$$

(2) $S=\int_{-3}^{1}\{(-x^2+3)-2x\}dx$

$=\int_{-3}^{1}(-x^2-2x+3)dx$

$=\int_{-3}^{1}\{-(x+3)(x-1)\}dx=\dfrac{\{1-(-3)\}^3}{6}$

$=\dfrac{32}{3}$

研究 3次関数のグラフと面積

教 p.218

練習 1

次の不定積分，定積分を求めよ。

(1) $\int(4x^3+6x^2+3)dx$　　　(2) $\int_{-1}^{2}(-x^3+2x)dx$

指針 **3次関数の不定積分，定積分**　3次関数の場合も，2次以下の関数の場合と同様に，各項ごとに不定積分を考え，原始関数の1つを求める。定積分では，さらに上端と下端について代入計算をする。

解答 (1) $\int(4x^3+6x^2+3)dx=4\cdot\dfrac{1}{4}x^4+6\cdot\dfrac{1}{3}x^3+3x+C$

$=\boldsymbol{x^4+2x^3+3x+C}$（$C$は積分定数）　答

(2) $\int_{-1}^{2}(-x^3+2x)dx=\left[-\dfrac{x^4}{4}+x^2\right]_{-1}^{2}$

$=\left(-\dfrac{2^4}{4}+2^2\right)-\left\{-\dfrac{(-1)^4}{4}+(-1)^2\right\}$

$=(-4+4)-\left(-\dfrac{1}{4}+1\right)=-\dfrac{3}{4}$　答

教 p.218

練習 2

曲線 $y=x(x+1)(x-2)$ と x 軸で囲まれた2つの部分の面積の和 S を求めよ。

指針 **曲線と x 軸で囲まれた部分の面積の和**　曲線の概形を調べ，曲線と x 軸との交点の x 座標を求める。次に，$f(x)\geqq0$ の部分と $f(x)\leqq0$ の部分に分けて，面積を計算する。曲線の概形を調べるとき，本問は3次関数のグラフであり，x 軸と交わる3点の座標がすぐわかるから，グラフの概形は，微分を利用して増減を調べるほど正確なものでなくてもよい。

教科書 p.218

解答 $y=x(x+1)(x-2)$

$=x^3-x^2-2x$

である。

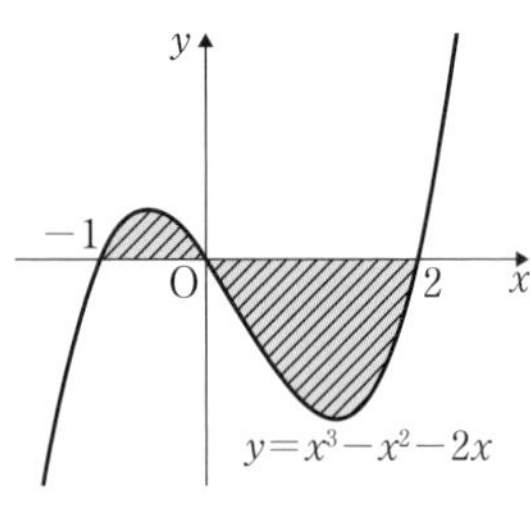

方程式 $x(x+1)(x-2)=0$ を解くと

$x=-1,\ 0,\ 2$

よって，グラフは図のようになり

$-1\leqq x\leqq 0$ で　$y\geqq 0$

$0\leqq x\leqq 2$ で　$y\leqq 0$

したがって，求める面積の和 S は

$$S=\int_{-1}^{0}(x^3-x^2-2x)dx+\int_{0}^{2}\{-(x^3-x^2-2x)\}dx$$

$$=\left[\frac{x^4}{4}-\frac{x^3}{3}-x^2\right]_{-1}^{0}+\left[-\frac{x^4}{4}+\frac{x^3}{3}+x^2\right]_{0}^{2}$$

$$=0-\left\{\frac{(-1)^4}{4}-\frac{(-1)^3}{3}-(-1)^2\right\}+\left(-\frac{2^4}{4}+\frac{2^3}{3}+2^2\right)-0$$

$$=-\left(\frac{1}{4}+\frac{1}{3}-1\right)+\left(-4+\frac{8}{3}+4\right)=\mathbf{\frac{37}{12}}$$ 答

第6章 第3節 補充問題

教 p.219

8 次の定積分を求めよ。

(1) $\displaystyle\int_{-1}^{1}(3x-1)^2dx$　　(2) $\displaystyle\int_{-1}^{2}(t^2-5t+4)dt$

指針 **定積分の計算**

(1) 関数の式を展開してから積分する。

(2) t を変数とする関数の定積分。x の場合と同様に行う。

解答 (1) $\displaystyle\int_{-1}^{1}(3x-1)^2dx=\int_{-1}^{1}(9x^2-6x+1)dx=\Big[3x^3-3x^2+x\Big]_{-1}^{1}$

$=(3\cdot1^3-3\cdot1^2+1)-\{3\cdot(-1)^3-3\cdot(-1)^2+(-1)\}$

$=(3-3+1)-(-3-3-1)=8$ 答

(2) $\displaystyle\int_{-1}^{2}(t^2-5t+4)dt=\left[\frac{t^3}{3}-\frac{5}{2}t^2+4t\right]_{-1}^{2}$

$\displaystyle=\left(\frac{2^3}{3}-\frac{5}{2}\cdot2^2+4\cdot2\right)-\left\{\frac{(-1)^3}{3}-\frac{5}{2}\cdot(-1)^2+4\cdot(-1)\right\}$

$\displaystyle=\left(\frac{8}{3}-10+8\right)-\left(-\frac{1}{3}-\frac{5}{2}-4\right)=\frac{15}{2}$ 答

教 p.219

9 放物線 $y=x^2$ と次の放物線で囲まれた部分の面積 S を求めよ。

(1) $y=-x^2+2x+4$

(2) $y=\dfrac{1}{2}x^2+2$

指針 **2つの放物線で囲まれた部分の面積** 2つのグラフが交わる2点と，その2点間でのグラフの上下関係が，教科書 p.215 の公式の適用のポイントとなる。グラフをかいて視覚的にとらえるとよい。

解答 (1) 方程式 $x^2=-x^2+2x+4$ を解くと，

$x^2-x-2=0$ より　　$x=-1,\ 2$

よって，求める面積 S は，図から

$\displaystyle S=\int_{-1}^{2}\{(-x^2+2x+4)-x^2\}dx$

$\displaystyle=\int_{-1}^{2}(-2x^2+2x+4)dx$

$\displaystyle=\left[-\frac{2}{3}x^3+x^2+4x\right]_{-1}^{2}$

$\displaystyle=\left(-\frac{16}{3}+4+8\right)-\left(\frac{2}{3}+1-4\right)=9$ 答

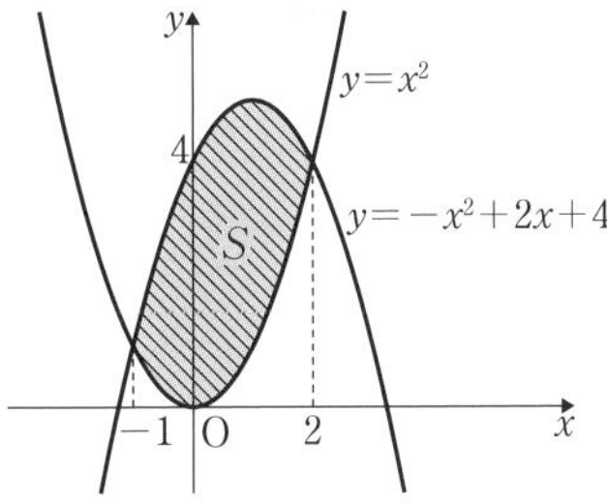

6章 微分法と積分法

(2) 方程式 $x^2=\frac{1}{2}x^2+2$ を解くと，

$x^2-4=0$ より　　$x=-2,\ 2$

よって，求める面積 S は，図から

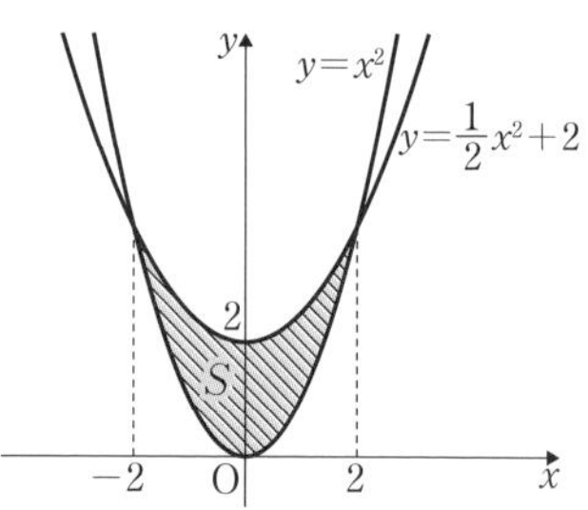

$$S=\int_{-2}^{2}\left\{\left(\frac{1}{2}x^2+2\right)-x^2\right\}dx$$
$$=\int_{-2}^{2}\left(-\frac{1}{2}x^2+2\right)dx$$
$$=\left[-\frac{x^3}{6}+2x\right]_{-2}^{2}$$
$$=\left(-\frac{2^3}{6}+2\cdot 2\right)-\left\{-\frac{(-2)^3}{6}+2\cdot(-2)\right\}$$
$$=\left(-\frac{4}{3}+4\right)-\left(\frac{4}{3}-4\right)=\mathbf{\frac{16}{3}}$$ 答

参考 面積を求める計算において，次の公式を利用することもできる。

$$\int_{\alpha}^{\beta}\{-a(x-\alpha)(x-\beta)\}dx=\frac{a(\beta-\alpha)^3}{6}$$

この公式を利用すると，計算は以下のようになる。

(1) $S=\int_{-1}^{2}\{(-x^2+2x+4)-x^2\}dx$

$$=\int_{-1}^{2}(-2x^2+2x+4)dx$$
$$=\int_{-1}^{2}\{-2(x+1)(x-2)\}dx=\frac{2\{2-(-1)\}^3}{6}$$
$$=9$$

(2) $S=\int_{-2}^{2}\left\{\left(\frac{1}{2}x^2+2\right)-x^2\right\}dx=\int_{-2}^{2}\left(-\frac{1}{2}x^2+2\right)dx$

$$=\int_{-2}^{2}\left\{-\frac{1}{2}(x+2)(x-2)\right\}dx=\frac{1}{2}\cdot\frac{\{2-(-2)\}^3}{6}$$
$$=\frac{16}{3}$$

教 p.219

10 関数 $y=|x^2-1|$ のグラフは，右の図のようになる。このグラフと x 軸および2直線 $x=-2$，$x=2$ で囲まれた3つの斜線部分の面積の和 S を求めよ。

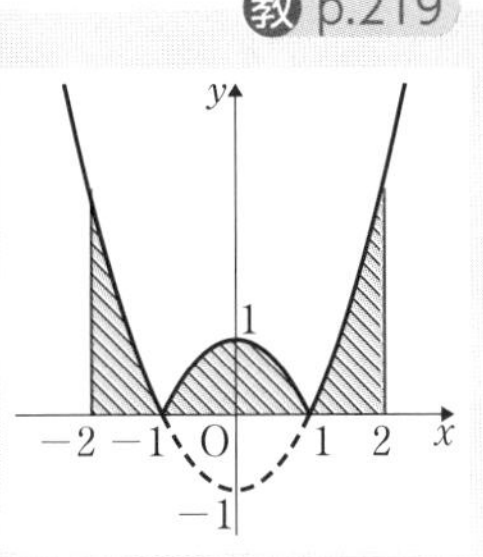

指針 **絶対値を含む関数と定積分**　$|f(x)|$ の形の式で，$f(x)\geqq 0$ と $f(x)\leqq 0$ の部分に分けて，絶対値のない式にして定積分の計算をする。

解答 $-2\leqq x\leqq -1$，$1\leqq x\leqq 2$ のとき　　$y=x^2-1$

$-1\leqq x\leqq 1$ のとき　　$y=-x^2+1$

よって，求める面積 S は

$$S=\int_{-2}^{-1}(x^2-1)dx+\int_{-1}^{1}(-x^2+1)dx+\int_{1}^{2}(x^2-1)dx$$

$$=\left[\frac{x^3}{3}-x\right]_{-2}^{-1}+\left[-\frac{x^3}{3}+x\right]_{-1}^{1}+\left[\frac{x^3}{3}-x\right]_{1}^{2}$$

$$=\left\{\frac{(-1)^3}{3}-(-1)\right\}-\left\{\frac{(-2)^3}{3}-(-2)\right\}+\left(-\frac{1^3}{3}+1\right)-\left\{-\frac{(-1)^3}{3}+(-1)\right\}$$

$$+\left(\frac{2^3}{3}-2\right)-\left(\frac{1^3}{3}-1\right)$$

$$=\frac{2}{3}-\left(-\frac{2}{3}\right)+\frac{2}{3}-\left(-\frac{2}{3}\right)+\frac{2}{3}-\left(-\frac{2}{3}\right)=4$$ 答

別解 問題の図の斜線部分は y 軸に関して対称であるから

$$S=2\left\{\int_{0}^{1}(-x^2+1)dx+\int_{1}^{2}(x^2-1)dx\right\}$$

$$=2\left\{\left[-\frac{x^3}{3}+x\right]_{0}^{1}+\left[\frac{x^3}{3}-x\right]_{1}^{2}\right\}$$

$$=2\left(\frac{2}{3}+\frac{4}{3}\right)=4$$ 答

第6章　章末問題A

教 p.220

1. 次の関数を微分せよ。

(1) $y=(2x+1)(1-x^2)$　　　(2) $y=(x-2)(x^2+2x+4)$

指針 **関数の微分**　右辺を展開してから微分する。

解答 (1) $(2x+1)(1-x^2)=-2x^3-x^2+2x+1$

よって　　$y=-2x^3-x^2+2x+1$

したがって　　$\boldsymbol{y'=-6x^2-2x+2}$ 答

(2) $(x-2)(x^2+2x+4)=x^3-8$

よって　　$y=x^3-8$

したがって　　$\boldsymbol{y'=3x^2}$ 答

教 p.220

2. 曲線 $y=x^3-4x^2$ 上の点 A(3, −9) における接線を ℓ とする。

(1) ℓ の方程式を求めよ。

(2) この曲線の接線には，ℓ に平行なもう1本の接線がある。その接点Bの x 座標を求めよ。

指針 **接線の方程式**

(1) $f(x)=x^3-4x^2$ とすると，ℓ の傾きは　$f'(3)$

(2) ℓ に平行な接線の傾きも $f'(3)$ である。したがって，接点Bの x 座標は，$f'(x)=f'(3)$ を満たす。

解答 (1) $f(x)=x^3-4x^2$ とすると，接線 ℓ の傾きは $f'(3)$ である。

$f'(x)=3x^2-8x$ から　　$f'(3)=3\cdot3^2-8\cdot3=3$

よって，ℓ は点 A(3, −9) を通り傾きが3の直線である。

したがって，その方程式は

$y-(-9)=3(x-3)$

すなわち　　$\boldsymbol{y=3x-18}$ 答

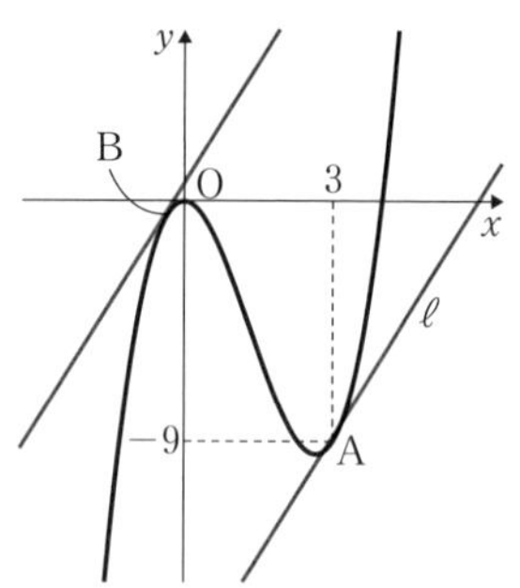

(2) ℓ に平行な接線の傾きは3に等しいから，接点Bの x 座標は

$3x^2-8x=3$

を満たす。これを解くと

$(x-3)(3x+1)=0$ から　　$x=3,\ -\dfrac{1}{3}$

3は点Aの x 座標であるから，点Bの x 座標は　　$\boldsymbol{-\dfrac{1}{3}}$ 答

教 p.220

3. 関数 $y=x^2(x-a)$ の増減を次の各場合について調べ，極大値がある場合はその極大値を求めよ。ただし，a は定数とする。

(1) $a>0$　　(2) $a=0$　　(3) $a<0$

指針 **関数の極大値**　$a \neq 0$ のとき，$y'=0$ を解くと一方の解は定数 a を含む。a の正負により，それぞれ増減表を作り，極大値を求める。

解答 $y=x^3-ax^2$ であるから

$$y'=3x^2-2ax=3x\left(x-\frac{2}{3}a\right)$$

$y'=0$ を解くと　$x=0,\ \dfrac{2}{3}a$

(1) $a>0$ のとき，y の増減表は次のようになる。

x	……	0	……	$\frac{2}{3}a$	……
y'	$+$	0	$-$	0	$+$
y	↗	極大	↘	極小	↗

よって，この関数は **$x=0$ で極大値 0** をとる。 答

(2) $a=0$ のとき　$y'=3x^2$

y の増減表は次のようになる。

x	……	0	……
y'	$+$	0	$+$
y	↗	0	↗

よって，y は常に増加し，**極大値はない。** 答

(3) $a<0$ のとき，y の増減表は次のようになる。

x	……	$\frac{2}{3}a$	……	0	……
y'	$+$	0	$-$	0	$+$
y	↗	極大	↘	極小	↗

$x=\dfrac{2}{3}a$ のとき　$y=\left(\dfrac{2}{3}a\right)^2\left(\dfrac{2}{3}a-a\right)=-\dfrac{4}{27}a^3$

よって，この関数は **$x=\dfrac{2}{3}a$ で極大値 $-\dfrac{4}{27}a^3$** をとる。 答

6章 微分法と積分法

教 p.220

4. 関数 $f(x)=ax^3+bx^2+cx+d$ が，$x=1$ で極大値 5 をとり，$x=3$ で極小値 1 をとるように，定数 a，b，c，d の値を定めよ。

指針 **極値から関数の決定** $x=1$ で極大値 5 をとるとき　$f'(1)=0$，$f(1)=5$
また，$x=3$ で極小値 1 をとるとき　$f'(3)=0$，$f(3)=1$
それぞれ a，b，c，d の式で表し，連立方程式を作る。
これを解いて得られる a，b，c，d の値は，必要条件から求めたものであるから，最後に増減表を作り，問題に適することを確認する。

解答 $f(x)=ax^3+bx^2+cx+d$ を微分すると　$f'(x)=3ax^2+2bx+c$
$f(x)$ が $x=1$ で極大値 5 をとるとき　$f'(1)=0$，$f(1)=5$
よって　$3a+2b+c=0$ …… ①
　　　　$a+b+c+d=5$ …… ②
$f(x)$ が $x=3$ で極小値 1 をとるとき　$f'(3)=0$，$f(3)=1$
よって　$27a+6b+c=0$ …… ③
　　　　$27a+9b+3c+d=1$ …… ④
④－② から　$26a+8b+2c=-4$
すなわち　$13a+4b+c=-2$ …… ⑤
①，③，⑤ を解くと　$a=1$，$b=-6$，$c=9$
← (③－①)÷4 から $6a+b=0$，(⑤－①)÷2 から $5a+b=-1$
よって，② から　$d=1$
このとき　$f(x)=x^3-6x^2+9x+1$
　　　　$f'(x)=3x^2-12x+9=3(x-1)(x-3)$
であるから，次の増減表が得られ，問題に適している。

x	……	1	……	3	……
$f'(x)$	＋	0	－	0	＋
$f(x)$	↗	極大 5	↘	極小 1	↗

したがって　$\boldsymbol{a=1}$，$\boldsymbol{b=-6}$，$\boldsymbol{c=9}$，$\boldsymbol{d=1}$ 答

教 p.220

5. 関数 $y=x^3-6x^2+a$ のグラフが x 軸と異なる 3 点を共有するとき，定数 a の値の範囲を求めよ。

指針 **関数のグラフと x 軸の共有点の個数** $y=x^3-6x^2+a$ のグラフは，$y=x^3-6x^2$ のグラフを y 軸方向に a だけ平行移動したものである。すなわち，a の値によって上下に動く。関数 $y=x^3-6x^2+a$ の増減を調べ，グラフが x 軸と異なる 3 点で交わる条件を求める。

教科書 $p.220$

解答 関数 $y=x^3-6x^2+a$ について

$$y'=3x^2-12x=3x(x-4)$$

y の増減表は次のようになる。

x	……	0	……	4	……
y'	+	0	−	0	+
y	↗	極大 a	↘	極小 $a-32$	↗

極大値は　$0^3-6\cdot0^2+a=a$

極小値は　$4^3-6\cdot4^2+a=a-32$

よって，$y=x^3-6x^2+a$ のグラフは図のようになる。

このグラフが x 軸と異なる3点で交わるのは

$a>0$　かつ　$a-32<0$

のときである。

したがって　**$0<a<32$** 答

別解 関数 $y=x^3-6x^2+a$ のグラフと x 軸の共有点の個数は，

方程式 $x^3-6x^2+a=0$ …… ① の実数解の個数と一致する。

また，① は $x^3-6x^2=-a$ と変形できるから，関数 $y=x^3-6x^2$ のグラフと直線 $y=-a$ の共有点の個数と一致する。

関数 $y=x^3-6x^2$ について

$$y'=3x^2-12x^2=3x(x-4)$$

y の増減表は次のようになる。

x	……	0	……	4	……
y'	+	0	−	0	+
y	↗	極大 0	↘	極小 −32	↗

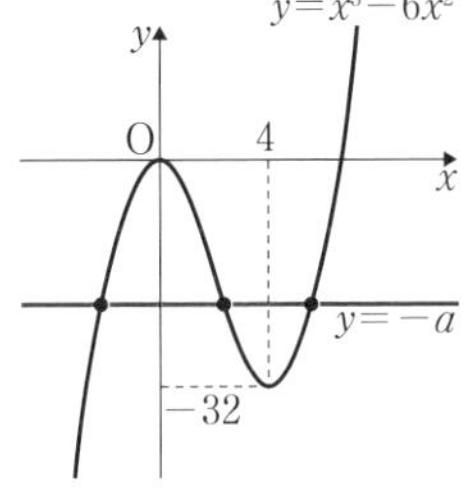

よって，$y=x^3-6x^2$ のグラフは図のようになる。

求める a の値の範囲は，このグラフと直線 $y=-a$ が異なる3個の共有点をもつ範囲であるから

$$-32<-a<0$$

よって　**$0<a<32$** 答

注意 この解法では曲線の位置が固定される。しかも，x 軸に平行な直線を上下に移動させて共有点の個数を調べられるから，a の値の範囲が求めやすくなる。

教 p.220

6. 次の定積分を求めよ。

(1) $\int_{-2}^{2}(2x-3)^2dx$　　(2) $\int_{-\sqrt{2}}^{\sqrt{2}}(t^2-2)dt$

指針 **定積分の計算**

(1) 関数を展開してから積分する。

(2) t を変数とする関数でも計算は x のときと同じ。

解答 (1) $\int_{-2}^{2}(2x-3)^2dx=\int_{-2}^{2}(4x^2-12x+9)dx=\left[\frac{4}{3}x^3-6x^2+9x\right]_{-2}^{2}$

$=\left(\frac{32}{3}-24+18\right)-\left(-\frac{32}{3}-24-18\right)=\mathbf{\frac{172}{3}}$　答

(2) $\int_{-\sqrt{2}}^{\sqrt{2}}(t^2-2)dt=\left[\frac{t^3}{3}-2t\right]_{-\sqrt{2}}^{\sqrt{2}}$

$=\left(\frac{2\sqrt{2}}{3}-2\sqrt{2}\right)-\left(-\frac{2\sqrt{2}}{3}+2\sqrt{2}\right)=\mathbf{-\frac{8\sqrt{2}}{3}}$　答

教 p.220

7. 関数 $f(x)=\int_{1}^{x}(t-1)(t-2)dt$ の極大値を求めよ。

指針 **定積分と導関数（極値）**　次のことを使って，導関数 $f'(x)$ を求める。

a を定数とするとき，x の関数 $\int_{a}^{x}f(t)dt$ の導関数は $f(x)$ である。

解答 $f(x)=\int_{1}^{x}(t-1)(t-2)dt$ を微分すると　$f'(x)=(x-1)(x-2)$

よって，$f(x)$ の増減表は次のようになる。

x	……	1	……	2	……
$f'(x)$	+	0	−	0	+
$f(x)$	↗	極大	↘	極小	↗

極大値は

$f(1)=\int_{1}^{1}(t-1)(t-2)dt=0$　　$\leftarrow\int_{a}^{a}f(x)dx=0$

したがって，$f(x)$ は $\boldsymbol{x=1}$ **で極大値 0** をとる。　答

教 p.220

8. 放物線 $y=x^2-3x$ と次の 2 直線で囲まれた部分の面積 S を求めよ。

(1) $y=0$，$y=4$　　(2) $y=2x$，$y=-x$

指針 **放物線と直線で囲まれた部分の面積**　グラフをかいてどの部分の面積か確認する。求める部分は，1 つの図形ではあるが，その面積を求めるには 2 つの部分の面積の差や和を考える必要がある。

教科書 p.220

解答　(1)　この放物線と直線 $y=0$，$y=4$ の交点の x 座標は，それぞれ

$x^2-3x=0$ を解いて

$x=0,\ 3$

$x^2-3x=4$ を解いて

$x=-1,\ 4$

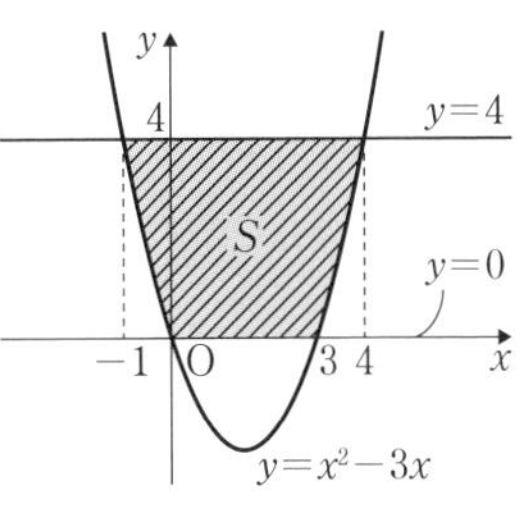

よって，求める面積 S は，図から

$$S=\int_{-1}^{4}\{4-(x^2-3x)\}dx-\int_{0}^{3}\{-(x^2-3x)\}dx$$

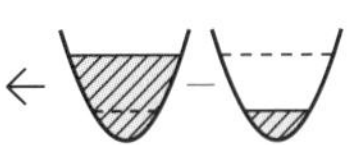

$$=\left[-\frac{x^3}{3}+\frac{3}{2}x^2+4x\right]_{-1}^{4}-\left[-\frac{x^3}{3}+\frac{3}{2}x^2\right]_{0}^{3}$$

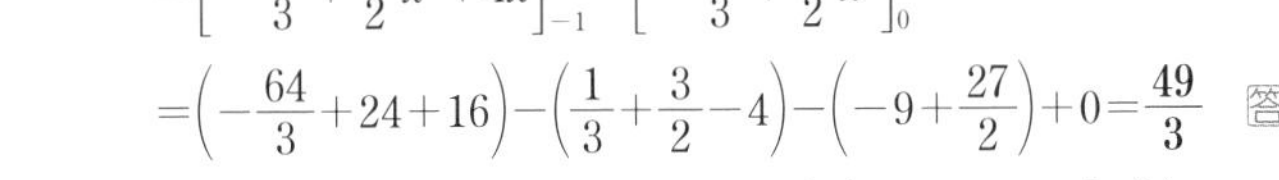

$$=\left(-\frac{64}{3}+24+16\right)-\left(\frac{1}{3}+\frac{3}{2}-4\right)-\left(-9+\frac{27}{2}\right)+0=\boldsymbol{\frac{49}{3}}$$ 答

(2)　この放物線と直線 $y=2x$，$y=-x$ の交点の x 座標は，それぞれ

$x^2-3x=2x$ を解いて　　$x=0,\ 5$

$x^2-3x=-x$ を解いて　　$x=0,\ 2$

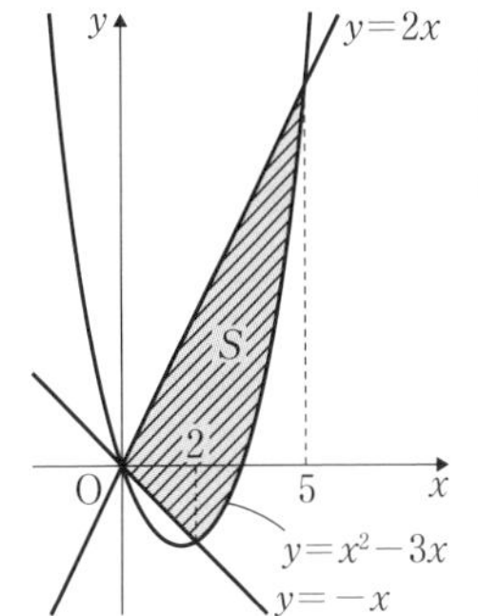

よって，求める面積 S は，図から

$$S=\int_{0}^{2}\{2x-(-x)\}dx+\int_{2}^{5}\{2x-(x^2-3x)\}dx$$

$$=\left[\frac{3}{2}x^2\right]_{0}^{2}+\left[-\frac{x^3}{3}+\frac{5}{2}x^2\right]_{2}^{5}$$

$$=6-0+\left(-\frac{125}{3}+\frac{125}{2}\right)-\left(-\frac{8}{3}+10\right)$$

$$=\boldsymbol{\frac{39}{2}}$$ 答

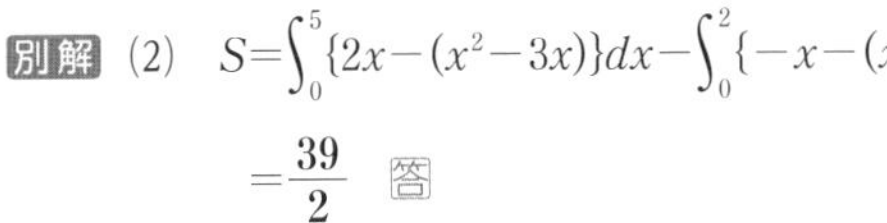

別解　(2)　$S=\int_{0}^{5}\{2x-(x^2-3x)\}dx-\int_{0}^{2}\{-x-(x^2-3x)\}dx$

$$=\boldsymbol{\frac{39}{2}}$$ 答

第6章　章末問題B

教 p.221

9. 関数 $f(x)=x^3+3x^2+kx$ が常に増加するように，定数 k の値の範囲を定めよ。

指針　**関数が常に増加する条件**　関数 $f(x)$ が常に増加するための条件は，すべての実数 x について $f'(x)\geqq 0$ となることである。

解答　関数 $f(x)$ について，常に $f'(x)\geqq 0$ であれば，$f(x)$ は常に増加する。

$$f'(x)=3x^2+6x+k$$

$3x^2+6x+k\geqq 0$ が常に成り立つのは，2 次方程式

$$3x^2+6x+k=0$$

の判別式 D について $D\leqq 0$ のときである。

$\dfrac{D}{4}=3^2-3\cdot k$ から　　$9-3k\leqq 0$

これを解いて　　$\boldsymbol{k\geqq 3}$　答

別解　関数 $f(x)$ について，常に $f'(x)\geqq 0$ であれば，$f(x)$ は常に増加する。

$$f'(x)=3x^2+6x+k=3(x+1)^2+k-3$$

よって，$3x^2+6x+k\geqq 0$ が常に成り立つには

$k-3\geqq 0$　　すなわち　　$\boldsymbol{k\geqq 3}$　答

教 p.221

10. k は定数とする。$x\geqq 0$ のとき，不等式 $x^3-6x^2+k\geqq 0$ が成り立つような k の値の最小値を求めよ。

指針　**最小値の利用**　$y=x^3-6x^2+k$ として，$x\geqq 0$ のとき，y の最小値が 0 以上となるような k の値の範囲を調べる。

解答　$y=x^3-6x^2+k$ とすると

$$y'=3x^2-12x=3x(x-4)$$

$x\geqq 0$ において，y の増減表は次のようになる。

x	0	……	4	……
y'		$-$	0	$+$
y	k	↘	極小 $k-32$	↗

y は $x=4$ で最小値 $k-32$ をとる。　←$4^3-6\cdot 4^2+k$

よって，$x\geqq 0$ のとき $y\geqq 0$ が成り立つような k の値の範囲は

$k-32\geqq 0$　　すなわち　　$k\geqq 32$

したがって，k の最小値は　　$\boldsymbol{k=32}$　答

教 p.221

11. 右の図のように，半径 10 の球に内接する直円錐(すい)がある。このような直円錐の体積 V の最大値 V_1 と球の体積 V_2 の比を求めよ。

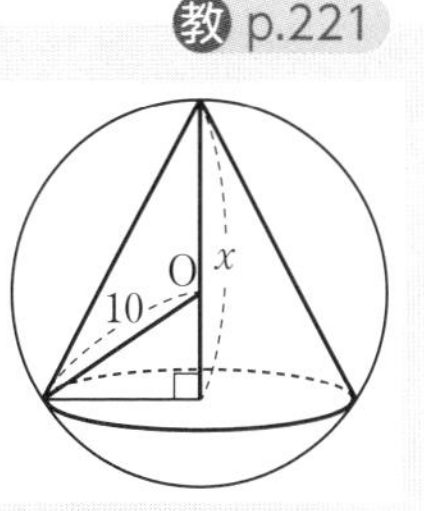

指針 **最大・最小の応用**　直円錐の高さを x とし，まず底面の円について $(半径)^2$ を x で表す。V を x の式で表し，x の値の範囲に注意して増減表を作る。

解答 直円錐の高さを x とする。

直円錐の底面の半径を r とし，図のような直円錐の頂点 A と球の中心 O を通る平面を考えると，△OBH において三平方の定理により

$$r^2 = \mathrm{BH}^2 = \mathrm{OB}^2 - \mathrm{OH}^2$$
$$= 10^2 - (x-10)^2 = -x^2 + 20x$$

よって，直円錐の体積 V は

$$V = \frac{1}{3}\pi(-x^2+20x)x$$

すなわち　$V = \dfrac{1}{3}\pi x^2(20-x)$　…… ①

ただし，$r^2>0$ から　$-x^2+20x>0$

これを解くと，$x(x-20)<0$ から　$0<x<20$　…… ②

① より　$V' = \dfrac{\pi}{3}(40x-3x^2) = -\pi x\left(x-\dfrac{40}{3}\right)$

よって，② の範囲において，V の増減表は次のようになる。

x	0	……	$\frac{40}{3}$	……	20
V'		+	0	−	
V		↗	極大	↘	

したがって，V は $x=\dfrac{40}{3}$ で最大となり，最大値 V_1 は

$$V_1 = \frac{1}{3}\pi\left(\frac{40}{3}\right)^2\left(20-\frac{40}{3}\right) = \frac{32000}{81}\pi$$

一方，球の体積 V_2 は　$V_2 = \dfrac{4}{3}\pi\cdot 10^3 = \dfrac{4000}{3}\pi$

したがって　$V_1 : V_2 = \dfrac{32000}{81}\pi : \dfrac{4000}{3}\pi = \mathbf{8:27}$　答

教 p.221

12. 等式 $f(x)=x^2+2\int_0^1 f(t)dt$ を満たす関数 $f(x)$ を求めよ。

指針 **定積分と関数の決定** $\int_0^1 f(t)dt$ は x に無関係な定数である。これを a とすると，$f(x)=x^2+2a$ と表され，$\int_0^1 (t^2+2a)dt=a$ が成り立つ。

解答 $\int_0^1 f(t)dt=a$ (定数) とすると　$f(x)=x^2+2a$ …… ①

よって　$f(t)=t^2+2a$　ゆえに　$\int_0^1 (t^2+2a)dt=a$ …… ②

ここで　$\int_0^1 (t^2+2a)dt=\left[\frac{t^3}{3}+2at\right]_0^1=\frac{1}{3}+2a$

② より　$\frac{1}{3}+2a=a$　すなわち　$a=-\frac{1}{3}$

したがって，① より　$\boldsymbol{f(x)=x^2-\frac{2}{3}}$ 答

教 p.221

13. 放物線 $y=x^2-ax$ と x 軸で囲まれた部分の面積が $\frac{4}{3}$ になるような定数 a の値を求めよ。

指針 **放物線と x 軸で囲まれた部分の面積** この放物線は，原点 $(0,\ 0)$ と点 $(a,\ 0)$ で x 軸と交わる ($a=0$ は問題の条件を満たさない)。
0 と a の大小関係によって，面積を求める定積分の下端と上端が入れかわるから注意する。$a>0$ と $a<0$ に分けて考える。

解答 この放物線と x 軸の交点の x 座標は
$x^2-ax=0$ を解いて
$x=0,\ a$
放物線と x 軸で囲まれた部分の面積が $\frac{4}{3}$ になるから　$a \neq 0$

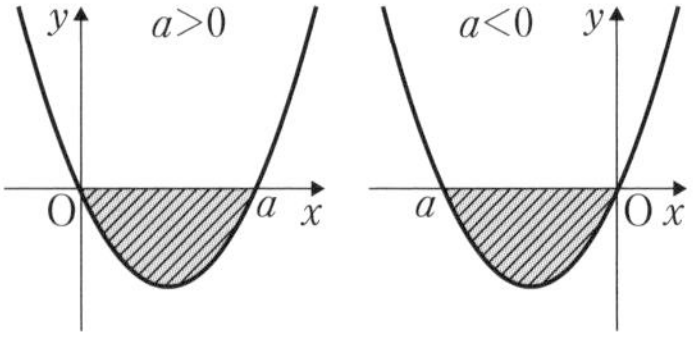

$a>0$ のとき

図から，$\int_0^a (-x^2+ax)dx=\frac{4}{3}$ が成り立つ。

ここで　$\int_0^a (-x^2+ax)dx=\left[-\frac{x^3}{3}+\frac{a}{2}x^2\right]_0^a=-\frac{a^3}{3}+\frac{a^3}{2}=\frac{a^3}{6}$

よって　$\frac{a^3}{6}=\frac{4}{3}$　これを解くと　$a^3=8$

したがって　$a=2$

$a<0$ のとき

図から，$\int_a^0(-x^2+ax)dx=\frac{4}{3}$ が成り立つ。

ここで　$\int_a^0(-x^2+ax)dx=-\int_0^a(-x^2+ax)dx=-\frac{a^3}{6}$

よって　$-\frac{a^3}{6}=\frac{4}{3}$　これを解くと　$a^3=-8$

したがって　$a=-2$

以上から　$\boldsymbol{a=2,\ -2}$ 答

教 p.221

14. 放物線 $y=x^2-2x+4$ に原点 O から 2 本の接線を引くとき，放物線と 2 本の接線で囲まれた部分の面積 S を求めよ。

指針　**放物線と接線で囲まれた部分の面積**　放物線の接線については，練習 14 を参照。それをもとにグラフをかき，放物線と接線の上下関係を調べる。$x=0$ を境目として接線が変わることにも注意する。

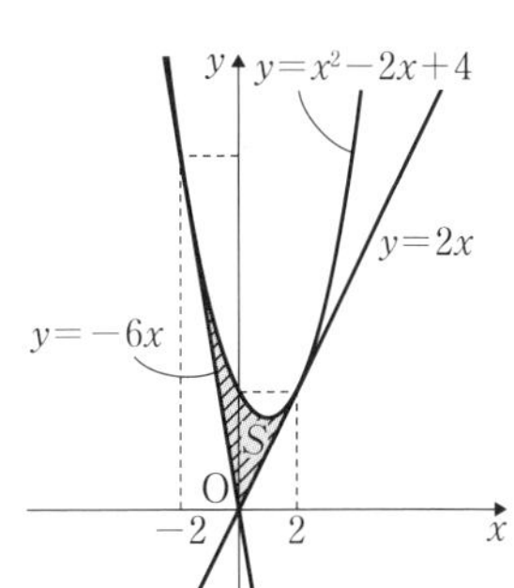

解答　$y=x^2-2x+4$ を微分して　$y'=2x-2$

接点の x 座標を a とすると，接線の傾きは $2a-2$ となるから，その方程式は

$y-(a^2-2a+4)=(2a-2)(x-a)$

整理すると　$y=2(a-1)x-a^2+4$　…… ①

この直線が原点 O(0, 0) を通るから

$0=-a^2+4$

よって　$a^2-4=0$

これを解いて　$a=-2,\ 2$

したがって，接線の方程式は，① から

$a=-2$ のとき　$y=-6x$

$a=2$ のとき　$y=2x$

よって，求める面積 S は，図から

$$S=\int_{-2}^0\{(x^2-2x+4)-(-6x)\}dx+\int_0^2\{(x^2-2x+4)-2x\}dx$$

$$=\int_{-2}^0(x^2+4x+4)dx+\int_0^2(x^2-4x+4)dx$$

$$=\left[\frac{x^3}{3}+2x^2+4x\right]_{-2}^0+\left[\frac{x^3}{3}-2x^2+4x\right]_0^2$$

$$=0-\left(-\frac{8}{3}+8-8\right)+\left(\frac{8}{3}-8+8\right)-0=\boldsymbol{\frac{16}{3}}$$ 答

6章　微分法と積分法

教 p.221

15. 曲線 $y=x(x+1)(x-1)$ と x 軸で囲まれた部分の面積 S を次のように求めようとしたところ，値が0となってしまい，これは誤りである。どこが誤っているかを考え，正しい面積を求めよ。

曲線と x 軸の交点の x 座標は　$-1,\ 0,\ 1$

$x(x+1)(x-1)=x^3-x$ であるから

$$S=\int_{-1}^{0}(x^3-x)dx+\int_{0}^{1}(x^3-x)dx$$

$$=\left[\frac{x^4}{4}-\frac{x^2}{2}\right]_{-1}^{0}+\left[\frac{x^4}{4}-\frac{x^2}{2}\right]_{0}^{1}=0$$

指針　**曲線と x 軸で囲まれた部分の面積**　曲線の概形を調べ，$y\geqq 0$ の部分と $y\leqq 0$ の部分に分けて面積を計算する。

$a\leqq x\leqq b$ の範囲で $y\leqq 0$ のとき，$y=f(x)$ のグラフと x 軸および2直線 $x=a$，$x=b$ で囲まれた部分の面積 S は

$$S=\int_{a}^{b}\{-f(x)\}dx$$

であることに注意する。

解答　3行目の式

$$S=\int_{-1}^{0}(x^3-x)dx+\int_{0}^{1}(x^3-x)dx$$

が誤りである。

正しい面積は

$$S=\int_{-1}^{0}(x^3-x)dx+\int_{0}^{1}\{-(x^3-x)\}dx$$

$$=\left[\frac{x^4}{4}-\frac{x^2}{2}\right]_{-1}^{0}+\left[-\frac{x^4}{4}+\frac{x^2}{2}\right]_{0}^{1}=\mathbf{\frac{1}{2}}$$ 答

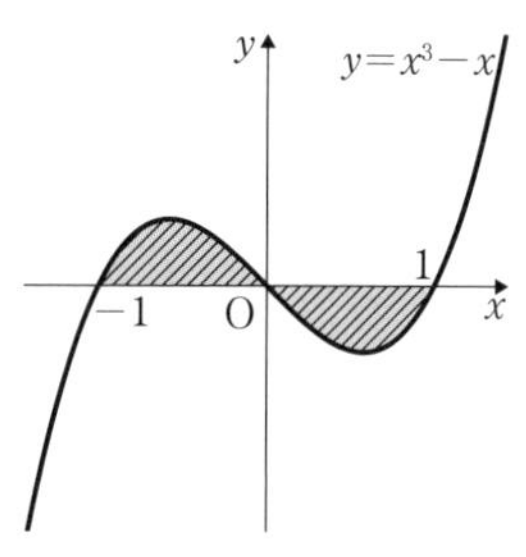

総合問題

1 ※問題文は，教科書 222 ページを参照。

指針 **不等式の証明と最大・最小** 不等式を利用して最大値や最小値を求めることができる。

(2) (1) の不等式において，$a=3$，$b=x$，$c=4$，$d=y$ とする。

解答 (1) $(a^2+c^2)(b^2+d^2)-(ab+cd)^2$

$=a^2b^2+a^2d^2+b^2c^2+c^2d^2-(a^2b^2+2abcd+c^2d^2)$

$=a^2d^2-2abcd+b^2c^2$

$=(ad-bc)^2\geqq 0$

よって　$(ab+cd)^2\leqq(a^2+c^2)(b^2+d^2)$

等号が成り立つのは，

$ad-bc=0$　すなわち　$ad=bc$

のときである。 終

(2) (1) の不等式において，$a=3$，$b=x$，$c=4$，$d=y$ とすると

$(3x+4y)^2\leqq(3^2+4^2)(x^2+y^2)=25(x^2+y^2)$

$x^2+y^2=1$ であるから　$(3x+4y)^2\leqq 25$

すなわち　$-5\leqq 3x+4y\leqq 5$ …… ①

等号が成り立つのは，$3y=4x$ すなわち $y=\frac{4}{3}x$ のときである。

ここで，$x^2+y^2=1$ であるから

$x^2+\frac{16}{9}x^2=1$　すなわち　$\frac{25}{9}x^2=1$

ゆえに　$x=\pm\frac{3}{5}$

$x=\frac{3}{5}$ のとき　$y=\frac{4}{5}$，　$x=-\frac{3}{5}$ のとき　$y=-\frac{4}{5}$

よって，不等式 ① の等号が成り立つのは

$x=\pm\frac{3}{5}$，$y=\pm\frac{4}{5}$ (複号同順)

のときである。

このうち，$3x+4y=5$ となるのは，$x=\frac{3}{5}$，$y=\frac{4}{5}$ のときである。

したがって，$3x+4y$ は $\boldsymbol{x=\frac{3}{5}}$，$\boldsymbol{y=\frac{4}{5}}$ **のとき最大値 5** をとる。 答

2 ※問題文は，教科書 222 ページを参照。

指針 **3 次式で割った余り** $P(x)$ を 3 次式 $(x+1)^2(x-1)$ で割った余りは 2 次以下の多項式か定数であるから，余りは ax^2+bx+c とおける。

総合問題

余りの条件と剰余の定理から a, b, c についての方程式が 2 つ得られるが，未知数は a, b, c の 3 つであるから，a, b, c の値を求めることはできない。そこで，$(x+1)^2$ で割った余りに着目する。

解答 (1) $P(x)$ を 3 次式 $(x+1)^2(x-1)$ で割った余りは，2 次式か 1 次式か定数であるから

$$ax^2+bx+c$$

また，$P(x)$ を $(x+1)^2$ で割った余りが $x-2$ であるから

$$P(-1)=-1-2=-3$$

答 (ア) **(b)**　(イ) **−3**

(2) (1) から

$$P(x)=(x+1)^2(x-1)Q(x)+ax^2+bx+c \quad \cdots\cdots ①$$

$P(x)$ を $(x+1)^2$ で割った余りと，ax^2+bx+c を $(x+1)^2$ で割った余りが等しいから，ax^2+bx+c を $(x+1)^2$ で割った余りは　$x-2$

よって　$ax^2+bx+c=a(x+1)^2+x-2$

ゆえに　$P(x)=(x+1)^2(x-1)Q(x)+a(x+1)^2+x-2$

この等式から　$P(1)=a(1+1)^2+1-2=4a-1$

$P(1)=7$ であるから　$4a-1=7$

よって　$a=2$

したがって，求める余りは

$$2(x+1)^2+x-2=2x^2+5x$$

答 (ウ) $\boldsymbol{x-2}$　**問題 A の答え** $\boldsymbol{2x^2+5x}$

3 ※問題文は，教科書 223 ページを参照。

指針 **領域と最大・最小の応用**

(2) (1) の条件を領域として図示し，商品 A, B の合計の個数である $x+y$ の値の最小値を考える。

(3) 商品 A, B の値段は同じであるから，$x+y$ が最小値をとるとき合計購入金額が最も少なくなる。

解答 (1) 商品 A を x 個，商品 B を y 個購入するから，購入するチョコレートの個数が 200 個以上となるための x, y が満たす条件は

$$\boldsymbol{2x+5y \geqq 200} \quad 答$$

同様に，購入するキャンディの個数が 420 個以上となるための x, y の条件は　$\boldsymbol{7x+3y \geqq 420}$ 答

(2) 与えられた条件から

$$x \geqq 0,\ y \geqq 0,\ 2x+5y \geqq 200,\ 7x+3y \geqq 420$$

が成り立つ。

教科書 p.223

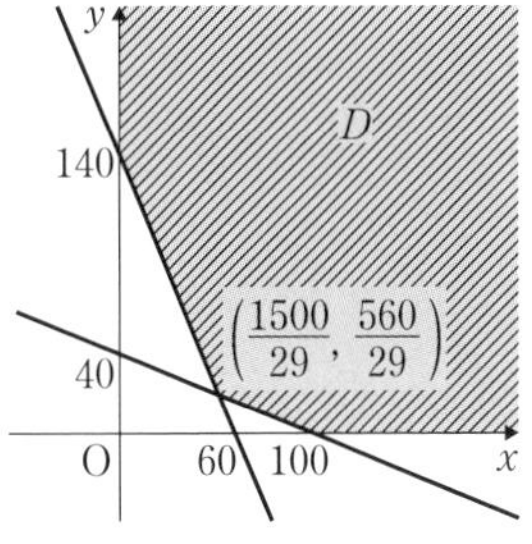

直線 $2x+5y=200$ と
直線 $7x+3y=420$ の交点の座標は

$$\left(\frac{1500}{29},\ \frac{560}{29}\right)$$

よって，この連立不等式の表す領域 D は
右の図のようになる。
2 つの商品 A，B の合計購入個数を k 個とすると

$$x+y=k \quad \cdots\cdots \text{①}$$

である。
これは傾きが -1，y 切片が k である直線を表す。
領域 A においては，直線 ① が，点 $\left(\dfrac{1500}{29},\ \dfrac{560}{29}\right)$ を通るとき k は最小で，
このとき

$$k=\frac{1500}{29}+\frac{560}{29}=\frac{2060}{29}=71.03\cdots\cdots$$

k は整数であるから，2 つの商品 A，B を合計で最低 **72 個** 買う必要がある。 答

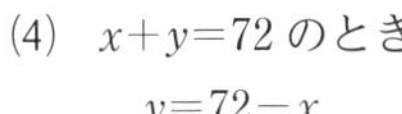

(4) $x+y=72$ のとき

$$y=72-x$$

(1) から

$$2x+5(72-x)\geqq 200$$

すなわち　　$x\leqq 53.3\cdots\cdots$

(2) から

$$7x+3(72-x)\geqq 420$$

すなわち　　$x\geqq 51$

$51\leqq x\leqq 53.3\cdots\cdots$ で，x は整数であることから，
2 つの商品 A，B の合計購入金額が最も少なくなるような $(x,\ y)$ の組は

$$\boldsymbol{(x,\ y)=(51,\ 21),\ (52,\ 20),\ (53,\ 19)}$$ 答

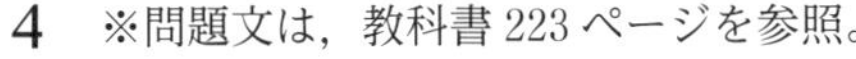

4　※問題文は，教科書 223 ページを参照。

指針　三角関数のグラフ

(2) $y=a\sin(b\theta+c)+d=a\sin b\left(\theta+\dfrac{c}{b}\right)+d$ と変形して考える。

解答 (1) $a=2,\ b=\dfrac{1}{2},\ c=\dfrac{\pi}{3},\ d=0$ のとき

$$f(\theta)=2\sin\left(\frac{1}{2}\theta+\frac{\pi}{3}\right)=2\sin\frac{1}{2}\left(\theta+\frac{2}{3}\pi\right)$$

よって，グラフは図のようになる。

総合問題

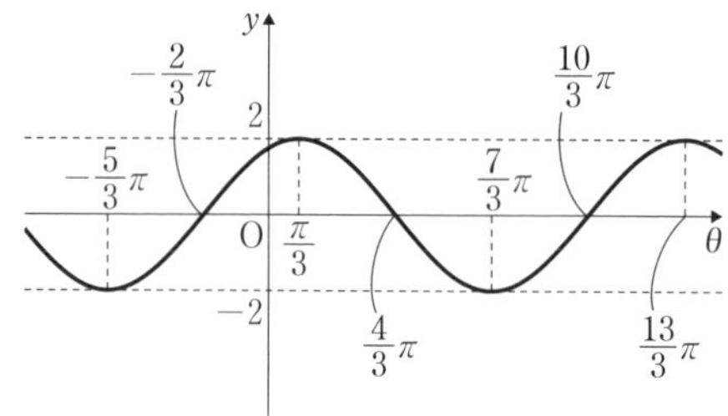

(2) $y=a\sin(b\theta+c)+d=a\sin b\left(\theta+\frac{c}{b}\right)+d$

aだけを変える場合

$y=\sin\theta$ のグラフは θ 軸をもとにして y 軸方向に a 倍になる。

このとき，周期は変わらず，$y=\cos\theta$ のグラフと一致することもないが，最大値，最小値はともに a 倍されるから，変化する。

bだけを変える場合

$y=\sin\theta$ のグラフは y 軸をもとにして θ 軸方向に $\frac{1}{b}$ 倍になる。

このとき，周期は $\frac{1}{b}$ 倍に変化するが，$y=\cos\theta$ のグラフと一致することはなく，最大値，最小値も変わらない。

cだけを変える場合

$y=\sin\theta$ のグラフは θ 軸方向に $-\frac{c}{b}$ だけ平行移動する。

このとき，周期は変わらないが，$y=\cos\theta$ のグラフと一致することがある。最大値，最小値は変わらない。

dだけを変える場合

$y=\sin\theta$ のグラフは y 軸方向に d だけ平行移動する。

このとき，周期は変わらず，$y=\cos\theta$ のグラフと一致することもないが，最大値，最小値はともに d だけ増加するから，変化する。

したがって，(A)，(B)，(C)がそれぞれ起こり得るのは

(A) $\boldsymbol{b}$ (B) $\boldsymbol{c}$ (C) $\boldsymbol{a}$，$\boldsymbol{d}$ 答

5 ※問題文は，教科書 224 ページを参照。

指針 **正五角形の 1 辺の長さ**

(2) $\theta=\frac{2}{5}\pi$ より，$5\theta=2\pi$ であるから　$2\theta=2\pi-3\theta$

(4) t についての 3 次方程式を作り t の値を求め，余弦定理を利用して正五角形の 1 辺の長さを求める。

解答 (1) $\theta=2\pi\div5=\boldsymbol{\frac{2}{5}\pi}$ 答

(2) $\theta=\frac{2}{5}\pi$ であるから　　$5\theta=2\pi$

$2\theta+3\theta=2\pi$ から　　$2\theta=2\pi-3\theta$

よって　　$\cos 2\theta=\cos(2\pi-3\theta)=\cos(-3\theta)=\cos 3\theta$　終

(3) $0<\theta<\frac{\pi}{2}$ において，$y=\cos\theta$ は減少関数である。

よって，$0<\frac{2}{5}\pi<\frac{\pi}{2}$ から　　$\cos\frac{\pi}{2}<\cos\frac{2}{5}\pi<\cos 0$

$\cos\frac{\pi}{2}=0$，$\cos 0=1$ であり，$t=\cos\theta=\cos\frac{2}{5}\pi$ であるから　　$0<t<1$　終

(4) $\cos 2\theta$，$\cos 3\theta$ を $\cos\theta$ を用いて表すと

$\cos 2\theta=2\cos^2\theta-1$

$$\begin{aligned}\cos 3\theta&=\cos(2\theta+\theta)\\&=\cos 2\theta\cos\theta-\sin 2\theta\sin\theta\\&=(2\cos^2\theta-1)\cos\theta-2\sin^2\theta\cos\theta\\&=2\cos^3\theta-\cos\theta-2(1-\cos^2\theta)\cos\theta\\&=4\cos^3\theta-3\cos\theta\end{aligned}$$

A
B
E
C
D
O
1
θ

$t=\cos\theta$ とおくと　　$\cos 2\theta=2t^2-1$，$\cos 3\theta=4t^3-3t$

よって，$\cos 2\theta=\cos 3\theta$ から t についての方程式

$$4t^3-2t^2-3t+1=0$$

が得られる。

左辺を因数分解すると　　$(t-1)(4t^2+2t-1)=0$　…… ①

$0<t<1$ であるから，① より　　$4t^2+2t-1=0$

これを解いて　　$t=\frac{-1+\sqrt{5}}{4}$

よって，△OAB に余弦定理を用いて

$$\begin{aligned}x^2&=1^2+1^2-2\cdot1\cdot1\cdot\cos\theta\\&=2-2\cdot\frac{-1+\sqrt{5}}{4}=\frac{5-\sqrt{5}}{2}\end{aligned}$$

したがって，正五角形の 1 辺の長さは

$$x=\sqrt{\frac{5-\sqrt{5}}{2}}=\frac{\sqrt{10-2\sqrt{5}}}{2}$$

答 (イ) $\mathbf{2\cos^2\theta-1}$　(ウ) $\mathbf{4\cos^3\theta-3\cos\theta}$　(エ) $\mathbf{4t^3-2t^2-3t}$

(オ) $\mathbf{4t^2+2t-1}$　(カ) $\mathbf{\frac{-1+\sqrt{5}}{4}}$　(キ) $\mathbf{\frac{\sqrt{10-2\sqrt{5}}}{2}}$

別解 (2) $\theta=\frac{2}{5}\pi$ であるから

$$\cos 2\theta=\cos\frac{4}{5}\pi=\cos\left(\pi-\frac{\pi}{5}\right)=-\cos\left(-\frac{\pi}{5}\right)=-\cos\frac{\pi}{5}$$

$$\cos 3\theta=\cos\frac{6}{5}\pi=\cos\left(\pi+\frac{\pi}{5}\right)=-\cos\frac{\pi}{5}$$

よって　　$\cos 2\theta = \cos 3\theta$　終

6　※問題文は，教科書 225 ページを参照。

指針　**常用対数の利用**

(2)　方程式 ① の両辺の常用対数をとる。

(3)　$p=7.2$ のとき，$x=1+\dfrac{7.2}{100}=1.072$ であるから，$1.072^{10} \geqq 2$ が成り立つことを示す。

解答　(1)　$p=10$ のとき，計画通りに利益が増えたとすると，3 年後の利益は

$$1000\times\left(1+\frac{10}{100}\right)^3=1000\times 1.1^3$$
$$=1000\times 1.331$$
$$=1331$$

よって，**1331 万円** である。　答

(2)　計画通りに利益が増えたとすると，1 年後の利益は $\left(1+\dfrac{p}{100}\right)$ 倍になる。

$x=1+\dfrac{p}{100}$ とおくと，10 年後の利益がちょうど 2 倍になるとき，方程式

$x^{10}=2$　…… ① が成り立つ。

① の両辺の常用対数をとると

$$\log_{10} x^{10}=\log_{10} 2$$

よって　　$10\log_{10} x=\log_{10} 2$

すなわち　　$\log_{10} x=\dfrac{\log_{10} 2}{10}$

$\log_{10} 2=0.3010$ とすると　　$\log_{10} x=0.3010\div 10=0.0301$

常用対数表を用いると，$\log_{10} 1.07=0.0294$，$\log_{10} 1.08=0.0334$ であるから，

$1.07<x<1.08$ であることがわかる。

$x=1+\dfrac{p}{100}$ より $1.07<1+\dfrac{p}{100}<1.08$ であるから　　$7<p<8$

よって，p が自然数であるとき，10 年後の利益が 2 倍以上になるための p の最小値は　　$p=8$

答　(ア)　$\boldsymbol{1+\dfrac{p}{100}}$　　(イ)　**10**　　(ウ)　**0.0301**　　(エ)　**7**　　(オ)　8　　(カ)　8

(3)　$p=7.2$ のとき，$x^{10}\geqq 2$ となることを示す。

$x=1+\dfrac{p}{100}$ から　　$x=1+\dfrac{7.2}{100}=1.072$

よって　　$\log_{10} x^{10}=10\log_{10} x=10\log_{10} 1.072$

ここで，$5.36=5\times 1.072$ から

$$\log_{10} 1.072=\log_{10}\frac{5.36}{5}=\log_{10} 5.36-\log_{10} 5$$

常用対数表を用いると，$\log_{10}5.36=0.7292$，$\log_{10}5=0.6990$ であるから

$$\log_{10}1.072=0.7292-0.6990=0.0302$$

よって　$10\log_{10}1.072=0.3020>0.3010=\log_{10}2$

したがって，$\log_{10}1.072^{10}>\log_{10}2$ が成り立つから　$1.072^{10}>2$

以上から，$p=7.2$ のとき，目標を達成することができる。 終

7　※問題文は，教科書 226 ページを参照。

指針　**極大値と極小値をもつ 3 次関数のグラフの性質**

(2)　方程式 $x^3-3a^2x=k$ が異なる 2 つの実数解をもつのは，関数 $y=x^3-3a^2x$ のグラフと直線 $y=k$ が異なる 2 つの共有点をもつときである。

(4)　(3) から，関数 $y=x^3-3a^2x$ のグラフと直線 $y=k_1$ は，$x=-2a$ で交わり，$x=a$ で接する。

(5)　$y=x^3-30x$ は，$y=x^3-3a^2x$ において，$a=\sqrt{10}$ のときである。

解答　(1)　$y'=3x^2-3a^2=3(x+a)(x-a)$

$y'=0$ とすると　$x=-a,\ a$

y の増減表は次のようになる。

x	……	$-a$	……	a	……
y'	$+$	0	$-$	0	$+$
y	↗	極大 $2a^3$	↘	極小 $-2a^3$	↗

よって，この関数は　**$x=a$ で極小値 $-2a^3$，$x=-a$ で極大値 $2a^3$** をとる。 答

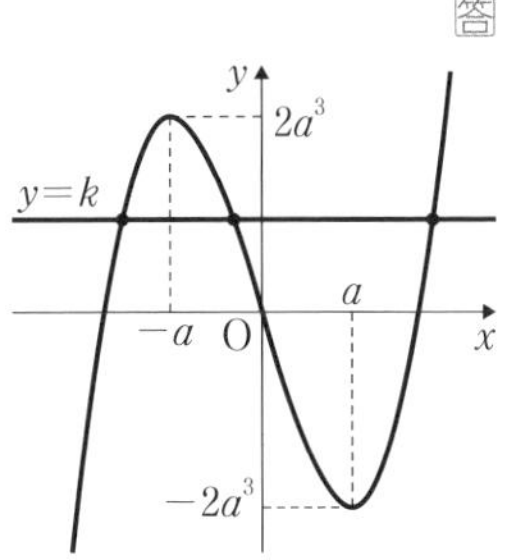

(2)　この方程式の異なる実数解の個数は，関数 $y=x^3-3a^2x$ のグラフと直線 $y=k$ の共有点の個数に等しい。

(1) から，関数 $y=x^3-3a^2x$ のグラフは，右の図のようになる。

求める k の値は，このグラフと直線 $y=k$ が異なる 2 つの共有点をもつときの値であるから　**$k=2a^3,\ -2a^3$** 答

(3)　まず，方程式 $x^3-3a^2x=k_1$ の実数解を求める。

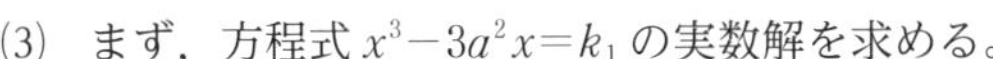

(2) より $k_1=-2a^3$ であるから

$x^3-3a^2x=-2a^3$　すなわち　$x^3-3a^2x+2a^3=0$

左辺を因数分解すると　$(x-a)^2(x+2a)=0$

よって　$\alpha_1=-2a,\ \beta_1=a$ …… ①

次に，方程式 $x^3-3a^2x=k_2$ の実数解を求める。

(2) より $k_2=2a^3$ であるから

$x^3-3a^2x=2a^3$　　すなわち　　$x^3-3a^2x-2a^3=0$

左辺を因数分解すると　　$(x+a)^2(x-2a)=0$

よって　　$\alpha_2=-a,\ \beta_2=2a$　…… ②

①，② から　　$\alpha_1=2\alpha_2,\ 2\beta_1=\beta_2$　終

(4)　$k_1=-2a^3$ であるから，曲線 $y=x^3-3a^2x$ と直線 $y=k_1$ で囲まれた部分は，右の図の斜線部分となる。

よって，求める面積は

$$\int_{-2a}^{a}\{(x^3-3a^2x)-(-2a^3)\}dx$$

$$=\int_{-2a}^{a}(x^3-3a^2x+2a^3)dx$$

$$=\left[\frac{x^4}{4}-\frac{3}{2}a^2x^2+2a^3x\right]_{-2a}^{a}=\frac{27}{4}a^4$$　答

また　　$\frac{1}{12}(\beta_1-\alpha_1)^4=\frac{1}{12}\{a-(-2a)\}^4=\frac{81}{12}a^4=\frac{27}{4}a^4$

したがって，曲線 $y=x^3-3a^2x$ と直線 $y=k_1$ で囲まれた部分の面積は

$\frac{1}{12}(\beta_1-\alpha_1)^4$ と等しくなる。　終

(5)　$y=x^3-30x$ は，$y=x^3-3a^2x$ において，$a=\sqrt{10}$ としたときである。

したがって，求める面積は

$$\frac{27}{4}a^4=\frac{27}{4}(\sqrt{10})^4=675$$　答

別解 (5)　$y'=3x^2-30=3(x+\sqrt{10})(x-\sqrt{10})$

$y'=0$ とすると　　$x=-\sqrt{10},\ \sqrt{10}$

y の増減表は，次のようになる。

x	……	$-\sqrt{10}$	……	$\sqrt{10}$	……
y'	+	0	−	0	+
y	↗	極大	↘	極小	↗

ここで，曲線 $y=x^3-30x$ と直線 $y=p$ との共有点の x 座標の値は，方程式 $x^3-30x=p$ の解であり，このうち小さい方の値は，(3) から

$2(-\sqrt{10})=-2\sqrt{10}$

求める面積は右の図の斜線部分であり，(4) の結果を利用すると

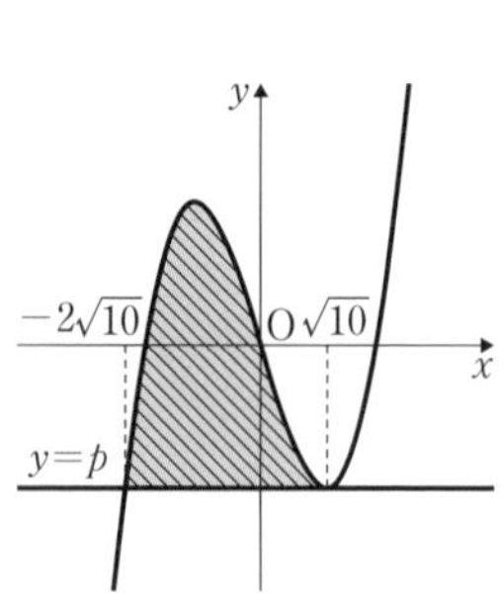

$$\frac{1}{12}\{\sqrt{10}-(-2\sqrt{10})\}^4=675$$　答

第1章　式と証明

1　3次式の展開と因数分解

1　次の式を展開せよ。

(1)　$(a+4)^3$　(2)　$(x-2)^3$　(3)　$(x-3y)^3$　(4)　$(-2a+b)^3$

(5)　$(x+5)(x^2-5x+25)$　(6)　$(x-4)(x^2+4x+16)$

(7)　$(x+3y)(x^2-3xy+9y^2)$　(8)　$(3a-2b)(9a^2+6ab+4b^2)$

≫教 p.9 練習 1, 3

2　次の式を因数分解せよ。

(1)　a^3-125b^3　(2)　$8x^3+27$　(3)　$64a^3-27b^3$

(4)　$x^3-y^3z^3$　(5)　$64x^6-y^6$　(6)　x^6+1

≫教 p.10 練習 4, 5

2　二項定理

3　(1)　$(a+b)^6$ の展開式を，教科書 11 ページの係数だけを取り出す計算によって求めよ。

(2)　パスカルの三角形を利用して，パスカルの三角形の 7 行目の数の配列を求めよ。また，$(a+b)^7$ の展開式を求めよ。　≫教 p.11, 12 練習 6, 7

4　次の式の展開式を，二項定理を使って求めよ。

(1)　$(x+1)^7$　(2)　$(x-3)^5$

≫教 p.13 練習 8

5　次の式の展開式において，[　] 内に指定された項の係数を求めよ。

(1)　$(3x+2)^6$　$[x^5]$　(2)　$(x-2y)^5$　$[x^3y^2]$

≫教 p.14 練習 9

6　(1)　$(1+x)^n$ の展開式を用いて，次の等式を導け。

$${}_nC_0-3{}_nC_1+9{}_nC_2-\cdots\cdots+(-3)^n{}_nC_n=(-2)^n$$

(2)　$(a-b+c)^7$ の展開式における，次の項の係数を求めよ。

[1]　$a^2b^3c^2$　[2]　$a^2b^2c^3$　[3]　b^5c^2

≫教 p.14, 15 練習10, 11, 研究 練習 1

3 多項式の割り算

7 次の多項式 A, B について，A を B で割った商と余りを求めよ。

(1) $A=x^2+5x+6$, $B=x+1$

(2) $A=2x^3-x^2-2x-8$, $B=x-2$

(3) $A=4x^3-6x^2-5$, $B=2x^2+1$

(4) $A=x^3+2x^2+x$, $B=x^2+x-3$

教 p.17 練習12

8 次の条件を満たす多項式 A, B を求めよ。

(1) A を $2x+1$ で割ると，商が x^2-3x-2，余りが 4

(2) A を x^2-2x-1 で割ると，商が $2x-3$，余りが $-2x+3$

(3) x^3+x^2-3x-1 を B で割ると，商が $x-1$，余りが $-3x+1$

(4) $6x^3+11x^2-2$ を B で割ると，商が $2x^2+3x-1$，余りが -1

教 p.18 練習13, 14

4 分数式とその計算

9 次の (1)〜(3) の式を約分して既約分数で表せ。また，(4)〜(7) を計算せよ。

(1) $\dfrac{6ay^4}{3axy^3}$　(2) $\dfrac{x^2-3x-4}{2x^2+3x+1}$　(3) $\dfrac{2x^2-3x-2}{x^2-5x+6}$

(4) $\dfrac{x^2-9}{x^2-6x}\times\dfrac{x}{x+3}$　(5) $\dfrac{x^2-x}{x+3}\times\dfrac{x^2+4x+3}{x^2+x}$

(6) $\dfrac{x-1}{x^2-5x+6}\div\dfrac{x^2-x}{x^2+5x-14}$　(7) $\dfrac{x^2+2x+1}{x^2-2x-3}\div\dfrac{x^2-x-2}{x^2-3x}$

教 p.19, 20 練習15, 16

10 次の計算をせよ。

(1) $\dfrac{2}{x+1}+\dfrac{3}{x-1}$　(2) $\dfrac{x}{x-4}+\dfrac{x-8}{x-4}$　(3) $\dfrac{x}{x-a}+\dfrac{a}{a-x}$

(4) $\dfrac{x}{x+1}-\dfrac{1}{x+2}$　(5) $\dfrac{1}{x^2-9}-\dfrac{3}{x^2+3x}$

(6) $\dfrac{4}{x^2-4}-\dfrac{5}{x^2-x-6}$　(7) $\dfrac{x+5}{x^2-2x-3}+\dfrac{1}{x^2+3x+2}$

(8) $\dfrac{x-3}{x^2-1}+\dfrac{3x}{x^2+x-2}$

教 p.21 練習17, 18

5 恒等式

11 等式 $3x^2+5x+3=(x+2)(ax+b)+c$ が x についての恒等式となるように，定数 a，b，c の値を定めよ。 ≫教 p.23 練習20

12 等式 $\dfrac{3x-5}{(2x-1)(x+3)}=\dfrac{a}{2x-1}+\dfrac{b}{x+3}$ が x についての恒等式となるように，定数 a，b の値を定めよ。 ≫教 p.23 練習21

6 等式の証明

13 次の等式を証明せよ。

(1) $(a+b)^2-(a-b)^2=4ab$

(2) $(x^2-1)(y^2-1)=(xy+1)^2-(x+y)^2$

(3) $a^3+8=(a+2)^3-6a(a+2)$ ≫教 p.26 練習22

14 (1) $a+b=1$ のとき，等式 $a^2+2b=b^2+1$ を証明せよ。

(2) $a+b+c=0$ のとき，次の等式を証明せよ。

(ア) $a^2-2bc=b^2+c^2$

(イ) $ab(a+b)^2+bc(b+c)^2+ca(c+a)^2=0$ ≫教 p.26 練習23, 24

15 (1) $\dfrac{a}{b}=\dfrac{c}{d}=2$ のとき，$\dfrac{a+3c}{b+3d}$ の値を求めよ。

(2) $\dfrac{a}{b}=\dfrac{c}{d}$ のとき，次の等式を証明せよ。

(ア) $\dfrac{a+c}{b+d}=\dfrac{a+2c}{b+2d}$　　(イ) $\dfrac{ab}{a^2+b^2}=\dfrac{cd}{c^2+d^2}$

≫教 p.27 練習25, 26

7 不等式の証明

16 (1) $x>y$ のとき，$\dfrac{x+2y}{3}>\dfrac{x+3y}{4}$ であることを証明せよ。

(2) $x<\dfrac{1}{2}$，$y<1$ のとき，$2xy+1>2x+y$ であることを証明せよ。

≫教 p.29 練習27, 28

17 次の不等式を証明せよ。また，等号が成り立つときを調べよ。

(1)　$4(x+1) \geqq -x^2$　　(2)　$4x^2 \geqq 3y(4x-3y)$

(3)　$a^2+2ab+2b^2 \geqq 0$　　(4)　$3a^2+4a^2 \geqq 6ab$

教 p.30, 31 練習29, 30

18 $a>0$ のとき，次の不等式を証明せよ。

$$3\sqrt{a}+2>\sqrt{9a+4}$$

教 p.31 練習31

19 次の不等式を証明せよ。また，等号が成り立つときを調べよ。

$$|a+b|+|a-b| \geqq 2|a|$$

教 p.32 練習32

20 $a>0$，$b>0$ のとき，次の不等式を証明せよ。また，等号が成り立つときを調べよ。

(1)　$a+\dfrac{9}{a} \geqq 6$　　(2)　$\dfrac{3b}{2a}+\dfrac{2a}{3b} \geqq 2$

教 p.34 練習33

定期考査対策問題　第1章

1 (1) (ア) $(5x+3y)^3$　(イ) $(2x+y)(4x^2-2xy+y^2)$　を展開せよ。

(2) (ウ) $64-\dfrac{a^3}{8}$　(エ) $x^6+26x^3y^3-27y^6$　を因数分解せよ。

2 次の式の展開式において，[　] 内に指定された項の係数を求めよ。

(1) $(x+3)^6$　$[x^4]$　(2) $(2x+y)^8$　$[x^6y^2]$

(3) $(2x+3y)^5$　$[xy^4]$　(4) $(x-3y+2z)^9$　$[x^4y^2z^3]$

3 n を自然数とするとき，次の等式を証明せよ。

(1) ${}_nC_0+6{}_nC_1+6^2{}_nC_2+\cdots\cdots+6^n{}_nC_n=7^n$

(2) n が奇数なら　${}_nC_0+{}_nC_2+\cdots\cdots+{}_nC_{n-1}={}_nC_1+{}_nC_3+\cdots\cdots+{}_nC_n$

4 次の条件を満たす多項式 A, B を求めよ。

(1) A を x^2-3x+5 で割ると，商が x^2+1，余りが $3x-4$

(2) x^4+1 を B で割ると，商が x^2-x，余りが $x+1$

5 $A=x-\dfrac{1}{x}$，$B=1-\dfrac{1}{x}$ のとき，$\dfrac{A}{B}$ を簡単にせよ。

6 x についての多項式 $2x^3+ax^2-3x-2$ を x^2+3x-5 で割ると，余りが $4x+3$ になるとする。その商は1次式であるから，商を $bx+c$ とおくと

$$2x^3+ax^2-3x-2=(x^2+3x-5)(bx+c)+4x+3$$

と表される。このとき，定数 a，b，c の値を求めよ。

7 $\dfrac{y+z}{b-c}=\dfrac{z+x}{c-a}=\dfrac{x+y}{a-b}$ のとき，$x+y+z=0$ を証明せよ。

8 不等式 $\sqrt{x^2+y^2}\leqq|x|+|y|\leqq\sqrt{2}\sqrt{x^2+y^2}$ を証明せよ。

9 $a>0$，$b>0$ のとき，次の不等式を証明し，等号が成り立つときを調べよ。

(1) $9ab+\dfrac{1}{ab}\geqq 6$　(2) $a+b+\dfrac{1}{a+b}\geqq 2$

第2章　複素数と方程式

1　複素数とその計算

21 (1)　次の複素数の実部と虚部をいえ。

(ア)　$-4+2i$　　(イ)　$\dfrac{3-\sqrt{5}\,i}{2}$　　(ウ)　$-\sqrt{2}$　　(エ)　$3i$

(2)　次の等式を満たす実数 x, y の値を求めよ。

(オ)　$(x+3y)+(2x-y)i=9+4i$

(カ)　$(x-y-2)+(x-2y+1)i=0$

≫教 p.41 練習 1, 2

22 次の式を計算せよ。

(1)　$(3-2i)+(2-i)$　　(2)　$(3-i)-(1-i)$　　(3)　$(3+i)+4i$

(4)　$(1+3i)(2+i)$　　(5)　$(1-2i)(5+2i)$　　(6)　$(3-2i)^2$

(7)　$(1+i)^2$　　(8)　$(1+\sqrt{3}\,i)(1-\sqrt{3}\,i)$

≫教 p.42 練習 3, 4

23 次の複素数と共役な複素数をいえ。

(1)　$5+4i$　　(2)　$3-2i$　　(3)　$\sqrt{3}$　　(4)　$-5i$　　(5)　$\dfrac{-1+\sqrt{5}\,i}{2}$

≫教 p.42 練習 5

24 次の式を計算せよ。

(1)　$\dfrac{3+i}{1+2i}$　　(2)　$\dfrac{2-i}{2+i}$　　(3)　$\dfrac{2i}{3-i}$　　(4)　$\dfrac{4-5i}{i}$

≫教 p.43 練習 6

25 (1)　次の数を i を用いて表せ。

(ア)　$\sqrt{-3}$　　(イ)　$\sqrt{-4}$　　(ウ)　-8 の平方根

(2)　次の式を計算せよ。

(エ)　$\sqrt{-2}\sqrt{-8}$　　(オ)　$\dfrac{\sqrt{-24}}{\sqrt{-6}}$

(カ)　$\dfrac{\sqrt{-25}}{\sqrt{5}}$　　(キ)　$\dfrac{\sqrt{6}}{\sqrt{-2}}$

≫教 p.44 練習 7, 8

2 2次方程式の解

26 次の2次方程式を解け。

(1) $x^2=-18$　(2) $x^2+16=0$　(3) $4x^2+9=0$

(4) $3x^2-2x+1=0$　(5) $x^2+\sqrt{2}x-4=0$　(6) $-3x^2+2x+2=0$

(7) $2x^2+4\sqrt{3}x+7=0$

≫教 p.45, 46 練習9, 10

27 次の2次方程式の解の種類を判別せよ。

(1) $x^2-7x+13=0$　(2) $3x^2-2\sqrt{6}x+2=0$

(3) $-2x^2-3x-4=0$　(4) $5x^2-2\sqrt{3}x-1=0$

≫教 p.47 練習11

28 2次方程式 $5x^2-2x+m=0$ が次のような解をもつとき，定数 m の値の範囲を求めよ。

(1) 異なる2つの虚数解　(2) 実数解

≫教 p.48 練習12

29 m は定数とする。次の2次方程式の解の種類を判別せよ。

(1) $2x^2+5x+m=0$　(2) $x^2-2mx+m+2=0$

≫教 p.48 練習13

3 解と係数の関係

30 次の2次方程式について，2つの解の和と積を求めよ。

(1) $x^2+5x+4=0$　(2) $2x^2-3x-7=0$

≫教 p.49 練習14

31 2次方程式 $3x^2-2x-4=0$ の2つの解を α，β とするとき，次の式の値を求めよ。

(1) $\alpha^2+\beta^2$　(2) $(\alpha-\beta)^2$　(3) $\alpha^3+\beta^3$

≫教 p.50 練習15

32 2次方程式 $x^2-6x+m=0$ の2つの解が次の条件を満たすとき，定数 m の値と2つの解を，それぞれ求めよ。

(1) 1つの解が他の解の2倍である。

(2) 2つの解の差が4である。

≫教 p.50 練習16

33 次の 2 次式を，複素数の範囲で因数分解せよ。

(1) x^2-6x+4　　(2) x^2+5x-1　　(3) $3x^2+4x+2$

≫教 p.51 練習17

34 次の 2 数を解にもつ 2 次方程式を 1 つ作れ。

(1) -1，-2　　(2) $1+\sqrt{3}$，$1-\sqrt{3}$　　(3) $2+3i$，$2-3i$

≫教 p.52 練習18

35 2 次方程式 $x^2-2(m-2)x-m+14=0$ が異なる 2 つの正の解をもつとき，定数 m の値の範囲を求めよ。

≫教 p.53 研究 練習 1

4 剰余の定理と因数定理

36 多項式 $P(x)=x^3+x^2+3x-7$ を，次の 1 次式で割った余りを求めよ。

(1) $x-2$　　(2) $x-4$　　(3) $x+2$　　(4) $x+3$

≫教 p.55 練習19

37 多項式 $P(x)=3x^3+ax^2-8x-6a$ を $x+2$ で割った余りが 6 であるとき，定数 a の値を求めよ。

≫教 p.56 練習20

38 多項式 $P(x)$ を $x-2$ で割った余りが -1，$x+3$ で割った余りが 9 であるとき，$P(x)$ を $(x-2)(x+3)$ で割った余りを求めよ。

≫教 p.56 練習21

39 (1) 多項式 x^3-2x^2-5x+6 の因数であるものを下からすべて選べ。

① $x+3$　　② $x-3$　　③ $x+2$　　④ $x-2$

(2) 次の式を因数分解せよ。

(ア) x^3-2x^2-x+2　　(イ) $x^3-x^2-8x+12$

(ウ) $3x^3-8x^2-15x-4$

≫教 p.57 練習22, 23

40 組立除法を用いて，$3x^4+5x^3-2x-12$ を $x+2$ で割った商と余りを求めよ。

≫教 p.58 研究 練習 1

5 高次方程式

41 次の 3 次方程式を解け。

(1) $x^3+8=0$　　(2) $x^3-27=0$

教 p.59 練習24

42 次のものを求めよ。

(1) -27 の 3 乗根　　(2) 1331 の 3 乗根

教 p.59 練習25

43 次の 4 次方程式を解け。

(1) $x^4-25=0$　　(2) $x^4+7x^2-8=0$

教 p.60 練習26

44 次の 3 次方程式を解け。

(1) $x^3-6x^2+11x-6=0$　　(2) $x^3+7x^2-6=0$

(3) $x^3+x^2-5x-2=0$　　(4) $3x^3+x^2-8x+4=0$

教 p.60 練習27

45 a, b は実数とする。3 次方程式 $x^3-5x^2+ax+b=0$ が $3+2i$ を解にもつとき，定数 a, b の値を求めよ。また，他の解を求めよ。

教 p.61 練習28

46 3 次方程式 $x^3-3x^2+2x+4=0$ の 3 つの解を α, β, γ とするとき，次の式の値を求めよ。

(1) $\alpha^2+\beta^2+\gamma^2$　　(2) $(1-\alpha)(1-\beta)(1-\gamma)$

教 p.62 発展 練習 1

定期考査対策問題　第2章

1 $x=\dfrac{-1+\sqrt{5}\,i}{2}$，$y=\dfrac{-1-\sqrt{5}\,i}{2}$ のとき，次の式の値を求めよ。

(1)　x^2+y^2　　(2)　$\dfrac{y}{x}+\dfrac{x}{y}$　　(3)　x^3+y^3

2 $\alpha=\dfrac{3+i}{1+i}+\dfrac{x-i}{1-i}$ が次のようになるとき，実数 x の値を求めよ。

(1)　α が実数　　(2)　α が純虚数

3 p，q は定数とする。2 次方程式 $x^2-px+q=0$ の 2 つの解を α，β とするとき，次の式を p，q で表せ。

(1)　$(1-\alpha)(1-\beta)$　　(2)　$(2-\alpha)(2-\beta)$　　(3)　$(p-\alpha)(p-\beta)$

4 2 次方程式 $x^2+2x+4=0$ の 2 つの解が α，β のとき，次の 2 数を解とする 2 次方程式を 1 つ作れ。

(1)　α^2，β^2　　(2)　$\alpha+3$，$\beta+3$

5 a，b，c は実数の定数とする。2 次方程式 $ax^2+bx+c=0$ が次の各場合において，虚数解をもたないことを示せ。

(1)　$b=a+c$　　(2)　$a+c=0$　　(3)　a と c が異符号

6 $3x^3+px^2+qx-6$ が x^2+x-2 で割り切れるとき，定数 p，q の値を求めよ。

7 多項式 $P(x)$ を x^2-3x+2 で割ると 3 余り，x^2-4x+3 で割ると $3x$ 余る。$P(x)$ を x^2-5x+6 で割った余りを求めよ。

8 1 の 3 乗根のうち虚数の解の 1 つを ω とするとき，次の値を求めよ。

(1)　$\omega^3+\omega^2+\omega$　　(2)　$\omega^6+\omega^3+1$　　(3)　$\omega^8+\omega^4$

9 3 次方程式 $x^3+x^2+(m-2)x-m=0$ が 2 重解をもつとき，定数 m の値を求めよ。

10 2 乗すると $8+6i$ となる複素数を求めよ。

第3章　図形と方程式

1　直線上の点

47 2点A(-9)，B(7)について，次のものを求めよ。

(1)　A，B間の距離　　(2)　線分ABの中点の座標

(3)　線分ABを$2:1$に内分する点と，$2:1$に外分する点の座標

(4)　線分ABを$3:5$に内分する点と，$3:5$に外分する点の座標

教 p.68～70 練習1～3

2　平面上の点

48 (1)　次の点はどの象限にあるか。

(ア)　点$(-2,\ 4)$　(イ)　点$(1,\ -2)$　(ウ)　点$(2,\ 6)$

(2)　点P$(5,\ -9)$に対して，次のような点の座標を求めよ。

(エ)　x軸に関して対称な点Q　(オ)　y軸に関して対称な点R

(カ)　原点に関して対称な点S

教 p.71 練習4, 5

49 次の2点間の距離を求めよ。

(1)　A$(1,\ 1)$，B$(5,\ 4)$　　(2)　A$(-2,\ 3)$，B$(5,\ 7)$

(3)　A$(-1,\ -3)$，B$(-3,\ -4)$　　(4)　原点O，A$(5,\ -12)$

教 p.72 練習6

50 2点A$(2,\ -3)$，B$(-8,\ 4)$を結ぶ線分ABについて，次の点の座標を求めよ。

(1)　$2:3$に内分する点C　　(2)　$3:1$に外分する点D

(3)　$2:3$に外分する点E　　(4)　中点M

教 p.73 練習7

51 次の3点A，B，Cを頂点とする△ABCの重心の座標を求めよ。

(1)　A$(3,\ 2)$，B$(-2,\ -1)$，C$(5,\ 2)$

(2)　A$(-2,\ -1)$，B$(3,\ 1)$，C$(1,\ 3)$

教 p.74 練習8

52 △ABC において，辺 BC を 3 等分する 2 点を D，E とするとき，等式 $AB^2+AC^2=AD^2+AE^2+4DE^2$ を証明せよ。

≫教 p.75 研究 練習 1

3 直線の方程式

53 次のような直線の方程式を求めよ。また，方程式の表す直線を座標平面上にかけ。

(1) 点 $(-1,\ 1)$ を通り，傾きが 2 の直線

(2) 点 $\left(2,\ \dfrac{8}{3}\right)$ を通り，傾きが $-\dfrac{3}{2}$ の直線

(3) 点 $(1,\ -3)$ を通り，傾きが 0 の直線

≫教 p.76, 77 練習 9, 10

54 次の 2 点を通る直線の方程式を求めよ。

(1) $(1,\ 1)$，$(3,\ 5)$　　(2) $(-4,\ 3)$，$(6,\ -3)$

(3) $(3,\ -4)$，$(-1,\ -4)$　　(4) $(4,\ 0)$，$(4,\ 3)$

≫教 p.78 練習11

55 x 切片が $a\ (\neq 0)$，y 切片が $b\ (\neq 0)$ である直線の方程式は $\dfrac{x}{a}+\dfrac{y}{b}=1$ で表されることを示せ。

≫教 p.78 練習12

4 2直線の関係

56 (1) 次の直線のうち，直線 $y=3x$ と平行であるものはどれか。

① $y=3x+1$　② $y=-3x+2$　③ $3x-y-3=0$

(2) 次の 2 直線は，それぞれ平行，垂直のいずれであるか。

(ア) $y=2x+3$，$y=2x-4$　　(イ) $y=3x+4$，$y=-\dfrac{1}{3}x+5$

(ウ) $x-y+2=0$，$x+y-6=0$　　(エ) $6x-4y+3=0$，$6y=9x+4$

≫教 p.79, 80 練習13, 14

57 点 A(3, -2) を通り，直線 $4x-3y+2=0$ に垂直な直線，平行な直線の方程式をそれぞれ求めよ。 ≫教 p.80 練習15

58 直線 $x+y+1=0$ を ℓ とする。直線 ℓ に関して点 A(3, 2) と対称な点 B の座標を求めよ。 ≫教 p.81 練習16

59 次の点と直線の距離を求めよ。

(1) 原点，$3x-4y-5=0$

(2) 点 (2, 8)，直線 $4x+3y-12=0$

(3) 点 (-1, 2)，直線 $y=3x+1$ ≫教 p.83 練習17

60 2 直線 $3x+2y-1=0$，$-x+4y-5=0$ の交点と，点 (-2, 3) を通る直線の方程式を求めよ。 ≫教 p.84 研究 練習 1

5 円の方程式

61 (1) 次のような円の方程式を求めよ。

(ア) 中心が点 (1, 1)，半径が 2　(イ) 中心が原点，半径が 5

(ウ) 中心が点 (-1, 2)，半径が $\sqrt{5}$

(2) 円 $(x+5)^2+(y-2)^2=20$ の中心の座標と半径を求めよ。

≫教 p.86 練習18, 19

62 2 点 A(2, 3)，B(4, -5) を直径の両端とする円について，中心 C の座標と半径 r を求めよ。また，その方程式を求めよ。

≫教 p.87 練習20

63 次の方程式はどのような図形を表すか。

(1) $x^2+y^2-6x+10y+16=0$

(2) $x^2+y^2-4x+y+2=0$ ≫教 p.87 練習21

64 次の 3 点 A，B，C を通る円の方程式を求めよ。

(1) A(2, -1)，B(-1, 3)，C(-4, -3)

(2) A(1, 1)，B(5, -1)，C(-3, -7) ≫教 p.88 練習22

6 円と直線

65 次の円と直線の共有点の座標を求めよ。

(1) 円 $x^2+y^2=1$，直線 $y=x-1$

(2) 円 $x^2+y^2=5$，直線 $y=-x+1$ 教 p.89 練習23

66 円 $x^2+y^2=4$ と直線 $y=-2x+m$ について，次の問いに答えよ。

(1) 円と直線が共有点をもつとき，定数 m の値の範囲を求めよ。

(2) 円と直線が接するとき，定数 m の値と接点の座標を求めよ。

教 p.91 練習24

67 半径 r の円 $x^2+y^2=r^2$ と直線 $3x-4y-15=0$ が接するとき，r の値を求めよ。 教 p.91 練習25

68 次の円上の点 P における接線の方程式を求めよ。

(1) 円 $x^2+y^2=25$，点 P(4, 3)

(2) 円 $x^2+y^2=5$，点 P(−2, 1)

(3) 円 $x^2+y^2=4$，点 P(2, 0) 教 p.92 練習26

69 点 (−2, 4) から円 $x^2+y^2=10$ に引いた接線の方程式と接点の座標を求めよ。 教 p.93 練習27

7 2つの円

70 円 $x^2+y^2=5$ と次の円の位置関係を調べよ。

(1) $(x-3)^2+(y-6)^2=80$

(2) $(x+4)^2+(y+8)^2=20$ 教 p.95 練習28

71 中心が点 (4, −3) である円 C と，円 $x^2+y^2=9$ が内接するとき，円 C の方程式を求めよ。 教 p.95 練習29

72 2 つの円 $x^2+y^2-5=0$，$x^2+y^2+4x-4y+7=0$ の 2 つの交点と点 (4, 3) を通る円の方程式を求めよ。 教 p.96 研究 練習 1

8 軌跡と方程式

73 2点A(1, −4), B(−2, 5) について，AP=BP を満たす点 P の軌跡を求めよ。
》教 p.98 練習30

74 点 A(−2, 0) からの距離と点 B(2, 0) からの距離の比が 3：1 である点 P の軌跡を求めよ。
》教 p.99 練習31

75 点 Q が円 $x^2+y^2=4$ 上を動くとき，点 A(4, 2) と点 Q を結ぶ線分 AQ の中点 P の軌跡を求めよ。
》教 p.100 練習32

9 不等式の表す領域

76 次の不等式の表す領域を図示せよ。

(1) $y<x+1$　(2) $y>3$　(3) $4x+3y+9<0$

(4) $3x-5y+2\geqq 0$　(5) $x\geqq 2$

》教 p.102 練習33, 34

77 次の不等式の表す領域を図示せよ。

(1) $x^2+y^2>4$　(2) $x^2+y^2\leqq 9$　(3) $(x+1)^2+y^2\geqq 1$

(4) $(x+2)^2+(y-1)^2\leqq 1$
》教 p.103 練習35, 36

78 次の連立不等式，不等式の表す領域を図示せよ。

(1) $\begin{cases} y-x-2\geqq 0 \\ y-3x-4\leqq 0 \end{cases}$　(2) $\begin{cases} x-2y-4<0 \\ 4x+3y-12<0 \end{cases}$

(3) $\begin{cases} x^2+y^2<9 \\ 2y-3x>6 \end{cases}$　(4) $\begin{cases} (x-1)^2+y^2\geqq 1 \\ 2x+y\geqq 1 \end{cases}$

(5) $(x+y)(3x-y-1)>0$

(6) $(2x+y-5)(x-y+1)\leqq 0$
》教 p.105 練習37, 38

79 x, y が4つの不等式 $2x+y\leqq 6$, $x+2y\leqq 6$, $x\geqq 0$, $y\geqq 0$ を同時に満たすとき，$2x+3y$ の最大値，最小値を求めよ。

》教 p.106 練習39

定期考査対策問題　第3章

1 3点O(0, 0), A(4, 2), Bを頂点とする三角形が正三角形になるとき，点Bの座標を求めよ。

2 △ABCの重心をGとするとき，$AB^2+AC^2=BG^2+CG^2+4AG^2$ が成り立つことを証明せよ。

3 3点A(−2, 3), B(2, −1), C(4, 1)を頂点とする平行四辺形の第4の頂点Dの座標をすべて求めよ。

4 2直線 $2x+y-3=0$, $x-4y+3=0$ の交点を通り，次の条件を満たす直線の方程式を求めよ。

(1) 直線 $x+3y-2=0$ に平行　(2) 直線 $2x-3y+4=0$ に垂直

5 次の点の座標を求めよ。

(1) 直線 $x+2y=0$ に関して，点A(3, −4)と対称な点B

(2) 直線 $x+y+1=0$ に関して，点A(3, 2)と対称な点B

6 k は定数とする。直線 $(1+k)x-(1-3k)y=-5k-1$ は，k の値に関係なく定点を通る。その定点の座標を求めよ。

7 (1) 中心が点(3, 0)で，直線 $4x-3y-2=0$ に接する円の方程式を求めよ。

(2) 点(1, 2)を通り，x 軸，y 軸に接するような円の方程式を求めよ。

8 方程式 $x^2+y^2+2mx+m=0$ が円を表すとき，定数 m の値の範囲を求めよ。

9 直線 $x+y=1$ ……① が円 $x^2+y^2=4$ ……② によって切り取られてできる線分の長さと，線分の中点の座標を求めよ。

10 円 $x^2+y^2=9$ に点(5, 2)から2本の接線を引くとき，2つの接点を通る直線の方程式が $5x+2y=9$ であることを示せ。

11 次のような円 C の方程式を求めよ。

(1) 中心が点 $(4,\ -3)$ で，円 $x^2+y^2=4$ と外接する円 C

(2) 中心が点 $(10,\ 1)$ で，円 $x^2+y^2-8x+14y+56=0$ と内接する円 C

12 2つの円 $x^2+y^2-8x-4y+4=0$，$x^2+y^2=4$ の2つの交点と点 $(1,\ 1)$ を通る円の方程式を求めよ。

13 次の条件を満たす点Pの軌跡を求めよ。

(1) 2点 $\mathrm{A}(-3,\ 1)$，$\mathrm{B}(1,\ -1)$ から等距離にある点P

(2) 2点 $\mathrm{A}(-1,\ 0)$，$\mathrm{B}(3,\ 0)$ からの距離の比が $1:3$ である点P

14 放物線 $y=2x^2+4ax+4a$ について，次の問いに答えよ。

(1) 頂点Pの座標を $(x,\ y)$ とするとき，x，y をそれぞれ a で表せ。

(2) a がすべての実数値をとって変化するとき，点Pの軌跡を求めよ。

15 右の図の斜線部分の領域を表す不等式を求めよ。
ただし，境界線を含むものとする。

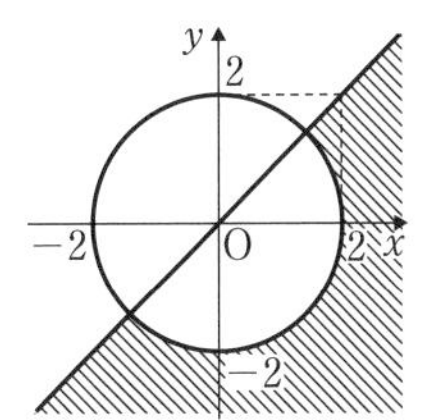

16 3直線 $x+2y-2=0$，$2x+y-2=0$，$x-y-3=0$ で作られる三角形の内部および周上を表す連立不等式を求めよ。

17 2種類の薬品P，Qがある。
その1gについて，A成分，B成分の量と価格は，それぞれ右の表の通りである。Aを12mg以上，Bを15mg以上とる必要があるとき，その総価格を最小にするには，P，Qをそれぞれ何gずつとればよいかを考える。
このとき

	A成分	B成分	価格
P	2mg	1mg	4円
Q	1mg	2mg	6円

(1) P，Qをそれぞれ x g，y gとるとして，x，y の間に成り立つ関係式を求め，点 $(x,\ y)$ の存在範囲を図示せよ。

(2) 総価格を最小にするP，Qそれぞれの量を求めよ。

第4章 三角関数

1 角の拡張

80 (1) 次の角の動径を図示せよ。

(ア) 230°　(イ) -150°　(ウ) 780°　(エ) -410°　(オ) 1020°

(2) 次の角の動径のうち，30° の動径と同じ位置にあるものはどれか。

210°，300°，390°，1020°，-150°，-330°，-750°

》教 p.113 練習 1, 2

81 次の (1)~(3) の角を弧度法で，(4)，(5) の角を度数法で表せ。

(1) 135°　(2) 300°　(3) -90°　(4) $\dfrac{7}{6}\pi$　(5) $-\dfrac{4}{3}\pi$

》教 p.114 練習 4

82 次のような扇形の弧の長さ l と面積 S を求めよ。

(1) 半径 4，中心角 $\dfrac{2}{5}\pi$　(2) 半径 3，中心角 $\dfrac{3}{4}\pi$

》教 p.115 練習 5

2 三角関数

83 (1) (ア) $\theta=\dfrac{7}{6}\pi$　(イ) $\theta=\dfrac{5}{3}\pi$　(ウ) $\theta=-\dfrac{3}{4}\pi$ の各 θ について，

$\sin\theta$，$\cos\theta$，$\tan\theta$ の値をそれぞれ求めよ。

(2) (エ) $\sin\theta<0$ かつ $\cos\theta<0$　(オ) $\sin\theta>0$ かつ $\tan\theta<0$

を満たす θ の動径はそれぞれ第何象限にあるか。

》教 p.117 練習 6, 7

84 $\sin\theta$，$\cos\theta$，$\tan\theta$ のうち，1 つが次の値をとるとき，他の 2 つの値を求めよ。ただし，[　] 内は θ の動径が含まれる象限を表す。

(1) $\sin\theta=\dfrac{3}{4}$　[第 2 象限]　(2) $\tan\theta=-\sqrt{7}$　[第 4 象限]

》教 p.118, 119 練習 8, 9

85 $\sin\theta-\cos\theta=\frac{\sqrt{3}}{2}$ のとき，$\sin\theta\cos\theta$ の値を求めよ。 ≫教 p.119 練習10

86 $\sin\theta+\cos\theta=a$，$\sin\theta>\cos\theta$ のとき，$\sin^3\theta-\cos^3\theta$ の値を a を用いて表せ。 ≫教 p.120 練習11

87 次の等式を証明せよ。

(1) $(\sin\theta-2\cos\theta)^2+(2\sin\theta+\cos\theta)^2=5$

(2) $(1-\tan^2\theta)\cos^2\theta+2\sin^2\theta=1$ ≫教 p.120 練習12

3 三角関数のグラフ

88 次の関数のグラフをかけ。また，その周期を求めよ。

(1) $y=3\sin\theta$　(2) $y=\frac{1}{2}\cos\theta$　(3) $y=2\tan\theta$

≫教 p.124 練習13, 14

89 次の関数のグラフをかけ。また，その周期を求めよ。

(1) $y=\sin 3\theta$　(2) $y=\cos\frac{\theta}{2}$　(3) $y=\tan\frac{\theta}{3}$

≫教 p.125 練習15

90 次の関数のグラフをかけ。また，その周期を求めよ。

(1) $y=\sin\left(\theta-\frac{\pi}{6}\right)$　(2) $y=\cos\left(\theta+\frac{\pi}{3}\right)$　(3) $y=\tan\left(\theta+\frac{\pi}{6}\right)$

≫教 p.126 練習16

4 三角関数の性質

91 次の値を求めよ。

(1) $\sin\left(-\frac{21}{4}\pi\right)$　(2) $\cos\left(-\frac{11}{3}\pi\right)$　(3) $\tan\left(-\frac{19}{6}\pi\right)$

≫教 p.128 練習17

5 三角関数を含む方程式，不等式

92 $0 \leqq \theta < 2\pi$ のとき，次の方程式を解け。

(1) $\sin\theta = \dfrac{1}{2}$　　(2) $2\cos\theta - \sqrt{3} = 0$　　(3) $2\cos\theta + 1 = 0$

》教 p.129 練習18

93 次の方程式を解け。

(1) $2\sin\theta = \sqrt{3}$　　(2) $2\cos\theta = -\sqrt{3}$　》教 p.129 練習19

94 $0 \leqq \theta < 2\pi$ のとき，次の方程式を解け。また，θ の範囲に制限がないときの解を求めよ。

(1) $\tan\theta = -1$　　(2) $\sqrt{3}\tan\theta = -1$　》教 p.130 練習20

95 $0 \leqq \theta < 2\pi$ のとき，次の方程式を解け。

(1) $2\sin^2\theta - 3\cos\theta = 0$　　(2) $2\cos^2\theta - 3\sin\theta - 3 = 0$

》教 p.131 練習21

96 $0 \leqq \theta < 2\pi$ のとき，次の不等式を解け。

(1) $\sin\theta > \dfrac{\sqrt{3}}{2}$　　(2) $\cos\theta \leqq -\dfrac{1}{\sqrt{2}}$　》教 p.131 練習22

6 加法定理

97 (1) 加法定理を用いて $\cos 195^\circ$ の値を求めよ。

(2) $\dfrac{11}{12}\pi = \dfrac{2}{3}\pi + \dfrac{\pi}{4}$ であることを用いて $\sin\dfrac{11}{12}\pi$，$\cos\dfrac{11}{12}\pi$ の値を求めよ。

》教 p.134 練習24, 25

98 α の動径が第 1 象限，β の動径が第 2 象限にあり，$\sin\alpha = \dfrac{3}{5}$，$\cos\beta = -\dfrac{5}{13}$ のとき，次の値を求めよ。

(1) $\sin(\alpha + \beta)$　　(2) $\sin(\alpha - \beta)$

(3) $\cos(\alpha + \beta)$　　(4) $\cos(\alpha - \beta)$　》教 p.135 練習26

99 (1) 加法定理を用いて，$\tan 165^\circ$ の値を求めよ。

(2) $\frac{7}{12}\pi=\frac{\pi}{3}+\frac{\pi}{4}$ であることを用いて，$\tan\frac{7}{12}\pi$ の値を求めよ。

≫教 p.136 練習27, 28

100 2 直線 $y=\frac{1}{2}x+2$，$y=3x-3$ のなす角 θ を求めよ。ただし，$0<\theta<\frac{\pi}{2}$ とする。

≫教 p.137 練習29

7 加法定理の応用

101 (1) $\pi<\alpha<\frac{3}{2}\pi$ で，$\cos\alpha=-\frac{3}{5}$ のとき，次の値を求めよ。

(ア) $\sin\alpha$　(イ) $\sin 2\alpha$　(ウ) $\cos 2\alpha$　(エ) $\tan 2\alpha$

(2) $3\alpha=2\alpha+\alpha$ であることを用いて，次の等式を証明せよ。

$$\tan 3\alpha=\frac{3\tan\alpha-\tan^3\alpha}{1-3\tan^2\alpha}$$

≫教 p.138 練習30, 31

102 半角の公式を用いて，次の値を求めよ。ただし，値は 2 重根号のまま答えてよい。

(1) $\sin\frac{\pi}{12}$　(2) $\cos\frac{5}{8}\pi$　(3) $\tan\frac{3}{8}\pi$

≫教 p.139 練習32

103 (1) $\tan\alpha=-2$ のとき，$\tan 2\alpha$ の値を求めよ。

(2) $\pi<\alpha<\frac{3}{2}\pi$ で，$\cos\alpha=-\frac{5}{13}$ のとき，$\tan\frac{\alpha}{2}$ の値を求めよ。

≫教 p.139 練習33

104 $0\leqq\theta<2\pi$ のとき，次の方程式を解け。

(1) $\sin 2x=\cos x$　(2) $2\cos 2x+4\cos x-1=0$

≫教 p.140 練習34

105 $r>0$，$-\pi<\alpha<\pi$ とする。次の式を $r\sin(\theta+\alpha)$ の形に表せ。

(1) $-\sin\theta+\cos\theta$　(2) $\sqrt{3}\sin\theta+3\cos\theta$

≫教 p.141 練習35

106 次の関数の最大値，最小値を求めよ。また，そのグラフをかけ。

$$y=-\frac{1}{2}\sin 2x+\frac{\sqrt{3}}{2}\cos 2x$$

» 教 p.142 練習36

107 $0\leqq x<2\pi$ のとき，方程式 $\sin x-\sqrt{3}\cos x=\sqrt{3}$ を解け。

» 教 p.143 練習37

定期考査対策問題　第4章

1 半径 4 cm，弧の長さ 7 cm の扇形の中心角 (ラジアン) と面積を求めよ。

2 角 θ の動径が第 2 象限にあるとき，次の角の動径は第何象限にあるか。

(1) 2θ　　(2) $\dfrac{\theta}{2}$

3 $\sin\theta+\cos\theta=\dfrac{\sqrt{2}}{2}$ のとき，次の式の値を求めよ。

(1) $\sin\theta\cos\theta$　　(2) $\sin\theta-\cos\theta$　　(3) $\sin^3\theta-\cos^3\theta$

4 $\sin\theta\cos\theta=-\dfrac{1}{4}$ のとき，$\sin\theta$，$\cos\theta$ の値を求めよ。ただし，θ の動径は第 2 象限にあるとする。

5 $0\leqq\theta<2\pi$ のとき，次の方程式，不等式を解け。

(1) $\sin\left(2\theta-\dfrac{\pi}{3}\right)=\dfrac{\sqrt{3}}{2}$　　(2) $\tan\left(\theta-\dfrac{2}{3}\pi\right)\leqq-1$

(3) $2\cos^2\theta-\sqrt{3}\sin\theta+1=0$　　(4) $2\sin^2\theta=5\cos\theta-5$

6 $0\leqq\theta<2\pi$ のとき，関数 $y=2\cos^2\theta-2\sin\theta+1$ の最大値と最小値を求めよ。また，そのときの θ の値を求めよ。

7 $0\leqq\alpha<\pi$ とする。$\cos2\alpha=-\dfrac{1}{8}$ のとき，$\sin\alpha$，$\cos\alpha$，$\tan\alpha$ の値を求めよ。

8 次の等式，不等式を証明せよ。

(1) $\dfrac{\cos2\alpha}{\cos^2\alpha}=\dfrac{2\tan\alpha}{\tan2\alpha}$　　(2) $\sin^2\alpha+\cos^2\beta\geqq\cos2\beta-\cos2\alpha$

9 点 (1, 0) を通り，直線 $y=x-1$ と $\dfrac{\pi}{6}$ の角をなす直線の方程式を求めよ。

10 関数 $y=a\sin x+b\cos x$ は $x=\dfrac{\pi}{6}$ で最大値をとり，また，最小値は -5 である。定数 a，b の値を求めよ。

第5章 指数関数と対数関数

1 指数の拡張

108 (1) 次の値を求めよ。

(ア) 6^0　(イ) 2^{-3}　(ウ) 7^{-1}　(エ) 10^{-2}　(オ) 5^{-4}

(2) $a \neq 0$, $b \neq 0$ とする。次の式を計算せよ。

(カ) a^4a^{-3}　(キ) $\dfrac{a^{-4}}{a^2}$　(ク) $a^8(a^{-3}b)^2$　(ケ) $a^{-6} \div a^{-3}$

教 p.151 練習1, 2

109 次の□に適する数を求めよ。

(1) $(-2)^5=-32$ であるから，-2 は□の□乗根である。

(2) $5^4=(-5)^4=625$ であるから，□と -5 は 625 の□乗根である。

教 p.152 練習3

110 (1) 次の値を求めよ。

(ア) $\sqrt[4]{16}$　(イ) $\sqrt[3]{216}$　(ウ) $\sqrt[3]{\dfrac{1}{27}}$

(2) 次の式を計算せよ。

(エ) $\sqrt[4]{3}\sqrt[4]{27}$　(オ) $\dfrac{\sqrt[4]{48}}{\sqrt[4]{3}}$　(カ) $\sqrt[5]{\sqrt{1024}}$　(キ) $\sqrt[10]{32}$

教 p.152, 153 練習4, 5

111 次の式を計算せよ。

(1) $5^{\frac{1}{4}} \times 5^{\frac{1}{3}} \div 5^{\frac{1}{12}}$　(2) $2^{\frac{1}{2}} \div 2^{\frac{7}{10}} \times 2^{\frac{1}{5}}$

(3) $\sqrt[3]{3^2} \times \sqrt{3} \div \sqrt[6]{3}$　(4) $\sqrt{6} \div \sqrt[6]{6} \times \sqrt[3]{6^5}$

教 p.155 練習7

2 指数関数

112 次の関数のグラフをかけ。

(1) $y=4^x$　(2) $y=\left(\dfrac{1}{4}\right)^x$

教 p.157 練習9

113 次の数の大小を不等号を用いて表せ。

(1) $\sqrt[3]{3}$, $\sqrt[4]{9}$, $\sqrt[7]{27}$

(2) $2^{0.5}$, 2^{-2}, 2^5, 1

教 p.158 練習10

114 次の方程式，不等式を解け。

(1) $4^x=32$　(2) $5^{2x}=\dfrac{1}{125}$　(3) $27^{x+1}=9^{2x+1}$

(4) $2^x<16$　(5) $\left(\dfrac{1}{9}\right)^x<27$　(6) $\left(\dfrac{1}{8}\right)^x\leqq\left(\dfrac{1}{2}\right)^{x+1}$

教 p.159 練習11, 12

3 対数とその性質

115 次の関係を，(1)〜(3) は $\log_a M=p$ の形に，(4)〜(6) は $M=a^p$ の形に書け。

(1) $64=2^6$　(2) $\dfrac{1}{2}=4^{-\frac{1}{2}}$　(3) $3=27^{\frac{1}{3}}$

(4) $\log_{10}100=2$　(5) $\log_{\sqrt{2}}8=6$　(6) $\log_9\dfrac{1}{3}=-\dfrac{1}{2}$

教 p.162 練習13, 14

116 次の値を求めよ。

(1) $\log_3 3^3$　(2) $\log_2 64$　(3) $\log_5 5$　(4) $\log_2\dfrac{1}{4}$

(5) $\log_{0.2}0.008$　(6) $\log_{\frac{1}{2}}8$　(7) $\log_5\sqrt[6]{5}$　(8) $\log_{\sqrt{3}}3$

教 p.162 練習15

117 次の式を計算せよ。

(1) $\log_6 2+\log_6 3$　(2) $\log_3 135-\log_3 5$

(3) $\log_2 36+\log_2 6-3\log_2 3$　(4) $4\log_5 3-2\log_5 15-\log_5 45$

教 p.164 練習17

118 次の式を簡単にせよ。

(1) $\log_4 32$　(2) $\log_9\dfrac{1}{3}$　(3) $\log_3 5\cdot\log_5 27$

教 p.164 練習18

4 対数関数

119 次の関数のグラフをかけ。

(1) $y=\log_5 x$　　(2) $y=\log_{\frac{1}{5}} x$

教 p.166 練習19

120 次の 2 つの数の大小を不等号を用いて表せ。

(1) $\log_{0.3}0.5$，$\log_{0.3}5$　　(2) $-\log_{\frac{1}{5}}\dfrac{1}{2}$，$\log_{\frac{1}{5}}\dfrac{3}{2}$

教 p.167 練習20

121 次の方程式，不等式を解け。

(1) $\log_3 x=2$　　(2) $\log_{\frac{1}{3}} x=4$　　(3) $\log_{10} x<3$

(4) $\log_4 x>1$　　(5) $\log_{\frac{1}{2}} x \geqq 2$　　(6) $\log_{0.2} x>0$

教 p.167 練習21

122 次の方程式，不等式を解け。

(1) $\log_{10}(x-1)+\log_{10}(x+2)=1$　　(2) $\log_{\frac{1}{3}}(x+1)=\log_{\frac{1}{3}}(x^2-1)$

(3) $\log_4(x+2)+\log_4(x-4)\leqq 2$　　(4) $2\log_{0.3}(8-3x)\geqq\log_{0.3}12x$

教 p.168 練習22, 23

5 常用対数

123 常用対数表を用いて，次の値を小数第 4 位まで求めよ。

(1) $\log_{10}4.23$　　(2) $\log_{10}37200$　　(3) $\log_{10}0.0158$

教 p.169 練習24

124 $\log_{10}2=0.3010$，$\log_{10}3=0.4771$ とする。次の数は何桁の整数か。

(1) 2^{50}　　(2) 3^{30}

教 p.170 練習25

125 3^n が 10 桁の数となるような自然数 n をすべて求めよ。ただし，$\log_{10}3=0.4771$ とする。

教 p.171 練習26

126 $\left(\dfrac{1}{2}\right)^{50}$ を小数で表したとき，小数第何位に初めて 0 でない数字が現れるか。ただし，$\log_{10}2=0.3010$ とする。

教 p.172 練習27

定期考査対策問題　第5章

1 次の計算をせよ。ただし，$a>0$，$b>0$ とする。

(1) $\left(a^{\frac{1}{3}}-b^{\frac{1}{3}}\right)\left(a^{\frac{2}{3}}+a^{\frac{1}{3}}b^{\frac{1}{3}}+b^{\frac{2}{3}}\right)$　(2) $\left(a^{\frac{1}{2}}+a^{\frac{1}{4}}b^{\frac{1}{4}}+b^{\frac{1}{2}}\right)\left(a^{\frac{1}{2}}-a^{\frac{1}{4}}b^{\frac{1}{4}}+b^{\frac{1}{2}}\right)$

2 $x^{\frac{1}{4}}+x^{-\frac{1}{4}}=4$ のとき，次の式の値を求めよ。

(1) $x^{\frac{3}{4}}+x^{-\frac{3}{4}}$　(2) $x+x^{-1}$

3 次の方程式，不等式を解け。

(1) $(3^x)^2+3^x-12=0$　(2) $2^x+16\cdot\left(\dfrac{1}{2}\right)^x-10=0$

(3) $16^x-3\cdot4^x-4\geqq0$　(4) $\left(\dfrac{1}{9}\right)^x-\dfrac{1}{3^x}-6>0$

4 次の関数の最大値と最小値，およびそのときの x の値を求めよ。

$y=4^x-2^{x+2}+1\quad(-1\leqq x\leqq2)$

5 $\log_2 3=a$，$\log_2 5=b$ とするとき，次の式を a，b で表せ。

(1) $\log_2 15$　(2) $\log_2 30$　(3) $\log_2 75$

(4) $\log_2 0.3$　(5) $\log_{16} 15$　(6) $\log_3 45$

6 0 でない実数 x, y, z が $3^x=5^y=15^z$ を満たすとき，x，y を z で表せ。また，等式 $\dfrac{1}{x}+\dfrac{1}{y}=\dfrac{1}{z}$ が成り立つことを証明せよ。

7 次の方程式，不等式を解け。

(1) $\left(\log_{\frac{1}{2}}x\right)^2-\log_{\frac{1}{4}}x=0$　(2) $(\log_3 x)^2-\log_9 x^2-2\leqq0$

8 $1\leqq x\leqq32$ のとき，関数 $y=-(\log_2 x)^2+\log_2 x^4$ の最大値と最小値を求めよ。

9 $0<M<1$ である小数 M の小数第 4 位に初めて 0 でない数字が現れるとき，$\log_{10}M$ の値の範囲を求めよ。

10 ある細菌は，1 時間ごとに 1 回分裂して 3 倍の個数に増える。この細菌 100 個が 1000 億個以上に増えるには約何時間かかるか。ただし，$\log_{10}3=0.4771$ とする。

第6章　微分法と積分法

1　微分係数

127　次の平均変化率を求めよ。

(1)　関数 $y=4x-1$ の，$x=a$ から $x=b$ までの平均変化率

(2)　関数 $y=x^2-2x+2$ の $x=1$ から $x=1+h$ までの平均変化率

≫教 p.179 練習 1

128　次の極限値を求めよ。

(1)　$\lim_{h\to 0}(3+h)$　　(2)　$\lim_{h\to 0}(7-3h+h^2)$

≫教 p.179 練習 2

129　次の微分係数を求めよ。

(1)　関数 $f(x)=2x^2$ の $x=2$ における微分係数

(2)　関数 $f(x)=-x^2+3x$ の $x=-2$ における微分係数

≫教 p.180 練習 3

130　関数 $y=-2x^2$ のグラフ上の次の点における接線の傾きを求めよ。

(1)　点 $(2,\ -8)$　　(2)　点 $(-3,\ -18)$

≫教 p.181 練習 4

2　導関数とその計算

131　関数 $f(x)=-2x^2+3x-1$ について，次の問いに答えよ。

(1)　$x=a$ における微分係数 $f'(a)$ を，定義にしたがって求めよ。

(2)　(1) を利用して，微分係数 $f'(0)$，$f'(1)$，$f'(-1)$ を求めよ。

≫教 p.182 練習 5

132　(1)　導関数の定義にしたがって，次の関数の導関数を求めよ。

(ア)　$f(x)=2x^2$　　(イ)　$f(x)=-5x$　　(ウ)　$f(x)=5$

(2)　導関数の公式 $(x^n)'=nx^{n-1}$　(n は自然数) を使って，次の関数の導関数を求めよ。

(エ)　$f(x)=x^9$　　(オ)　$f(x)=x^{11}$

≫教 p.183 練習 6,7

133 次の関数を微分せよ。

(1) $y=x^2-2x+2$　　(2) $y=-\dfrac{x^2}{2}+2x+3$

(3) $y=x^3-5x^2-6$　　(4) $y=-\dfrac{4}{3}x^3+\dfrac{2}{3}x^2+\dfrac{1}{5}$

(5) $y=x^4+2x^3-3x^2$　　(6) $y=-\dfrac{1}{2}x^4+\dfrac{5}{3}x^3+\dfrac{3}{4}x^2+x$

(7) $y=(x-1)(x+2)$　　(8) $y=(x^2+1)(x-4)$

(9) $y=x(x-2)(x+3)$　　(10) $y=(3x^2+5)^2$

教 p.185, 186 練習 8, 9

134 関数 $f(x)=-x^3+4x^2-2$ について，次の x の値における微分係数を求めよ。

(1) $x=-1$　　(2) $x=1$　　(3) $x=2$

教 p.186 練習10

135 次の関数を（　）内に示された文字で微分せよ。ただし，(3) の π，(4) の g は定数とする。

(1) $s=1+2t-3t^2$　(t)　　(2) $V=3(1+2h)$　(h)

(3) $S=\pi r^2$　(r)　　(4) $s=\dfrac{1}{2}gt^2-3t+4$　(t)

教 p.187 練習11, 12

3 接線の方程式

136 関数 $y=-\dfrac{1}{2}x^2+3x-1$ のグラフ上に点 A(2, 5) をとる。

(1) 点 A における接線の傾きを求めよ。

(2) 点 A における接線の方程式を求めよ。

教 p.188 練習13

137 関数 $y=x^2-3x+6$ のグラフに点 (1, 0) から引いた接線は 2 本ある。この 2 本の接線の方程式を求めよ。

教 p.189 練習14

4 関数の増減と極大・極小

138 次の関数の増減を調べよ。

(1) $f(x)=-2x^2+3x+1$

(2) $f(x)=x^3-3x^2-9x+5$

教 p.192 練習15

139 次の関数の増減を調べ，極値を求めよ。また，そのグラフをかけ。

(1) $y=2x^3-3x^2+1$　　(2) $y=x^3-12x$

(3) $y=-x^3+3x^2+9x-7$　　(4) $y=-x^3+3x$

教 p.194 練習16

140 次の関数の増減を調べ，極値をもたないことを確かめよ。

(1) $y=2x^3+1$　　(2) $y=-x^3-x$

教 p.194 練習17

141 関数 $f(x)=x^3-3x^2+ax+b$ が $x=3$ で極小値 -26 をとるように，定数 a，b の値を定めよ。また，極大値を求めよ。

教 p.195 練習18

142 次の関数の極値を求めよ。また，そのグラフをかけ。

(1) $y=x^4-5x^2+4$　　(2) $y=x^4+4x$

(3) $y=-3x^4+16x^3-18x^2$　　(4) $y=x^4-6x^2-8x-3$

教 p.196 研究 練習1, 2

5 関数の増減・グラフの応用

143 次の関数の最大値と最小値を求めよ。

(1) $y=x^3-12x$　$(-3\leqq x\leqq 3)$

(2) $y=x^3-6x^2+9x$　$(-1\leqq x\leqq 2)$

(3) $y=x^3-3x^2+5$　$(0\leqq x\leqq 3)$

教 p.197 練習19

144 1辺が 18cm の正方形の紙の四隅から，同じ大きさの正方形を切り取り，ふたのない直方体の箱を作る。箱の容積を最大にするには，切り取る正方形の1辺の長さを，何 cm にすればよいか求めよ。

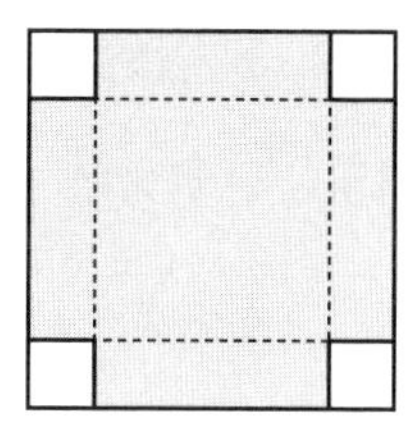

教 p.198 練習20

145 次の方程式の異なる実数解の個数を求めよ。

(1) $2x^3-6x-1=0$　　(2) $x^3+3x^2-9x+5=0$

(3) $x^3-3x^2+7x-1=0$

教 p.199 練習21

146 $x \geqq 0$ のとき $x^3+6x^2+8 \geqq 15x$ が成り立つことを証明せよ。

教 p.200 練習22

6 不定積分

147 次の不定積分を求めよ。

(1) $\int 9x^2dx$　　(2) $\int (3x^2+x-1)dx$　　(3) $\int (-x^2-x+1)dx$

(4) $\int (-9x^2+8x-2)dx$

教 p.204 練習25

148 次の不定積分を求めよ。

(1) $\int (2t+1)(3t-2)dt$　　(2) $\int (3u+2)^2du$

教 p.205 練習26

149 次の2つの条件をともに満たす関数 $F(x)$ を求めよ。

[1] $F'(x)=4x^2-x+1$　　[2] $F(0)=3$

教 p.205 練習27

7 定積分

150 次の定積分を求めよ。

(1) $\int_{-1}^{0}(-2x)dx$　(2) $\int_{0}^{2}x^2dx$　(3) $\int_{3}^{1}4dx$

(4) $\int_{-2}^{1}(x^2-3x-4)dx$　(5) $\int_{1}^{2}(t+2)(2t-3)dt$

(6) $\int_{-3}^{3}(x+2)(x-3)dx$

≫教 p.207, 208 練習28～30

151 次の定積分を求めよ。

$$\int_{0}^{2}(x+1)^2dx+\int_{0}^{2}(x-1)^2dx$$

≫教 p.208 練習31

152 次の定積分を求めよ。

(1) $\int_{-3}^{-1}(2x^2+3)dx+\int_{-1}^{1}(2x^2+3)dx$

(2) $\int_{-3}^{3}(3x^2-2x)dx-\int_{4}^{3}(3x^2-2x)dx$

≫教 p.209 練習32

153 (1) x の関数 $\int_{1}^{x}(2t^2-5t+4)dt$ の導関数を求めよ。

(2) 次の等式を満たす関数 $f(x)$ と定数 a の値を求めよ。

$$\int_{a}^{x}f(t)dt=x^2+2x-3$$

≫教 p.210 練習33, 34

8 定積分と面積

154 次の放物線と 2 直線および x 軸で囲まれた部分の面積 S を求めよ。

(1) 放物線 $y=x^2+1$，2 直線 $x=-2$，$x=1$

(2) 放物線 $y=x^2-2x+3$，2 直線 $x=0$，$x=2$

教 p.213 練習35

155 次の放物線と x 軸で囲まれた部分の面積を求めよ。

(1) $y=x^2+2x-3$

(2) $y=x^2-6x+8$

教 p.214 練習36

156 2 つの放物線 $y=x^2-2x+1$，$y=-x^2+4x+1$ と 2 直線 $x=1$，$x=2$ で囲まれた部分の面積 S を求めよ。

教 p.216 練習37

157 次の放物線と直線で囲まれた部分の面積 S を求めよ。

(1) 放物線 $y=x^2$，直線 $y=4x$

(2) 放物線 $y=x^2-3x+5$，直線 $y=2x-1$

教 p.216 練習38

158 (1) 次の不定積分，定積分を求めよ。

(ア) $\displaystyle\int\left(-\frac{1}{3}x^3+\frac{1}{2}x+1\right)dx$　　(イ) $\displaystyle\int_{-2}^{2}(x^3+2x^2-x+3)dx$

(2) 曲線 $y=-x(x+2)(x-1)$ と x 軸で囲まれた 2 つの部分の面積の和 S を求めよ。

教 p.218 研究 練習1, 2

定期考査対策問題　第6章

1 次の極限値を求めよ。

(1) $\displaystyle\lim_{x\to-1}\frac{x^2-3x}{x+2}$　(2) $\displaystyle\lim_{x\to1}\frac{x^3-1}{x-1}$　(3) $\displaystyle\lim_{x\to-2}\frac{x+2}{x^2-4}$　(4) $\displaystyle\lim_{x\to3}\frac{x^2+x-12}{x^2-x-6}$

2 $f(x)=x^2-4x+5$ とする。関数 $y=f(x)$ のグラフ上の2点 $(2,\ f(2))$, $(4,\ f(4))$ を結ぶ直線の傾きが点 $(a,\ f(a))$ における接線の傾きに等しいとき，a の値を求めよ。

3 $f(x)=ax^2+bx+c$ において $f'(0)=2$, $f'(1)=4$, $f(2)=6$ であるとき，定数 a, b, c の値を求めよ。

4 曲線 $y=x^3+ax+1$ と直線 $y=2x-1$ が接するように，a の値を定めよ。

5 (1) 関数 $y=x^2$ のグラフに点 $\mathrm{C}(1,\ -3)$ から引いた2本の接線の方程式を求めよ。

(2) (1)の2つの接点を通る直線の方程式を求めよ。

6 3次関数 $y=ax^3+bx^2+cx+d$ のグラフが右の図で与えられるとき，定数 a, b, c, d のそれぞれの符号を調べよ。

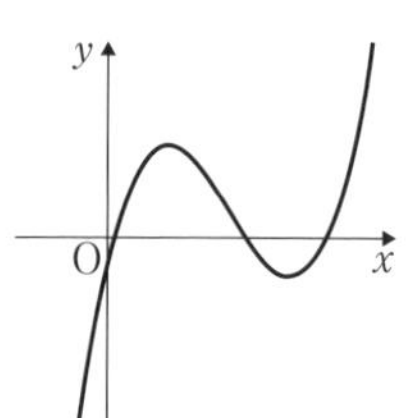

7 関数 $f(x)=x^3+ax^2+2x+3$ が次の条件を満たすように，定数 a の値の範囲をそれぞれ定めよ。

(1) 極値をもつ。　(2) 常に単調に増加する。

8 実数 x, y が $x+y=3$, $x\geqq0$, $y\geqq0$ を満たしている。

(1) x のとりうる値の範囲を求めよ。

(2) xy^2 の最大値と，そのときの x, y の値を求めよ。

9 半径 r の球に内接する直円柱のうちで体積の最も大きいものの底面の半径，高さ，およびそのときの体積を求めよ。

10 $x>0$ のとき，不等式 $x^3-5x^2+3x+k>0$ が成り立つように，定数 k の値の範囲を定めよ。

11 方程式 $2x^3-3x^2-36x-a=0$ がただ 1 個の実数解をもつように，定数 a の値の範囲を定めよ。

12 次の条件を満たす関数 $F(x)$ をそれぞれ求めよ。

(1) $\begin{cases} F'(x)=6x+5 \\ F(0)=2 \end{cases}$

(2) $\begin{cases} F'(x)=3(x-2)(x-3) \\ F(2)=-3 \end{cases}$

13 曲線 $y=f(x)$ は点 $(1,\ -1)$ を通り，曲線上の各点 $(x,\ y)$ における接線の傾きは $3(x^2-1)$ である。この曲線の方程式を求めよ。

14 次の等式を満たす 1 次関数 $f(x)$ を求めよ。

$$\int_0^{-1} f(x)dx=1, \quad \int_{-1}^{2} xf(x)dx=-1$$

15 次の等式を満たす関数 $f(x)$ を求めよ。

(1) $f(x)=x+\int_0^3 f(t)dt$

(2) $f(x)=x^2-3x+8\int_0^1 f(t)dt$

16 関数 $f(x)=\int_{-2}^{x}(3t^2-2t-1)dt$ の極値を求めよ。

17 次の問いに答えよ。

(1) $\displaystyle\int_{\alpha}^{\beta}(x-\alpha)(x-\beta)dx=-\frac{1}{6}(\beta-\alpha)^3$ が成り立つことを証明せよ。

(2) (1)の結果を利用して，定積分 $\displaystyle\int_{3-2\sqrt{2}}^{3+2\sqrt{2}}(x^2-6x+1)dx$ を求めよ。

18 放物線 $y=x^2-2ax$ $(a>0)$ と x 軸で囲まれた部分の面積が $\dfrac{9}{16}$ になるような定数 a の値を求めよ。

19 放物線 $y=x^2+x-1$ と原点を通る傾き m の直線で囲まれた図形の面積が最小となるような定数 m の値と，そのときの面積を求めよ。

20 放物線 $y=-x^2+x+2$ と x 軸で囲まれた部分の面積を，点 $(2,\ 0)$ を通る y 軸に平行でない直線 g で2等分するとき，直線 g の傾きを求めよ。

演習編の答と略解

注意 演習編の答の数値，図を示し，適宜略解と証明問題には略証を［　］に入れて示した。

1 (1) $a^3+12a^2+48a+64$
(2) $x^3-6x^2+12x-8$
(3) $x^3-9x^2y+27xy^2-27y^3$
(4) $-8a^3+12a^2b-6ab^2+b^3$
(5) x^3+125　(6) x^3-64
(7) x^3+27y^3　(8) $27a^3-8b^3$

2 (1) $(a-5b)(a^2+5ab+25b^2)$
(2) $(2x+3)(4x^2-6x+9)$
(3) $(4a-3b)(16a^2+12ab+9b^2)$
(4) $(x-yz)(x^2+xyz+y^2z^2)$
(5) $(2x+y)(2x-y)(4x^2-2xy+y^2)$
$\times(4x^2+2xy+y^2)$
(6) $(x^2+1)(x^4-x^2+1)$

3 (1) $(a+b)^6=a^6+6a^5b+15a^4b^2+20a^3b^3$
$+15a^2b^4+6ab^5+b^6$
(2) 1, 7, 21, 35, 35, 21, 7, 1
$(a+b)^7=a^7+7a^6b+21a^5b^2+35a^4b^3$
$+35a^3b^4+21a^2b^5+7ab^6+b^7$

4 (1) $x^7+7x^6+21x^5+35x^4+35x^3+21x^2$
$+7x+1$
(2) $x^5-15x^4+90x^3-270x^2+405x-243$

5 (1) 2916　(2) 40

6 (2) [1] -210　[2] 210　[3] -21
[(1) ${}_nC_0+{}_nC_1x+{}_nC_2x^2+\cdots\cdots+{}_nC_nx^n=(1+x)^n$
の式で，$x=-3$ とおく]

7 (1) 商 $x+4$，余り 2
(2) 商 $2x^2+3x+4$，余り 0
(3) 商 $2x-3$，余り $-2x-2$
(4) 商 $x+1$，余り $3x+3$

8 (1) $A=2x^3-5x^2-7x+2$
(2) $A=2x^3-7x^2+2x+6$
(3) $B=x^2+2x+2$　(4) $B=3x+1$

9 (1) $\dfrac{2y}{x}$　(2) $\dfrac{x-4}{2x+1}$　(3) $\dfrac{2x+1}{x-3}$
(4) $\dfrac{x-3}{x-6}$　(5) $x-1$　(6) $\dfrac{x+7}{x(x-3)}$
(7) $\dfrac{x}{x-2}$

10 (1) $\dfrac{5x+1}{(x+1)(x-1)}$　(2) 2　(3) 1
(4) $\dfrac{x^2+x-1}{(x+1)(x+2)}$　(5) $\dfrac{-2x+9}{x(x+3)(x-3)}$
(6) $-\dfrac{1}{(x-2)(x-3)}$　(7) $\dfrac{x+7}{(x-3)(x+2)}$
(8) $\dfrac{2(2x+3)}{(x+1)(x+2)}$

11 $a=3$, $b=-1$, $c=5$

12 $a=-1$, $b=2$

13 [(1) (左辺)$=a^2+2ab+b^2-a^2+2ab-b^2$
(2) 両辺とも $x^2y^2-x^2-y^2+1$
(3) (右辺)$=a^3+6a^2+12a+8-6a^2-12a$]

14 [(1) $b=1-a$ から，両辺とも a^2-2a+2
(2) (ア) $c=-(a+b)$ から (左辺)$-$(右辺)
$=a^2+2ab+2b^2-b^2-a^2-2ab-b^2=0$
(イ) $a+b=-c$, $b+c=-a$, $c+a=-b$
から (左辺)$=abc^2+a^2bc+ab^2c$
$=abc(a+b+c)=0$]

15 (1) 2 [(2) $\dfrac{a}{b}=\dfrac{c}{d}=k$ とおく。
(ア) (左辺)$=\dfrac{k(b+d)}{b+d}=k$,
(右辺)$=\dfrac{k(b+2d)}{b+2d}=k$
(イ) (左辺)$=\dfrac{b^2k}{b^2(k^2+1)}=\dfrac{k}{k^2+1}$
(右辺)$=\dfrac{d^2k}{d^2(k^2+1)}=\dfrac{k}{k^2+1}$]

16 [(1) (左辺)$-$(右辺)$=\dfrac{x-y}{12}>0$
(2) (左辺)$-$(右辺)$=(2x-1)(y-1)>0$]

17 等号成立は (1) $x=-2$　(2) $2x=3y$
(3) $a=b=0$　(4) $a=b=0$ のとき
[(1) (左辺)$-$(右辺)$=(x+2)^2\geqq 0$
(2) (左辺)$-$(右辺)$=(2x-3y)^2\geqq 0$
(3) (左辺)$=(a+b)^2+b^2\geqq 0$　等号は
$a+b=0$ かつ $b=0$ のとき成立
(4) (左辺)$-$(右辺)$=3(a-b)^2+b^2\geqq 0$
等号は $a-b=0$ かつ $b=0$ のとき成立]

18 [$(3\sqrt{a}+2)^2-(\sqrt{9a+4})^2=12\sqrt{a}>0$,
$3\sqrt{a}+2>0$, $\sqrt{9a+4}>0$ から]

19 等号成立は$|a|\geqq|b|$のとき
[$a+b=x$, $a-b=y$ とおくと, $x+y=2a$ である
から不等式は$|x|+|y|\geqq2|x+y|$と同値。
$(|x|+|y|)^2-(2|x+y|)^2=2(|xy|-xy)\geqq0$
等号は $xy=a^2-b^2\geqq0$ のとき, すなわち
$a^2\geqq b^2$ から$|a|\geqq|b|$のときに成り立つ]

20 等号成立は (1) $a=3$ のとき
(2) $2a=3b$ のとき
[相加平均と相乗平均の大小関係を利用
(1) $a+\dfrac{9}{a}\geqq2\sqrt{a\cdot\dfrac{9}{a}}=6$
(2) $\dfrac{3b}{2a}+\dfrac{2a}{3b}\geqq2\sqrt{\dfrac{3b}{2a}\cdot\dfrac{2a}{3b}}=2$]

21 (1) (ア) 実部 -4, 虚部 2
(イ) 実部 $\dfrac{3}{2}$, 虚部 $-\dfrac{\sqrt{5}}{2}$
(ウ) 実部 $-\sqrt{2}$, 虚部 0 (エ) 実部 0, 虚部 3
(2) (オ) $x=3$, $y=2$ (カ) $x=5$, $y=3$

22 (1) $5-3i$ (2) 2 (3) $3+5i$
(4) $-1+7i$ (5) $9-8i$ (6) $5-12i$
(7) $2i$ (8) 4

23 (1) $5-4i$ (2) $3+2i$ (3) $\sqrt{3}$ (4) $5i$
(5) $\dfrac{-1-\sqrt{5}i}{2}$

24 (1) $1-i$ (2) $\dfrac{3}{5}-\dfrac{4}{5}i$ (3) $-\dfrac{1}{5}+\dfrac{3}{5}i$
(4) $-5-4i$

25 (1) (ア) $\sqrt{3}i$ (イ) $2i$ (ウ) $\pm2\sqrt{2}i$
(2) (エ) -4 (オ) 2 (カ) $\sqrt{5}i$
(キ) $-\sqrt{3}i$

26 (1) $x=\pm3\sqrt{2}i$ (2) $x=\pm4i$
(3) $x=\pm\dfrac{3}{2}i$ (4) $x=\dfrac{1\pm\sqrt{2}i}{3}$
(5) $x=-2\sqrt{2}$, $\sqrt{2}$ (6) $x=\dfrac{1\pm\sqrt{7}}{3}$
(7) $x=-\sqrt{3}\pm\dfrac{\sqrt{2}}{2}i$

27 (1) 異なる 2 つの虚数解
(2) 重解
(3) 異なる 2 つの虚数解
(4) 異なる 2 つの実数解

28 (1) $m>\dfrac{1}{5}$ (2) $m\leqq\dfrac{1}{5}$

29 (1) $m<\dfrac{25}{8}$ のとき 異なる 2 つの実数解;
$m=\dfrac{25}{8}$ のとき 重解; $m>\dfrac{25}{8}$ のとき
異なる 2 つの虚数解
(2) $m<-1$, $2<m$ のとき 異なる 2 つの実数解, $m=-1$, 2 のとき 重解,
$-1<m<2$ のとき 異なる 2 つの虚数解

30 (1) 和 -5, 積 4 (2) 和 $\dfrac{3}{2}$, 積 $-\dfrac{7}{2}$

31 (1) $\dfrac{28}{9}$ (2) $\dfrac{52}{9}$ (3) $\dfrac{80}{27}$

32 (1) $m=8$, 2 つの解は $x=2$, 4
(2) $m=5$, 2 つの解は $x=1$, 5

33 (1) $(x-3+\sqrt{5})(x-3-\sqrt{5})$
(2) $\left(x+\dfrac{5+\sqrt{29}}{2}\right)\left(x+\dfrac{5-\sqrt{29}}{2}\right)$
(3) $3\left(x+\dfrac{2+\sqrt{2}i}{3}\right)\left(x+\dfrac{2-\sqrt{2}i}{3}\right)$

34 (1) $x^2+3x+2=0$ (2) $x^2-2x-2=0$
(3) $x^2-4x+13=0$

35 $5<m<14$

36 (1) 11 (2) 85 (3) -17 (4) -34

37 $a=-7$

38 $-2x+3$

39 (1) ②, ③ (2) (ア) $(x+1)(x-1)(x-2)$
(イ) $(x-2)^2(x+3)$ (ウ) $(x+1)(x-4)(3x+1)$

40 商 $3x^3-x^2+2x-6$, 余り 0

41 (1) $x=-2$, $1\pm\sqrt{3}i$
(2) $x=3$, $\dfrac{-3\pm3\sqrt{3}i}{2}$

42 (1) -3, $\dfrac{3\pm3\sqrt{3}i}{2}$
(2) 11, $\dfrac{-11\pm3\sqrt{11}i}{2}$

43 (1) $x=\pm\sqrt{5}$, $\pm\sqrt{5}i$
(2) $x=\pm1$, $\pm2\sqrt{2}i$

44 (1) $x=1$, 2, 3 (2) $x=-1$, $-3\pm\sqrt{15}$
(3) $x=2$, $\dfrac{-3\pm\sqrt{5}}{2}$ (4) $x=1$, -2, $\dfrac{2}{3}$

45 $a=7$, $b=13$; 他の解は $x=-1$, $3-2i$
[$x=3+2i$ として $(3a+b-34)+(2a-14)i=0$]

46 (1) 5 (2) 4
[(2) $x^3-3x^2+2x+4=(x-\alpha)(x-\beta)(x-\gamma)$
と表され, 両辺に $x=1$ を代入して求める]

47 (1) 16 (2) -1 (3) 順に $\dfrac{5}{3}$, 23
(4) 順に -3, -33

48 (1) (ア) 第 2 象限 (イ) 第 4 象限

(ウ) 第1象限 (2) (エ) Q(5, 9)
(オ) R(−5, −9) (カ) S(−5, 9)

49 (1) 5 (2) $\sqrt{65}$ (3) $\sqrt{5}$ (4) 13

50 (1) $C\left(-2,\ -\frac{1}{5}\right)$ (2) $D\left(-13,\ \frac{15}{2}\right)$
(3) E(22, −17) (4) $M\left(-3,\ \frac{1}{2}\right)$

51 (1) (2, 1) (2) $\left(\frac{2}{3},\ 1\right)$

52 [直線BCを x 軸に，頂点Bを原点Oにとると，点A, C, D, Eの座標はそれぞれ $A(a,\ b)$, $C(3c,\ 0)$, $D(c,\ 0)$, $E(2c,\ 0)$ で，計算すると両辺とも $2a^2+2b^2+9c^2-6ca$]

53 (1) $y=2x+3$
$(2x-y+3=0)$,
図は(1)
(2) $y=-\frac{2}{3}x+4$
$(2x+3y-12=0)$
図は(2)
(3) $y=-3$
$(y+3=0)$, 図は(3)

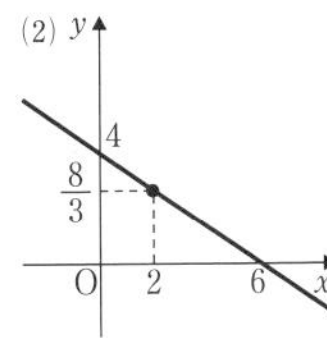

54 (1) $y=2x-1$
(2) $y=-\frac{3}{5}x+\frac{3}{5}$
(3) $y=-4$
(4) $x=4$

55 [$A(a,\ 0)$, $B(0,\ b)$ を通る直線であるから
$y-0=\frac{b-0}{0-a}(x-a)$ よって $\frac{b}{a}x+y=b$
この両辺を $b(\neq 0)$ で割る]

56 (1) ①, ③ (2) (ア) 平行 (イ) 垂直
(ウ) 垂直 (エ) 平行

57 垂直な直線，平行な直線の順に
$3x+4y-1=0$, $4x-3y-18=0$

58 B(−3, −4) [AB⊥ℓから $p-q=1$，線分ABの中点がℓ上にあることから $p+q=-7$]

59 (1) 1 (2) 4 (3) $\frac{2\sqrt{10}}{5}$

60 $13x+11y-7=0$

61 (1) (ア) $(x-1)^2+(y-1)^2=4$
(イ) $x^2+y^2=25$ (ウ) $(x+1)^2+(y-2)^2=5$
(2) 中心 (−5, 2)，半径 $2\sqrt{5}$

62 C(3, −1), $r=\sqrt{17}$, $(x-3)^2+(y+1)^2=17$

63 (1) 中心 (3, −5)，半径 $3\sqrt{2}$ の円
(2) 中心 $\left(2,\ -\frac{1}{2}\right)$，半径 $\frac{3}{2}$ の円

64 (1) $x^2+y^2+3x+y-10=0$
(2) $x^2+y^2-2x+8y-8=0$
[(1) 方程式を $x^2+y^2+lx+my+n=0$ とすると
$2l-m+n+5=0$, $-l+3m+n+10=0$,
$-4l-3m+n+25=0$ (2)も同様に求める]

65 (1) (0, −1), (1, 0)
(2) (−1, 2), (2, −1)

66 (1) $-2\sqrt{5}\leqq m\leqq 2\sqrt{5}$
(2) $m=2\sqrt{5}$, $\left(\frac{4\sqrt{5}}{5},\ \frac{2\sqrt{5}}{5}\right)$;
$m=-2\sqrt{5}$, $\left(-\frac{4\sqrt{5}}{5},\ -\frac{2\sqrt{5}}{5}\right)$

67 $r=3$

68 (1) $4x+3y=25$ (2) $-2x+y=5$
(3) $x=2$

69 接線 $-3x+y=10$，接点 (−3, 1)；
接線 $x+3y=10$，接点 (1, 3)

70 (1) 内接する (2) 互いに外部にある

71 $(x-4)^2+(y+3)^2=4$

72 $x^2+y^2-5x+5y-20=0$

73 直線 $x-3y+2=0$

74 点 $\left(\frac{5}{2},\ 0\right)$ を中心とする半径 $\frac{3}{2}$ の円

75 点 (2, 1) を中心とする半径1の円

76 (1) [図] 境界線を含まない
(2) [図] 境界線を含まない
(3) [図] 境界線を含まない
(4) [図] 境界線を含む
(5) [図] 境界線を含む

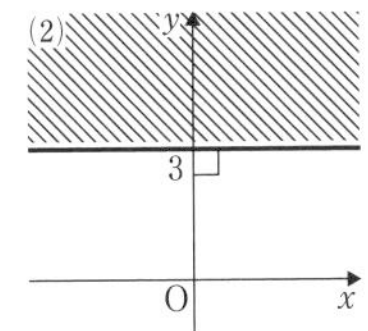

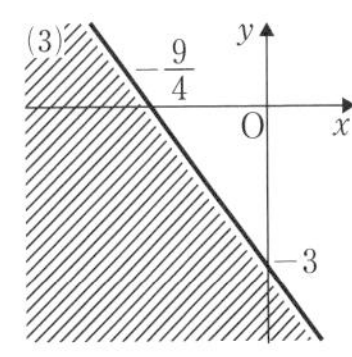

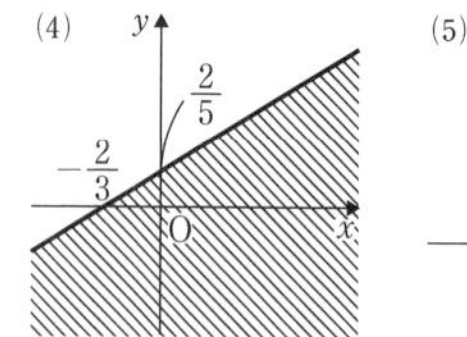

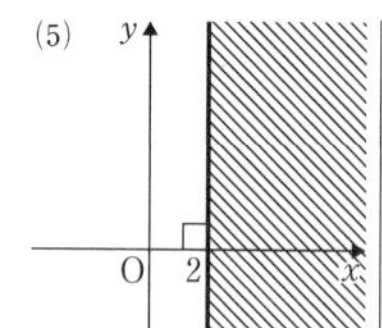

77 (1) 〔図〕境界線を含まない

(2) 〔図〕境界線を含む

(3) 〔図〕境界線を含む

(4) 〔図〕境界線を含む

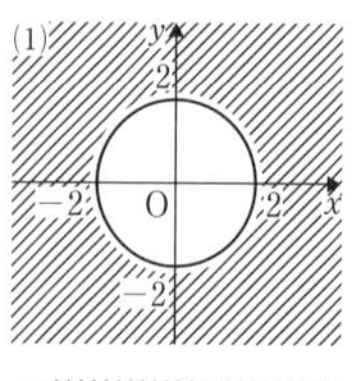

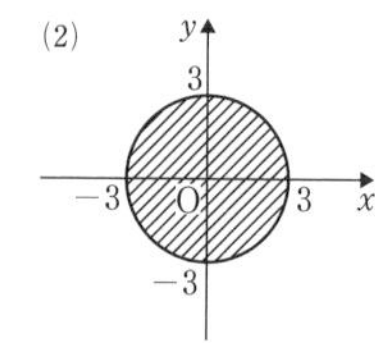

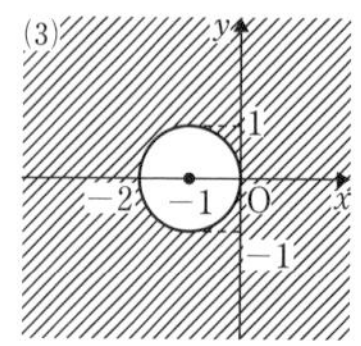

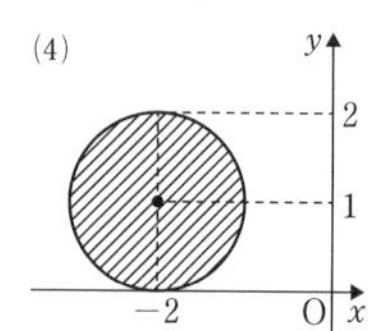

78 (1) 〔図〕境界線を含む

(2) 〔図〕境界線を含まない

(3) 〔図〕境界線を含まない

(4) 〔図〕境界線を含む

(5) 〔図〕境界線を含まない

(6) 〔図〕境界線を含む

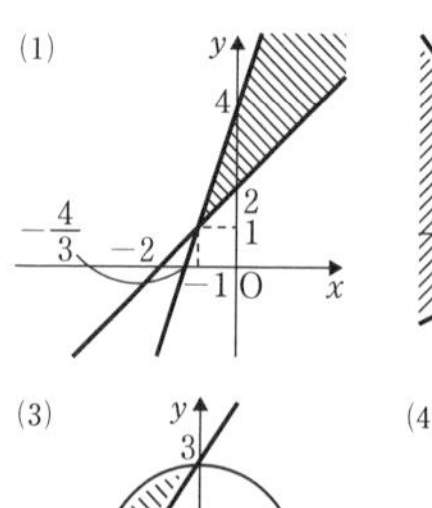

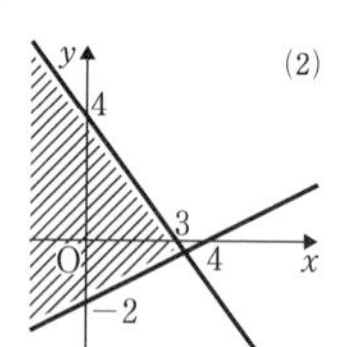

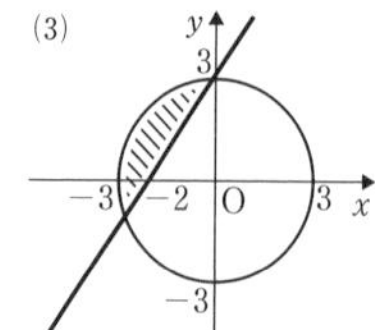

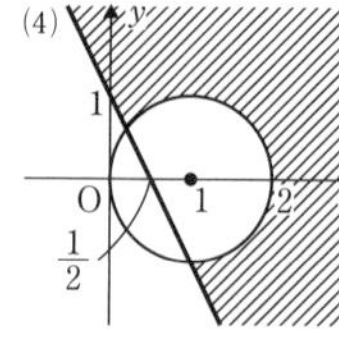

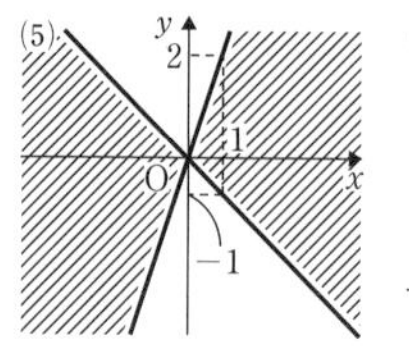

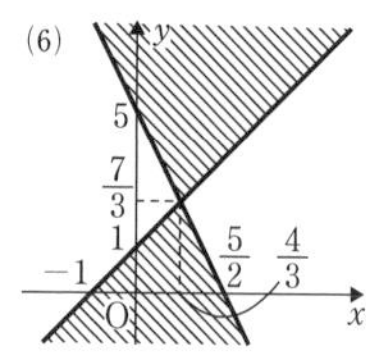

79 $x=2$, $y=2$ で最大値 10；

$x=0$, $y=0$ で最小値 0

80 (1) 〔図〕(ア)〜(オ)　(2) 390°, −330°

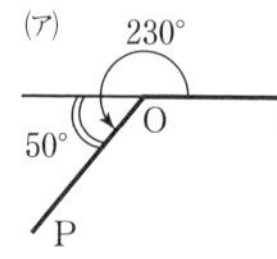

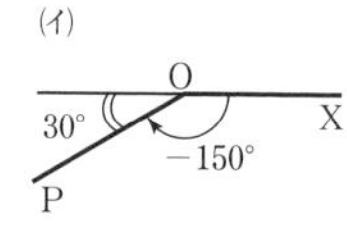

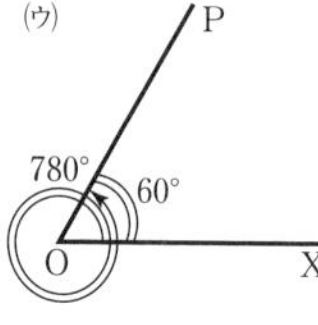

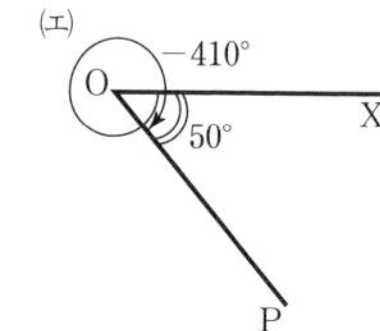

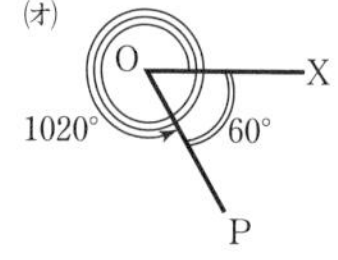

81 (1) $\dfrac{3}{4}\pi$　(2) $\dfrac{5}{3}\pi$

(3) $-\dfrac{\pi}{2}$　(4) 210°

(5) −240°

82 (1) $l=\dfrac{8}{5}\pi$, $S=\dfrac{16}{5}\pi$

(2) $l=\dfrac{9}{4}\pi$, $S=\dfrac{27}{8}\pi$

83 (1) $\sin\theta$, $\cos\theta$, $\tan\theta$ の順に

(ア) $-\dfrac{1}{2}$, $-\dfrac{\sqrt{3}}{2}$, $\dfrac{1}{\sqrt{3}}$

(イ) $-\dfrac{\sqrt{3}}{2}$, $\dfrac{1}{2}$, $-\sqrt{3}$

(ウ) $-\dfrac{1}{\sqrt{2}}$, $-\dfrac{1}{\sqrt{2}}$, 1

(2) (エ) 第 3 象限　(オ) 第 2 象限

84 (1) $\cos\theta=-\dfrac{\sqrt{7}}{4}$, $\tan\theta=-\dfrac{3}{\sqrt{7}}$

(2) $\sin\theta=-\dfrac{\sqrt{14}}{4}$, $\cos\theta=\dfrac{\sqrt{2}}{4}$

85 $\dfrac{1}{8}$

86 $\dfrac{(a^2+1)\sqrt{2-a^2}}{2}$ $\left[\sin\theta\cos\theta=\dfrac{a^2-1}{2}\right.$ から

$(\sin\theta-\cos\theta)^2=2-a^2\geqq 0$, $\sin^3\theta-\cos^3\theta$

$=(\sin\theta-\cos\theta)(1+\sin\theta\cos\theta)]$

87 [(1) 左辺を展開して整理すると

$5(\sin^2\theta+\cos^2\theta)=5$

(2) $(左辺)=\left\{1-\left(\dfrac{\sin\theta}{\cos\theta}\right)^2\right\}\cos^2\theta+2\sin^2\theta$

$=\cos^2\theta+\sin^2\theta=1$]

88 (1) 〔図〕，周期 2π (2) 〔図〕，周期 2π

(3) 〔図〕，周期 π

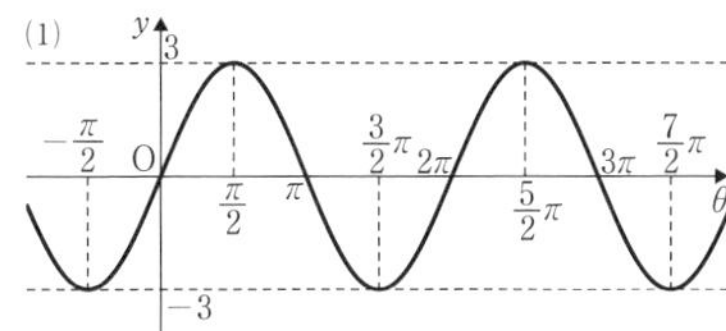

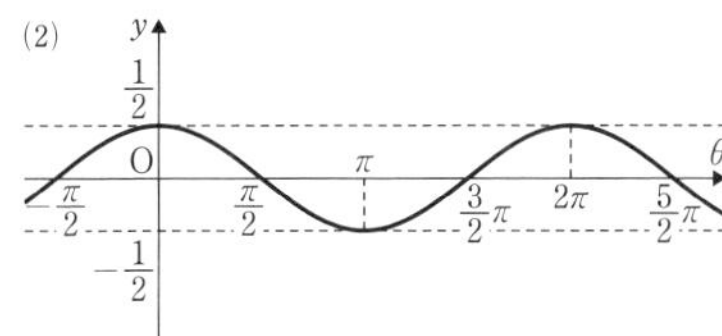

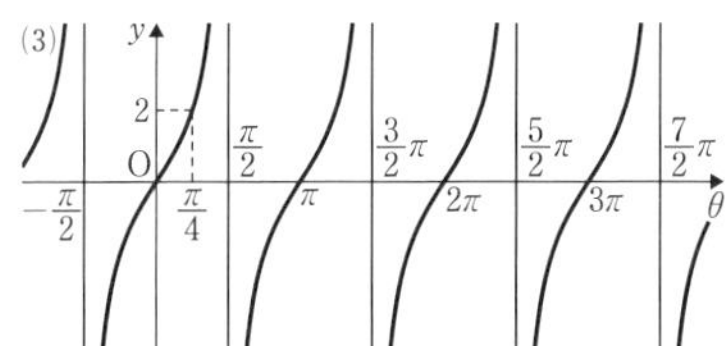

89 (1) 〔図〕，周期 $\dfrac{2}{3}\pi$ (2) 〔図〕，周期 4π

(3) 〔図〕，周期 3π

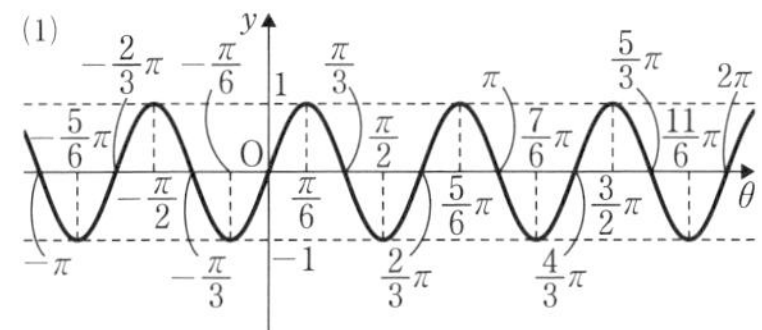

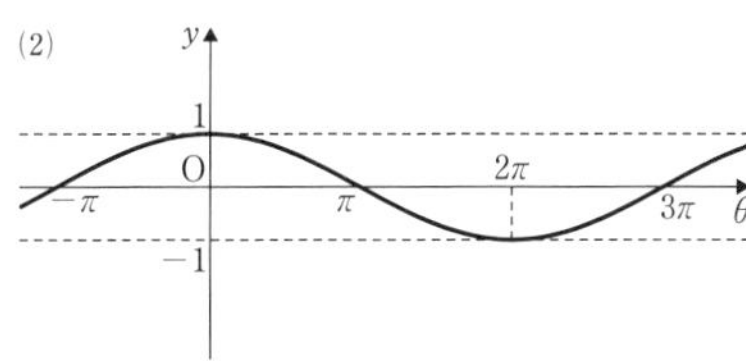

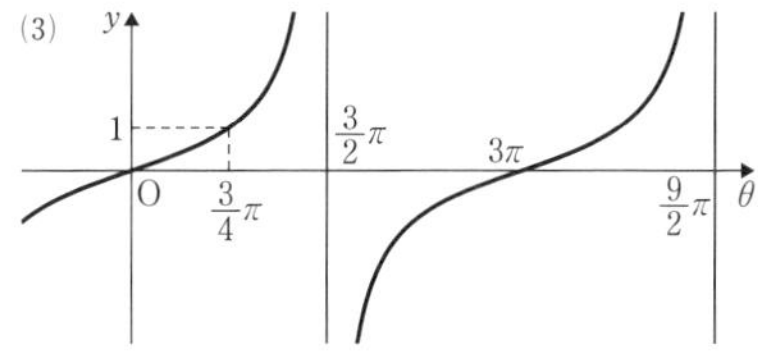

90 (1) 〔図〕，周期 2π (2) 〔図〕，周期 2π

(3) 〔図〕，周期 π

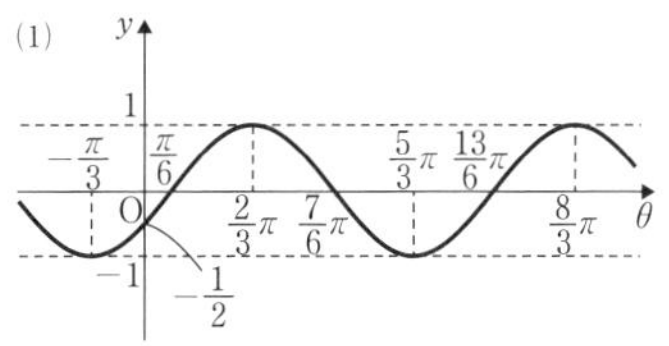

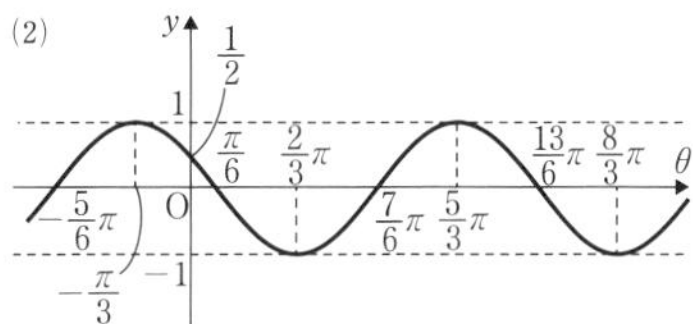

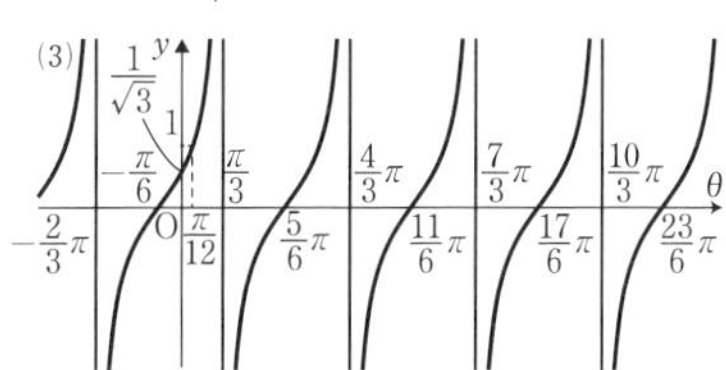

91 (1) $\dfrac{1}{\sqrt{2}}$ (2) $\dfrac{1}{2}$ (3) $-\dfrac{1}{\sqrt{3}}$

92 (1) $\theta=\dfrac{\pi}{6}$, $\dfrac{5}{6}\pi$ (2) $\theta=\dfrac{\pi}{6}$, $\dfrac{11}{6}\pi$

(3) $\theta=\dfrac{2}{3}\pi$, $\dfrac{4}{3}\pi$

93 (1) $\theta=\dfrac{\pi}{3}+2n\pi$, $\dfrac{2}{3}\pi+2n\pi$ （n は整数）

(2) $\theta=\dfrac{5}{6}\pi+2n\pi$, $\dfrac{7}{6}\pi+2n\pi$ （n は整数）

94 n は整数とする。

(1) $\theta=\dfrac{3}{4}\pi$, $\dfrac{7}{4}\pi$; $\theta=\dfrac{3}{4}\pi+n\pi$

(2) $\theta=\dfrac{5}{6}\pi$, $\dfrac{11}{6}\pi$; $\theta=\dfrac{5}{6}\pi+n\pi$

95 (1) $\theta=\dfrac{\pi}{3}$, $\dfrac{5}{3}\pi$

(2) $\theta=\dfrac{7}{6}\pi$, $\dfrac{3}{2}\pi$, $\dfrac{11}{6}\pi$

[$\sin^2\theta+\cos^2\theta=1$ から

(1) $(\cos\theta+2)(2\cos\theta-1)=0$, $\cos\theta+2>0$

(2) $(\sin\theta+1)(2\sin\theta+1)=0$]

96 (1) $\dfrac{\pi}{3}<\theta<\dfrac{2}{3}\pi$　(2) $\dfrac{3}{4}\pi\leqq\theta\leqq\dfrac{5}{4}\pi$

97 (1) $-\dfrac{\sqrt{6}+\sqrt{2}}{4}$

(2) 順に $\dfrac{\sqrt{6}-\sqrt{2}}{4}$, $-\dfrac{\sqrt{6}+\sqrt{2}}{4}$

98 (1) $\dfrac{33}{65}$　(2) $-\dfrac{63}{65}$　(3) $-\dfrac{56}{65}$　(4) $\dfrac{16}{65}$

99 (1) $\sqrt{3}-2$　(2) $-2-\sqrt{3}$

100 $\theta=\dfrac{\pi}{4}$　$\left[\tan\theta=\left(3-\dfrac{1}{2}\right)\div\left(1+3\cdot\dfrac{1}{2}\right)=1\right]$

101 (1) (ア) $-\dfrac{4}{5}$　(イ) $\dfrac{24}{25}$　(ウ) $-\dfrac{7}{25}$

(エ) $-\dfrac{24}{7}$

$\left[\text{(2)}\ \tan(2\alpha+\alpha)=\dfrac{\tan2\alpha+\tan\alpha}{1-\tan2\alpha\tan\alpha}\right.$

$\left.=\dfrac{2\tan\alpha+(1-\tan^2\alpha)\tan\alpha}{(1-\tan^2\alpha)-2\tan^2\alpha}\right]$

102 (1) $\dfrac{\sqrt{2-\sqrt{3}}}{2}\ \left(=\dfrac{\sqrt{6}-\sqrt{2}}{4}\right)$

(2) $-\dfrac{\sqrt{2-\sqrt{2}}}{2}$

(3) $\sqrt{2}+1$

103 (1) $\dfrac{4}{3}$　(2) $-\dfrac{3}{2}$

104 (1) $x=\dfrac{\pi}{6}$, $\dfrac{\pi}{2}$, $\dfrac{5}{6}\pi$, $\dfrac{3}{2}\pi$

(2) $x=\dfrac{\pi}{3}$, $\dfrac{5}{3}\pi$

105 (1) $\sqrt{2}\sin\left(\theta+\dfrac{3}{4}\pi\right)$

(2) $2\sqrt{3}\sin\left(\theta+\dfrac{\pi}{3}\right)$

106 最大値 1, 最小値 −1;〔図〕

[$y=\sin2\left(x+\dfrac{\pi}{3}\right)$　グラフは, $y=\sin2x$ のグラフを x 軸方向に $-\dfrac{\pi}{3}$ だけ平行移動したもの]

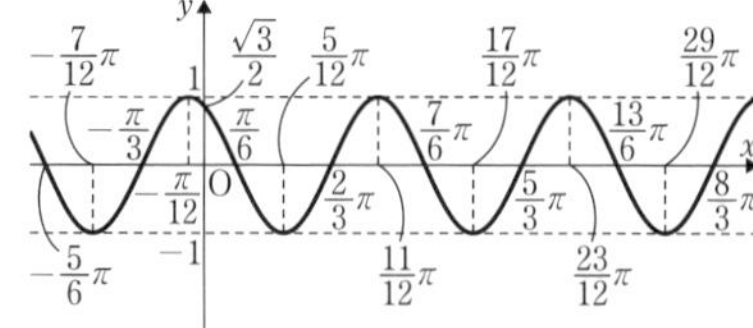

107 $x=\dfrac{2}{3}\pi$, π　$\left[\sin\left(x-\dfrac{\pi}{3}\right)=\dfrac{\sqrt{3}}{2}\right]$

108 (1) (ア) 1　(イ) $\dfrac{1}{8}$　(ウ) $\dfrac{1}{7}$　(エ) $\dfrac{1}{100}$

(オ) $\dfrac{1}{625}$

(2) (カ) a　(キ) $a^{-6}\ \left(=\dfrac{1}{a^6}\right)$　(ク) a^2b^2

(ケ) a^{-3}

109 (1) 順に −32, 5

(2) 順に 5, 4

110 (1) (ア) 2　(イ) 6　(ウ) $\dfrac{1}{3}$

(2) (エ) 3　(オ) 2　(カ) 2　(キ) $\sqrt{2}$

111 (1) $\sqrt{5}$　(2) 1　(3) 3　(4) 36

112 (1)〔図〕　(2)〔図〕

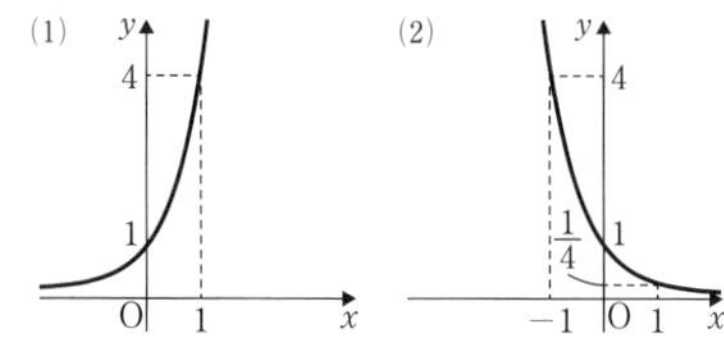

113 (1) $\sqrt[3]{3}<\sqrt[7]{27}<\sqrt[4]{9}$

(2) $2^{-2}<1<2^{0.5}<2^5$

114 (1) $x=\dfrac{5}{2}$　(2) $x=-\dfrac{3}{2}$　(3) $x=1$

(4) $x<4$　(5) $x>-\dfrac{3}{2}$　(6) $x\geqq\dfrac{1}{2}$

115 (1) $\log_2 64=6$　(2) $\log_4\dfrac{1}{2}=-\dfrac{1}{2}$

(3) $\log_{27}3=\dfrac{1}{3}$　(4) $100=10^2$

(5) $8=(\sqrt{2})^6$　(6) $\dfrac{1}{3}=9^{-\frac{1}{2}}$

116 (1) 3　(2) 6　(3) 1　(4) −2

(5) 3　(6) −3　(7) $\dfrac{1}{6}$　(8) 2

117 (1) 1　(2) 3　(3) 3　(4) −3

118 (1) $\dfrac{5}{2}$　(2) $-\dfrac{1}{2}$　(3) 3

119 (1)〔図〕　(2)〔図〕

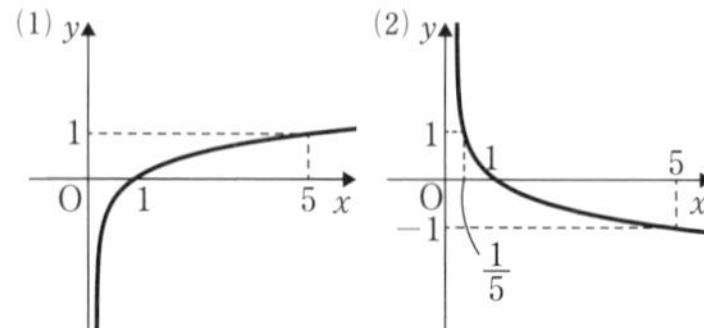

120 (1) $\log_{0.3}0.5>\log_{0.3}5$

(2) $-\log_{\frac{1}{5}}\dfrac{1}{2}<\log_{\frac{1}{5}}\dfrac{3}{2}$

121 (1) $x=9$ (2) $x=\dfrac{1}{81}$

(3) $0<x<1000$ (4) $x>4$

(5) $0<x\leqq\dfrac{1}{4}$ (6) $0<x<1$

122 (1) $x=3$ (2) $x=2$ (3) $4<x\leqq 6$

(4) $\dfrac{4}{3}\leqq x<\dfrac{8}{3}$

123 (1) 0.6263 (2) 4.5705 (3) -1.8013

124 (1) 16 桁 (2) 15 桁

125 $n=19,\ 20$ $\left[\dfrac{9}{\log_{10}3}\leqq n<\dfrac{10}{\log_{10}3}\right]$

126 小数第 16 位

$\left[-16<\log_{10}\left(\dfrac{1}{2}\right)^{50}<-15\right.$ から

$\left.10^{-16}<\left(\dfrac{1}{2}\right)^{50}<10^{-15}\right]$

127 (1) 4 (2) h

128 (1) 3 (2) 7

129 (1) 8 (2) 7

130 (1) -8 (2) 12

131 (1) $f'(a)=-4a+3$

(2) $f'(0)=3,\ f'(1)=-1,\ f'(-1)=7$

132 (1) (ア) $4x$ (イ) -5 (ウ) 0

(2) (エ) $9x^8$ (オ) $11x^{10}$

133 (1) $y'=2x-2$ (2) $y'=-x+2$

(3) $y'=3x^2-10x$ (4) $y'=-4x^2+\dfrac{4}{3}x$

(5) $y'=4x^3+6x^2-6x$

(6) $y'=-2x^3+5x^2+\dfrac{3}{2}x+1$

(7) $y'=2x+1$ (8) $y'=3x^2-8x+1$

(9) $y'=3x^2+2x-6$ (10) $y'=36x^3+60x$

134 (1) -11 (2) 5 (3) 4

135 (1) $s'=2-6t$ (2) $V'=6$

(3) $S'=2\pi r$ (4) $s'=gt-3$

136 (1) 1

(2) $y=x+3$

137 $y=-5x+5,\ y=3x-3$

[接点の座標を $(a,\ a^2-3a+6)$ とすると，接線の方程式は $y=(2a-3)x-a^2+6$ これが点 $(1,\ 0)$ を通るから $0=1\cdot(2a-3)-a^2+6$

よって $a=-1,\ 3$]

138 (1) $x\leqq\dfrac{3}{4}$ で増加，$\dfrac{3}{4}\leqq x$ で減少

(2) $x\leqq-1,\ 3\leqq x$ で増加，$-1\leqq x\leqq 3$ で減少

139 (1) $x=0$ で極大値 1, $x=1$ で極小値 0〔図〕

(2) $x=-2$ で極大値 16, $x=2$ で極小値 -16〔図〕

(3) $x=3$ で極大値 20, $x=-1$ で極小値 -12〔図〕

(4) $x=1$ で極大値 2, $x=-1$ で極小値 -2〔図〕

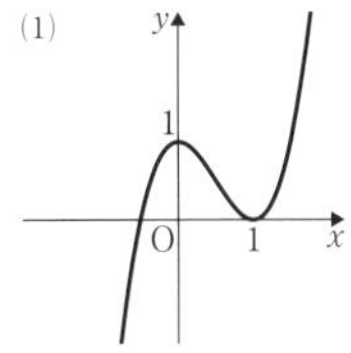

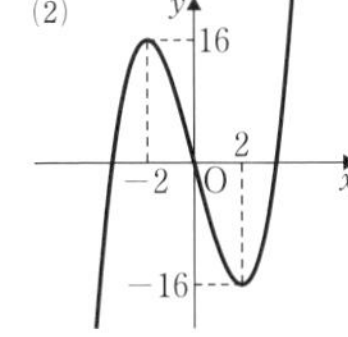

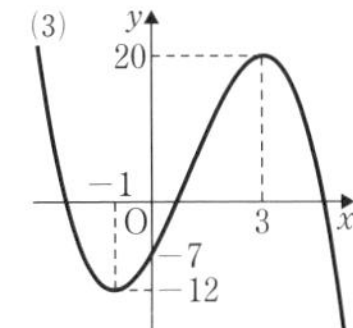

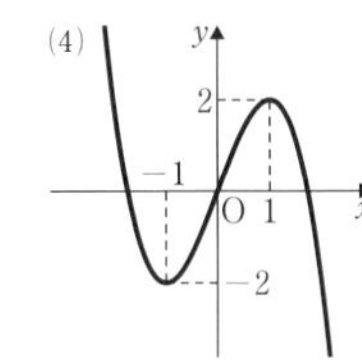

140 (1) 常に単調に増加

(2) 常に単調に減少

[(1) 常に増加する関数は極値をもたない

(2) 常に減少する関数は極値をもたない]

141 $a=-9,\ b=1$；$x=-1$ で極大値 6

[$f(3)=3a+b=-26,\ f'(3)=9+a=0$]

142 (1) $x=0$ で極大値 4, $x=\pm\dfrac{\sqrt{10}}{2}$ で極小値 $-\dfrac{9}{4}$〔図〕

(2) $x=-1$ で極小値 -3〔図〕

(3) $x=0$ で極大値 0, $x=1$ で極小値 -5, $x=3$ で極大値 27〔図〕

(4) $x=2$ で極小値 -27〔図〕

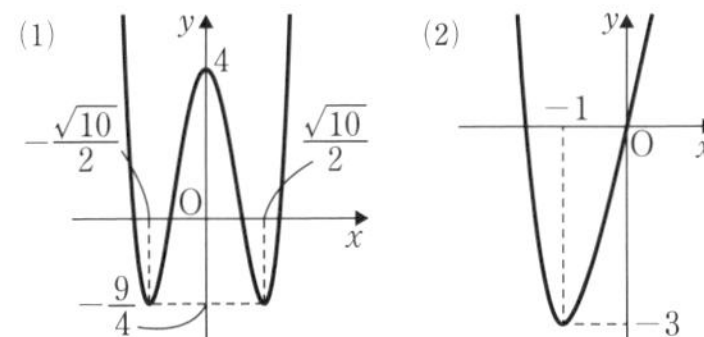

(3)
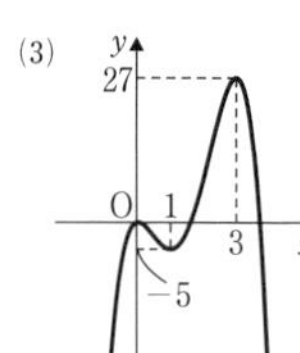

(4)
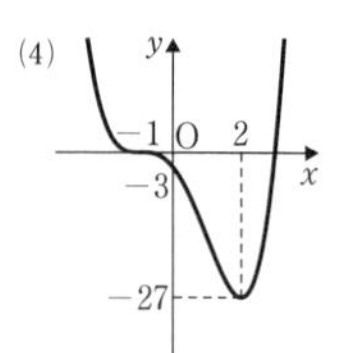

143 (1) $x=-2$ で最大値 16,
$x=2$ で最小値 -16
(2) $x=1$ で最大値 4,
$x=-1$ で最小値 -16
(3) $x=0,\ 3$ で最大値 5,
$x=2$ で最小値 1

144 3cm [切り取る正方形の1辺の長さを $x$cm, 容積を $y\text{cm}^3$ とすると $0<x<9$ で $y=4(x^3-18x^2+81x)$, $y'=12(x-3)(x-9)$]

145 (1) 3個 (2) 2個 (3) 1個

146 [$f(x)=(x^3+6x^2+8)-15x$ とすると $f'(x)=3(x+5)(x-1)$　$x \geqq 0$ のとき $f(x)$ は $x=1$ で最小値 0 をとるから, $x \geqq 0$ で $f(x) \geqq 0$]

147 C は積分定数とする。
(1) $3x^3+C$
(2) $x^3+\dfrac{x^2}{2}-x+C$
(3) $-\dfrac{x^3}{3}-\dfrac{x^2}{2}+x+C$
(4) $-3x^3+4x^2-2x+C$

148 C は積分定数とする。
(1) $2t^3-\dfrac{t^2}{2}-2t+C$
(2) $3u^3+6u^2+4u+C$

149 $F(x)=\dfrac{4}{3}x^3-\dfrac{x^2}{2}+x+3$

150 (1) 1　(2) $\dfrac{8}{3}$　(3) -8　(4) $-\dfrac{9}{2}$
(5) $\dfrac{1}{6}$　(6) -18

151 $\dfrac{28}{3}$

152 (1) $\dfrac{92}{3}$　(2) 84

153 (1) $2x^2-5x+4$
(2) $f(x)=2x+2$; $a=1,\ -3$
[(2) 等式で $x=a$ とすると, 左辺は 0]

154 (1) 6　(2) $\dfrac{14}{3}$

155 (1) $\dfrac{32}{3}$　(2) $\dfrac{4}{3}$

156 $\dfrac{13}{3}$

157 (1) $\dfrac{32}{3}$　(2) $\dfrac{1}{6}$

158 (1) (ア) $-\dfrac{1}{12}x^4+\dfrac{1}{4}x^2+x+C$ (C は積分定数) (イ) $\dfrac{68}{3}$
(2) $S=\dfrac{37}{12}$

定期考査対策問題の答と略解

第１章

1 (1) (ア) $125x^3+225x^2y+135xy^2+27y^3$
(イ) $8x^3+y^3$
(2) (ウ) $\left(4-\frac{a}{2}\right)\left(16+2a+\frac{a^2}{4}\right)$
(エ) $(x+3y)(x-y)(x^2-3xy+9y^2)$
$\times(x^2+xy+y^2)$]

2 (1) 135　(2) 1792　(3) 810
(4) 90720

3 [${}_nC_0a^n+{}_nC_1a^{n-1}b+{}_nC_2a^{n-2}b^2$
$+\cdots\cdots+{}_nC_nb^n=(a+b)^n$ において
(1) $a=1$, $b=6$ とする
(2) $a=1$, $b=-1$ とすると
${}_nC_0-{}_nC_1+{}_nC_2-{}_nC_3+\cdots\cdots-{}_nC_n=0$
左辺のマイナスの係数の項を右辺に移項]

4 (1) $A=x^4-3x^3+6x^2+1$
(2) $B=x^2+x+1$

5 $x+1$

6 $a=7$, $b=2$, $c=1$ [右辺を展開して両辺の項の係数を比較して
$2=b$, $a=3b+c$, $-3=-5b+3c+4$,
$-2=-5c+3$　これを解く]

7 [比例式 $=k$ とおくと
$(y+z)+(z+x)+(x+y)$
$=k(b-c)+k(c-a)+k(a-b)$
から　$2(x+y+z)=0$]

8 [$(|x|+|y|)^2-(\sqrt{x^2+y^2})^2=2|xy|\geqq 0$,
$(\sqrt{2}\sqrt{x^2+y^2})^2-(|x|+|y|)^2=(|x|-|y|)^2\geqq 0$
であり　$|x|+|y|\geqq 0$, $\sqrt{x^2+y^2}\geqq 0$ から]

9 等号成立は (1) $ab=\frac{1}{3}$ のとき
(2) $a+b=1$ のとき
[相加平均と相乗平均の大小関係により
(1) $9ab+\frac{1}{ab}\geqq 2\sqrt{9ab\cdot\frac{1}{ab}}=6$
等号成立は，$9ab=\frac{1}{ab}=\frac{6}{2}$ のとき
(2) $a+b+\frac{1}{a+b}\geqq 2\sqrt{(a+b)\cdot\frac{1}{a+b}}=2$
等号成立は，$a+b=\frac{1}{a+b}=\frac{2}{2}$ のとき]

第２章

1 (1) -2　(2) $-\frac{4}{3}$　(3) $\frac{7}{2}$

2 (1) $x=3$　(2) $x=-5$

3 (1) $1-p+q$　(2) $4-2p+q$　(3) q
[$x^2-px+q=(x-\alpha)(x-\beta)$ の両辺に
(1) $x=1$ (2) $x=2$ (3) $x=p$ を代入]

4 (1) $x^2+4x+16=0$　(2) $x^2-4x+7=0$

5 [$D=b^2-4ac$ として，$D\geqq 0$ を示す
(1) $D=(a-c)^2\geqq 0$ (2) $D=b^2+4a^2>0$
(3) $-4ac>0$ から　$D=b^2-4ac>0$]

6 $p=6$, $q=-3$
[与式を $P(x)$ とすると，$P(-2)=0$ から
$2p-q=15$, $P(1)=0$ から $p+q=3$]

7 $6x-9$ [$P(x)$ を x^2-5x+6 で割った余りを $ax+b$ とすると　$P(2)=3$, $P(3)=9$ から
$2a+b=3$, $3a+b=9$]

8 (1) 0　(2) 3　(3) -1
[$\omega^3=1$, $\omega^2+\omega+1=0$ を利用する]

9 $m=1$, -3
[方程式は $(x-1)(x^2+2x+m)=0$ と表され，
$x^2+2x+m=0$ …… ① とすると
[1] ① が 1 以外の重解をもつ $\longrightarrow m=1$
[2] ① が 1 と 1 以外の解をもつ $\longrightarrow m=-3$]

10 $3+i$, $-3-i$ [$a+bi$ (a, b は実数) とすると
$a^2-b^2=8$, $ab=3$]

第３章

1 $(2+\sqrt{3},\ 1-2\sqrt{3})$, $(2-\sqrt{3},\ 1+2\sqrt{3})$

2 [直線 BC を x 軸にとり，辺 BC の垂直二等分線を y 軸にとる。三角形の頂点は A$(a,\ b)$,
B$(-c,\ 0)$, C$(c,\ 0)$ と表すことができて，G の座標は $\left(\frac{a}{3},\ \frac{b}{3}\right)$　このとき，AB^2+AC^2,
$BG^2+CG^2+4AG^2$ は，ともに $2(a^2+b^2+c^2)$]

3 D$(-4,\ 1)$, D$(0,\ 5)$, D$(8,\ -3)$
[対角線が　AB と CD のとき　D$(-4,\ 1)$；
AC と BD のとき　D$(0,\ 5)$；
AD と BC のとき　D$(8,\ -3)$]

4 (1) $x+3y-4=0$　(2) $3x+2y-5=0$

5 (1) $(5,\ 0)$ (2) $(-3,\ -4)$

6 $(-2,\ -1)$
[$x+3y+5=0$, $x-y+1=0$]

7 (1) $(x-3)^2+y^2=4$
(2) $(x-1)^2+(y-1)^2=1$,

$(x-5)^2+(y-5)^2=25$

8 $m<0$, $1<m$

9 線分の長さは $\sqrt{14}$, 中点の座標は $\left(\dfrac{1}{2},\ \dfrac{1}{2}\right)$

10 [2 つの接点を $(x_1,\ y_1)$, $(x_2,\ y_2)$ とすると, 接線の方程式は $x_1x+y_1y=9$, $x_2x+y_2y=9$
2 接線が点 $(5,\ 2)$ を通るから $5x_1+2y_1=9$, $5x_2+2y_2=9$　これは, 直線 $5x+2y=9$ が, 2 つの接点 $(x_1,\ y_1)$, $(x_2,\ y_2)$ を通ることを表す]

11 (1) $(x-4)^2+(y+3)^2=9$
(2) $(x-10)^2+(y-1)^2=169$

12 $x^2+y^2+4x+2y-8=0$

13 (1) 直線 $y=2x+2$
(2) 点 $\left(-\dfrac{3}{2},\ 0\right)$ を中心とする半径 $\dfrac{3}{2}$ の円

14 (1) $x=-a$, $y=-2a^2+4a$
(2) 放物線 $y=-2x^2-4x$

15 $\begin{cases} x^2+y^2 \geqq 4 \\ y \leqq x \end{cases}$

16 $\begin{cases} x+2y-2 \leqq 0 \\ 2x+y-2 \geqq 0 \\ x-y-3 \leqq 0 \end{cases}$

17 (1) $x \geqq 0$, $y \geqq 0$, $2x+y \geqq 12$, $x+2y \geqq 15$
〔図〕の斜線部分, 境界線を含む
(2) P は 3 g, Q は 6 g

第4章

1 中心角 $\dfrac{7}{4}$ ラジアン, 面積 $14\,\text{cm}^2$

2 (1) 第 3 象限または第 4 象限
(2) 第 1 象限または第 3 象限
$\left[\dfrac{\pi}{2}+2n\pi<\theta<\pi+2n\pi\right.$ (n は整数) とおける
(2) $n=2k$, $n=2k+1$ (k は整数) で場合分け]

3 (1) $-\dfrac{1}{4}$　(2) $\pm\dfrac{\sqrt{6}}{2}$　(3) $\pm\dfrac{3\sqrt{6}}{8}$

4 $\sin\theta=\dfrac{\sqrt{6}+\sqrt{2}}{4}$, $\cos\theta=\dfrac{-\sqrt{6}+\sqrt{2}}{4}$;
$\sin\theta=\dfrac{\sqrt{6}-\sqrt{2}}{4}$, $\cos\theta=\dfrac{-\sqrt{6}-\sqrt{2}}{4}$

5 (1) $\theta=\dfrac{\pi}{3}$, $\dfrac{\pi}{2}$, $\dfrac{4}{3}\pi$, $\dfrac{3}{2}\pi$
(2) $\dfrac{\pi}{6}<\theta \leqq \dfrac{5}{12}\pi$, $\dfrac{7}{6}\pi<\theta \leqq \dfrac{17}{12}\pi$
(3) $\theta=\dfrac{\pi}{3}$, $\dfrac{2}{3}\pi$
(4) $0 \leqq \theta \leqq \dfrac{2}{3}\pi$, $\dfrac{4}{3}\pi \leqq \theta<2\pi$

6 $\theta=\dfrac{7}{6}\pi$, $\dfrac{11}{6}\pi$ で最大値 $\dfrac{7}{2}$;
$\theta=\dfrac{\pi}{2}$ で最小値 -1
[$\sin\theta=t$ とおくと, $-1 \leqq t \leqq 1$ で
$y=-2\left(t+\dfrac{1}{2}\right)^2+\dfrac{7}{2}$　よって, y は $t=-\dfrac{1}{2}$ で最大, $t=1$ で最小になる]

7 $\sin\alpha=\dfrac{3}{4}$, $\cos\alpha=\dfrac{\sqrt{7}}{4}$, $\tan\alpha=\dfrac{3}{\sqrt{7}}$;
$\sin\alpha=\dfrac{3}{4}$, $\cos\alpha=-\dfrac{\sqrt{7}}{4}$, $\tan\alpha=-\dfrac{3}{\sqrt{7}}$

8 [(1) $\cos 2\alpha=\cos^2\alpha-\sin^2\alpha$, $\tan 2\alpha=\dfrac{2\tan\alpha}{1-\tan^2\alpha}$ から, 両辺とも $1-\tan^2\alpha$
(2) (左辺)−(右辺)
$=(1-\sin^2\alpha)+(1-\cos^2\beta) \geqq 0$]

9 $y=(2+\sqrt{3})x-2-\sqrt{3}$,
$y=(2-\sqrt{3})x-2+\sqrt{3}$
[求める直線の傾きは
$\tan\left(\dfrac{\pi}{4}+\dfrac{\pi}{6}\right)$　または　$\tan\left(\dfrac{\pi}{4}-\dfrac{\pi}{6}\right)$]

10 $a=\dfrac{5}{2}$, $b=\dfrac{5\sqrt{3}}{2}$
$\left[a^2+b^2=25,\ a\sin\dfrac{\pi}{6}+b\cos\dfrac{\pi}{6}=5\right]$

第5章

1 (1) $a-b$　(2) $a+a^{\frac{1}{2}}b^{\frac{1}{2}}+b$

2 (1) 52　(2) 194
[(2) $x+x^{-1}=\left(x^{\frac{1}{2}}+x^{-\frac{1}{2}}\right)^2-2x^{\frac{1}{2}}x^{-\frac{1}{2}}$ であり
$x^{\frac{1}{2}}+x^{-\frac{1}{2}}=\left(x^{\frac{1}{4}}+x^{-\frac{1}{4}}\right)^2-2x^{\frac{1}{4}}x^{-\frac{1}{4}}$]

3 (1) $x=1$　(2) $x=1,\ 3$　(3) $x \geqq 1$
(4) $x<-1$

4 $x=2$ で最大値 1, $x=1$ で最小値 -3
[$2^x=t$ とおくと　$\dfrac{1}{2} \leqq t \leqq 4$, $y=(t-2)^2-3$]

5 (1) $a+b$　(2) $a+b+1$　(3) $a+2b$
(4) $a-b-1$　(5) $\dfrac{a+b}{4}$　(6) $2+\dfrac{b}{a}$

6 $x=\dfrac{z}{\log_{15}3}$, $y=\dfrac{z}{\log_{15}5}$

$\left[\dfrac{1}{x}+\dfrac{1}{y}=\dfrac{\log_{15}3}{z}+\dfrac{\log 15^5}{z}=\dfrac{\log_{15}15}{z}\right]$

7 (1) $x=1,\ \dfrac{1}{\sqrt{2}}$　(2) $\dfrac{1}{3}\leqq x\leqq 9$

$\left[(1)\ (\log_{\frac{1}{2}}x)^2-\dfrac{1}{2}\log_{\frac{1}{2}}x=0\right.$

(2) $\left.(\log_3 x)^2-\log_3 x-2\leqq 0\right]$

8 $x=4$ で最大値 4，$x=32$ で最小値 -5

[$\log_2 x=t$ とおくと　$0\leqq t\leqq 5$,

$y=-t^2+4t=-(t-2)^2+4$]

9 $-4\leqq\log_{10}M<-3$

10 約 19 時間　[x 時間後の細菌の個数は $100\cdot 3^x$

よって，$3^x\geqq 10^9$ から $x\geqq\dfrac{9}{\log_{10}3}=18.86\cdots$]

第6章

1 (1) 4　(2) 3　(3) $-\dfrac{1}{4}$　(4) $\dfrac{7}{5}$

2 $a=3$

3 $a=1,\ b=2,\ c=-2$

4 $a=-1$　[接点の x 座標を p とすると

$p^3+ap+1=2p-1,\ 3p^2+a=2$]

5 (1) $y=-2x-1,\ y=6x-9$

(2) $y=2x+3$

[(1) 接点の座標を $(a,\ a^2)$ とすると，接線の方程式は　$y=2ax-a^2$　よって　$-3=2a-a^2$]

6 $a>0,\ b<0,\ c>0,\ d<0$

[$y=f(x)$ とすると　$f'(x)=3ax^2+2bx+c$

$a>0,\ f(0)=d<0,\ f'(x)=0$ の 2 解がともに正であるから　$-\dfrac{2b}{3a}>0,\ \dfrac{c}{3a}>0$]

7 (1) $a<-\sqrt{6},\ \sqrt{6}<a$

(2) $-\sqrt{6}\leqq a\leqq\sqrt{6}$

[(2) $f'(x)=3x^2+2ax+2=0$ の判別式を D とすると，$D\leqq 0$ から　$a^2-6\leqq 0$]

8 (1) $0\leqq x\leqq 3$

(2) $x=1,\ y=2$ のとき，最大値 4

9 底面の半径 $\dfrac{\sqrt{6}}{3}r$，高さ $\dfrac{2\sqrt{3}}{3}r$ のとき

体積の最大値 $\dfrac{4\sqrt{3}}{9}\pi r^3$

[体積を V とすると

$V=-2\pi(x^3-r^2x),\ V'=-2\pi(3x^2-r^2)$]

10 $k>9$　[$f(x)=x^3-5x^2+3x+k$ とすると

$f'(x)=(3x-1)(x-3)$ から，$f(x)$ の最小値は

$f(3)=k-9$　よって，求める条件は $k-9>0$]

11 $a<-81,\ a>44$　[$2x^3-3x^2-36=a$ として，関数 $y=2x^3-3x^2-36$ のグラフをかいて，このグラフと直線 $y=a$ が 1 個の共有点をもつための a の値の範囲を求める]

12 (1) $F(x)=3x^2+5x+2$

(2) $F(x)=x^3-\dfrac{15}{2}x^2+18x-17$

13 $y=x^3-3x+1$

14 $f(x)=\dfrac{2}{15}x-\dfrac{14}{15}$　[$f(x)=ax+b,\ a\neq 0$ とすると，条件から $\dfrac{a}{2}-b=1,\ 3a+\dfrac{3}{2}b=-1$]

15 (1) $f(x)=x-\dfrac{9}{4}$

(2) $f(x)=x^2-3x+\dfrac{4}{3}$

16 $x=-\dfrac{1}{3}$ で極大値 $\dfrac{275}{27}$，$x=1$ で極小値 9

[$f'(x)=3x^2-2x-1=(x-1)(3x+1)$]

17 (2) $-\dfrac{64\sqrt{2}}{3}$

$\left[(1)\ \displaystyle\int_\alpha^\beta(x-\alpha)(x-\beta)dx\right.$

$=\left[\dfrac{x^3}{3}-\dfrac{\alpha+\beta}{2}x^2+\alpha\beta x\right]_\alpha^\beta$

$=\dfrac{1}{6}(\beta-\alpha)\{2(\beta^2+\beta\alpha+\alpha^2)-3(\beta^2+2\beta\alpha+\alpha^2)$

$\left.+6\alpha\beta\}=-\dfrac{1}{6}(\beta-\alpha)^3\right]$

18 $a=\dfrac{3}{4}$　$\left[面積は\ \dfrac{4}{3}a^3\right]$

19 $m=1$，面積 $\dfrac{4}{3}$　[図形の面積を S とすると

$S=\dfrac{1}{6}\{(m-1)^2+4\}^{\frac{3}{2}}$　よって，$m=1$ で最小]

20 $\dfrac{3\sqrt[3]{4}-6}{2}$　[直線 g の方程式は $y=k(x-2)$ と表されて　$-3<k\leqq 0$　放物線 $y=-x^2+x+2$ と直線 g および x 軸で囲まれた部分の面積を $S(k)$ とすると $S(k)=\dfrac{1}{6}(k+3)^3$　条件を満たすとき $2S(k)=S(0)$]

● 表紙デザイン
株式会社リーブルテック

初版
第1刷　2022年7月1日　発行
第2刷　2023年3月1日　発行
第3刷　2024年3月1日　発行

教科書ガイド
数研出版 版
新編　数学Ⅱ

ISBN978-4-87740-237-2

制　作　株式会社チャート研究所
発行所　数研図書株式会社
〒604-0861　京都市中京区烏丸通竹屋町上る
大倉町205番地
〔電話〕 075(254)3001

乱丁本・落丁本はお取り替えいたします。 240103
本書の一部または全部を許可なく複写・複製すること，および本書の解説書，問題集ならびにこれに類するものを無断で作成することを禁じます。